Lingüística hispánica actual

Lingüística hispánica actual provides step-by-step instructions on how to plan, design, and teach introductory Hispanic Linguistics courses.

It is a versatile resource, which can be used in conjunction with *Introducción a la lingüística hispánica actual: teoría y práctica*. It contains an answer key for all the activities in the main textbook. It also includes additional activities, with clear and accessible explanations for students and instructors, and can accompany other existing texts and courses on Hispanic Linguistics.

Features include:

- A comprehensive selection of materials which gradually introduce students to the main areas of Hispanic Linguistics: General Linguistics, Phonology and Phonetics, Morphology, Syntax, Semantics and Pragmatics, History of the Spanish Language, Language Variation, and Second Language Acquisition and Language Teaching.
- A wide range of carefully-crafted classroom and homework activities, essay questions and research projects to engage students and enrich their learning of Hispanic Linguistics.
- Detailed guidance on how to successfully implement each activity in the classroom, suggestions for how to expand and adapt activities for different needs, and a full annotated answer key for instructors to save time planning and implementing lessons.
- An extensive bilingual glossary of terms for each of the disciplines covered in the guide helps teachers introduce key concepts and terms in the classroom.

Lingüística hispánica actual provides a wealth of activities specially designed to make learning Hispanic Linguistics more dynamic and enjoyable for students.

Javier Muñoz-Basols is Senior Instructor in Spanish and Co-ordinator of the Spanish language programme at the University of Oxford, UK.

Manel Lacorte is Associate Professor of Spanish Applied Linguistics and Director of the Spanish Language Program at the University of Maryland, USA.

Routledge Introductions to Spanish Language and Linguistics

Series Editor: Carol Klee, University of Minnesota, USA

These accessible and user-friendly textbooks introduce advanced undergraduate and postgraduate students of Spanish to the key areas within Spanish language and linguistics.

Introducción a la lingüística hispánica actual: teoría y práctica
Javier Munoz-Basols, Nina Moreno, Inma Taboada, Manel Lacorte

Introducción a la lingüística hispánica actual: guía didáctica y material de apoyo para cursos sobre lingüística hispánica
Javier Munoz-Basols and Manel Lacorte

Gramática española: Variación social (forthcoming)
Kim Potowski, Naomi Shin

Pragmática del Español:uso, contexto y variación (forthcoming)
Cesar Felix Brasdefer

Las variedades del mundo hispano (forthcoming)
Benjamin Schmeiser

Spanish Language Variation and Change (forthcoming)
Lewis Chadwick Howe

Sintaxis y Semántica del Español (forthcoming)
Sandro Sessarego and Melvin Gonzalez-Rivera

Pronunciación del español (forthcoming)
Donald N Tuten, Fernando Tejedo-Herrero, Rajiv Rao and Robyn Clarke

La Lengua Española: Ayer y Hoy (forthcoming)
Donald N. Tuten, Fernando Tejedo-Herrero and Enrique Pato

https://www.routledge.com/languages/series/RISLL

Praise for this edition

This guide constitutes an incredible support system for teachers of Hispanic Linguistics. Even the most experienced teachers will appreciate the carefully selected examples and creative activities to reinvigorate their lessons. The activities are replete with references to current research, which will stimulate critical thinking and can be used as the basis for written assignments. Students will appreciate the videos that illustrate language use in context (e.g., misunderstandings, humor, code-switching) and the audio clips that allow them to analyze authentic language samples. The content is reflective of a broad vision of Hispanic Linguistics and the various chapters are connected in interesting and relevant ways. If you strive to teach the subject matter in a way that promotes hands-on linguistic analysis, this guide is an essential resource.

Eve C. Zyzik, *University of California, Santa Cruz, USA*

Esta guía, innovadora en su estructura y contenido, se presenta como una excelente herramienta facilitadora para el aprendizaje de los elementos fundamentales pertenecientes al ámbito de la lingüística hispánica. Desde el primer capítulo, el lector dispone de un gran número de actividades e interesantes propuestas de investigación que integran aspectos teóricos en proyectos prácticos y que sirven como ayuda para una mayor comprensión de los conocimientos adquiridos en el aula. En armonía con el texto principal, con esta guía, los autores invitan al lector a que reflexione sobre una concepción moderna, dinámica, original y sencilla del campo de la lingüística hispánica. Sin duda, un texto indispensable diseñado desde la experiencia y el rigor de sus autores, grandes conocedores y profesionales del campo.

Diego Pascual y Cabo, *Texas Tech University, USA*

An excellent resource for all those who teach introductory courses on Hispanic Linguistics. Written by an outstanding team of Hispanic linguists who combine deep knowledge of the field with up-to-date pedagogical expertise, this text includes a wealth of engaging student activities to reinforce concepts and expand students' understanding of linguistics. In addition, the book comprises a wide variety of supplementary information for instructors, including expansion activities that can be used in class; proposals for mini research projects to encourage information exchange via oral presentations, debates, written reports or group work; suggestions for more in-depth readings on primary topics; and, a detailed bilingual glossary that both instructors and students will find helpful. Undoubtedly, the materials and guidance provided to instructors in this text will enhance the teaching of introductory courses on Hispanic linguistics.

Carol A. Klee, *University of Minnesota, USA*

La *Guía didáctica y materiales de apoyo* constituyen una aportación esencial y novedosa para la enseñanza de lingüística hispánica contemporánea. Las secciones de cada capítulo facilitan y orientan la presentación de los materiales por parte del profesor, y refuerzan el aprendizaje de los contenidos conceptuales del texto mediante actividades originales y dinámicas con distintos niveles de complejidad. En su conjunto, la guía y los materiales llenan un gran vacío en el área de la enseñanza de la lingüística hispánica.

José Camacho, *Rutgers University, USA*

Offering an impressive range of ancillary materials, discussion questions, classroom activities, essay topics and ideas for further research, this extensive guide is a pedagogical treasure for introductory Hispanic linguistics courses. By delineating clear objectives for learning, the authors skillfully integrate aspects of phonology, morphology, syntax and pragmatics in lessons that challenge students to reflect upon the form and function of language from both structural and social perspectives. They pose sophisticated theoretical and philosophical questions about the nature of language with ease and candor, and effectively incorporate views from the Academy, mass media, the sciences and popular culture. Students and instructors alike will find themselves engaged with societal debates around language use in the Spanish-speaking world as they confront the intricacies of language acquisition, variation, change, and speaker identity in these pages.

Andrew Lynch, *University of Miami, USA*

Lingüística hispánica actual

Guía didáctica y materiales de apoyo

Javier Muñoz-Basols y Manel Lacorte

Con la colaboración de:
Rocío Díaz-Bravo, Elisa Gironzetti, Nina Moreno e Inma Taboada

Routledge
Taylor & Francis Group

LONDON AND NEW YORK

First published 2018
by Routledge
2 Park Square, Milton Park, Abingdon, Oxon OX14 4RN

and by Routledge
711 Third Avenue, New York, NY 10017

Routledge is an imprint of the Taylor & Francis Group, an informa business

© 2018 Javier Muñoz-Basols and Manel Lacorte

British Library Cataloguing in Publication Data
A catalogue record for this book is available from the British Library

Library of Congress Cataloging in Publication Data
Names: Muñoz-Basols, Javier. | Lacorte, Manel.
Title: Lingüística hispánica actual : guía didáctica y materiales de apoyo / Javier Muñoz-Basols y
    Manel Lacorte ; con la colaboración de Rocío Díaz-Bravo, Elisa Gironzetti, Nina Moreno e
    Inma Taboada.
Description: New York : Routledge, 2017. | Preceded by: Introduccíon a la lingüística hispánica
    actual : teoría y práctica / Javier Muñoz-Basols, Nina Moreno, Inma Taboada and Manel Lacorte.
    Abingdon, Oxon : Routledge, 2017. 9781138209213 | Includes bibliographical references and index.
Identifiers: LCCN 2017016025 | ISBN 9780415788786 (hardback : alk. paper) | ISBN 9780415788762
    (pbk. : alk. paper) | ISBN 9781315223193 (ebook)
Subjects: LCSH: Spanish language–Study and teaching. | Spanish language–Spoken Spanish.
Classification: LCC PC4066 .M86 2017 | DDC 460.71–dc23
LC record available at https://lccn.loc.gov/2017016025

ISBN: 978-0-415-78878-6 (hbk)
ISBN: 978-0-415-78876-2 (pbk)
ISBN: 978-1-315-22319-3 (ebk)

Typeset in Goudy
by RefineCatch Limited, Bungay, Suffolk

Índice

Introducción		**ix**
Capítulo 1	**Conceptos fundamentales: lenguaje, lengua y lingüística**	**1**
	Objetivos del capítulo	1
	Actividades, soluciones y actividades de ampliación	1
	Proyectos de investigación	29
	Preguntas de ensayo	31
	Glosario bilingüe de términos de lingüística general	31
Capítulo 2	**Fonología y fonética: los sonidos del español**	**39**
	Objetivos del capítulo	39
	Actividades, soluciones y actividades de ampliación	39
	Proyectos de investigación	62
	Preguntas de ensayo	63
	Glosario bilingüe de términos de fonología y fonética	64
Capítulo 3	**Morfología: la formación de palabras**	**69**
	Objetivos del capítulo	69
	Actividades, soluciones y actividades de ampliación	69
	Proyectos de investigación	109
	Preguntas de ensayo	111
	Glosario bilingüe de términos de morfología	111
Capítulo 4	**Sintaxis: la estructura de las oraciones**	**119**
	Objetivos del capítulo	119
	Actividades, soluciones y actividades de ampliación	119
	Proyectos de investigación	145
	Preguntas de ensayo	146
	Glosario bilingüe de términos de sintaxis	146
Capítulo 5	**Semántica y pragmática: del significado al uso del lenguaje**	**151**
	Objetivos del capítulo	151
	Actividades, soluciones y actividades de ampliación	151

Proyectos de investigación   184
Preguntas de ensayo   186
Glosario bilingüe de términos de semántica y pragmática   186

Capítulo 6   **Historia de la lengua: la evolución del idioma**   **195**
Objetivos del capítulo   195
Actividades, soluciones y actividades de ampliación   195
Proyectos de investigación   221
Preguntas de ensayo   222
Glosario bilingüe de términos de historia de la lengua   223

Capítulo 7   **Variación: diversidad lingüística y dialectal en el**
                   mundo hispanohablante   **227**
Objetivos del capítulo   227
Actividades, soluciones y actividades de ampliación   227
Proyectos de investigación   282
Preguntas de ensayo   284
Glosario bilingüe de términos de variación   284

Capítulo 8   **Adquisición: el aprendizaje y la enseñanza de la**
                   lengua   **296**
Objetivos del capítulo   296
Actividades, soluciones y actividades de ampliación   296
Proyectos de investigación   310
Preguntas de ensayo   311
Glosario bilingüe de términos de adquisición   312

Bibliografía   **321**

Introducción

Para que un libro de texto funcione, resulta imprescindible que los autores de las actividades propuestas reflexionen y expliquen sus múltiples posibilidades en el aula. Así, en esta guía, el profesor encontrará sugerencias, comentarios y pautas para la explotación didáctica que le permitirán sacar el máximo partido a cada una de las actividades del libro *Introducción a la lingüística hispánica actual: teoría y práctica* (Routledge).

No obstante, este libro pretende ir mucho más allá, al estar concebido como material de apoyo para complementar explicaciones teóricas sobre las principales áreas de la lingüística (lingüística general, fonología y fonética, morfología, sintaxis, semántica y pragmática, historia de la lengua, variación y adquisición) o integrar tareas adicionales en cualquier curso sobre lingüística hispánica.

Los contenidos de cada capítulo se han estructurado en los siguientes apartados:

- En OBJETIVOS DEL CAPÍTULO se destacan los contenidos más sobresalientes de cada área de la lingüística hispánica que se aborda en el libro de texto.
- En ACTIVIDAD se describe el propósito y la dinámica de cada tarea y se presentan pautas para su realización.
- En SOLUCIONES se detallan las respuestas de las actividades y se ofrece información adicional que sirve para orientar al profesor.
- En ACTIVIDAD DE AMPLIACIÓN se proponen tareas adicionales de carácter opcional que permiten profundizar en los contenidos, ampliar el material dentro y fuera del aula, y promover el trabajo en equipo.
- En PROYECTOS DE INVESTIGACIÓN se incluyen los temas de investigación que aparecen al final de cada capítulo para que el profesor los tenga a mano durante la planificación del curso.
- En PREGUNTAS DE ENSAYO se recoge una serie de cuestiones que el profesor podrá emplear para el desarrollo de una tarea escrita o asignar a modo de evaluación sobre los contenidos del capítulo.
- Por último, en la sección GLOSARIO BILINGÜE se incluye un listado de términos en español y en inglés, acompañados de una definición, que le servirán al profesor para incidir en el uso de la terminología lingüística cuando se presente una disciplina concreta.

Nos gustaría hacer hincapié en la importancia de estar familiarizarse con los siguientes componentes del libro **Introducción a la lingüística hispánica actual: teoría y práctica**, dado que sirven de punto de unión entre la teoría y la práctica.

- Conviene leer con atención la **introducción para el profesor** del libro de texto donde se incluyen numerosas posibilidades sobre cómo utilizar el libro, ya sea durante uno o dos semestres. En esta sección se explica también cómo seleccionar los capítulos que mejor se ajusten a las necesidades docentes y curriculares.
- Las **actividades** y los **ejercicios** se han diseñado para facilitar la adquisición de los contenidos de manera progresiva. Tal y como se explica en esta guía, un gran número de

actividades permite ampliar la tarea en cuestión para fomentar el trabajo en equipo y la reflexión conjunta en el aula.

- Es importante tener en cuenta la conexión entre la **teoría** de cada uno de los capítulos y el **uso actual de la lengua**. Mediante este vínculo se pretende desarrollar la conciencia lingüística del estudiante para que preste atención a los mecanismos y las estructuras de la lengua en general y de la comunicación en particular.

- Al final de cada capítulo, se sugieren cuatro **miniproyectos** que permiten adentrarse en la investigación de factores, procesos y contextos relacionados con el uso de la lengua. Estas tareas fomentan el intercambio de información mediante diferentes tipologías textuales: exposiciones o presentaciones orales, informes escritos, debates, realización de trabajos en grupo, etc. Si así lo desea, el profesor podrá incluir el desarrollo de estas tareas como parte de la evaluación sumativa de la asignatura.

- Las **pautas bibliográficas** que se detallan al final de cada capítulo del libro de texto pueden servir de herramienta para profundizar sobre cada uno de los temas planteados. Además de las referencias mencionadas, será conveniente que los estudiantes compartan entre ellos otras fuentes bibliográficas que vayan descubriendo como parte del proceso investigador.

- Es imprescindible que el profesor destaque la importancia de las **listas de conceptos y términos clave** al final de cada capítulo y del **glosario bilingüe** al final del libro. Con ello, se conseguirá reforzar la comprensión de la terminología lingüística y fomentar su uso entre los alumnos.

- En la **página web de la editorial** se podrán encontrar todos los enlaces electrónicos "e-resources" que se han incluido en el libro de texto, así como otros recursos adicionales para cada área de la lingüística hispánica. Más información: https://www.routledge.com/products/9780415631570.

- El **Portal de lingüística hispánica – Hispanic Linguistics** www.hispaniclinguistics.com amplía los contenidos pedagógicos, prácticos y actuales en las ocho áreas de conocimiento de la lingüística hispánica de las que consta el libro. Estructurado en seis componentes de trabajo (actividades del libro *Introducción a la lingüística hispánica actual*, recursos prácticos, temas de investigación, grupos de investigación, conceptos y términos clave, y bibliografía temática), el Portal permite adentrarse en la investigación de factores, procesos y contextos relacionados con el uso de la lengua.

Aunque esta guía se ha diseñado tomando como base el libro *Introducción a la lingüística hispánica actual: teoría y práctica*, la información que aquí se presenta será de interés como material de apoyo o complementario para cualquier curso sobre lingüística hispánica. Nuestro objetivo no solamente consiste en facilitar la labor del profesor, sino también en ofrecer pautas metodológicas para que las clases sobre lingüística hispánica sean más enriquecedoras y se conviertan en un espacio para la reflexión y el intercambio de ideas sobre la comunicación en español.

Agradecimientos

La publicación del presente libro se enmarca en la beca otorgada al Dr. Javier Muñoz-Basols como investigador visitante de la Universidad de Salamanca en el Programa CEI 15-11 USAL en red asociado al Centro Internacional del Español. La información aquí presentada se enmarca además en los proyectos de I+D+i "Identidades y culturas digitales en la educación lingüística" (EDU2014-57677-C2-1-R) y "Género, humor e identidad: desarrollo, consolidación y aplicabilidad de mecanismos lingüísticos en español" (FFI2015-64540-C2-1-P), del programa estatal de investigación, desarrollo e innovación orientado a los retos de la sociedad, del Ministerio de Economía y Competitividad de España, a los que pertenece el Dr. Javier Muñoz-Basols. Nos gustaría dar las gracias a la Dirección General de Política e Industrias Culturales y del Libro, del Ministerio de Educación, Cultura y Deporte, por la concesión de la beca al Dr. Javier Muñoz-Basols (número de registro: T002016N0000005094) del Programa HISPANEX de ayudas para la cooperación cultural con universidades extranjeras. Dicha beca ha permitido la creación del "Portal con recursos en línea destinados a fomentar la investigación y la difusión de la lingüística hispánica" (Portal de lingüística hispánica / Hispanic Linguistics: www.hispaniclinguistics.com) que amplía y complementa los contenidos del presente libro. También nos gustaría dar las gracias al equipo de Bookbright Media por su excelente labor editorial y, en especial, a Isabel Morán García por sus excelentes sugerencias y su cuidadosa edición del manuscrito. Nos sentimos igualmente en deuda con Rocío Díaz-Bravo y Elisa Gironzetti por su generosidad y por haber estado al pie del cañón y dispuestas a echarnos una mano con la revisión de las galeradas. Por último, la elaboración de este libro no habría sido posible sin el constante apoyo de la editorial Routledge, en especial, de Samantha Vale Noya, Laura Sandford y Camille Burns. Todos los materiales de audio y vídeo a los que se hace referencia en algunas actividades se han utilizado con fines didácticos. Agradecemos la disponibilidad de dichos documentos a HBO Latino, el programa "Splunge" de Televisión Española (TVE), la web Audio-Lingua y la web del "Catálogo de voces hispánicas" del Instituto Cervantes, así como a las personas que aparecen representadas en estos documentos audiovisuales.

GOBIERNO
DE ESPAÑA

MINISTERIO
DE EDUCACIÓN, CULTURA
Y DEPORTE

SECRETARÍA
DE ESTADO
DE CULTURA

Capítulo 1

Conceptos fundamentales: lenguaje, lengua y lingüística

1. Objetivos del capítulo

- Familiarizarse con conceptos fundamentales de la lingüística como ciencia y reflexionar sobre la capacidad comunicativa del ser humano.
- Presentar el concepto de lengua como fenómeno mental desde el punto de vista teórico.
- Comprender la distinción entre *lengua* y *lenguaje*, dos términos relacionados entre sí aunque independientes.
- Describir las dos corrientes principales que se utilizan para explicar la capacidad del lenguaje: el enfoque conductista y la hipótesis innatista.
- Enumerar las principales características que distinguen el lenguaje humano de los sistemas de comunicación animal.
- Explicar los factores constitutivos de la comunicación y el objeto de estudio de la neuro-lingüística.
- Plantear el uso del lenguaje como herramienta heurística o de investigación a partir de estudios recientes sobre lingüística que se caracterizan por su enfoque interdisciplinar.

2. Actividades, soluciones y actividades de ampliación

Actividad 1

En esta primera actividad, el estudiante comenzará a reflexionar sobre el lenguaje como fenómeno mental a partir de los dos principales tipos de conocimiento: el declarativo y el procedimental. Para ello, es importante que durante la actividad los estudiantes se fijen en cómo los seres humanos hacemos uso constantemente de estos dos tipos de conocimiento. A partir de las situaciones que se mencionan, los estudiantes deberán establecer la relación entre la actividad que se realiza y el tipo de conocimiento que se activa. Pueden trabajar en parejas o en grupos mientras hacen la actividad.

Soluciones

Actividad 1. Explica cuáles de las siguientes actividades se relacionan principalmente con el conocimiento declarativo o con el procedimental. Justifica tu respuesta.

1. Saber montar a caballo.
2. Saber contar hasta diez en otro idioma.
3. Saber el teorema de Pitágoras.
4. Saber andar.
5. Saber teclear a máquina.
6. Saber todas las capitales de los países latinoamericanos.

Conocimiento declarativo

2. Saber contar hasta diez en otro idioma.
3. Saber el teorema de Pitágoras.
6. Saber todas las capitales de los países latinoamericanos.

Conocimiento procedimental

1. Saber montar a caballo.
4. Saber andar.
5. Saber teclear a máquina.

En el caso de los ejemplos de conocimiento procedimental, se puede hacer un desglose de los diferentes estadios de aprendizaje. Por ejemplo, en el caso de "saber andar" (gatear, apoyarse en objetos, mantener el equilibrio, etc.).

✎ *Ahora responde a las siguientes preguntas:*

1. ¿Qué tipo de conocimiento se perfecciona más?
El conocimiento procedimental suele ser más progresivo, puesto que es muchas veces el resultado de un entrenamiento y, por lo tanto, de una situación de aprendizaje que se repite y se incrementa. Esto permite que este tipo de aprendizaje se pueda ir perfeccionando. Una vez que se sabe hacer una actividad, se puede seguir haciéndola para perfeccionarla y automatizarla.

2. ¿Qué tipo de conocimiento resulta por lo general menos flexible y espontáneo?
El conocimiento declarativo resulta menos flexible porque parte de la base de que hay que aprender algo que viene ya estipulado. Por este motivo no se permite tanto lo espontáneo, sino que por lo general se trata de información ya prefijada de antemano y que se debe aprender en su totalidad para adquirir los conocimientos requeridos.

3. ¿Qué tipo de conocimiento crees que permanece durante más tiempo en la memoria?
El conocimiento procedimental, porque implica la capacidad de realizar una actividad. Puede ser implícito, al adquirirse o reforzarse con la práctica, y permanece más tiempo en la memoria a largo plazo. El declarativo se olvida más fácilmente, ya que se relaciona más con la memorización de información y es un conocimiento explícito. Se desarrolla a partir de una información que existe y que se debe aprender.

▶ *Actividad de ampliación*

Se puede pedir a los estudiantes que, mientras hablan sobre los dos tipos de aprendizaje, expliquen alguna anécdota inolvidable sobre algún aspecto relacionado. Es decir, pueden comentar alguna situación de aprendizaje en su vida que al haber sido significativa ha permanecido en su memoria a largo plazo. Puede tratarse de información concreta, por ejemplo, el aprendizaje que se deriva de una situación o contexto determinado, o incluso palabras o expresiones en una segunda lengua (L2) que siempre van a recordar por el momento en el que tuvo lugar el aprendizaje. En el caso de tratarse de un aprendizaje procedimental pueden comentar cómo progresaban por los estadios de aprendizaje y cómo se sentían al principio y conforme el aprendizaje se iba consolidando con el paso del tiempo. Un buen ejemplo es aprender a tocar un instrumento hasta que se va automatizando cómo producir el sonido y tocarlo a la vez que se lee la partitura. Del mismo modo, este contexto puede ser interesante para hablar brevemente sobre el tema de las "estrategias de aprendizaje" y preguntarles a los estudiantes si tienen algún tipo de "estrategias" o "recursos" que ponen en marcha a la hora de aprender, por ejemplo, para memorizar un número de teléfono o una dirección, así como para aprender reglas gramaticales o vocabulario. Se puede relacionar este tema con los contenidos del capítulo 8 sobre la adquisición de la lengua (el aprendizaje de reglas gramaticales, la adquisición del vocabulario, etc.).

Actividad 2

Esta actividad propone concienciar al estudiante sobre cómo el ser humano ha sido capaz de reflexionar sobre el uso del lenguaje. Como se verá al abordar las "características del lenguaje humano", este uso está relacionado con la capacidad de la "reflexividad", la cual nos permite aprender a observar cómo nos comunicamos. También es importante hacer ver a los estudiantes cómo las definiciones se han ido matizando con el paso del tiempo, desde una definición más general hasta una mayor sofisticación al definir y explicar qué entendemos por "lenguaje".

Soluciones

Actividad 2. Compara las siguientes definiciones del término lenguaje. Explica cómo han evolucionado a lo largo del tiempo, en qué se parecen y en qué se diferencian.

1. "Un método netamente humano y no instintivo para comunicar ideas, emociones y deseos a través de un sistema de símbolos producidos de manera voluntaria". Edward Sapir (1921/1990)
→ En la definición de Sapir, el lenguaje se considera exclusivamente humano. Se podría discutir si la expresión o producción de símbolos es siempre voluntaria. Por ejemplo, el llanto de un bebé que tiene hambre es su manera de comunicarse, pero se podría argumentar si se trata de algo voluntario o de un reflejo involuntario por la sensación física de estar hambriento.

2. "Un sistema de signos vocales, es decir, que se emiten principalmente a partir de la voz, con el que coopera un grupo social". Bernard Bloch y George L. Trager (1942)
→ En esta definición se añade una dimensión social al hablar de "grupo" y "cooperación". Desde el punto de vista de la pragmática, se puede mencionar que hay ocasiones en las que los miembros de un grupo social no cooperan con el fin de cumplir diferentes propósitos comunicativos, por ejemplo, cuando una persona omite información o miente. Además, en la definición de Bloch y Trager faltaría matizar que los signos no son siempre vocales, sino que el lenguaje corporal, es decir, la comunicación no verbal, también forma parte del acto comunicativo.

3. "Un conjunto de símbolos que transmiten significado, además de una serie de reglas para combinar dichos símbolos, los cuales pueden utilizarse para generar una variedad infinita de mensajes". Wayne Weiten (1989)

→ Weiten define el lenguaje desde un ángulo generativista, pero no menciona que los símbolos son arbitrarios y que pueden ser escritos, orales o visuales. Esta definición hace referencia a la existencia de una serie de reglas o parámetros que de alguna forma regulan el lenguaje.

4. "Un comportamiento que utiliza partes del cuerpo: el aparato fonador y el sistema auditivo para el lenguaje oral, así como otras partes del cuerpo que también contribuyen a la comunicación, como los brazos, las manos y los ojos para las lenguas de signos o señas, etc. Estas partes del cuerpo están controladas únicamente por el cerebro y sus funciones". Fred C. C. Peng (2005)
→ La definición de Peng se concentra en los órganos del aparato fonador y en la comunicación no verbal, mediante la referencia a otras partes del cuerpo. Se trata de una definición de carácter fisiológico, pero no se detallan aspectos sobre la función del lenguaje.

5. "Un sistema convencional de símbolos hablados o escritos a través del cual los seres humanos se expresan como miembros de un grupo social y como participantes de su propia cultura. Las funciones del lenguaje incluyen la comunicación, la expresión de identidad, el juego, la expresión de la imaginación y la expresión de los sentimientos". David Crystal y Robert Henry Robins (2014)
→ En la definición de Crystal y Robins, además de "expresar" se podría haber utilizado también el verbo "comunicar". Se habla de la especificidad lingüística y cultural que va asociada al lenguaje (véase el capítulo 5) y a una lengua concreta, y la capacidad del lenguaje se relaciona también con la identidad. El lenguaje se relaciona además con diferentes funciones comunicativas y contextos de uso, como el juego y la expresión de la imaginación o los sentimientos.

▶ *Actividad de ampliación*

Se puede pedir a los estudiantes que en parejas o en grupos busquen otras definiciones propuestas por lingüistas, o incluso se les puede animar a que preparen sus propias definiciones. Del mismo modo, se puede poner énfasis en la importancia de la lingüística como disciplina que nos permite observar cómo nos comunicamos y comprender el funcionamiento de la interacción entre los seres humanos. Conviene explicar a los alumnos que resulta complejo encontrar una definición plenamente satisfactoria del término "lenguaje" puesto que, como se ha visto en la actividad, existen múltiples elementos en su configuración. Lo imprescindible es poder describir los elementos que operan en la capacidad del lenguaje.

Actividad 3

Cabe recordar aquí que los conceptos de "lengua", "lenguaje" e "idioma" se reducen por lo general a un único término en inglés: *language*. En textos especializados, para compensar esta falta de distinción entre conceptos, muchas veces se habla en inglés de *Language with capital L* para referirse al término "lenguaje". Se puede preguntar a los estudiantes por qué creen que existen diferencias entre los idiomas en cuanto a las equivalencias léxicas o semánticas de las palabras y que consideren cómo estas diferencias afectan a distinciones tan importantes para la comunicación humana. Se puede explicar que estas diferencias semánticas radican en que entre las lenguas y culturas, al igual que sucede entre las variedades de una misma lengua (véase el capítulo 7 sobre variación lingüística), encontramos diferencias de significado y de interpretación de la realidad. De ahí que, por ejemplo, existan onomatopeyas básicas, como los sonidos de los animales, que no se corresponden en todas las lenguas. También los nombres de los colores y el color al que se refieren pueden ser distintos de una cultura a otra. Una de las mejores maneras de observar estas diferencias lingüísticas y culturales es bajo la óptica de la traducción. Esta actividad sirve de introducción a la especificidad lingüística y cultural característica de un idioma, tema que irá apareciendo en numerosas ocasiones a lo largo del libro (véase, por ejemplo, el capítulo 5 sobre semántica y pragmática).

Soluciones

Actividad 3. Elige la definición más apropiada para cada uno de los siguientes conceptos. Ten en cuenta la información que ha aparecido en esta sección.

lenguaje • lengua • idioma • dialecto • habla • jerga

1. Sistema lingüístico derivado de otro, normalmente con una limitación geográfica concreta, pero sin diferenciación suficiente frente a otros sistemas lingüísticos de origen común.
   → dialecto
2. Sistema de comunicación verbal propio de una comunidad humana.
   → lengua
3. Acto individual al hablar producido mediante la elección de determinados signos.
   → habla
4. Conjunto de señales generales que dan a entender algo y que sirven para comunicarse.
   → lenguaje
5. Manera especial y familiar de hablar que usan entre sí los individuos de ciertas profesiones.
   → jerga
6. Lengua de un pueblo o nación, o común a varios.
   → idioma

Definiciones adaptadas del *Diccionario de la lengua española* (DRAE 2014).

Actividad 4

Actividad 4. Investiga el debate terminológico en torno a las palabras dialecto *y* lecto, *y elabora un resumen con algunas de las ideas de diferentes investigadores. Puedes consultar el recuadro con lecturas adicionales al final del capítulo.*

Actividad libre.
Aquí se pretende que el estudiante profundice en la distinción entre los términos "dialecto" y "lecto" dada su complejidad. Para esta actividad, los alumnos pueden consultar los trabajos de Bailey (1973), Montes Giraldo (1986), Pottier (1992) y Moreno-Fernández (2012). Las referencias completas son:

Bailey, C.-J. N. 1973. *Variation and Linguistic Theory*. Arlington, VA: Center for Applied Linguistics.
Montes Giraldo, J. J. 1986. "Lengua-dialecto una vez más: la persistencia y actualidad de un viejo problema". *Thesaurus: boletín del Instituto Caro y Cuervo* 41 (1-3): 23-41.

Moreno-Fernández, F. 2012. *Sociolingüística cognitiva. Proposiciones, escolios y debates*. Madrid y Frankfurt: Iberoamericana/Vervuert.

Pottier, B. 1992. "La variación lingüística y el español de América". *Revista de Filología Española* 72 (3/4): 283-295.

Se puede pedir a los estudiantes que preparen un informe oral sobre algunas de las diferencias que hayan encontrado en la lectura de estos documentos.

Actividad 5

Actividad 5. Si se desconocen los parámetros de la comunicación no verbal se pueden producir malentendidos culturales. ¿Crees que los siguientes comportamientos comunicativos podrían aparecer también en tu cultura? ¿En qué difieren?

La comunicación no verbal en diferentes culturas
1. En Bulgaria, para asentir y decir que sí, mueven la cabeza de un lado para otro; para negar algo y decir que no, la mueven de arriba a abajo.
2. En Grecia se considera un insulto mostrarle a alguien la palma de la mano, o de las dos manos, de manera frontal.
3. En Suecia, cuando la gente brinda con una copa, suele mirarse a los ojos y mantener el contacto visual durante unos segundos.
4. En Turquía se considera de mala educación, o de poco respeto, hablar con las manos en los bolsillos.
5. En Alemania, o en Austria, es común golpear la mesa de un bar con los nudillos de la mano como saludo cuando uno se une a un grupo de amigos o cuando se va.
6. En Vietnam, China y Japón es habitual dar y recibir objetos con ambas manos para mostrar respeto y que se valora el objeto entregado.

Actividad libre.

Las respuestas variarán en función del alumno. Lo importante es que el estudiante aprenda a apreciar que hay una serie de parámetros culturales que pueden regir la comunicación no verbal y que, en muchos casos, no son equiparables a los de otras culturas. Por esta misma razón, para poder comunicarse de manera exitosa en otra cultura, se deben aprender dichos parámetros.

Actividad 6

Pese a tratarse de un vídeo que muestra el uso de la comunicación no verbal en clave de humor, en esta actividad es interesante notar que con frecuencia hacemos uso de gestos que complementan o refuerzan la comunicación o que sustituyen en muchos casos a algunos elementos léxicos del código verbal. Este hecho tiene que ver con el contexto de la comunicación, aspecto que se abordará al hablar de la pragmática (capítulo 5). Por esta razón, el vídeo puede ser una buena oportunidad para mostrar la importancia que adquiere el contexto en la comunicación.

Antes de ver el vídeo se pueden proporcionar a los estudiantes las siguientes pautas para que en parejas o en grupos intenten:

a) Enumerar todos los gestos distintos que aparecen.

b) Prestar atención a la relación entre cada uno de los gestos y su significado.

c) Determinar si algunos de estos gestos se podrían dar en un mismo contexto comunicativo en su cultura.

d) Valorar cuáles de los gestos podrían tener mayor validez en un mayor número de culturas.

Soluciones

Actividad 6. El siguiente vídeo del programa Splunge *de Televisión Española (TVE) presenta la comunicación no verbal en clave de humor. Intenta interpretar el significado de los gestos. ¿Se podrían comprender todos ellos en tu cultura?*

🔲 Vídeo: https://www.youtube.com/watch?v=IEGamVBeeOc

▶ Título del vídeo en YouTube: "splunge gestos".

He aquí la relación de gestos que aparecen en el vídeo:

1. Gesto de que le traigan la cuenta.
2. Gesto de que está preparando comida y de que tiene la sartén en el fuego.
3. Gesto que dice que se queda ahí y que no tiene prisa.
4. Gesto de beber algo (posiblemente un vaso o copa de vino).
5. Gesto de conducir o manejar al volante.
6. Gesto de que tiene prisa al señalar el reloj con el dedo índice.
7. Gesto de que pasa la tarjeta bancaria por la máquina de tarjetas al hacer un movimiento que lo imita.
8. Gesto con el dedo índice hacia el aire acondicionado para decir que el "chorro" de aire le da directamente.
9. Gesto con los brazos para mostrar que tiene frío.
10. Gesto que representa el accionar la palanca de un dispensador de cerveza (baja el brazo imitando cómo se sirve una cerveza).
11. Gesto en el que mueve las manos hacia adelante para "pedir paciencia".
12. Gesto en el que mueve las manos al aire haciendo un círculo para simbolizar "gente" como parte de la expresión "Hablando se entiende la gente".

▶ *Actividad de ampliación*

Después de haber realizado la actividad (en parejas o en grupos), se puede pedir a los estudiantes que piensen en otros gestos que hayan utilizado alguna vez. Ellos deberán representar una breve situación comunicativa en la que se utilizan los gestos y el resto de la clase tendrá que adivinar cuál es el mensaje que se desea transmitir. También se les puede pedir que elaboren una pequeña narración en grupos en la que solamente hagan uso del lenguaje no verbal. El resto de la clase tendrá que adivinar cuál es la historia que se narra y el contexto en el que se desarrolla la acción. Se pueden emplear sonidos como apoyo, pero en ningún caso se podrá hacer uso del lenguaje verbal, es decir, de palabras o enunciados completos.

Actividad 7

En esta actividad se presentan dos de los enfoques sobre el aprendizaje que más han influido a lo largo del siglo XX: el conductismo y el innatismo. El objetivo principal de la actividad es mostrar la capacidad del ser humano para reflexionar sobre el aprendizaje, e indicar cómo dicha reflexión ha evolucionado y se ha perfeccionado con el paso del tiempo. Aun así, conviene subrayar que todavía quedan muchos aspectos que desconocemos como, por ejemplo, cuál es la mejor manera de aprender una lengua, pues el aprendizaje tiene que ver también con componentes de tipo cognitivo y afectivo.

Soluciones

Actividad 7. Identifica cuáles de las siguientes características pertenecen al conductismo y cuáles al innatismo. Hay cinco para cada tipo.

1. Los seres humanos están programados de manera biológica para adquirir el lenguaje.
2. Existen estadios de aprendizaje comunes en función de la edad.
3. Las semejanzas en cómo diferentes individuos adquieren una lengua se podrían explicar observando y comparando su manera de comportarse ante determinados estímulos.
4. El ser humano va seleccionando y construyendo el lenguaje de manera creativa.
5. El ser humano aprende principalmente de lo que oye.
6. La cantidad de estímulos que se reciben determina el grado de aprendizaje.
7. Las semejanzas en cómo adquieren una lengua diferentes individuos se podrían explicar en parte a partir de la existencia de una gramática universal
8. El aprendizaje se produce a partir de una serie de hábitos que contribuyen a reforzarlo.
9. El ser humano posee un dispositivo de adquisición del lenguaje que le permite acceder al conocimiento sobre el uso de la lengua.
10. La imitación y la repetición constituyen las principales maneras de consolidar el aprendizaje.

Conductismo

3. Las semejanzas en cómo diferentes individuos adquieren una lengua se podrían explicar observando y comparando su manera de comportarse ante determinados estímulos.
5. El ser humano aprende principalmente de lo que oye.
6. La cantidad de estímulos que se reciben determina el grado de aprendizaje.
8. El aprendizaje se produce a partir de una serie de hábitos que contribuyen a reforzarlo.
10. La imitación y la repetición constituyen las principales maneras de consolidar el aprendizaje.

Innatismo

1. Los seres humanos están programados de manera biológica para adquirir el lenguaje.
2. Existen estadios de aprendizaje comunes en función de la edad.
4. El ser humano va seleccionando y construyendo el lenguaje de manera creativa.
7. Las semejanzas en cómo adquieren una lengua diferentes individuos se podrían explicar en parte a partir de la existencia de una gramática universal.

9. El ser humano posee un dispositivo de adquisición del lenguaje que le permite acceder al conocimiento sobre el uso de la lengua.

✎ **A partir de la actividad anterior, explica por qué se abandonaron los postulados conductistas y qué aportó el modelo innatista en relación con el aprendizaje de la lengua.**

Una de las razones por las que se desecha el modelo conductista tiene que ver con su enfoque en la observación de la conducta del ser humano ante un estímulo y que la hace trasladable a cualquier sujeto. Para el conductismo, cuando la reacción ante un estímulo se realiza con éxito, se refuerza el aprendizaje; sin embargo, el fracaso ante dicho estímulo lo debilita. En realidad, aunque haya rasgos en común entre las personas, el aprendizaje no se da de la misma manera o intensidad en todos los individuos. Por esta misma razón, el método conductista tampoco puede justificar que la respuesta ante un estímulo se dé con la misma efectividad o intensidad en distintos sujetos.

Aunque el innatismo no permita explicar en su totalidad cómo aprenden los seres humanos, sí que parece plausible que, por ejemplo, exista un período crítico o más propicio para el aprendizaje de la lengua (véase el capítulo 8 sobre adquisición). También los seres humanos pasan por estadios similares durante la adquisición de la lengua materna (L1); por ejemplo, suelen producir los mismos errores, hecho que justificaría que el conocimiento almacenado responde de manera similar. A diferencia del conductismo, que basa su teoría en la repetición y en la imitación, en el innatismo la lengua en los seres humanos se construye de manera creativa, lo cual explicaría por qué no todos nos expresamos de la misma manera. Otra idea que sirvió para desechar el modelo conductista es que aun en condiciones en las que los datos o la exposición al caudal lingüístico es pobre en cantidad y calidad, un niño es capaz de adquirir una lengua; por lo tanto, el aprendizaje no solamente se basaría en la respuesta ante un determinado número de estímulos.

Actividad 8

Esta actividad propone que el estudiante comience a fijarse en el componente estructural de las lenguas, aspecto que se ampliará en los capítulos 2 (fonología y fonética), 3 (morfología) y 4 (sintaxis). De este modo, es importante que el estudiante note que cada lengua expresa componentes que pueden expresarse de forma similar o equivalente en otras lenguas, p. ej., la morfología de una palabra.

Soluciones

Actividad 8. Las lenguas pro-drop *pueden tener un sujeto implícito o explícito, mientras que las* non-pro-drop *siempre necesitan un sujeto explícito que acompañe al verbo en la oración. Relaciona los siguientes ejemplos con las lenguas a las que pertenecen.*

Lenguas *pro-drop*: el italiano (*parlo*), el portugués (*falo*), el rumano (*vorbesc*)
Lenguas *non-pro-drop*: el holandés (*Ik spreek*), el alemán (*Ich spreche*), el noruego (*Jeg snakker*)

✎ **¿Qué origen etimológico comparten estas lenguas? ¿Crees que la característica *pro-drop* o *non-pro-drop* se puede generalizar a la totalidad de una familia de lenguas?**

Lenguas romances: el italiano, el portugués, el rumano

Lenguas germánicas: el holandés, el alemán, el noruego

Aunque las lenguas que comparten un mismo origen etimológico poseen rasgos lingüísticos en común, esta característica no siempre se da en todas las lenguas de una misma familia. Por ejemplo, en los casos anteriores, el francés, a diferencia del español, pese a ser una lengua romance, es una lengua *non-pro-drop* (*je parle*) (véase el capítulo 6 sobre historia de la lengua para más información sobre las diferentes familias lingüísticas).

Actividad 9

El principal objetivo de esta actividad es desarrollar la capacidad contrastiva del alumno para comparar diferentes lenguas. Esta capacidad de reflexión sobre las diferencias entre los códigos lingüísticos sirve para comprender mejor cada uno de los constituyentes que los conforman.

Soluciones

Actividad 9. A partir de los ejemplos que se han explicado en esta sección, enumera otro parámetro en español y en inglés para las siguientes categorías lingüísticas. Describe brevemente cómo se comporta cada lengua e ilústralo con un ejemplo.

Incluimos en esta tabla algunas diferencias entre el español y el inglés.

Parámetro	español	inglés
Fonológico	- Sonidos que no existen en inglés, como el de la letra *j* /x/. - También difieren considerablemente los rasgos de las vocales entre el español y el inglés.	- En el inglés existen vocales largas, por ejemplo: *car* /kɑː/, *key* /kiː/ o *do* /duː/
Morfológico	- En español se encuentran morfemas flexivos para indicar el plural en los adjetivos: *árbol*–**es** *verde*–**s**. - El paradigma verbal es también diferente puesto que en español existen más formas en la conjugación de los verbos (*voy, vas, va, vamos, vais, van*). - Un ejemplo de morfología derivativa lo encontramos en los sufijos apreciativos, también conocidos como aumentativos, diminutivos o peyorativos o despectivos. Por ejemplo, *casa* → *cas*–*ona* (aumentativo), *cas*–*ita* (diminutivo) *cas*–*ucha* (peyorativo o despectivo). - El proceso de composición de palabras también difiere entre ambas lenguas, puesto que en español se reduce principalmente a 5 tipos: nombre + nombre (*ciudad dormitorio*); tema verbal + nombre (*abrelatas*); nombre + adjetivo (*peliagudo*); nombre + adverbio (*boca arriba*); adjetivo + adjetivo (*verdiblanco*).	- No existen morfemas flexivos en los adjetivos para la formación del plural: *green trees*, y no **greens trees*. - Existen menos formas en el paradigma verbal (*I, you, we, they go*). - En inglés, para mostrar el componente equivalente en español que se consigue con los diminutivos, se tiene que recurrir a un adjetivo: *little house*. - En inglés la composición admite muchas más combinaciones, por ejemplo: partícula + verbo (*input; output*), etc.

Sintáctico	- La noción de sustantivos contables e incontables. Por ejemplo, el sustantivo *gente* en español es incontable, **dos gentes*. - Otro ejemplo es la posición del adjetivo. En español existen adjetivos que cambian de significado según su posición. Por ejemplo, no es lo mismo *hay diferentes opciones* (existen varias opciones) que *hay opciones diferentes* (existen opciones diferentes entre sí).	- En cambio, en inglés el sustantivo *people* es contable, *one, two, ten people*. - El adjetivo en inglés, a excepción de unos cuantos ejemplos (*the president-elect*), va normalmente en posición antepuesta al sustantivo.
Semántico	- Algunas diferencias las observamos en el léxico, por ejemplo, en las palabras polisémicas. La palabra *muelle* en español puede significar *pier* y *spring*.	- A su vez la palabra *spring* en inglés puede significar *muelle*, pero también *primavera*.

En el siguiente libro se pueden encontrar numerosos ejemplos de lingüística contrastiva entre el español y el inglés:

Whitley, M. S. 2002. *Spanish/English Contrasts. A Course in Spanish Linguistics*. Washington, DC: Georgetown University Press.

▶ *Actividad de ampliación*

Aparte de los ejemplos anteriores, se puede pedir a los alumnos que identifiquen otras diferencias entre el español y el inglés que les parezcan interesantes. Durante la búsqueda de estas diferencias es imprescindible que los estudiantes decidan cuáles son las áreas que van a comparar para irse familiarizando con las disciplinas de la lingüística que estudiarán en los capítulos siguientes. Se puede dividir la clase en grupos y pedirles que cada uno se encargue de un área concreta de la lingüística. Con ello, se fomentará el intercambio de información y de conocimientos en el aula.

Actividad 10

Esta actividad muestra la evolución de lo que entendemos hoy en día por gramática, es decir, un concepto que corresponde a un significado más amplio y que incluiría a un mayor número de hablantes que en el siglo XIX. Aun así, el concepto refleja una preocupación por representar una homogeneidad o por poder ofrecer una normatividad en el uso del idioma. Para ello se presupone la existencia de una "norma culta" que sería la que se tomaría como modelo o referencia.

Soluciones

Actividad 10. Lee la definición de gramática *que el filólogo venezolano Andrés Bello escribió a mediados del siglo XIX y responde a las preguntas que aparecen a continuación.*

"La GRAMÁTICA *de una lengua es el arte de hablarla correctamente, esto es, conforme al buen uso que es el de la gente educada. [. . .] Se prefiere este uso porque es el más uniforme en las varias*

provincias y pueblos que hablan la misma lengua, y por lo tanto el que hace más fácil y que gene-
ralmente se entienda lo que se dice; al paso que las palabras y frases propias de la gente ignorante
varían mucho de unos pueblos y provincias a otros, y no son fácilmente entendidas fuera de aquel
estrecho recinto en que las usa el vulgo". (Andrés Bello, 1860)

a) Explica cuál es la preocupación de Andrés Bello en cuanto a la norma y al uso del idioma.
La definición de Andrés Bello pone de manifiesto, ya a mediados del siglo XIX, la preocupación por buscar uniformidad en el uso del idioma. El autor indica que resulta más sencillo
encontrar un uso de la lengua similar entre aquellas personas que pertenecen al grupo de
"gente educada" —grupo que Bello presenta desde el punto de vista de homogeneidad más
que de clase social— y que, por lo tanto, resulta más difícil hallar un uso homogéneo del
idioma en zonas más aisladas o lejanas ("pueblos, provincias"), donde la manera de expresarse puede diferir bastante. Este último hecho destaca también su preocupación por las
diferencias que pueda haber entre norma y uso.

b) Indica si su definición de gramática contiene rasgos prescriptivos y descriptivos.
El planteamiento de Bello reconoce un punto de vista descriptivo del idioma, ya que indica
posibles diferencias en el uso de la lengua, pero también reconoce el prescriptivo, dado que
señala a un grupo de hablantes, "la gente educada", como muestra de la manera más idónea
de expresarse, es decir, como la normativa. Su punto de vista tiene que ver más con la necesidad de fijar unas normas en el uso del idioma que con la idea de defender un tipo de
hablante ideal.

▶ *Actividad de ampliación*

Se puede preguntar a los estudiantes qué hacen para verificar que utilizan la gramática
de manera correcta. ¿Cuáles han sido sus experiencias sobre el uso de la gramática en el
entorno familiar, la escuela, la universidad, la lectura, etc. Esto se puede contrastar en
el caso del español y en el caso del inglés. Uno de los datos más interesantes es observar
que en español existe la Real Academia Española (RAE), fundada en 1713, y la Asociación
de Academias de la Lengua Española (ASALE), creada en 1951. En el caso del inglés la
ausencia de instituciones dedicadas a la lengua hace que sea más difícil encontrar un
organismo regulador del uso del idioma, por lo que los medios de comunicación ejercen
hoy en día un papel importante en este sentido. Un claro ejemplo para contrastar
la normatividad en el uso del idioma se advierte en relación con la presencia de extranjerismos, o préstamos lingüísticos de otras lenguas, en los diccionarios, como el *Oxford English
Dictionary* y el *DRAE*. Se puede consultar el siguiente artículo donde se explica dicha
problemática:

Muñoz-Basols, J. y D. Salazar. 2016. "Cross-Linguistic Lexical Influence between English
   and Spanish". *Spanish in Context* 13 (1): 80-102. DOI: 10.1075/sic.13.1.04mun.

Actividad 11

Actividad 11. Consulta la Gramática descriptiva de la lengua española *(1999) e*
identifica dos usos del idioma que no formen parte de la gramática normativa. Explica

sus principales características y determina si se trata de usos comunes de la lengua o poco extendidos.

Actividad libre.

Para esta actividad es suficiente identificar algunos aspectos que no sean normativos pero que muestren la diversidad de opciones en el uso del idioma. Un ejemplo es el uso de diferentes tiempos verbales con las oraciones condicionales (Montolío 1999, 3643-3737). Se pueden observar diferentes combinaciones de tiempos verbales en función de las variedades dialectales, no siendo todas ellas normativas. Por ejemplo, algunos hablantes—hablantes de castellano en la zona de influencia del euskera en el norte de España—emplean la estructura <Si + condicional + condicional> en lugar de la habitual <Si + imperfecto de subjuntivo + condicional>. Así, en la prótasis, o primera parte de la oración, aparece un condicional, *Si tendría dinero, me compraría una casa con piscina*, en lugar del habitual imperfecto de subjuntivo, *Si tuviera dinero, me compraría una casa con piscina*, al igual que en la apódosis, o segunda parte de la oración (véase Montolío 1999, 3670). Otros ejemplos se pueden localizar en el capítulo 7 del libro de texto, sobre variación lingüística.

Actividad 12

Actividad libre.

Esta actividad sugiere que el estudiante se fije en las numerosas posibilidades que ofrece la sintaxis de una lengua. Estas posibilidades están sujetas a las características propias de la gramaticalidad de un código lingüístico concreto. Así, no tienen por qué existir las mismas posibilidades en español que en inglés. Basta con comparar la posición más flexible de algunos adverbios en español, *¿Ya lo has hecho?*, *¿Lo has hecho ya?*, con el inglés, *Have you already done it?*, y no **Already have you done it?* No obstante, en inglés también se podría decir *Have you done it yet?*

Soluciones

Actividad 12. Construye dos oraciones gramaticales con los elementos que aparecen a continuación. Luego construye una que sea agramatical (no olvides añadir el asterisco *).

{**persiguió, con, el, ojos, gato, perro, el, rojo, al, verdes, por, grande, camino**}

Posibles oraciones (no es una lista exhaustiva):

– El gato con ojos verdes persiguió al perro grande por el camino rojo.
– Por el camino rojo el perro con ojos verdes persiguió al gato grande.
– El gato rojo al perro con ojos verdes persiguió por el camino grande.
– *El ojos camino verdes rojo por el persiguió grande perro al gato con.

✍ **Ahora fíjate en los siguientes ejemplos y explica con tus propias palabras cómo se manifiesta la "creatividad regida".**

– **La tienda estaba cerrada.**
– **Cerrada estaba la tienda.**
– **La tienda cerrada estaba.**

– Cerrada la tienda estaba.
– *Cerrada la estaba tienda.

La creatividad regida se pone de manifiesto en que los ejemplos muestran un número finito de combinaciones y una secuencia agramatical. Es interesante ver que el primer ejemplo muestra el orden de los elementos más habitual en español, es decir, sujeto + verbo + complementos; sin embargo, vemos que también son posibles otros esquemas compositivos.

Actividad 13

Esta actividad ofrece al estudiante la ocasión de descubrir un lenguaje ancestral que se ha logrado mantener en Canarias (España) y que muestra la capacidad comunicativa del ser humano más allá del código verbal. Con ello, el estudiante conseguirá reflexionar sobre la relación del ser humano con su entorno en relación con la comunicación.

Soluciones

Actividad 13. Hemos visto que algunos animales se comunican mediante diferentes tipos de sonidos. Existe en la isla de La Gomera (Canarias, España) un lenguaje silbado ancestral que todavía se mantiene en la actualidad. Lee el siguiente texto y responde a las preguntas.

El "silbo gomero", lenguaje silbado de la isla de La Gomera

El lenguaje silbado de la isla de La Gomera, denominado "silbo gomero", es un sistema de comunicación que reproduce la lengua hablada en la isla de forma articulada mediante silbidos. Se trata de un lenguaje sustitutivo, reductor, espontáneo, no convencional, capaz de transmitir e intercambiar una gama ilimitada de mensajes a larga distancia (hasta 5 km), reproduciendo las características sonoras de una lengua hablada.

Se trata del único lenguaje silbado conocido que es practicado por una comunidad numerosa (más de 22.000 personas) que podemos calificar de plenamente desarrollada en los aspectos sociales, culturales y económicos. Su origen es prehispánico y ha sido transmitido de maestros a discípulos a lo largo de siglos.

El silbo gomero reemplaza las vocales y consonantes del español por silbidos: dos silbidos diferenciados sustituyen a las cinco vocales del español; cuatro a las consonantes y a través de estos seis silbidos se pueden expresar más de 4.000 conceptos. Los silbidos se distinguen por su tono y su interrupción o continuidad. Una vez que han adquirido práctica suficiente, las personas pueden transmitir con silbidos todo tipo de mensajes en el paisaje abrupto de La Gomera.

En la actualidad todos los habitantes de la isla de La Gomera conocen el silbo gomero. Lo practican casi todas las personas nacidas antes de 1950 y todos los niños y jóvenes escolarizados desde 1999, fecha en que se incluyó su enseñanza en el sistema educativo público de la isla.

Adaptado de: http://www.mecd.gob.es/patrimonioInmaterial/elementos-declarados/comunidad-autonoma/islas-canarias/silbo-gomero.html

✍ **Preguntas:**

1. ¿Qué se dice en el texto sobre el entorno de la isla de La Gomera que ha podido conducir a la creación de este lenguaje silbado?

Se dice que es un lugar "abrupto". Se trata de una isla montañosa, por lo que este sistema de comunicación mediante silbidos permite llegar a sitios donde la voz humana resultaría imperceptible.

2. ¿Cómo se manifiesta en este lenguaje silbado la relación entre el ser humano y su entorno?

A lo largo de la historia, el ser humano se ha visto condicionado por su entorno y se ha tenido que adaptar al mismo. En este caso se trata de un sistema que se desarrolló por la necesidad de los hablantes de comunicarse a grandes distancias. Muestra la capacidad del ser humano de desarrollar otros lenguajes que pueden configurarse con diversos componentes lingüísticos.

3. ¿Crees que la geografía de un lugar puede influir en el desarrollo de las variedades de una misma lengua? ¿Puede esta característica servir para distinguir dos variedades? Justifica tu respuesta.

Se puede comentar aquí, a modo de introducción, la distinción general que se hará sobre el "español de América" en el capítulo 7 (variación lingüística) entre "tierras altas" (variedades más conservadoras) y "tierras bajas" (variedades más innovadoras), lo cual muestra una división que tiene que ver también con la relación de los habitantes de un lugar, la geografía y su entorno. El español de Chile, dada su ubicación cerrada por la cordillera de los Andes, es un claro ejemplo de cómo esta variedad se distingue notablemente en sus rasgos con respecto al resto. Es decir, su orografía o geografía física ha podido influir en la forma de hablar de sus habitantes. Otro ejemplo lo encontramos en el español ecuatoriano si consideramos los rasgos característicos del español de la Sierra y de la Costa. Algo similar ocurre en Colombia entre el español hablado en el norte bañado por el mar Caribe, de influencia caribeña, o cerca de los Andes, con otros rasgos distintivos más propios del español andino.

✍ **Ahora escucha el silbo gomero en el siguiente vídeo. Fíjate en los subtítulos e intenta establecer una conexión entre los sonidos y su significado.**

◉ Vídeo: https://www.youtube.com/watch?v=qlZh9I1pxj0
▶ Título del vídeo en YouTube: "Silbo gomero".

Actividad libre.
Si se siguen los subtítulos con atención, en ocasiones se pueden discernir algunos de los sonidos que se oyen mediante el apoyo visual del texto. Se pueden identificar algunas de las secuencias más reconocibles y describir brevemente en voz alta su composición fonológica y morfológica.

✍ **¿Eres capaz de reconocer el significado de los silbidos sin leer los subtítulos?**

Actividad libre.
Una posible actividad de ampliación es que los estudiantes vean la relación entre sonidos y componente lingüístico, y que luego el profesor tape los subtítulos para ver si son capaces de recordar algunas de las palabras mediante la memoria auditiva.

Actividad 14

El objetivo de esta actividad consiste en mostrar las diferencias que hay entre las lenguas a la hora de codificar mensajes y, por lo tanto, cómo la representación entre significante y significado no se da de la misma manera. Es bastante probable que a los estudiantes les sorprenda el significado de algunas de las onomatopeyas seleccionadas e incluso descubrir que existen onomatopeyas para sonidos que posiblemente no tengan representación equivalente en otras lenguas, por ejemplo, *¡frufrú!* (para el sonido del roce de la seda), o *¡marramao o marramáu!* (para un gato en celo).

Soluciones

Actividad 14. Completa la tabla a partir de lo que sugiere la onomatopeya en relación con el objeto, la acción o el animal al que se hace referencia.

Significante	Significado
¡tictac!	un reloj
¡catapún! o ¡catapum!	un golpe
¡chinchín!	unos platillos de percusión
¡achís!	un estornudo
¡bla-bla-bla! o ¡blablablá!	una conversación
¡bum!	una explosión
¡clic!	un interruptor
¡rataplán!	un tambor
¡cricrí!	un grillo
¡clac!	un gatillo
¡quiquiriquí!	un gallo
¡guau!	un perro
¡marramao o marramáu!	un gato en celo
¡frufrú!	el roce de la seda
¡gluglú!	el agua al sumergirse algo

✍ **¿Se parece alguna de las onomatopeyas de la actividad anterior a las que se utilizan en tu lengua materna o en otras lenguas que conozcas? ¿Conoces otras onomatopeyas que cambien según la lengua?**

Actividad libre.

Un buen ejemplo es el de la onomatopeya del "gallo", ya que suele cambiar bastante: *quiqui-riquí* (español), *kikeriki* (alemán), *coco rico* (francés), *cock-a-doodle-doo* (inglés), コケコッコ — (*kokekokkoo*) (japonés), *kukuryku* (polaco), *kukurikú* (húngaro), etc.

▶ *Actividad de ampliación*

Primera parte:

Una lengua interesante para hablar de las onomatopeyas es el japonés. En japonés existen tres tipos principales de onomatopeyas:

giongo 擬音語 → onomatopeya de las cosas → "timbre de la puerta": ピンポン *pin pon* (en español: ¡*ding dong!*)

giseigo 擬声語 → onomatopeya emitida por un animal → "ladrido del perro": ワンワン *wan wan* (en español: ¡*guau guau!*)

gitaigo 擬態語 → onomatopeya del estado de las cosas o personas → "estar preocupado" ソワソワ *sowa sowa* (moverse de aquí para allá; inquietamente, ansioso)

Adaptado de: http://kantod.com/las-onomatopeyas-en-japones/

Segunda parte:

Una vez que se haya hecho la práctica sobre el español y que se haya presentado el ejemplo del japonés (en parejas o en grupos), se puede pedir a los estudiantes que busquen muestras de lengua de onomatopeyas en diferentes idiomas. Deberán crear una tabla en la que tengan que identificar a qué corresponde la onomatopeya: a) onomatopeya de una cosa, b) onomatopeya de un animal y c) onomatopeya del estado de las cosas. También se les puede pedir que identifiquen la lengua que creen que es. Cuando tengan que identificar la lengua, se pueden dar dos o tres opciones para cada onomatopeya. De esta manera se podrán familiarizar con las diferencias acústicas y semánticas entre las lenguas y cómo este aspecto está relacionado con el inventario de sonidos de un idioma y con su articulación.

Actividad 15

Esta actividad propone contrastar a grandes rasgos la comunicación humana y la comunicación animal, y verificar la comprensión de los términos que se han ido presentando. Como se ha visto, hay aspectos en común con cómo se comunican los animales, pero también hay diferencias que distinguen a los seres humanos de otros tipos de especies. Basta con que los estudiantes hagan una lectura de la sección y encuentren la solución en la información que se ha ido presentando.

Soluciones

Actividad 15. Fíjate en las siguientes situaciones y explica a cuál de las características del lenguaje descritas en esta sección se alude: arbitrariedad, recursividad y productividad, desplazamiento, prevaricación, reflexividad, intercambiabilidad y evanescencia.

1.
A: ¿Cuándo se debe utilizar "muy" o "mucho"?
B: Simplemente recuerda que el intensificador "muy" se utiliza con adjetivos, *muy contento*, y el adverbio "mucho" se utiliza con sustantivos, *mucho dinero*.
→ Reflexividad. Se reflexiona sobre el uso de la lengua y para ello se utiliza el metalenguaje (p. ej., "intensificador" o "sustantivo"), que permite hablar de las diferentes categorías de palabras.

2.
A: ¡Uf! ¡Menudo resfriado! ¿No sería mejor que te fueras a casa a descansar?
B: Pero si me encuentro perfectamente.
→ Prevaricación. Por el contexto deducimos que la persona no dice la verdad.

3.
A: ¿Recuerdas el número de teléfono de emergencia que nos dieron en la reunión?
B: Vaya, pues la verdad es que no . . . Lo debería haber anotado.
→ Evanescencia. El mensaje que se ha emitido en un momento dado ya no es recuperable en su totalidad.

4.
A: Buenos días, ¿qué desea?
B: Busco un automóvil . . .
B: Busco un automóvil de alta gama . . .
B: Busco un automóvil de alta gama con aire acondicionado . . .
B: Busco un automóvil de alta gama con aire acondicionado y con elevalunas eléctrico . . .
B: Busco un automóvil de alta gama con aire acondicionado y con elevalunas eléctrico y que aparque solo . . .
→ Productividad/Recursividad. Se puede encadenar un número ilimitado de enunciados.

5.
A: ¡Hasta luego!
B: ¡Hasta luego!
→ Intercambiabilidad. Se trata del mismo mensaje pero emitido por dos personas diferentes que, además, intercambian sus roles en la comunicación.

6.
A: Parece increíble. Ayer estuve en Madrid, hoy estoy en Asunción y mañana me voy a Buenos Aires.
B: Pues sí, y la semana siguiente estarás en Bogotá.
→ Desplazamiento. El hablante es capaz de hablar de dónde está y de dónde estará haciendo referencia al espacio y al tiempo.

7.
A: La palabra *banco* significa el lugar donde se guarda el dinero, el asiento donde te puedes sentar en un parque y también un conjunto de peces que nadan juntos en gran número.
B: Es verdad, nunca lo había pensado.
→ Arbitrariedad. Muestra que el signo lingüístico es arbitrario y que a veces una misma combinación de sonidos puede tener significados diferentes en la lengua sin que los

diferentes significados tengan que estar relacionados. También podría ser "Reflexividad", puesto que reflexiona sobre la lengua.

✎ **Ahora enumera dos características del lenguaje que compartimos con otras especies y otras dos que son exclusivas de los seres humanos. Justifica tu respuesta.**

Características del lenguaje compartidas con otras especies: *intercambiabilidad* (el receptor de un mensaje puede convertirse después en emisor del mismo mensaje) y *evanescencia* (los mensajes que emitimos no son permanentes, sino que desaparecen de forma inmediata tras su emisión).

Características del lenguaje exclusivas del ser humano: *reflexividad* (capacidad del ser humano de hacer uso del lenguaje para hablar y describir su sistema) y *productividad* (capacidad de producir diferentes enunciados. Múltiples enunciados que un individuo podría emitir ante una situación determinada).

Actividad 16

Aquí se busca que el estudiante se familiarice con todas las características presentadas por Hockett (1958, 1960) y Hockett y Altmann (1968). Se pueden consultar algunos de los documentos que se incluyen en la bibliografía para investigar otras dos características no mencionadas, la "transmisión cultural" y la "dualidad o doble articulación". En el libro de texto se ha hecho una selección de las principales.

Hockett, C. F. 1958. *A Course in Modern Linguistics*. Nueva York: Macmillan.
Hockett, C. F. 1959. "Animal 'Languages' and Human Language". *Human Biology* 31 (1): 32-39.
Hockett, C. F. y S. A. Altmann. 1968. "A Note on Design Features". En *Animal Communication: Techniques of Study and Results of Research*, ed. T. A. Sebeok, 61-72. Bloomington: Indiana University Press.

Soluciones

✍ *Actividad 16. La "transmisión cultural" y la "dualidad o doble articulación" del lenguaje son otras dos características identificadas por Hockett. Investiga en qué consisten y prepara una breve exposición oral en la que expliques por qué son exclusivas de los seres humanos.*

La "transmisión cultural" del lenguaje está relacionada con la predisposición innata para aprender una lengua, ya que dicha lengua se adquiere además como parte de una cultura concreta. Es decir, la lengua se transmite de generación en generación y, por lo tanto, constituye una especie de "producto cultural" compartido por los hablantes de una misma sociedad. El hablante asimismo se adhiere a estas normas culturales. Los animales, en cambio, emiten los mismos sonidos de manera instintiva.

La "dualidad o doble articulación" del lenguaje pone de manifiesto que en la lengua hay dos niveles. Por un lado, tenemos los sonidos distintos entre sí, por ejemplo /k/, /o/, /s/ y /a/ y, por otro, la combinación de los sonidos que en su conjunto dan lugar a palabras y oraciones, "cosa". Con estos sonidos se pueden realizar otras combinaciones: "asco", "caso", "saco". Los animales, en cambio, no pueden separar los sonidos que emiten en dos niveles, porque con frecuencia su repertorio es limitado, o los sonidos que emiten son los mismos ante diferentes situaciones.

Actividad 17

Con esta actividad se desea que los estudiantes reflexionen sobre el lenguaje desde el punto de vista de la interacción entre los hablantes y del contexto de la comunicación. Se puede explicar que la adecuación al contexto comunicativo es algo que los hablantes hacen de manera inconsciente, pero que se va aprendiendo a medida que se enfrentan a diferentes experiencias lingüísticas. Se puede mencionar igualmente que el capítulo 5 sobre pragmática analizará la importancia del contexto en la comunicación. Así, se puede preguntar a los estudiantes si creen que hay diferencias culturales entre la manera en la que se desenvuelven los hablantes en un contexto determinado. Como explicará ese capítulo, encontramos un ejemplo en las normas de la cortesía verbal, puesto que la cortesía lingüística difiere entre las lenguas, e incluso dentro de la misma lengua, como se puede apreciar, por ejemplo, en el uso de las formas de tratamiento. Esta información se amplía en relación con el mundo hispanohablante en el capítulo 7 sobre variación lingüística, por lo que se puede animar a los estudiantes para que comiencen a explorar ya algunos aspectos de este capítulo.

Soluciones

Actividad 17. Identifica a cuál de las seis funciones del lenguaje se alude en las siguientes situaciones: referencial, emotiva, conativa, fática, metalingüística y poética. Explica brevemente cuál es la información que te ha proporcionado la clave.

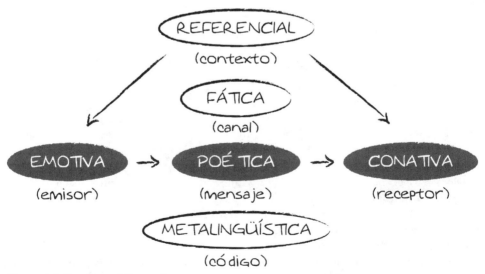

Figura 1.1 Funciones del lenguaje

1.

Durante una conversación telefónica:

A: ¡No te oigo! ¿Qué dices? . . .

B: Estoy pasando por un túnel, espera . . . ¿Me oyes ahora?

→ Fática. Tanto el hablante como el oyente se aseguran de que los teléfonos funcionen bien y puedan oírse.

2.

"Y hay una sola saliva y un solo sabor a fruta madura, y yo te siento temblar contra mí como una luna en el agua". (Fragmento de *Rayuela*, Julio Cortázar).

→ Poética. Aliteración provocada deliberadamente por la selección de palabras para crear un efecto poético o estético.

3.

A: Qué curioso que en español tengamos tres sustantivos, "lenguaje", "lengua" e "idioma", que equivalen a solamente uno en inglés, *language*.

B: Sí, después de haber leído el capítulo del libro entiendo mucho mejor la diferencia y creo que hasta se la puedo explicar de manera clara a mis estudiantes de español.

→ Metalingüística. Están hablando sobre la equivalencia de los términos "lenguaje", "lengua" e "idioma", que en inglés equivalen a solamente una palabra, *language*, y constituye una manera de reflexionar sobre la lengua.

4.

A: Ana, ven, corre.

B: Ahora no puedo, Elena.

→ Conativa. Hay dos vocativos, cuando una hablante llama a la otra, y además hay un imperativo.

5.

A: Hola, ¿cómo estás?

B: Bien . . .

A: Llevo llamándote toda la tarde y no contestas.

B: Es que . . . no estaba en casa . . .

A: Hola, ¿cómo estás?

B: Bien, ¿y tú?

A: Bien, ¿disfrutando de la última semana de clases?

B: ¡Uf! ¡Qué ganas tengo de estar en la playita!

→ Emotiva. Los diálogos muestran diferentes emociones que se pueden expresar con las mismas palabras.

6.

A: Mi cliente dice que no está de acuerdo con el precio de venta del garaje: le parece demasiado caro.

B: Y el mío me ha comunicado que tampoco está de acuerdo con el precio de compra: le parece demasiado barato.

→ Referencial. Se informa de manera objetiva sobre la opinión de dos personas; según lo que dicen nos imaginamos que se trata de dos abogados que informan sobre la opinión de cada uno de sus clientes.

✎ **Ahora crea tú una situación comunicativa para cada una de las funciones del lenguaje.**

Actividad libre.
En esta segunda parte de la actividad, los alumnos pueden trabajar en parejas o en grupos y deberán crear situaciones análogas para cada una de las funciones del lenguaje que han aparecido en la actividad. Luego pueden presentarlas en un orden distinto a la de la actividad, y el resto de la clase tendrá que adivinar a qué función se alude en cada una de las situaciones comunicativas.

Actividad 18

Esta actividad sirve para que el estudiante reflexione sobre el lenguaje en un contexto específico. Para ello, se ha delimitado un contexto con el que el estudiante posiblemente habrá estado en contacto en algún momento: "una clase de español sobre los usos del modo subjuntivo". Este contexto debe ser suficiente para determinar los posibles factores constitutivos de la comunicación lingüística.

Soluciones

Actividad 18. Imagina que te encuentras en la siguiente situación comunicativa. Responde a las cuestiones que aparecen debajo.

Situación comunicativa → "Una clase de español sobre los usos del modo subjuntivo".

a) Describe los seis factores constitutivos (emisor, mensaje, receptor, contexto, código y canal) que intervendrían durante la comunicación.

1. Hablante: el/la profesor/a.
2. Oyente: los/las estudiantes.
3. Contexto: una clase de español como lengua extranjera.
4. Mensaje: la explicación sobre los usos del subjuntivo.
5. Contacto: el aire como canal o medio; puede haber un canal secundario como una pizarra o una pantalla electrónica.
6. Código: la lengua española.

b) ¿Qué tres funciones del lenguaje podrían ser las más relevantes teniendo en cuenta el contexto de la comunicación?

1. Referencial: se informa sobre los usos del modo subjuntivo.
2. Metalingüística: se hace referencia a cómo se utiliza el lenguaje, por ejemplo, mediante el uso de terminología concreta.

3. Fática: es muy probable que en algún momento el/la profesor/a busque la confirmación por parte de los alumnos de que siguen su explicación.

Actividad 19

El objetivo de esta actividad consiste en familiarizar al estudiante con algunas de las herramientas que se emplean en la investigación neurolingüística. El profesor puede buscar apoyos visuales para que los estudiantes vean cada una de estas herramientas.

Soluciones

Actividad 19. Las siguientes herramientas de neurotecnología estudian ciertos aspectos en relación con el cerebro. Elige la definición correspondiente para cada una de ellas.

1. La topografía óptica.
→ a. Se vale de la luz infrarroja para analizar los cambios que se pueden producir en el metabolismo del cerebro durante la actividad cerebral.

2. La resonancia magnética.
→ b. Emite radiofrecuencias que se utilizan para estudiar la estructura o la composición química de un elemento. Permite crear imágenes del cerebro para analizar sus diferentes elementos.

3. La sonda microscópica.
→ c. Es un dispositivo flexible que permite hacer intervenciones a pequeña escala, registrar la actividad neuronal e incluso liberar fármacos en el cerebro.

4. La interfaz cerebro-computadora.
→ d. Se conecta un dispositivo en la cabeza con el que se recogen ondas cerebrales, se registran electrónicamente y se analizan después. Permiten trasladar las acciones que se transmiten desde el cerebro al entorno, por lo que se puede mover una imagen o un dispositivo electrónico con la mirada.

5. El electroencefalograma.
→ e. Mediante el registro de la actividad bioeléctrica cerebral, ya sea durante el sueño o la vigilia, sirve para estudiar cómo se comporta el cerebro.

✍ **Busca una investigación reciente sobre neurolingüística y prepara un breve informe escrito u oral. Puedes consultar las revistas *Journal of Neurolinguistics* o *Mente y Cerebro*.**

Actividad libre.
Esta actividad propone que los estudiantes aprendan a leer textos de contenido científico y a sintetizar los aspectos principales de dichos textos. Lo importante no es el tipo de investigación que encuentren, sino que sean capaces de leer, interpretar y transmitir a grandes rasgos aquello que han leído. Esta es una buena oportunidad de comentar que muchas veces el lingüista tiene que ser capaz de saber interpretar y comprender otras ramas de la lingüística,

pese a que no sean sus áreas de investigación. Esto es importante, puesto que, entre otras cosas, les ayudará a comprender a los estudiantes la necesidad de integrar en un mismo libro disciplinas distintas pero que, en su conjunto, ofrecen una visión panorámica sobre la lingüística hispánica.

✍ **Ten en cuenta las siguientes pautas:**

1. Justifica por qué elegiste este artículo en particular.
2. Explica qué aspecto relacionado con la neurolingüística se analiza en el artículo. Fíjate en las palabras clave.
3. Resume cuáles son las principales hipótesis de partida del estudio.
4. Describe qué tipo de datos se manejan en el estudio y qué herramientas se utilizan.
5. Enumera cuáles son algunas de las aportaciones o conclusiones del estudio.

📖 *Journal of Neurolinguistics*: http://www.journals.elsevier.com/journal-of-neurolinguistics/

📖 *Mente y Cerebro*: www.investigacionyciencia.es/revistas/mente-y-cerebro/

Actividad 20

A partir de la dinámica de la actividad anterior, en la que se invitaba al estudiante a descubrir más información sobre una rama de la lingüística, aquí se presentan otras disciplinas que también están relacionadas con el estudio del lenguaje. Esta actividad es una muestra de cómo la lengua sirve de herramienta heurística o de investigación a la hora de obtener datos que nos permiten estudiar aspectos como el aprendizaje (adquisición del lenguaje; diseño curricular o planificación lingüística) o la propia comunicación (pragmática, lingüística antropológica), ya sea desde el punto de vista estructural (fonología, morfología, sintaxis) o descriptivo (historia de la lengua; variación lingüística y dialectología). Se puede pedir a los estudiantes que expliquen los aspectos que les han dado la clave y que justifiquen su respuesta.

Soluciones

Actividad 20. Identifica sobre qué rama de la lingüística tendrías que saber más para poder llevar a cabo cada una de las siguientes investigaciones.

1. Comparar textos escritos con una computadora para analizar el uso de las preposiciones.
→ Lingüística computacional.

2. Analizar el uso del guaraní y del español en la comunidad universitaria de Paraguay.
→ Sociolingüística.

3. Estudiar la evolución de las sibilantes desde el castellano antiguo hasta el español actual.
→ Historia de la lengua. En este caso se puede mencionar también la subdisciplina de fonética histórica.

4. Establecer la diferencia entre el significante y el significado de una misma palabra.
→ Semántica.

5. Describir las diferencias articulatorias de la "b" en las palabras "hambre" y "abre".
→ Fonética.

6. Recopilar una lista de palabras en orden alfabético para elaborar un diccionario.
→ Lexicografía.

7. Estudiar cómo se relacionan jerárquicamente los elementos entre sí dentro de una misma oración.
→ Sintaxis.

8. Identificar si el enunciado "¡Ven aquí!" constituye una orden o una petición en función del contexto.
→ Pragmática.

9. Estudiar los componentes distintivos que hacen que cambie el significado en las palabras "vaso" y "caso".
→ Fonología.

10. Segmentar la palabra "intercultural" en unidades e identificar los prefijos y los sufijos de los que consta.
→ Morfología.

11. Analizar cuáles son los errores típicos más comunes de los estudiantes anglohablantes que aprenden la diferencia entre los verbos "ser" y "estar".
→ Adquisición del lenguaje.

12. Elaborar un programa para introducir la enseñanza de una L2 en un curso de educación infantil.
→ Diseño curricular o planificación lingüística.

13. Estudiar mediante una resonancia magnética cómo responde el cerebro de un individuo cuando habla.
→ Neurolingüística.

14. Hacer una comparación sobre cómo se perciben los colores en varias culturas y cuáles son los diferentes nombres que reciben.
→ Lingüística antropológica.

15. Comparar los diferentes vocablos que se utilizan en español para decir "autobús": *camión* en México, *guagua* en Puerto Rico y *colectivo* en Argentina.
→ Dialectología.

Nótese que en la actividad se han separado la fonología y la fonética, temas principales del capítulo siguiente en el libro. El profesor puede aprovechar esta oportunidad para incidir en la diferencia entre estas dos disciplinas. También puede hacer referencia a aquellas que se estudiarán en otros capítulos del libro.

Actividad 21

Actividad 21. Lee el artículo "The Faculty of Language: What is it, Who has it, and How Does it Evolve?" de Marc D. Hauser, Tecumseh Fitch y Noam Chomsky, publicado en Science, y prepárate para debatir su contenido en clase. Ten en cuenta las siguientes pautas.

Actividad libre.

Después de haber leído el artículo se puede generar un pequeño debate sobre algunas de las ideas que se plantean sobre la interacción entre la lingüística y la biología.

Hauser, M. D., N. Chomsky y W. T. Fitch. 2002. "The Faculty of Language: What is it, Who has it, and How Does it Evolve?" *Science* 298: 1569-1579.

Pautas:
1. Busca información sobre el perfil investigador de los diferentes autores.
2. Elabora un esquema en el que anotes de qué ámbitos proceden los datos y ejemplos del estudio.
3. Resume algunas de las ideas principales que se exponen desde una óptica interdisciplinar.
4. Identifica algunas de las conclusiones del estudio.

Esta actividad sugiere potenciar la conciencia interdisciplinar necesaria para el estudio de la lengua en el ser humano. Este aspecto se puede observar en la multitud de disciplinas que engloba la lingüística pero, además, en el giro que se ha dado en las últimas décadas hacia la investigación interdisciplinar y transdisciplinar en muchos ámbitos del análisis del lenguaje. Desde el punto de vista terminológico, se puede comentar que se ha popularizado el uso actual en español indistintamente de los adjetivos "interdisciplinar" o "interdisciplinario". Si los estudiantes realizan búsquedas sobre este tema, verán que ambos adjetivos se emplean de manera intercambiable.

Actividad 22

En esta actividad, se utiliza un esquema visual que sintetiza en diferentes imágenes los contenidos presentados a lo largo del libro de texto. Aunque el alumno no se haya familiarizado todavía con las disciplinas que se van a estudiar, deberá intentar adivinar a qué aspecto de la lengua y, por lo tanto, a qué disciplina se refiere cada uno de los iconos. También se pueden pedir otros ejemplos de cada una de las disciplinas incluidas, puesto que estos ejemplos han ido ya apareciendo a lo largo de este primer capítulo. Así, se le permite ver al estudiante todo lo que puede aprender en la asignatura al tiempo que se le enseña cómo todos estos conocimientos poseen aplicabilidad inmediata con respecto a la comunicación y el uso de la lengua.

Soluciones

Actividad 22. ¿A qué áreas concretas de la lingüística hacen referencia los siguientes iconos? Identifica con qué capítulo del libro están relacionados. Justifica tu respuesta.

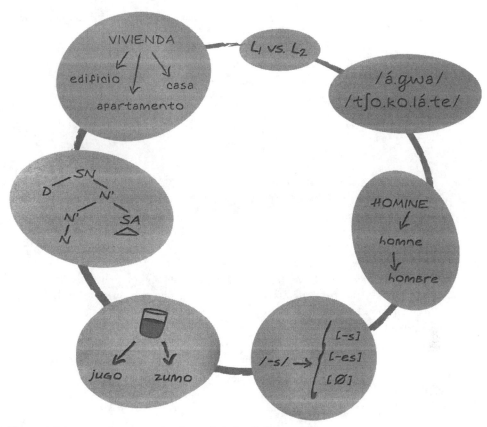

Figura 1.2 Iconos que representan áreas de la lingüística

1. L1 vs. L2. → Adquisición: el estudio de la lengua materna y de la lengua extranjera.

2. Fonología: la representación fonética de las palabras "agua" /á.gwa/ y "chocolate" /tʃo. ko.lá.te/. Nótese la división silábica y la marca con acento para poder saber dónde se encuentra la sílaba tónica en la palabra. Las palabras van entre "barras" / / y no entre "corchetes" [ ] puesto que se trata de una transcripción fonémica o fonológica.

3. Homne → Historia de la lengua: la evolución diacrónica de la lengua que se observa en este ejemplo a partir del latín.

4. /–s/ → Morfología: los morfemas para formar el plural de los sustantivos en español.

5. "jugo" y "zumo" → Dialectología: diferencias de léxico entre el español de América y el español peninsular. Este ejemplo muestra las posibles diferencias en el lenguaje doméstico. En este caso se aprecia un uso extendido en el español de América de la palabra "jugo" en lugar de "zumo", más habitual en el español peninsular. A modo de ejemplo, se pueden contrastar las definiciones del *DRAE* 2014, donde ambos términos se presentan como sinónimos: *zumo*: (Quizá del ár. hisp. *zúm, este del ár. zūm, y este del gr. ζωμός *zōmós*). 1. m. Líquido de las hierbas, flores, frutas u otras cosas semejantes, que se saca exprimiéndolas o majándolas. 2. jugo (parte provechosa, útil y sustancial); *jugo*; 1. zumo de las sustancias animales o vegetales sacado por presión, cocción o destilación. 2. Parte provechosa, útil y sustancial de cualquier cosa material o inmaterial.

6. Sintaxis: árbol sintáctico que establece la relación jerárquica entre los elementos de una oración.

7. Semántica: la palabra "vivienda" es un hiperónimo o concepto general con contenido semántico amplio, y las palabras "edificio", "casa" y "apartamento" son hipónimos, cuyo significado es más específico, ya que posee características semánticas diferenciadoras con respecto a su hiperónimo, es decir, son tipos de vivienda y cada uno de ellos posee características distintas.

Actividad 23

Además de las opiniones de los lingüistas sobre la capacidad del lenguaje presentadas al comienzo del capítulo, resulta interesante que, con esta actividad final, los estudiantes vean que definir y comprender el "lenguaje" ha sido también una preocupación por parte de intelectuales en otros ámbitos del saber. El profesor puede incluir estas "frases célebres" en unas tiras de papel y las puede distribuir entre los estudiantes en parejas o en grupos para que interpreten lo que se dice. Deben explicar qué les sugiere la frase a partir de todo lo que han aprendido en este primer capítulo. Se les puede animar a que revisen la lista de "conceptos y términos clave" al final para usar la terminología lingüística y mencionar los temas del capítulo mientras elaboran su interpretación. Después se puede generar un debate en el que cada grupo presente su explicación y en el que el resto de estudiantes puedan intervenir y hacer matizaciones sobre lo que se ha dicho. De esta manera, se estará fomentando la participación en clase y el aprendizaje colaborativo desde el primer capítulo. Se puede fotocopiar el siguiente recuadro en el que aparecen recogidas las frases célebres de la actividad.

	Frases célebres
1	"¡Qué irónico es que precisamente por medio del lenguaje un hombre pueda degradarse por debajo de lo que no tiene lenguaje!" Søren Aabye Kierkegaard (1813-1855), literato y filósofo danés
2	"El lenguaje ha de ser matemático, geométrico, escultórico. La idea ha de encajar exactamente en la frase, tan exactamente que no pueda quitarse nada de la frase sin quitar eso mismo de la idea". José Martí (1853-1895), político y escritor cubano
3	"Pero si el pensamiento corrompe el lenguaje, el lenguaje también puede corromper el pensamiento". George Orwell (1903-1950), escritor británico
4	"El lenguaje de hoy no es peor que el de ayer. Es más práctico. Como el mundo en que vivimos". Noam Chomsky (1928), lingüista estadounidense
5	"El gran peligro de la globalización es que nos empuja a una megalengua común". Umberto Eco (1932-2016), escritor italiano

Soluciones

Actividad 23. Incluimos aquí una serie de frases célebres sobre el lenguaje. Interpreta y explica qué te sugiere cada una de ellas teniendo en cuenta lo que has aprendido.

Actividad libre.

Detallamos a continuación algunas de las posibles interpretaciones.

1. Esta frase expresa cómo el lenguaje verbal no es capaz de sintetizar de manera completa el comportamiento humano. Es decir, no existen palabras para describir acciones que a veces lleva a cabo un ser humano.

2. Aquí se alude a las reglas que regulan el lenguaje. Se describe el lenguaje como algo matemático o geométrico. La morfología, la fonología o la sintaxis son pruebas de que el lenguaje verbal consta de piezas o elementos formales que se unen para crear significado.

3. Esta frase alude al poder de persuasión que ejerce el lenguaje como expresión del pensamiento, pero también cómo el lenguaje se puede utilizar para manipular a un oyente.

4. Aquí se muestra que el lenguaje evoluciona y que se adecúa a los tiempos. Un buen ejemplo es cómo han cambiado las normas de cortesía verbal entre los hablantes. Este tema se analizará en profundidad en el capítulo 5 sobre pragmática.

5. En esta frase se menciona cómo la globalización está influyendo en el uso del lenguaje, con patrones lingüísticos y culturales que cada vez nos resultan más habituales y que se diseminan, por ejemplo, a través de los medios de comunicación. La globalización también ejerce su influencia en cómo nos comunicamos, por ejemplo, mediante el uso de las tecnologías de la información y del conocimiento (TIC).

Adaptado de: http://www.proverbia.net/default.asp

▶ *Actividad de ampliación*

Después de haber completado este primer capítulo de introducción a la lingüística, el estudiante puede elaborar un ensayo analítico en el que intente dar respuesta a la siguiente cita:

"Existe un lenguaje que va más allá de las palabras".
Paulo Coelho, escritor brasileño

Con respecto a esta oración, se podría comentar la importancia del lenguaje no verbal, pero también cómo el lenguaje posee una capacidad poética que es capaz de evocar significados y sensaciones más allá de lo que expresan las palabras desde el punto de vista lingüístico. Es importante que los estudiantes incluyan fenómenos concretos de la lengua que ayuden a demostrar lo que se dice en la cita. Esta reflexión, desde el punto de vista de la expresión escrita, es una buena manera de que comiencen a explorar algunas de las áreas de la lingüística que se abordarán en los posteriores capítulos del libro.

3. Proyectos de investigación

1. ¿Cuáles son algunos de los parámetros de la comunicación no verbal en tu cultura? Busca ejemplos o situaciones relacionadas con este tipo de comunicación y prepara una presentación oral. Puedes explicar algunos gestos característicos, cómo funciona el contacto visual, el contacto físico, la manera de saludarse, el espacio personal, etc.

Después, utiliza los datos para determinar si, en tu opinión, la comunicación no verbal debería formar parte de la enseñanza de una L2.

Recursos:

Diccionario de gestos españoles

http://www.coloquial.es/es/diccionario-de-gestos-espanoles/

Poyatos, F. 2003. "La comunicación no verbal: algunas de sus perspectivas de estudio e investigación". *Revista de Investigación Lingüística* 6 (2): 67-83.

Nascimento Dominique, N. 2005. "Comunicación no verbal: algunas diferencias gestuales entre España y Brasil". *Revista Linred 2.*

2. Busca información sobre el sistema de comunicación de otras especies y describe algunas de sus características principales como, por ejemplo, el repertorio vocal de los gorilas y los chimpancés, el sistema de comunicación de los delfines, la danza de las abejas, etc. Después, analiza los datos que hayas obtenido en relación con las funciones que desempeñan dichas especies en la naturaleza y prepara un informe escrito en el que expongas los resultados de tu investigación.

Recursos:

Longa Martínez, V. M. 2013. "Bibliografía seleccionada y comentada sobre comunicación y semiosis animal". *Moenia* 19: 523-573.

Longa Martínez, V. M. 2015. "Los sistemas combinatorios animales no tienen dualidad: Hockett tenía razón". *Pragmalingüística* 23: 122-141.

3. Investiga los diferentes tipos de afasia que existen y localiza las zonas del cerebro con las que se relacionan. Enumera los trastornos lingüísticos concretos que se producen en la comunicación y explica qué caracteriza cada tipo de afasia: comprensión deficitaria, dificultad para la repetición, reducción en el habla espontánea, etc. Ayúdate de elementos visuales y de vídeos para mostrar los resultados de tu investigación al resto de la clase.

Recursos:

Atlas visual del cerebro humano

https://www.psicoactiva.com/atlas/cerebro.htm

Vendrell, J. M. 2001. "Las afasias: semiología y tipos clínicos". *Revista Neurol* 32 (10): 980-986.

4. Busca información sobre una lengua que se encuentre en peligro de extinción y prepara una presentación oral. Explica de qué familia procede, dónde se habla, cuál es su número de hablantes y comenta algunas de sus características formales.

Recursos:

Endangered Languages Project

http://www.endangeredlanguages.com/

The Endangered Languages Documentation Programme (ELDP)

http://www.eldp.net/

- Crystal, D. 2000. *Language Death*. Cambridge: Cambridge University Press.

- Crystal, D. 2001. *La muerte de las lenguas*. Madrid: Akal.

4. Preguntas de ensayo

Las siguientes preguntas pueden servir como temas de ensayo una vez que se hayan abordado en clase los contenidos del capítulo.

1. Explica las implicaciones lingüísticas y culturales que distinguen los conceptos de *lenguaje*, *lengua*, *idioma* y *dialecto*.

2. ¿Qué nos muestran la cinésica y la proxémica sobre cómo nos comunicamos los seres humanos?

3. Explica por qué crees que se han desarrollado gramáticas descriptivas y normativas. Utiliza ejemplos concretos para apoyar tus argumentos.

4. Haz un repaso de las distintas características del lenguaje humano descritas en el capítulo e ilustra cada una de ellas con ejemplos concretos.

5. ¿Hasta qué punto es posible identificar varias funciones del lenguaje en un mismo intercambio comunicativo?

6. ¿Qué áreas o ramas de la lingüística consideras que serán más importantes en los próximos años? ¿Por qué?

5. Glosario bilingüe de términos de lingüística general

A

actuación (*performance*). Manifestación de la competencia del hablante en el acto de habla (Chomsky 1965).

afasia (*aphasia*). Trastorno cerebral relacionado con la producción o comprensión del lenguaje.

afasia anómica (*anomic aphasia*). Tipo de afasia que se produce por la desconexión entre los hemisferios del cerebro: el izquierdo, que es el hemisferio del lenguaje, y el derecho, o sea, el de los conceptos, causando dificultad para nombrar objetos.

arbitrariedad (*arbitrariness*). Ausencia de relación directa entre un significante y su significado en el lenguaje.

área de Broca (*Broca's area*). Área del cerebro descubierta por Paul Broca en 1861 que se encuentra en la zona anterior del hemisferio izquierdo. Su lesión puede producir dificultad en la producción de palabras con contenido léxico y la ausencia de palabras con función gramatical.

área de Wernicke (*Wernicke's area*). Área del cerebro descubierta por Carl Wernicke en 1874 que se encuentra en la zona posterior del hemisferio izquierdo. Su lesión puede producir dificultades de comprensión y errores semánticos al hablar.

C

canal (*channel*). Medio físico por el que circula el mensaje. Por ejemplo, el aire en el caso de una conversación, puesto que los sonidos llegan por este medio hasta el oído humano.

capacidad adquirida (*acquired ability*). Habilidad con la que no nacemos, pero que somos capaces de aprender.

capacidad innata (*innate ability*). Habilidad no aprendida y predispuesta en el individuo desde su nacimiento.

características del lenguaje (*design features of language*). Hockett (1958, 1960, 1963) enumeró dieciséis propiedades que describen las particularidades del lenguaje humano. Algunas de ellas son: la arbitrariedad, la recursividad, la productividad, el desplazamiento, la prevaricación, la reflexividad, la intercambiabilidad, la evanescencia, etc.

cinésica o kinésica (*kinesics or body language*). Disciplina que se encarga del estudio del lenguaje y la comunicación no verbal. Los mensajes no verbales pueden aparecer de manera autónoma o para reforzar un enunciado verbal, como, p. ej., indicar una cantidad numérica con los dedos, preguntar la hora, expresar que se tiene frío, mostrar sorpresa, etc.

código (*code*). Lengua usada para comunicar un mensaje, la cual ha de ser compartida al menos parcialmente por el emisor y el receptor.

competencia (*competence*). Término empleado por Chomsky (1965) para describir el conocimiento subconsciente que poseen los hablantes del sistema lingüístico de su idioma.

competencia comunicativa (*communicative competence*). Término propuesto por Hymes (1966, 1971) para señalar los conocimientos que posee un individuo, además de la gramática, sobre el uso de la lengua y que le permiten desenvolverse en un determinado contexto social. Se trata de la capacidad de dicho individuo de comportarse de manera eficaz y adecuada en una determinada comunidad de habla gracias al conocimiento de las reglas lingüísticas y del contexto sociocultural en el que tiene lugar la comunicación.

competencia lingüística (*linguistic competence*). Término acuñado por Chomsky (1965) para describir el conocimiento subconsciente que posee el hablante del sistema lingüístico de un idioma y que se compone de operaciones que monitorizan su gramática individual.

comunicación biológica (*biological communication*). "Acción por parte de un organismo (o célula) de manera que altera el patrón de probabilidad de conducta de otro" (Wilson 1975/2000, 176).

conocimiento declarativo (*declarative knowledge*). Tipo de conocimiento que responde a la pregunta *¿qué?* y hace referencia a la información explícita.

conocimiento procedimental (*procedural knowledge*). Tipo de conocimiento que responde a la pregunta *¿cómo?* e identifica cómo se aplican las reglas almacenadas que proceden del conocimiento declarativo, aunque no seamos capaces de expresarlas de manera explícita.

creatividad (*creativity*). Característica del lenguaje que explica cómo el lenguaje humano nos permite crear enunciados que nunca antes hemos oído, así como entender otros que escuchamos por primera vez.

creatividad regida (*rule-governed creativity*). Creatividad por la cual es imposible combinar los elementos de una oración de manera ilimitada en ausencia de una serie de reglas a modo de patrones establecidos por la propia lengua.

D

desplazamiento (*displacement*). Característica del lenguaje que explica que podemos expresar ideas lejanas en el tiempo.

dialecto (*dialect*). "Modalidad de una lengua utilizada en un territorio determinado. Sistema de signos desgajado de una lengua común, viva o desaparecida; normalmente con una concreta limitación geográfica, pero sin una fuerte diferenciación frente a otros de origen común" (Alvar 1996a, 13; citado en Moreno-Fernández 2010, 231).

dispositivo de adquisición del lenguage o DAL (*Language Acquisition Device or LAD*). Dispositivo mental que nos permite desarrollar el sistema lingüístico cognitivo de nuestra L1, el cual se activa con la ayuda de estímulos externos (Chomsky 1965).

E

emisor (*sender*). Hablante que envía un mensaje durante el acto comunicativo.

enfoque conductista (*behaviorism or behaviorist approach*). Corriente del campo de la psicología puesta en boga por psicólogos como Burrhus F. Skinner y John Watson desde los años cuarenta hasta los años sesenta del siglo XX, según la cual el aprendizaje de todas las habilidades que posee el ser humano se produce por imitación.

entorno de aprendizaje (*learning environment*). Circunstancias ambientales que rodean a un individuo desde la infancia, así como sus experiencias personales y lingüísticas que pueden influir en el desarrollo del lenguaje.

espacio íntimo (*intimate space*). Nivel proxémico en el que la separación entre los hablantes va de 0 a 18 pulgadas (de 0 a 45 centímetros), es decir, se da en situaciones de contacto físico al tocarse, antes o después de abrazarse, al susurrar al oído, etc.

espacio personal (*personal space*). Nivel proxémico que se manifiesta cuando el individuo se encuentra con amigos cercanos o con miembros de la familia, y la distancia física entre estos grupos varía entre 1,5 y los 4 pies (de 45 a 120 centímetros).

espacio público (*public space*). Nivel proxémico que se emplea en intervenciones delante de un público o audiencia, y la distancia física que los separa de su interlocutor comienza a partir de 12 pies (más de 3,7 metros).

espacio social (*social space*). Nivel proxémico que se utiliza durante los intercambios lingüísticos entre conocidos, y donde la distancia física entre ellos fluctúa entre los 4 y los 12 pies (de 1,2 a 3,7 metros).

estímulo condicionante (*conditioning stimulus*). Estímulo que produce una respuesta condicionada. En el ejemplo del perro de Pavlov, el sonido de la campana sería el estímulo condicionante que produce la salivación del animal, la respuesta condicionada.

estímulo externo (*external stimulus*). Factor externo capaz de producir una reacción y un cambio en un proceso o en una conducta.

estímulo lingüístico (*linguistic stimulus*). Caudal lingüístico que recibimos en el proceso de aprendizaje de una lengua.

evanescencia (*rapid fading or transitoriness*). Característica del lenguaje que hace referencia a la no permanencia de los mensajes que se emiten. Se aplica al lenguaje oral.

F

fenomenología (*phenomenology*). Corriente filosófica de principios del siglo XX creada por Edmund Husserl que buscaba renovar el pensamiento de la época a partir de conceptos como la intencionalidad o la percepción que explicasen el sentido del mundo a nuestro alrededor.

formalismo ruso (*Russian formalism*). Movimiento intelectual desde finales de la primera década del siglo XX y hasta los años treinta que impulsó la consolidación de la crítica literaria y de la teoría de la literatura.

función conativa (*directive function*). Función del lenguaje cuyo objetivo es producir un cambio en la actitud del receptor, ya sea mediante ruegos, órdenes, etc., p. ej., *¡Vete!*

función denotativa (*referential function*). Véase **función referencial**.

función emotiva (*expressive function*). Función del lenguaje relacionada con el emisor, puesto que hace referencia a los sentimientos, emociones o la actitud durante la enunciación, p. ej., *¡Qué contento estoy!*

función fática (*phatic function*). Función del lenguaje que tiene que ver con la interacción entre emisor y receptor. Son palabras o enunciados cuya función es abrir, prolongar o comprobar el funcionamiento del canal durante la comunicación, p. ej., *¿Me oyes?*

función metalingüística (*metalingual or metalinguistic function*). Función del lenguaje relacionada con la *reflexividad* o habilidad de reflexionar sobre cómo nos comunicamos y sistematizar el uso de la lengua, es decir, usar la lengua para hablar sobre la lengua en sí, p. ej., *El plural de pez es peces, o sea que el sonido de la letra "z" se mantiene en la letra en "c".*

función poética (*poetic function*). Función del lenguaje que se centra en el mensaje en sí y busca que adquiera un efecto especial. Por ejemplo, el efecto del orden de los elementos persigue un efecto especial, como se aprecia en el hecho de que en español se diga *blanco y negro* y que en inglés se diga *black and white*.

función referencial (*referential function*). Función del lenguaje que se centra en el significado primario de los elementos léxicos y en los referentes externos del mensaje y que, por lo tanto, dirige la atención de los hablantes hacia el contexto. Debido a su carácter representativo o informativo se suele dar en textos que por su naturaleza o contenido expresan objetividad, p. ej., *Durante el primer trimestre del año la inflación se situará en el 1,2%.*

G

gramática descriptiva (*descriptive grammar*). Gramática que describe de la manera más detallada posible cómo los hablantes hacen uso de la lengua. En español la principal obra de referencia de este tipo de gramática es la *Gramática descriptiva de la lengua española* (1999), la cual describe y recoge el uso actual de la lengua.

gramática mental (*mental grammar*). Capacidad cognitiva que nos permite crear un número infinito de estructuras construidas con un número finito de elementos como son los sonidos, las palabras y la combinación de elementos en un enunciado, es decir, la sintaxis. Esta gramática permite que un hablante sin instrucción formal en una lengua pueda emitir juicios de gramaticalidad sobre un enunciado.

gramática prescriptiva (*prescriptive grammar*). Gramática que recoge las normas sobre el uso del idioma. En español contamos con la *Nueva gramática de la lengua española* (NGLE) (2009), que constituye una gramática prescriptiva pero no estática, ya que se han realizado enmiendas a las reglas y se han matizado las diferencias que puedan existir entre la norma y el uso.

Gramática Universal (*Universal Grammar or UG*). Chomsky (1965) acuñó este término para describir el conjunto de principios compartido por todas las lenguas y los parámetros específicos de cada lengua.

H

habla/*parole* (*speaking/parole*). Uso característico o realización lingüística propia de un hablante concreto que puede compartir características en común con una colectividad o comunidad de hablantes. Uso concreto individual del conjunto de unidades y reglas que constituyen el sistema de la lengua.

hipótesis innatista (*innatist theory*). Hipótesis chomskyana que explica que el cerebro humano está genéticamente predispuesto para que un individuo durante su niñez aprenda a hablar una o varias lenguas sin tener que someterse a una instrucción formal de las mismas.

I

idioma (*language*). Término que se utiliza a menudo de manera intercambiable con el de *lengua* para referirse al código lingüístico con el que se comunica una comunidad determinada o que se emplea en un país, región o territorio. Por estas razones, el término *idioma* suele poseer muchas veces una connotación de índole social.

idiomaticidad (*idiomaticity*). "Conjunto de rasgos lingüísticos (composición morfosintáctica específica), semánticos (denotativos y connotativos), pragmáticos y culturales propios de una lengua, compartidos por emisor y receptor, que permiten que la comunicación se lleve a cabo con éxito" (Muñoz-Basols 2016, 442).

intercambiabilidad (*interchangeability*). Característica del lenguaje que explica cómo se puede producir un intercambio de roles en la comunicación entre el emisor y el receptor. Por ejemplo, al saludar a alguien, primero decimos *Hola* en el rol de emisor, y pasamos al de receptor cuando nuestro interlocutor nos contesta con el mismo mensaje, *Hola*.

J

jerga (*jargon*). Variedad del habla que se distingue, sobre todo, por el uso de un vocabulario específico y característico. Puede ser de carácter especializado, como en determinadas profesiones, p. ej., *la jerga de los economistas* o *la jerga médica*, o familiar, como en un grupo social, p. ej., *la jerga estudiantil*. En algunos casos puede tener un carácter temporal o generacional.

L

lecto (*lect*). Manera de identificar las diferentes variedades de una lengua en relación con las características propias de un hablante. Según Moreno-Fernández (2012, 94), los lectos son "variedades lingüísticas, con rasgos fónicos, gramaticales, léxicos y discursivos específicos, que derivan de los condicionamientos propios de unos dominios geográficos, unos perfiles sociales o unas situaciones y contextos comunicativos determinados".

lengua (*language*). Método de comunicación que se compone de signos lingüísticos propios o característicos de una comunidad de hablantes. Existen más de seis mil lenguas que se hablan en el mundo en la actualidad (Moreno-Fernández y Otero Roth 2007, 18).

lengua/*langue* (*language/langue*). Conocimiento abstracto (sistema de signos y reglas) de un idioma que tienen los hablantes (Saussure 1916).

lengua criolla (*creole language*). Un sistema lingüístico completo, con reglas gramaticales, sistema verbal, morfológico, etc., que se desarrolla a partir de un *pidgin*, p. ej., el papiamento es un criollo que procede de la mezcla del español con el portugués y el holandés y que se habla en las Antillas Holandesas.

lengua franca (*lingua franca*). Lengua de comunicación entre dos o más comunidades que hablan lenguas distintas.

lengua nativa (*native language*). Primera lengua de una comunidad de hablantes. Lengua primera adquirida por un individuo. También **lengua materna.**

lengua *non-pro-drop* (*non-pro-drop language*). Lengua en la que los sujetos siempre han de ser explícitos, p. ej., el inglés, *I go, you are, she is.*

lengua *pro-drop* (*pro-drop language*). Lengua en la que los sujetos se pueden omitir, p. ej., el español, *(yo) voy, (tú) eres, (ella) es.*

lenguaje (*Language, with capital L*). Capacidad o habilidad de los seres humanos de comunicarse mediante el uso de signos lingüísticos en una o en varias lenguas. Aunque este término se pueda utilizar de manera más específica (*lenguaje técnico, lenguaje informático*, etc.), se trata de un concepto que incide sobre aspectos más abstractos en relación con la comunicación. Según el *DRAE*, el término *lenguaje* engloba la facultad de hablar, el conjunto de sonidos articulados, estructuras y señales con las que el ser humano pone de manifiesto lo que piensa, siente o da a entender algo (2014, 1325). De ahí que distingamos entre *lenguaje verbal* y varios tipos de *lenguaje no verbal* como, por ejemplo, el *lenguaje corporal.*

ley del reflejo condicionado (*conditioned reflex theory*). Ley que muestra que un estímulo puede provocar una respuesta que no tiene por qué encontrarse vinculada necesariamente de manera natural. Un ejemplo es el experimento del perro de Pavlov.

M

mensaje (*message*). Contenido que se transmite durante el acto comunicativo.

metalenguaje (*metalanguage*). Lenguaje que se usa para hablar de otro lenguaje. En el caso específico de la lingüística, es un lenguaje que sirve para describir el uso del lenguaje. Por ejemplo, cuando decimos *El verbo "leer" es un verbo transitivo.*

monogénesis (*monogenesis*). Hipótesis que postula que todas las lenguas se han originado de una lengua matriz o lengua primigenia.

N

neurotecnología (*neurotechnology*). Procedimientos médicos para analizar la actividad cerebral como las resonancias magnéticas, los electroencefalogramas o la técnica de anestesia hemisférica.

O

oyente (*receiver*). Véase **receptor.**

P

parámetro (*parameter*). Cada una de las reglas que varía de una lengua a otra, dentro de la teoría de principios y parámetros de la Gramática Universal. Por ejemplo, un parámetro es que algunas lenguas, como el inglés, poseen únicamente sujetos explícitos, y otras, como el español, pueden contener además sujetos implícitos.

período crítico (*critical period*). Término que, según Lenneberg (1967), hace referencia a la etapa idónea en la infancia durante la cual resulta más sencillo aprender una lengua. No se ha podido determinar con exactitud cuándo termina este periodo, aunque sabemos que un niño, con solamente tres años de edad y sin haber recibido instrucción formal, es capaz de expresar oraciones complejas con bastante fluidez (Pinker 2013, 111).

pidgin (*pidgin*). Sistema de comunicación rudimentario que se produce cuando entran en contacto dos comunidades de lenguas distintas, con una gramática limitada y un inventario compuesto de unidades léxicas que cubren las necesidades básicas de comunicación (Klee y Lynch 2009, 81), p. ej., el pichingli o pichinglis.

poligénesis (*poligenesis*). Hipótesis que se opone a la *monogénesis*, la cual propone que todas las lenguas descienden de una lengua común, y que defiende que las distintas lenguas fueron apareciendo en diferentes lugares donde se asentaban grupos de seres humanos, dando lugar desde el comienzo a las diferentes familias lingüísticas del presente.

prevaricación (*prevarication*). Característica del lenguaje humano que explica que el hablante puede tergiversar lo que dice, no ajustarse a la verdad o mentir.

principio (*principle*). Cada una de las reglas compartidas por las lenguas del mundo dentro del concepto de Gramática Universal, p. ej., un principio universal es que toda oración contiene un sujeto, y otro principio es que toda lengua humana posee un canal sonoro como medio básico de transmisión de los símbolos (Moreno Cabrera 2004, 285).

productividad (*productivity*). Característica del lenguaje humano que describe la capacidad de producir diferentes enunciados ante una situación determinada.

proxémica (*proxemics*). Término establecido por Edward Hall (1963) para identificar cómo los hablantes hacen uso del espacio físico durante la comunicación, en relación con cuatro tipos de espacio: *publico*, *social*, *personal* e *íntimo*.

R

reacción condicionada (*conditioned response*). Respuesta producida por un estímulo condicionante. En el ejemplo del perro de Pavlov, la salivación es la reacción condicionada al oír el sonido de la campana, que constituye el estímulo condicionante.

receptor (*receiver*). 1. Quien recibe el mensaje durante el acto comunicativo. 2. Papel temático que describe a la entidad que padece la acción, que la experimenta o la percibe y aparece con verbos que denotan cambio de posesión, p. ej., *Julia le dio el lápiz a Jorge*.

recursividad (*duality of patterning or recursiveness*). Característica del lenguaje humano que estipula que la reiterada combinación de elementos puede dar lugar a un número ilimitado de enunciados.

reflexividad (*reflexiveness*). Véase **función metalingüística**.

S

significado (*signified or meaning*). Concepto mental, representación u objeto en que piensa un hablante cuando oye un significante o conjunto de sonidos en concreto.

significante (*signifier*). Imagen acústica, el conjunto de sonidos que conforma el nombre del objeto en cuestión.

sinapsis (*synapsis*). Fenómeno mediante el cual se lleva a cabo la transmisión del impulso nervioso entre las neuronas como sucede, por ejemplo, ante los estímulos que se reciben del lenguaje humano.

U

universal (*universal*). Véase **principio**.

universal de cambio lingüístico (*linguistic change universal*). Principio universal que estipula que todas las lenguas vivas de las que encontramos hablantes en la actualidad no son estáticas, sino que han evolucionado y lo continuarán haciendo con el paso del tiempo.

universal fonológico (*phonological universal*). Principio universal relacionado con la fonología que establece que todas las lenguas están compuestas por vocales y consonantes que se combinan dando lugar a significados.

universal general (*general universal*). Principio universal que estipula que todas las lenguas se pueden traducir entre sí.

universal gramatical (*grammatical universal*). Principio universal que propone que todas las lenguas poseen un sistema morfológico y fonológico.

universal morfológico (*morphological universal*). Principio universal que estipula que todas las lenguas pueden crear nuevas palabras, p. ej., por diferentes fenómenos como la *conversión*, en el caso del inglés, *a chair > to chair a meeting*, o por procesos de composición entre categorías gramaticales: V (*sacar*) + N (*corcho*) = N (*sacacorchos*).

universal semántico (*semantic universal*). Principio universal de carácter semántico que estipula que todas las lenguas son capaces de expresar las nociones de acción, proceso o estado.

universal sintáctico (*syntactic universal*). Principio universal que propone que todas las lenguas establecen relaciones sintácticas directas o indirectas entre los participantes de la comunicación.

Capítulo 2

Fonología y fonética: los sonidos del español

1. Objetivos del capítulo

- Facilitar la comprensión del sistema de sonidos del español desde el análisis de aspectos más generales (fonología) a más particulares (fonética).
- Detallar el inventario de fonemas del español en relación con sus diferencias y funciones.
- Describir las principales características de las vocales y de las consonantes según el punto de articulación, el modo de articulación y la sonoridad.
- Estudiar el concepto de sílaba, las reglas de división silábica y la transcripción fonémica o fonológica.
- Analizar las realizaciones concretas de los sonidos y los contextos en los que estos ocurren.
- Presentar el concepto de alófono o variaciones de un mismo fonema y describir los alófonos consonánticos en función del contexto fónico en el que aparecen.
- Explicar cómo se representan los sonidos del español y practicar la transcripción fonética.
- Revisar las reglas generales de acentuación y explicar algunos rasgos suprasegmentales como la entonación.

2. Actividades, soluciones y actividades de ampliación

Actividad 1

En esta primera actividad se busca que los estudiantes utilicen el concepto de par mínimo. De esta modo comprenderán que el contraste entre las palabras en un par mínimo se crea con un fonema y no una letra o grafema. En la segunda parte de esta actividad, los estudiantes comprobarán que la duración de una vocal no es un rasgo distintivo entre los fonemas vocálicos del español, aunque el alargamiento vocálico sí podría ser una característica dialectal en alguna variedad de español (véase el capítulo 7 sobre variación lingüística). Los estudiantes pueden trabajar de forma individual, en parejas o en grupos mientras hacen la actividad. Se puede considerar también formar cuatro equipos y dar a cada equipo una palabra diferente como punto de partida (el grupo A comienza con "tono", el grupo B con "rana", etc.). Se puede organizar un juego en que los grupos compitan por ser el equipo que mayor número de pares mínimos crea en el período de un minuto, por ejemplo.

Soluciones

Actividad 1. Crea la mayor cantidad de pares mínimos con las siguientes palabras. La segunda palabra del par mínimo tendrá que ser la primera del siguiente par.

Modelo: *casa → pasa, pasa → para, para → pera*, etc.

1. Tono → toro, toro → todo, todo → lodo, lodo → lado, lado → lago, lago → vago . . .
2. Rana → pana, pana → pata, pata → pala, pala → sala, sala → sola, sola → bola, bola → bota . . .

3. Capa → tapa, tapa → lapa, lapa → lata, lata → pata, pata → para, para → pasa, pasa → masa . . .
4. Pito → rito, rito → mito, mito → moto, moto → roto, roto → rojo, rojo → mojo, mojo → majo . . .

✍ **En chuxnabán mixe, una lengua hablada en el noreste del estado mexicano de Oaxaca, las siguientes palabras forman un par mínimo: *mox* (estómago) y *moox* (nudo) (Jany 2007, 68). ¿Sería posible formar un par mínimo en español con *hola* y *hoola*? Explica tu respuesta usando los conceptos de fonema y par mínimo.**

En español el contraste entre vocales cortas y largas no crea un par mínimo, como se aprecia con las palabras *hola* y *hoola*. Esto quiere decir que el sonido /o/ largo no es un fonema en español, al no crear un contraste en el significado. Las palabras *hola* y *hoola* no forman un par mínimo. La forma *hoola* representa solamente la manera en que alguien puede indicar sorpresa o agrado al saludar a un amigo.

▶ *Actividad de ampliación*

Al terminar la actividad, conviene revisar la lista de pares mínimos que los estudiantes hayan creado y detenerse en errores comunes que suelen ocurrir, como por ejemplo, considerar la letra "h" como un sonido contrastivo.

Actividad 2

En esta actividad, los estudiantes no solamente identificarán los órganos del aparato fonador que se activan durante la realización de las consonantes /t/, /l/, /m/, /g/, sino que además reflexionarán sobre cómo en la producción de vocales no se experimenta obstrucción alguna.

Soluciones

Actividad 2. Observa la figura del aparato fonador e identifica los órganos articulatorios que se activan al producir los sonidos que aparecen en negrita. Fíjate en el ejemplo.

Modelo: *ca*pa → *el labio inferior y el labio superior*

taza: /t/, la lengua y los dientes superiores
ola: /l/, la lengua y los alveolos
mundo: /m/, el labio inferior y el labio superior
gota: /g/, el dorso de la lengua y el velo
ajo: /a/, ninguno, la boca se abre y no hay obstrucción ni contacto entre órganos

✍ **¿Qué diferencias se observan entre la articulación de las consonantes y de la vocal si se tienen en cuenta los órganos articulatorios y el paso del aire?**

El aire no pasa de la misma manera, puesto que en el caso de la vocal no encuentra obstrucción.

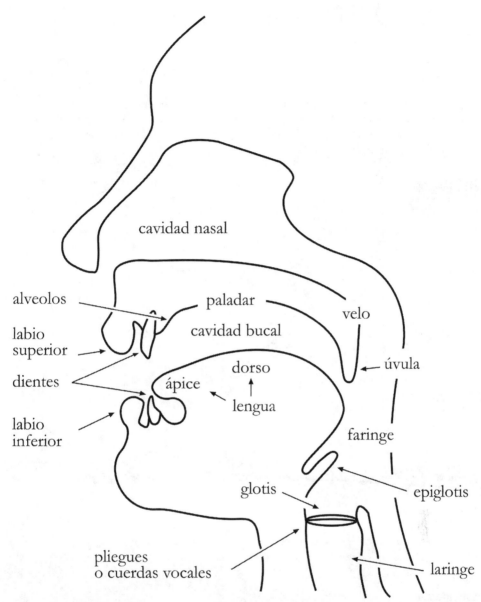

Figura 2.1 Aparato fonador
(adaptado de Núñez Cedeño y Morales-Front 1999, 26)

▶ *Actividad de ampliación*

Se puede ampliar esta actividad pidiendo a los estudiantes que identifiquen los órganos articulatorios de otros sonidos en las palabras incluidas en la actividad, como por ejemplo, /s/ o /θ/ para la "z" en "taza", o la /n/ y /d/ en "mundo". La última palabra, "ajo", servirá de conexión con la siguiente sección, en la cual se presentarán los tres criterios con que se definen los fonemas vocálicos.

Actividad 3

Esta actividad propone que los estudiantes apliquen los conocimientos adquiridos para identificar y distinguir entre diptongos, hiatos y triptongos. Necesitarán además comprender la información sobre los tipos de diptongos (ascendentes y descendentes) para poder clasificarlos correctamente.

Soluciones

Actividad 3. Identifica si el grupo de vocales en negrita conforma un diptongo (D), un hiato (H) o un triptongo (T). En el caso de los diptongos, determina si son ascendentes o descendentes.

Modelo: *ciudad → semiconsonante + vocal débil → diptongo ascendente*

1. cauto → (D) descendente
2. desconfiéis → (T)
3. saeta → (H)
4. buey → (T)
5. Suiza → (D) ascendente
6. desagüe → (D) ascendente
7. siempre → (D) ascendente
8. búho → (H)
9. alergia → (D) ascendente
10. aeropuerto → (H), (D) ascendente

✍ **Ahora piensa en dos palabras más de uso común que contengan un diptongo, un hiato o un triptongo.**

Actividad libre.
Las respuestas variarán según las palabras que los estudiantes propongan. Algunos ejemplos posibles son "buenas", que es un diptongo ascendente, o "tarea", que es un hiato.

Actividad 4

Actividad 4. Busca una noticia de un periódico, una revista o un blog en español. ¿Cuál crees que es la vocal más frecuente? ¿Observas más vocales que consonantes o te parece que el número está equilibrado?

Actividad libre.
Esta actividad sugiere que los estudiantes busquen diversas fuentes auténticas en español y que se fijen en qué letras aparecen más frecuentemente. En el *DRAE*, la letra más común es la "a", pero en cualquier texto castellano, la presencia de la vocal "e" en categorías gramaticales como "que", "el", "se", "me", etc., hace que esta vocal resulte más frecuente. En cuanto a la cantidad de vocales y consonantes, las vocales suelen ocupar un 45% de los textos,

mientras que las consonantes ocupan el 55% restante. Se pueden consultar los siguientes artículos relacionados con este tema:

- Pérez, H. E. 2003. "Frecuencia de fonemas". *e-rthabla* 1.

http://lorien.die.upm.es/~lapiz/e-rthabla/numeros/N1/N1_A4.pdf

- Rojo, G. 1991. "Frecuencia de fonemas en español actual". En *Homenaxe ó Profesor Constantino García*. M. Brea y F. Fernández Rei, eds. 451-467. Santiago de Compostela: Universidade de Santiago de Compostela.

http://gramatica.usc.es/~grojo/Publicaciones/Frecuencia_fonemas.pdf

- Moreno Sandoval, A., D. Torre Toledano, N. Curto y R. de la Torre. "Inventario de frecuencias fonémicas y silábicas del castellano espontáneo y escrito". IV Jornadas en Tecnología del Habla, Zaragoza, 8-10 noviembre 2006.

http://www.lllf.uam.es/ING/Publicaciones/LLI-UAM-4JTH.pdf

- Tabla comparativa. Redes y Seguridad Informática (criptoanálisis) Instituto Politécnico Nacional

http://www.cidetec.ipn.mx/mtc/progacademico/lgac/si/Documents/31.pdf

▶ *Actividad de ampliación*

Al contrastar los resultados de todos los alumnos con los que presenta el *DRAE*, se puede generar un pequeño debate sobre los contrastes entre la lengua materna (L1), una segunda lengua (L2), o incluso una tercera lengua (L3). Se puede recordar a los estudiantes que realicen búsquedas de letras automáticamente, mediante las teclas control (en PC) o comando (en Mac) y las letras *b* (buscar en español) o *f* (*find* en inglés).

Actividad 5

Actividad 5. Fíjate en el orden en que aparecen las siguientes vocales y consonantes. Si se tiene en cuenta el índice de frecuencia de una letra en el idioma, ¿qué crees que indica la siguiente tabla en relación con el español?

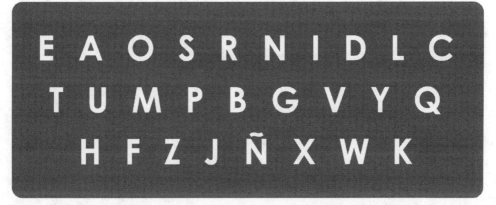

Figura 2.2 Listado de vocales y consonantes según su índice de frecuencia en español

Actividad libre.

Esta actividad será muy útil después de la actividad 4, pues los estudiantes tendrán una oportunidad más para reflexionar sobre la frecuencia de las letras del alfabeto en español. La tabla fue extraída de la siguiente página de Internet: https://fonoaudiologos.wordpress.com/2012/11/26/letras-mas-usadas-en-el-idioma-espanol/.

En ella se han ordenado las letras desde la más a la menos utilizada. Esta tabla se emplea para ayudar a personas que han sufrido accidentes o parálisis que afectan uno o más órganos en el aparato fonador. Al oír una de las letras el paciente debe hacer un gesto, por ejemplo, mover los ojos o una parte del cuerpo. El fonoaudiólogo, es decir, el profesional que se encarga de tratar los trastornos de la comunicación humana, va anotando las letras indicadas por el paciente.

✎ **¿Crees que existe una correspondencia entre el número de entradas en un diccionario de las letras "e" y "a" y su frecuencia de uso en la lengua? Compruébalo tú mismo.**

Al comparar la "a" y la "e", el estudiante se dará cuenta de que en el diccionario hay muchas más entradas para la letra "a", pese a que la "e" se usa más frecuentemente en el idioma. Según la obra "Frecuencias léxicas del español coloquial: análisis cuantitativo y cualitativo" de Marcial Terrádez Gurrea (2001), aunque la letra "a" es la más abundante dentro del castellano, la letra más usada en este idioma es la "e", con una frecuencia aproximada del 14%. Tras ella aparece la "a" con un 12,7% de frecuencia, seguida de la "o" (10,3%), la "s" (7,58%) y la "n" (6,375). Esto evidencia que en el castellano las vocales tienen un peso preponderante, ya que estas cinco letras componen cerca del 45% de las palabras que empleamos.

http://www.defensacentral.com/ustedpregunta/categoria/gramatica/cual-es-la-letra-mas-usada-en-castellano/

Actividad 6

Esta actividad sirve para que los alumnos se familiaricen con la correspondencia entre grafías y sonidos, representados como fonemas entre barras oblicuas. Además, como deberán identificar los puntos de articulación, los estudiantes podrán aprender a clasificar y describir los sonidos según este importante parámetro. Es importante mencionar algunos aspectos dialectales según la realización de determinados sonidos. Por ejemplo, se ha de distinguir la palabra "relación", ya que la "c" podría equivaler a un fonema alveolar /s/ o interdental /θ/ en función de la variedad dialectal del hablante. Lo mismo es aplicable al grafema "z" o a las combinaciones "ce" y "ci". Se puede consultar rápidamente el capítulo 7 sobre variación lingüística y prestar atención a las diferencias entre los rasgos fonético-fonológicos que se describen sobre algunas variedades dialectales.

Soluciones

Actividad 6. Escribe el símbolo fonológico de las letras que aparecen en negrita e identifica su punto de articulación. Para los grafemas "z", "ce" y "ci", deberás identificar los dos puntos de articulación posibles.

1. **c**asti**ll**o → /k/ velar, /ʎ/ palatal
2. sal**v**a**j**e → /b/ bilabial, /x/ velar
3. **qu**ite**ñ**o → /k/ velar, /ɲ/ palatal
4. **l**e**n**to → /l/ alveolar, /n/ alveolar

5. felicidad → /f/ labiodental, /d/ dental
6. relación → /r/ alveolar, /s/ alveolar (L. Am., Canarias y otras zonas de España) o /θ/ interdental (ciertas regiones de España y Centroamérica)
7. pero → /p/ bilabial, /ɾ/ alveolar
8. soga → /s/ alveolar, /g/ velar
9. ancho → / tʃ/ alveopalatal
10. yema → /j/ palatal, /m/ bilabial

▶ *Actividad de ampliación*

Se puede escribir una lista de palabras en la pizarra, o pedirles a los estudiantes que proporcionen palabras que ellos considerarían complicadas a la hora de transcribir. Con las palabras en la pizarra, se subrayará en cada una de ellas un grafema o grafemas correspondientes a un sonido. En grupos, los estudiantes deberán identificar el fonema y su punto de articulación. El grupo con el mayor número de respuestas correctas será el ganador. Mediante esta actividad, se pretende potenciar el uso de la terminología lingüística y mostrar su utilidad para describir los elementos compositivos del idioma. Es importante además que los estudiantes visualicen el punto de articulación de las consonantes. Se puede utilizar la figura 2.1 (aparato fonador). También se puede buscar una figura de la boca en la que no haya nombres escritos y se pide a los alumnos que sitúen los siguientes fonemas en el lugar correspondiente del dibujo según su punto de articulación: /l, x, f, b, d, θ, ʎ/.

Actividad 7

Esta es una actividad que permite a los estudiantes seguir practicando la identificación y descripción de los distintos fonemas. En esta ocasión lo harán con el parámetro del modo de articulación.

Soluciones

Actividad 7. ¿Cuál de los siguientes sonidos no pertenece al grupo? Justifica tu respuesta.

Modelo: /p/ /l/ /t/ /k/ → /l/ *porque es un fonema lateral y no oclusivo*

1. /m/ /n/ **/r/** /ɲ/ →/r/ porque es un fonema vibrante (múltiple) y no es nasal
2. /f/ /s/ **/b/** /θ/ →/b/ porque es un fonema oclusivo y no es fricativo
3. **/k/** /l/ /ʎ/ →/k/ porque es un fonema oclusivo y no es lateral
4. /b/ /d/ **/ɲ/** →/ɲ/ porque es un fonema nasal y no es oclusivo
5. /x/ **/tʃ/**/f/→/tʃ/ porque es un fonema africado y no es fricativo

▶ *Actividad de ampliación*

Al igual que con la actividad 6, se puede escribir en la pizarra una lista de palabras escogidas por los propios estudiantes. Con la ayuda de estos, el profesor seleccionará qué letra o letras se identificarán por su modo de articulación. Los alumnos, en grupos, identificarán el fonema que corresponda a ese grafema o grafemas e indicar su modo de articulación. El grupo con el mayor número de respuestas correctas será el ganador. También se puede pedir a los estudiantes que pronuncien la palabra *mañana* con la nariz tapada (presionando con los dedos) y preguntarles por qué suena así. De este modo, recordarán cuáles son las consonantes nasales ("m", "n", "ñ"): al pronunciarlas, el aire sale a través de las fosas nasales.

Actividad 8

Actividad 8. Piensa en dos palabras que usas a menudo e incorpóralas en la tabla 2.3 como ejemplos de al menos tres modos de articulación.

Actividad libre.

Las respuestas pueden variar. Con esta actividad, los estudiantes podrán aplicar a palabras de su uso cotidiano los conocimientos teóricos sobre la categorización de fonemas según su modo de articulación. Algunas posibles respuestas podrían ser: *¡Vamos!*, en que el fonema del grafema "v" es el oclusivo /b/, o *Tengo sueño*, en que el fonema /ɲ/ representa el sonido del grafema "ñ".

Actividad 9

Como se ha explicado, la sonoridad es el tercer parámetro para clasificar los fonemas consonánticos. Con esta actividad los estudiantes seguirán aplicando estos conocimientos mientras practican la distinción entre grafemas y fonemas. Primero deberán identificar el fonema y, después, determinar si se trata de un fonema sordo o sonoro.

Soluciones

Actividad 9. Determina si las letras subrayadas corresponden a un fonema sordo o sonoro.

Modelo: *pasa* → *La letra 'p' corresponde al fonema /p/, el cual es un sonido sordo.*

1. equipo	/k/ sordo	/p/ sordo
2. teléfono	/t/ sordo	/f/ sordo
3. cuadro	/k/ sordo	/ɾ/ sonoro
4. reloj	/l/ sonoro	/x/ sordo
5. estuche	/s/ sordo	/tʃ/ sordo
6. goma	/g/ sonoro	/m/ sonoro
7. cerdo	/θ/ sordo o /s/ sordo	/d/ sonoro
8. brillo	/b/ sonoro	/ʎ/ sonoro
9. año	/ɲ/ sonoro	
10. rayo	/r/ sonoro	/j/ sonoro

▶ *Actividad de ampliación*

Se puede ampliar esta actividad con la identificación de la sonoridad en otros sonidos que aparecen en las palabras como, por ejemplo, /l/ y /n/ en "teléfono". Ambos sonidos son sonoros. También se puede pedir a los estudiantes que se pongan la mano en el cuello y pronuncien los sonidos /s/ y /m/ aislados (sin vocales) y preguntarles: ¿Cuál de los sonidos es sordo y cuál es sonoro? ¿En qué basan su respuesta? Indudablemente, se trata de la vibración de los pliegues vocales como en /m/ (sonido sonoro; glotis cerrada) o la ausencia de vibración en /s/ (sonido sonoro; glotis abierta).

Actividad 10

Esta actividad persigue dos objetivos. El primero es repasar el concepto de par mínimo, presentado al comienzo del capítulo, y el segundo es practicar la transcripción fonémica o fonológica. Para ello, el profesor ha de asegurarse de que se usan correctamente todas las convenciones explicadas en el libro de texto, p. ej., el uso de barras oblicuas al inicio y final de la palabra transcrita, la tilde para indicar la vocal tónica, y los símbolos correctos para cada fonema. Las respuestas variarán según las palabras que cada alumno o grupo de alumnos elija para formar el primer par mínimo. La actividad puede servir para mencionar que otra convención habitual en la transcripción es la división silábica, la cual se abordará más adelante.

Soluciones

Actividad 10. Fíjate en el modelo y crea pares mínimos con las palabras del recuadro. Utiliza los símbolos fonológicos en lugar de los grafemas para transcribir cada palabra del par mínimo.

Modelo: *casa*
/kása/ → /pása/
/pása/ → /páɾa/
/páɾa/ → /páta/
. . .

1. queso: /késo/ → /kédo/, /kédo/ → /kémo/, /kémo/ → . . .
2. llama: /ʎáma/ → /dáma/, /dáma/ → /fáma/, /fáma/ → . . .
3. mayo: /májo/ → /rájo/, /rájo/ →/ráto/, /ráto/ → . . .
4. pecho: /pétʃo/ → /pélo/, /pélo/ → /sélo/ o /θélo/, /sélo/ o /θélo/ → . . .

▶ *Actividad de ampliación*

Esta actividad se puede ampliar si se pide a los estudiantes que proporcionen sus propias palabras como punto de partida para crear más pares mínimos.

Actividad 11

En esta actividad se practica la transcripción fonémica con palabras que, en su mayoría, contienen alguna dificultad añadida que sirve de aprendizaje sobre aspectos importantes. Por ejemplo, la "ñ" en "niño" se representa con el símbolo /ɲ/, el cual es muy distinto al grafema. Ocurre algo similar con la representación de la secuencia "gue" en la misma palabra o de dígrafos como "rr" y "ll" en "guerrillero" /geriʎéɾo/. Otro aspecto que se desea reforzar aquí es la transcripción de diptongos.

Soluciones

Actividad 11. Transcribe fonémicamente las siguientes palabras. Fíjate en el ejemplo.

Modelo: *cara* → /káɾa/

1. pobre → /póbɾe/
2. niño → /níɲo/
3. guerrillero → /geriʎéɾo/
4. recientemente → /resjénteménte/ o /reθénteménte/
5. perdió → /perdjó/
6. juicio → /xwísjo/ o / xwíθjo/
7. causado → /kaṵsádo/
8. chocolate → / tʃokoláte/
9. marroquí → /marokí/
10. llora → /ʎóɾa/

► *Actividad de ampliación*

Se puede ampliar esta actividad con un dictado en parejas. Un alumno dicta palabras a otro, y este último deberá transcribirlas. Luego pueden intercambiar los roles. Después de seguir esta dinámica durante 5 o 6 minutos, cada estudiante presentará a la clase las dos palabras más difíciles que hayan visto al trabajar en parejas. Esta práctica constituye además una buena ocasión para solucionar dudas generales sobre la transcripción.

Actividad 12

Esta actividad permite que los alumnos se sientan más seguros al catalogar fonemas consonánticos según los tres parámetros estudiados en el libro de texto: punto de articulación, modo de articulación y sonoridad. Es conveniente que el profesor haga hincapié en la importancia de describir los sonidos en su totalidad (/θ/ → interdental, fricativo, sordo) y no solamente con alguno de estos criterios. De esta forma se conseguirá afianzar el uso de la terminología lingüística.

Soluciones

Actividad 12. Describe los siguientes fonemas a partir de los tres rasgos distintivos que hemos aprendido: punto de articulación, modo de articulación y sonoridad.

Modelo: /p/ → *bilabial, oclusivo, sordo*

1. /θ/ → interdental, fricativo, sordo
2. /l/ → alveolar, lateral, sonoro
3. /tʃ/ → palatoalveolar, africado, sordo o alveopalatal, africado, sordo
4. /x/ → velar, fricativo, sordo
5. /t/ → dental, oclusivo, sordo
6. /r/ → alveolar, vibrante múltiple, sonoro

7. /m/ → bilabial, nasal, sonoro
8. /j/ → palatal, fricativo, sonoro
9. /f/ → labiodental, fricativo, sordo
10. /s/ → alveolar, fricativo, sordo

▶ *Actividad de ampliación*

Como ampliación de esta actividad, se puede invertir el modo de identificar un fonema y convertir la actividad en un juego. El profesor da a los estudiantes la descripción del sonido según los tres criterios y deja que los estudiantes descubran el fonema. Por ejemplo, el profesor dice "fonema bilabial, oclusivo, sonoro", y los estudiantes deberán escribir en sus cuadernos el símbolo /b/. Se puede permitir el uso de la tabla con los primeros ejemplos de la actividad.

Actividad 13

Actividad libre.
Con esta actividad los estudiantes repasarán los grupos consonánticos posibles en el ataque. También les ayudará a comprender que ciertas combinaciones posibles en otras lenguas no aparecen en español como, por ejemplo, la combinación "st–" en inglés.

Soluciones

Actividad 13. Escribe una palabra para cada caso de combinación consonántica posible en el ataque. Ayúdate de la tabla anterior.

Posibles respuestas: plano, preso, trampa, clave, cruz, blanco, breve, drama, glotis, grapa, flora, Francia.

▶ *Actividad de ampliación*

Se puede incidir en la ausencia de los grupos consonánticos /sp–/, /st–/ y /sk–/ en el ataque en español que sí se admiten en otras lenguas de origen germánico como el inglés o el alemán. Para ello, el profesor presentará algunos cognados y pedirá a los alumnos que identifiquen la traducción al español, como "estudiante": *student* en inglés o *Student* en alemán.

Actividad 14

Con esta actividad se adquirirá más práctica en la transcripción fonémica y la división de sílabas de las palabras. Este es un asunto que difiere bastante de idioma a idioma, por lo que suele revestir dificultad para estudiantes de español como L2. Se recomienda poner énfasis en la transcripción de algunos grafemas como "x" en /ks/ y "ch" como /tʃ/, así como los diptongos e hiatos.

Soluciones

Actividad 14. Transcribe fonémicamente y separa en sílabas las siguientes palabras.

Modelo: *carta* → /káɾ.ta/

1. exijo → /ek.sí.xo/
2. agua → /á.gwa/
3. transparente → /trans.pa.rén.te/
4. saciar → /sa.sjáɾ/ o /sa.θjáɾ/
5. quietamente → /kjé.ta.mén.te/

6. dieciocho → /dje.sjó.tʃo/ o /dje.θjó.tʃo/
7. porcentaje → /por.sen.tá.xe/ o /por.θen.tá.xe/
8. volumen → /bo.lú.men/
9. alcohólico → /al.kó:.li.ko/
10. destornillador → /des.tor.ni.ʎa.dóɾ/

Nota: con el punto 5 se puede comentar que los adverbios terminados en –*mente* son las únicas palabras en español que poseen dos acentos, porque se forman a partir de un adjetivo. Por lo tanto, para indicar esta característica, se podría transcribir como /kjé.ta.mén.te/.

✎ **Ahora piensa en dos o tres palabras que usarías para describir a tu mejor amigo. Sepáralas en sílabas con un compañero.**

Modelo: *generoso* → /xe.ne.ró.so/

Actividad libre.
Las respuestas variarán según las palabras que los estudiantes propongan. Algunos posibles ejemplos serían: *comprensivo* → /kom.pren.sí.bo/, *trabajador* → /tra.ba.xa.dór/

▶ *Actividad de ampliación*

Para ampliar esta actividad se puede llevar un diccionario a clase y pedir a un estudiante que lo abra por cualquier página. El alumno leerá la primera entrada del diccionario y todos deberán transcribirla y dividirla en sílabas tal y como han hecho con las palabras de la actividad.

Actividad 15

Con esta actividad los estudiantes adquirirán más práctica en la transcripción fonémica y en la división silábica de palabras y frases enteras. Para ello, hay que pedir a los alumnos que se fijen en el "contexto fónico" en el que interaccionan los sonidos.

Soluciones

Actividad 15. Separa los siguientes enunciados en sílabas. Fíjate en el ejemplo.

Modelo: *los amigos* → lo.sa.mi.gos

1. de agua → de.a.gua
2. saben un secreto → sa.be.nun.se.cre.to
3. sobre otro asunto → so.bre.o.tro.a.sun.to
4. está relacionado → es.tá.re.la.cio.na.do
5. con la conexión → con.la.co.nek.sión
6. del interesado perspicaz → de.lin.te.re.sa.do.pers.pi.caz
7. y un yate → yun.ya.te

8. en alta mar → e.nal.ta.mar
9. amarrado a una boya → a.ma.rra.do.au.na.bo.ya
10. flotando sin destino → flo.tan.do.sin.des.ti.no

✎ **Ahora piensa en dos expresiones propias de la cortesía verbal y sepáralas en sílabas.**

Modelo: *¿Qué tal estás?* → qué.ta.les.tás

Actividad libre.
A modo de recordatorio se puede comentar que la "cortesía verbal" es un conjunto de normas sociales que regulan comportamientos comunicativos entre hablantes. Estas normas se reflejan en las estrategias conversacionales de que disponen los hablantes para mitigar posibles conflictos durante la comunicación. Los hablantes respetan una serie de normas de comportamiento y también el uso de estructuras lingüísticas determinadas. Por ejemplo, la diferencia entre *No le podemos atender* y *Desafortunadamente acabamos de cerrar*.

Las respuestas variarán según las palabras que los estudiantes propongan. Algunos posibles ejemplos serían: *Qué mal me fue con la tarea* → qué.mal.me.fue.con.la.ta.re.a. *¿Vas a la cafetería luego?* → va.sa.la.ca.fe.te.rí.a.lue.go.

▶ *Actividad de ampliación*

Se puede ampliar esta actividad pidiendo a los alumnos que, tras separar los enunciados en sílabas, los lean en voz alta marcando las diferentes sílabas. Así toman mayor conciencia sobre la importancia de la silabificación (incluida la unión de palabras) en la cadena hablada.

Actividad 16

Esta actividad propone practicar la transcripción fonémica de frases enteras, pero también tiene un matiz lúdico, pues cada frase es una adivinanza popular. Una vez revisadas y corregidas las transcripciones, vale la pena comprender el significado de cada frase. Por ejemplo, la respuesta a la adivinanza 1 es "el plátano o banana". En esta frase se juega con la división de sílabas para formar palabras de tal modo que la respuesta se ofrece en la misma adivinanza "Oro parece, plátano es". La adivinanza 2 describe "una pasa". La adivinanza 3 es "una pera". En esta frase ocurre lo mismo que con la 1, donde la respuesta se encuentra en la propia adivinanza, "es pera". La adivinanza 4 habla de "la cebolla" y hace alusión a cómo hace llorar cuando se corta o se pica.

Antes de realizar la actividad conviene recordar que no se suele incluir el acento prosódico en la transcripción de las palabras átonas: las preposiciones (excepto *según*), los posesivos antepuestos al nombre (*mi, tu, su, nuestro, vuestro* …), los pronombres átonos (*me, te, le, se, nos, lo, la,* etc.), los artículos determinados (*el, la,* etc.), los relativos (excepto *cual/es*), la mayoría de las conjunciones (*y, pero, porque,* etc.), los adverbios *tan* y *medio,* y algunas formas de tratamiento (*don, doña, fray, san, sor,* etc.) (véanse Quilis 1997 y *Diccionario Panhispánico de Dudas* 2005). Por lo tanto, deberán prestar atención a algunas de estas categorías gramaticales en la actividad.

Soluciones

Actividad 16.   Transcribe fonémicamente las siguientes adivinanzas como si se leyeran de manera pausada. Recuerda poner los acentos y separar las sílabas.

Modelo: *La casa es azul* → /la.ká.sa.é.sa.súl/ o /la.ká.sa.é.sa.θúl/

1   Oro parece plata no es. → /ó.ɾo.pa.ɾé.se.plá.ta.nó.és/ u /ó.ɾo.pa.ɾé.θe.plá.ta.nó.és/
2. Una señorita muy arrugadita con un palito atrás, pasa, tonto, que lo acertarás. → /ú.na. se.ɲo.ɾí.ta.mwí.a.ru.ga.dí.ta.ko.nún.pa.lí.toa.tɾás | pá.sa | tón.to | ke.loa.seɾ.ta.ɾás/ o /ú.na. se.ɲo.ɾí.ta.mwí.a.ru.ga.dí.ta.ko.nún.pa.lí.toa.tɾás | pá.sa | tón.to | ke.loa. θeɾ.ta.ɾás/
3. Blanca por dentro, verde por fuera. Si quieres que te lo diga, espera. → /blán.ka.poɾ.dén. tro | béɾ.de.poɾ.fwé.ɾa | | si.kjé.ɾes.ke.te.lo.dí.ga | es.pé.ɾa/
4. En el campo nací, mis hermanos son los ajos, y aquel que llora por mí me está partiendo en pedazos. → /e.nel.kám.po.na.sí | mi.seɾ.má.no.són.lo.sá.xos | ja.kél.ke.ʎó.ɾa.poɾ. mí.mes.tá.paɾ.tjén.doen.pe.dá.sos/ o /e.nel.kám.po.na.θí. | mi.seɾ.má.no.són.lo.sá.xos | ja.kél.ke.ʎó.ɾa.poɾ.mí.mes.tá.paɾ.tjén.doen.pe.dá.θos/

✎ **Ahora, transcribe fonémicamente las oraciones 1 y 3 como si se leyeran de manera rápida. ¿Qué modificaciones tuviste que hacer en tu transcripción?**

Aquí se han aplicado las reglas de la sinalefa entre palabras. Por ello, si ocurre entre dos vocales medias, como es el caso de /o/ y /e/ en *plátano es*, la /o/ se convierte en semiconsonante, /o̯/. En la frase 3, la sinalefa ocurre entre vocales de diferente altura, como es el caso de *diga espera*, la más alta, /e/, se convierte en semivocal, /e̯/.

1. Oro parece plata no es. → /ó.ɾo.pa.ɾé.se.plá.ta.no̯és/ u /ó.ɾo.pa.ɾé.θe.plá.ta.no̯és/
3. Blanca por dentro, verde por fuera. Si quieres que te lo diga, espera. → /blán.ka.poɾ.dén. tro | béɾ.de.poɾ.fwé.ɾa | | si.kjé.ɾes.ke.te.lo.dí.ga̯es.pé.ɾa/

▶ *Actividad de ampliación*

Siguiendo con el tema de las adivinanzas, se puede pedir a los estudiantes que busquen otras y que las transcriban en casa. En la clase, cada alumno leerá su adivinanza en voz alta. Una vez que los compañeros hayan resuelto las adivinanzas, se les puede pedir a todos que transcriban algunas de ellas y que después comparen sus respuestas.

Actividad 17

Esta actividad plantea afianzar los conocimientos de los estudiantes sobre los tres parámetros para describir los alófonos del español. Tal como se hizo con la descripción de los fonemas, el profesor deberá enfatizar el uso de estos rasgos para referirse a los diferentes alófonos, y hacerlo siguiendo el orden siguiente: punto de articulación, modo de articulación y sonoridad.

Soluciones

Actividad 17.   Escribe los símbolos fonéticos según las siguientes descripciones.

Modelo: *dental, oclusivo, sordo* → [t]

1. Palatal, nasal, sonoro. → [ɲ]
2. Velar, fricativo, sonoro. → [ɣ]
3. Bilabial, oclusivo, sordo. → [p]
4. Labiodental, fricativo, sordo. → [f]
5. Interdental, lateral, sonoro. → [l̪]
6. Alveolar, vibrante simple, sonoro. → [ɾ]
7. Alveolar, fricativo, sordo. → [s]
8. Labiodental, nasal, sonoro. → [ɱ]
9. Dental, lateral, sonoro. → [l̪]
10. Velar, fricativo, sordo. → [x]

▶ *Actividad de ampliación*

Al igual que con la actividad 12, aquí se podría invertir el orden en que se presentan los alófonos. El profesor escribirá un alófono en la pizarra y los alumnos, en equipos o en parejas, lo describirán según los tres parámetros en este orden: punto de articulación, modo de articulación y sonoridad. Se puede permitir el uso de la tabla para las primeras 3 o 4 adivinanzas y después hacerlo sin su ayuda.

Actividad 18

Esta actividad propone que los estudiantes encuentren alófonos en un texto auténtico, "Poema 122", que el poeta español Antonio Machado (1875-1939) dedicó a su joven esposa, Leonor Izquierdo, quien murió a una edad temprana. Las palabras que contienen alófonos distintos de sus fonemas aparecen subrayadas en las primeras dos estrofas, para así ayudar a centrar la atención de los estudiantes en los aspectos clave de cada verso. Una vez hayan practicado con la primera mitad del poema, se les pedirá que identifiquen ellos mismos los alófonos distintos de sus fonemas y que los transcriban fonéticamente.

Soluciones

Actividad 18.   Lee el siguiente poema en voz alta e identifica ejemplos de posibles alófonos que no sean idénticos a sus fonemas. En las primeras dos estrofas aparecen subrayadas las palabras que contienen alófonos. En el resto del poema, deberás tú mismo identificar los alófonos y transcribirlos.

Modelo: *Soñé que tú me llevabas* [ʎeβáβas]

Soñé que tú me **llevabas** [ʎeβáβas]
por una **blanca vereda,** [bláŋka βeɾéða]
en medio del campo **verde,** [em méðjo ðel . . . βéɾðe]
hacia el azul de las sierras,

hacia **los montes** azules, [loz móɲtes]
una mañana serena.

Sentí tu mano en la mía, [seɲtí]
tu mano **de** compañera, [ðe]
tu **voz de** niña **en** mi **oído** [βóz ðe . . . em . . . oíðo] o [βóθ ðe . . . em . . . oíðo]
como una campana **nueva,** [nwéβa]
como una campana **virgen** [βírxeɲ] (debido a que la siguiente palabra comienza por una
dental y no hay pausa)
de un **alba de primavera.** [álβa ðe primaβéra]

Cabe resaltar que /d/ en "de" de la última línea se mantiene como un alófono oclusivo dental
sonoro [d], no porque esté al inicio de una línea, sino porque le antecede una nasal de la
palabra "virgen" en la línea anterior y no existe pausa entre ambas palabras.

¡**Eran** tu **voz** y tu mano, [éraɲ. . . βóz] o [éraɲ. . . βóθ]
en sueños, **tan verdaderas**! . . . [tám berðaðéras]

Vive, esperanza, ¡quién **sabe** [bíβe | esperánsa . . . sáβe] o [bíβe | esperáŋθa . . . sáβe]
lo que se **traga** la tierra! [tráɣa]

▶ *Actividad de ampliación*

Para ampliar esta actividad con otros poemas, el profesor puede remitir a los estudiantes a la
web http://antologiapoeticamultimedia.blogspot.com/. Es muy recomendable pedirles que
hagan los dos tipos de transcripción de su poema elegido, primero la fonémica y luego la
fonética, para facilitar el aprendizaje de los dos tipos de transcripción.

Actividad 19

Esta actividad sugiere que los alumnos se fijen en las sutiles diferencias entre transcribir
algo fonémicamente o fonéticamente. Por este motivo, se han vuelto a emplear las
adivinanzas que han aparecido antes. Los estudiantes pueden usar las respuestas de aquella
actividad para contrastar la transcripción fonémica con la fonética que se les pide hacer
aquí. También, para adquirir más práctica, los estudiantes podrían volver a transcribir
cada adivinanza fonémicamente en clase antes de hacer la transcripción fonética. Trabajan
en parejas o en grupos a la hora de detectar qué fonemas han cambiado a qué alófonos y
por qué.

Soluciones

*Actividad 19. Transcribe fonéticamente las siguientes adivinanzas como si se leyeran
de manera pausada. Recuerda poner los acentos y separar las sílabas.*

Modelo: *La casa es azul* → [la.ká.sa.é.sa.súl] o [la.ká.sa.é.sa.θúl]

Transcripción fonémica:
1. Oro parece plata no es. → /ó.ɾo.pa.ɾé.se.plá.ta.nó.és/ u /ó.ɾo.pa. ɾé.θe.plá.ta.nó.és/

Transcripción fonética:
1. Oro parece plata no es. → [ó.ɾo.pa.ɾé.se.plá.ta.nó.és] u [ó.ɾo.pa.ɾé.θe.plá.ta.nó.és]

Transcripción fonémica:
2. Una señorita muy arrugadita con un palito atrás, pasa, tonto, que lo acertarás. → /ú.na.
se.ɲo.ɾí.ta.mwí.a.ru.ga.dí.ta.ko.nún.pa.lí.toa.tɾás | pá.sa | tón.to | ke.loa.seɾ.ta.ɾás/o /ú.na.
se.ɲo.ɾí.ta.mwí.a.ru.ga.dí.ta.ko.nún.pa.lí.toa.tɾás | pá.sa | tón.to | ke.loa.θeɾ.ta.ɾás/

Transcripción fonética:
2. Una señorita muy arrugadita con un palito atrás, pasa, tonto, que lo acertarás. → [ú.na.
se.ɲo.ɾí.ta.mwí.a.ru.ga.ðí.ta.ko.núm.pa.lí.toa.tɾás | pá.sa | tóṉ.to | ke.loa.seɾ.ta.ɾás] o [ú.na.
se.ɲo.ɾí.ta.mwí.a.ru.ɣa.ðí.ta.ko.núm.pa.lí.toa.tɾás | pá.sa | tóṉ.to | ke.loa.θeɾ.ta.ɾás]

Transcripción fonémica:
3. Blanca por dentro, verde por fuera. Si quieres que te lo diga, espera. → /blán.ka.poɾ.dén.
tɾo | béɾ.de.poɾ.fwé.ɾa | | si.kjé.ɾes.ke.te.lo.dí.ga | es.pé.ɾa/

Transcripción fonética:
3. Blanca por dentro, verde por fuera. Si quieres que te lo diga, espera. → [bláŋ.ka.poɾ.ðéṉ.
tɾo | béɾ.ðe.poɾ.fwé.ɾa | | si.kjé.ɾes.ke.te.lo.ðí.ɣa | es.pé.ɾa]

Transcripción fonémica:
4. En el campo nací, mis hermanos son los ajos, y aquel que llora por mí me está partiendo
en pedazos. → /e.nel.kám.po.na.sí | mi.seɾ.má.no.són.lo.sá.xos | ja.kél.ke.ʎó.ɾa.poɾ.mí.mes.
tá.paɾ.tjén.doen.pe.dá.sos/ o /e.nel.kám.po.na.θí. | mi.seɾ.má.no.són.lo.sá.xos | ja.kél.
ke.ʎó.ɾa.poɾ.mí.mes.tá.paɾ.tjén.doen.pe.dá.θos/

Transcripción fonética:
4. En el campo nací, mis hermanos son los ajos, y aquel que llora por mí me está partiendo
en pedazos. → [e.nel.kám.po.na.sí | mi.seɾ.má.no.són.lo.sá.xos | ja.kél.ke.ʎó.ɾa.póɾ.mí.mes.
tá.paɾ.tjéṉ.doem.pe.ðá.sos] o
[e.nel.kám.po.na.θí | mi.seɾ.má.no.són.lo.sá.xos | ja.kél.ke.ʎó.ɾa.poɾ.mí.mes.tá.paɾ.tjéṉ.
doem.pe.ðá.θos]

✎ **Ahora compara la transcripción fonética que acabas de hacer con la transcripción fonémica de la actividad 16. ¿Qué diferencias observas?**

1. No existen diferencias entre la transcripción fonémica y la fonética.

2. El fonema oclusivo /g/ en *arrugadita* se realiza en su variante fricativa [ɣ] al ir en posición intervocálica.
El fonema oclusivo /d/ en *arrugadita* se realiza en su variante fricativa [ð] al ir en posición intervocálica.
El fonema nasal alveolar /n/ en la frase *un palito* se realiza en su variante bilabial [m] por ir seguida del sonido bilabial [p].
El fonema nasal alveolar /n/ en la palabra *tonto* se realiza en su variante dental [ṉ] por ir seguida del sonido dental [t].

3. El fonema oclusivo /d/ en *dentro* se realiza en su variante fricativa [ð] al no ir precedida de nasal ni de pausa. El fonema nasal alveolar /n/ en la palabra *blanca* se realiza en su variante velar [ŋ] al ir seguido de un sonido velar.

El fonema nasal alveolar /n/ en la palabra *dentro* se realiza en su variante dental [n̪] por ir seguido del sonido dental [t].

El fonema oclusivo /d/ en *verde* se realiza en su variante fricativa [ð] al ir en posición intervocálica.

El fonema oclusivo /d/ en *diga* se realiza en su variante fricativa [ð] al no ir precedida de nasal ni de pausa.

El fonema oclusivo /g/ en *diga* se realiza en su variante fricativa [ɣ] al ir en posición intervocálica.

4. El fonema nasal alveolar /n/ en la palabra *partiendo* se realiza en su variante dental [n̪] por ir seguida del sonido dental [t].

El fonema nasal alveolar /n/ en la frase *en pedazos* se realiza en su variante bilabial [m] por ir seguida del sonido bilabial [p].

El fonema oclusivo /d/ en *pedazos* se realiza en su variante fricativa [ð] al ir en posición intervocálica.

Actividad 20

Con esta actividad los estudiantes prestarán atención a la presencia de la sílaba tónica en cada palabra a partir de las pautas presentadas en el libro de texto. Para lograr ese objetivo, se han escogido palabras con menor índice de frecuencia en el idioma.

Soluciones

Actividad 20. Identifica la sílaba tónica de cada una de las siguientes palabras.

Modelo: *casa* → <u>ca</u>sa

berenjena → beren<u>je</u>na
bondad → bon<u>dad</u>
candor → can<u>dor</u>
caracteres → carac<u>te</u>res
chafariz → chafa<u>riz</u>
corajina → cora<u>ji</u>na
descuento → des<u>cuen</u>to
Ecuador → Ecua<u>dor</u>
fenomenal → fenome<u>nal</u>
inquietud → inquie<u>tud</u>
controversia → contro<u>ver</u>sia
peonza → pe<u>on</u>za
perindola → perin<u>do</u>la
pintacilgo → pinta<u>cil</u>go
reptil → rep<u>til</u>
rictus → <u>ric</u>tus
tornasol → torna<u>sol</u>

► *Actividad de ampliación*

Se puede comentar que hay también palabras con doble acentuación, por ejemplo, *élite* o *elite*, *fríjol* o *frijol*, *periodo* o *período*. Puede ser interesante analizar algunos de estos ejemplos y comentar el tema de la variación lingüística que se abordará en el capítulo 7. En este enlace se pueden encontrar más ejemplos de palabras con doble acentuación: http://roble.pntic.mec.es/msanto1/ortografia/doblac.htm.

Pese a que en el enlace se recomienda una pronunciación en concreto, no se menciona la fuente que corrobora dicha recomendación. Hay que tener en cuenta que esto se debe a factores más complejos como, por ejemplo, la variación diatópica o geográfica. Por esta razón, resulta difícil hacer recomendaciones de este tipo.

Se puede consultar el *Diccionario panhispánico de dudas* (*DPD*): http://www.rae.es/recursos/diccionarios/dpd, donde se ofrece una explicación de las pronunciaciones llanas y agudas de los tres pares de palabras mencionados arriba.

Otra posible actividad consiste en pedir a los estudiantes que consulten el *DPD* (2005) o la última *Ortografía* (2010) de la RAE, que preparen una lista con las categorías de palabras que son tónicas y átonas, y que pongan ejemplos. Después, se les pedirá que construyan algunas frases con dichas palabras y que las lean en voz alta, prestando atención al acento prosódico.

Actividad 21

Para que los alumnos puedan apreciar el contexto fónico, esta actividad incluye palabras con menor índice de frecuencia en el idioma.

Soluciones

Actividad 21. Decide cuáles de las siguientes palabras llevan acento ortográfico según las reglas generales de acentuación. La sílaba tónica aparece ya subrayada.

chácena • bondad • factótum • alergia • colibrí • azagón
condonación • educacionista • hormiguero • álgido • cerrazón
cuadrúpedo • cuadrupedante • dextrógiro • arcedianazgo • dextro • falaz

► *Actividad de ampliación*

Con la ayuda de un diccionario, los estudiantes pueden trabajar en parejas y buscar tres palabras nuevas con o sin acento ortográfico. Después de copiarlas en un papel y de marcar solamente la sílaba tónica, pero sin indicar el acento ortográfico, en caso de que lo lleve, se lo darán a otra pareja en la clase. Cada pareja decidirá si las palabras que han recibido llevan acento ortográfico o no. Después se puede proceder a hacer una puesta en común.

Actividad 22

En esta actividad los estudiantes deben explicar por qué las palabras subrayadas llevan acento ortográfico. Para ello han de fijarse en la sección 6.1 del libro de texto.

Soluciones

Actividad 22. Lee las siguientes frases y explica por qué las palabras subrayadas llevan acento ortográfico, mencionando las reglas de la sección 6.1.

veraneé
→ Palabra aguda. La sílaba tónica se sitúa en la última sílaba. Se acentúa porque termina en vocal

mástil
→ Palabra llana. La sílaba tónica se sitúa en la penúltima sílaba. Se acentúa porque no termina en "n", "s" o vocal.

embarcación
→ Palabra aguda. La sílaba tónica se sitúa en la última sílaba. Se acentúa porque termina en "n".

también:
→ Palabra aguda. La sílaba tónica se sitúa en la última sílaba. Se acentúa porque termina en "n".

pelícanos
→ Palabra esdrújula. La sílaba tónica es la antepenúltima. Este tipo de palabras siempre lleva acento ortográfico.

endémica
→ Palabra esdrújula. La sílaba tónica es la antepenúltima. Este tipo de palabras siempre lleva acento ortográfico.

cráter
→ Palabra llana. La sílaba tónica se sitúa en la penúltima sílaba. Se acentúa porque no termina en "n", "s" o vocal.

volcán
→ Palabra aguda. La sílaba tónica se sitúa en la última sílaba. Se acentúa porque termina en "n".

fantásticas
→ Palabra esdrújula. La sílaba tónica es la antepenúltima. Este tipo de palabras siempre lleva acento ortográfico.

volveré
→ Palabra aguda. La sílaba tónica se sitúa en la última sílaba. Se acentúa porque termina en vocal.

Actividad 23

Con esta actividad los alumnos practicarán las reglas de acentuación en palabras que presentan dificultades por su composición. A menudo, los estudiantes de L2 establecen analogías en lugar de prestar atención al contexto fónico y a las reglas de acentuación. Por ejemplo, muchos aprendientes colocan un acento sobre la "i" en "alergia" porque la combinación "ia" se parece a la de palabras como "alegría". Lo mismo sucede con "alguien", puesto que se asemeja en su composición fonética y silábica a "también". Conviene que el profesor enfoque la atención de los estudiantes hacia la importancia de seguir las reglas generales de acentuación del español.

Soluciones

Actividad 23. Decide cuáles de las siguientes palabras llevan tilde y explica por qué. La vocal sobre la que recae el acento prosódico aparece subrayada en todas ellas.

alergia • alegría • Mario • María • paisano • país

estiaje • hastío • hostia • tía • inquietud

púa • simio • intercambio • sobrio • sombrío

▶ *Actividad de ampliación*

Para ampliar esta actividad el profesor puede pedir a sus estudiantes que piensen en palabras con las cuales suelen tener problemas o dudas al escribir el acento ortográfico. Pueden elaborar entre todos un listado de aquellas palabras que suelen revestir dificultad.

Actividad 24

Actividad libre.
A través de un diálogo inventado, los estudiantes pueden reflexionar sobre el impacto del acento de hiato en el significado a nivel de palabra y de enunciado. El modelo proporciona un posible comienzo al minidiálogo, pero el profesor debe recalcar que pueden comenzar

Figura 2.3 Esquema de las reglas de acentuación para los diptongos e hiatos

con la oración que prefieran. Esta actividad será más productiva si se hace en parejas o en grupos. Al final de la actividad, todos los grupos pueden leer sus textos y crear una competición en la que la gane la historia más original.

Soluciones

Actividad 24   Piensa en qué contexto comunicativo se podría producir cada una de las siguientes oraciones y explica la diferencia de significado.

Modelo: *Hola, por fin me visitas y **te tengo** en casa. ¿Te ofrezco algo de beber? **Té tengo**, y también café.*

Actividad libre. Posibles opciones para la interpretación de cada una de las oraciones.

1. Me enteré de que bebe.	1. Me enteré de qué bebe.
Posibles ejemplos: Siempre pensé que Pepe llevaba agua en su botella, pero anoche, me enteré de que bebe. Es más, me enteré de qué bebe: ¡vodka!	
2. El vino de California.	2. Él vino de California.
Posibles ejemplos: Él vino de California y me trajo el vino de California que más me gusta.	
3. Ya sabes que té, quiero.	3. Ya sabes que te quiero.
Posibles ejemplos: Ya sabes que té, quiero, por lo que no dudes en prepararme siempre una taza. Ya sabes que te quiero porque eres lo más importante en mi vida.	
4. Aun sé la lista de los presidentes.	4. Aún sé la lista de los presidentes.
Posibles ejemplos: Sé tantas cosas, que aun sé la lista de los presidentes. Lo más sorprendente es que la estudié hace muchos años y aún sé la lista de los presidentes.	
5. Ese disco es para mi amigo.	5. Ese disco es para mí, amigo.
Posibles ejemplos: Ese disco es para mi amigo, lo siento, no es para ti. Disculpa, me he confundido: ese disco es para mí, amigo. No lo voy a compartir con nadie.	
6. Si voy, espérame.	6. Sí, voy, espérame.
Posibles ejemplos: No estoy seguro de ir a la fiesta . . . si voy, espérame. Vale, me has convencido. Sí, voy, espérame. Me cambio de ropa en cinco minutos.	

✎ **Crea un minidiálogo en el que de manera lógica aparezcan integradas seis de estas oraciones.**

Actividad libre.
He aquí un posible minidiálogo:

Susana: Hola, Pedro, ¿qué es eso que veo sobre la mesa?
Pedro: **Ese disco es para mi amigo**. Sabes que es el cumpleaños de Juan y le acabo de comprar un disco de vinilo de su artista favorito. ¡Lo que me costó conseguirlo!

Susana: ¡Lou Reed! Ese es mi artista favorito también. Lo siento, pero **ese disco es para mí, amigo.**

Actividad 25

En esta actividad, los alumnos deberán aplicar el patrón de entonación adecuado para cada oración. Han de crear un contexto en el que se demuestre que han entendido el propósito cada oración, y se resaltarán las diferencias de significado que la entonación puede crear con la misma secuencia de palabras.

Soluciones

Actividad 25. Lee las siguientes oraciones en voz alta. A continuación crea un minidiálogo que sirva de contexto y en el que integres cada una de las oraciones.

1. ¿Nos vemos a las 7? (oración interrogativa)
2. Nos vemos a las 7. (oración declarativa)
3. ¡Nos vemos a las 7! (oración exclamativa)

Actividad libre.
He aquí un ejemplo de minidiálogo:
Santi: Bueno, chicas, entonces, al final, **¿nos vemos a las 7? (con patrón de oración interrogativa)**
Belén: Uy, sí, por fin, reunión de curso. ¡Qué divertido! Tengo que ir a casa a cambiarme de ropa primero. **¡Nos vemos a las 7! (con patrón de oración exclamativa)**
Verónica: Dale. **Nos vemos a las 7. (con patrón de oración declarativa)**
Santi: Bueno, Verónica, no te veo muy emocionada con el plan . . .
Verónica: No, no es eso. Es que tengo muchas cosas en la cabeza. Cuestiones de trabajo, ya sabes.
Santi: ¡Pues más razón para vernos esta noche! Ven, que será divertido.
Verónica: Sí, seguro que sí. Pues entonces yo también voy a casa para descansar un poco antes de la reunión. **¡Nos vemos a las 7! (con patrón de oración exclamativa)**

✎ **Ahora explica qué significados aportan los rasgos suprasegmentales según el contexto comunicativo de los minidiálogos. Determina si se podría sustituir alguna de las oraciones en algún caso y si esto afectaría al intercambio comunicativo entre los hablantes.**

Esta actividad propone reflexionar sobre cómo se plantean los rasgos suprasegmentales en relación con el contexto de la comunicación. Este aspecto se estudiará en el capítulo 5 sobre pragmática al abordar cómo estos componentes pueden incidir sobre el significado. Se pueden intercambiar distintos tipos de oraciones: interrogativas (confirmar información), afirmativas (informar), exclamativas (exhortar o instar a hacer algo), etc. Lo importante es que el estudiante se fije en que al cambiar el rasgo suprasegmental puede cambiar el significado y, según el contexto, se podrían producir brechas en la comunicación o significados de carácter pragmático que mostrasen irritabilidad, ironía, humor, etc.

▶ *Actividad de ampliación*

Una manera de ampliar esta actividad consiste en pedir a los estudiantes que formen grupos de 3 o 4 personas y que creen un *sketch* humorístico en el cual deberán incorporar tres clases de oraciones (declarativa, interrogativa y exclamativa), con la misma secuencia de palabras. Posteriormente, los alumnos pueden representar sus miniproducciones teatrales mediante la lectura, y toda la clase podrá escoger el *sketch* más creativo. Otra opción es que elijan una obra de teatro corto y que la representen. Podrán hacer modificaciones del original para añadir variedad a los tipos de oraciones. Se pueden encontrar obras de teatro breve en el siguiente enlace: http://obrasdeteatrocortas.mx/.

3. Proyectos de investigación

1. Compara el inventario de sonidos del español y del inglés, estudia las diferencias que existen en los rasgos fonológicos de las vocales y de las consonantes y determina algunos de los sonidos que, en tu opinión, le pueden resultar difíciles a un hablante anglófono de español por su falta de correspondencia. Después, describe las características articulatorias de dichos sonidos en ambas lenguas y elabora una presentación oral en la que expliques cuáles son algunas de las semejanzas y de las diferencias entre las dos lenguas.

Recursos:

Referencias de fonética contrastiva español – inglés, Joaquim Llisterri, Universitat Autònoma de Barcelona

http://liceu.uab.cat/~joaquim/applied_linguistics/L2_phonetics/Fon_Cont_Bib.html#Contrastive_phonetics_SpEn

Inventario de sonidos del español, Joaquim Llisterri, Universitat Autònoma de Barcelona

http://liceu.uab.cat/~joaquim/phonetics/CAEFH_10/CAEFH_10_Index_1.html

IPA Chart with Sounds

http://www.internationalphoneticalphabet.org/ipa-sounds/ipa-chart-with-sounds/

2. Diseña un cuestionario con preguntas que te sirvan para entrevistar a dos profesores de español como L2 y averigua cómo enseñan la pronunciación en sus clases. Les puedes preguntar cuándo introducen este aspecto de la adquisición de la lengua, qué tipo de ejercicios, actividades y materiales utilizan, con qué recursos refuerzan el aprendizaje de sus estudiantes. Después, elabora una presentación oral en la que expongas los resultados de tu investigación.

Recursos:

Delicado Cantero, M. y W. Steed. 2015. "La enseñanza de la pronunciación del español en Australia: creencias y actitudes de los profesores". *Journal of Spanish Language Teaching* 2 (1): 18-35.

http://www.tandfonline.com/doi/full/10.1080/23247797.2015.1012895

Bueno Hudson, R. 2013. "Propuestas para la enseñanza de la pronunciación y corrección fonética en español como lengua extranjera". *Actas del I Congreso Internacional de Didáctica de Español como Lengua Extranjera del Instituto Cervantes de Budapest*, 15-35.

http://cvc.cervantes.es/ensenanza/biblioteca_ele/publicaciones_centros/budapest_2013.htm

3. Busca dos libros de texto que se utilicen para enseñar la pronunciación a estudiantes de español como L2 del mismo nivel e investiga:

1. Qué información se le proporciona al alumno sobre el inventario de sonidos de la lengua.
2. Cómo se explican las diferencias entre la fonología y la fonética.
3. Cómo se explica la terminología específica de estas dos disciplinas.
4. Cómo se abordan las diferencias dialectales entre los hablantes de español.
5. Qué información se incluye sobre los rasgos suprasegmentales.
6. Qué tipo de ejercicios se incluyen para practicar los conocimientos adquiridos.

Una vez que hayas llevado a cabo el análisis prepara un informe escrito en el que expongas los resultados de tu investigación y determina cuál de los dos materiales te parece más idóneo para la enseñanza de la lengua.

Recurso:

Selección de manuales de pronunciación

http://liceu.uab.es/~joaquim/applied_linguistics/L2_phonetics/Corr_Fon_ELE_Bib.html#Manuales

4. Investiga el manejo de una herramienta para el análisis acústico del habla, como el programa gratuito Praat (http://www.praat.org), explica sus principales características y qué tipo de información nos proporciona a la hora de analizar el habla. Registra la misma oración en su modalidad afirmativa, exclamativa e interrogativa y compara los resultados que obtienes con esta herramienta desde el punto de vista acústico. Después elabora una presentación oral en la que compartas los resultados de tu investigación con la clase.

Recurso:

Correa Duarte, J. A. 2014. *Manual de análisis acústico del habla con Praat*. Bogotá: Instituto Caro y Cuervo.

http://www.bibliodigitalcaroycuervo.gov.co/998/

4. Preguntas de ensayo

Las siguientes preguntas pueden servir como temas de ensayo una vez que se hayan abordado los contenidos del capítulo.

1. ¿Cuáles son las diferencias más importantes entre la fonología y la fonética? ¿Qué importancia posee cada disciplina para el estudio de las lenguas?
2. Explica cuáles son los criterios más importantes para la descripción de las vocales y cómo se adaptan en el caso de combinaciones de vocales.
3. ¿Por qué el punto de articulación, el modo de articulación y la sonoridad resultan esenciales para la producción de las consonantes?
4. Haz un repaso de los diptongos e hiatos del español y explica cómo afectan las reglas de acentuación a estos componentes del idioma. Utiliza ejemplos concretos.
5. Explica la importancia del estudio de los rasgos suprasegmentales como la acentuación o la entonación para comprender los matices de la comunicación humana. Proporciona ejemplos específicos del español.
6. Establece una comparación entre las vocales y las consonantes del inglés y las del español. Explica en qué se parecen y en qué se diferencian.

5. Glosario bilingüe de términos de fonología y fonética

A

acento ortográfico (*written accent*). Signo ortográfico auxiliar con el que, según determinadas reglas, se representa en la escritura el acento prosódico" (*DPD*, s.v. *tilde*).

acento prosódico (*stress*). Mayor fuerza o intensidad en una sílaba al pronunciar una palabra, p. ej., en las palabras *ca-sa* y *dá-til*, la penúltima sílaba es la que lleva el acento prosódico.

africado (*affricate*). Sonido que se produce en dos tiempos. Primero hay una oclusión, pues los dos órganos que intervienen se cierran completamente, y a continuación se produce una fricación. Un ejemplo es /tʃ/ en *techo* /té.tʃo/.

aguda (*oxytone*). Palabra con la sílaba tónica en la última sílaba, p. ej., *can-tar, can-ción*.

alófono (*allophone*). Realización o variante de un fonema, p. ej., el alófono [ŋ] es la realización del fonema /n/ si aparece en posición anterior a una consonante velar, /tán.go/ → [táŋ.go].

altura de las vocales (*vowel height*). Altura en la que se posiciona la lengua al producir cada vocal. Puede ser alta /i, u/, media /e, o/ y baja /a/. Un ejemplo de una palabra con una vocal alta es *sin* /sin/, con vocal media *sol* /sól/ y con baja *casa* /ká.sa/.

alveolar (*alveolar*). Punto de articulación en el que el órgano activo es la lengua y el pasivo es la región alveolar. Un ejemplo es /n/, como en *no* /nó/.

alveopalatal (*alveopalatal*). Punto de articulación en el que el órgano activo es la lengua y el pasivo la zona posterior de los alveolos o la zona anterior del paladar. El único sonido alveopalatal en español es /tʃ/, como en *techo* /té.tʃo/.

anterioridad de las vocales (*vowel frontness*). Posición anterior /i, e/, central /a/ o posterior /o, u/ de la lengua al producir cada vocal. Un ejemplo de una palabra con una vocal anterior es /réd/, con vocal central, /sál/, y con posterior, /mú.ɾo/.

aparato fonador (*organs of speech*). Conjunto de órganos que de manera activa o pasiva intervienen durante la producción de los sonidos y que se ubican, principalmente, en la cavidad nasal, en la cavidad bucal y en la laringe.

aproximante (*approximant*). Alófono fricativo de un fonema oclusivo, p. ej., /b, d, g/→ [β, ð, ɣ].

archifonema (*archiphoneme*). Símbolo que se utiliza para aglomerar una serie de sonidos en los que los rasgos que los distinguen se han neutralizado, p. ej., /N/, el cual recoge todas las variantes del fonema /n/, como en *tango*, que se transcribe [táN.go] en lugar de [táŋ.go].

arranque de la sílaba (*syllable onset*). Véase **ataque**.

asimilación progresiva (*progressive assimilation*). Proceso por el cual un sonido adopta algún rasgo del sonido que lo precede, p. ej., *hazte* /áθ.te/ → [áθ.t̪e].

asimilación regresiva (*regressive assimilation*). Proceso por el cual un sonido adopta algún rasgo del sonido que lo sigue, p. ej., la consonante nasal /n/ se dentaliza por la influencia de la consonante dental /t/, *antes* /án.tes/→ [án̪.tes].

ataque (*syllable onset*). Elemento o elementos consonánticos que preceden al núcleo de una sílaba, p. ej., en la palabra *por* /poɾ/ la vocal /o/ es el núcleo y el elemento consonántico /p/ es el ataque de la sílaba, que se encuentra en posición explosiva.

B

bilabial (*bilabial*). Punto de articulación en el que intervienen los dos labios. Un ejemplo es /p/, como en *pato* /pá.to/.

C

coda (*coda*). Elemento o elementos consonánticos que siguen al núcleo de una sílaba, p. ej., en la palabra *por* /por/, la vocal /o/ es el núcleo y el elemento consonántico /ɾ/ es la coda de la sílaba.

D

dental (*dental*). Punto de articulación en el que el órgano activo es la lengua y el pasivo es la parte posterior de los dientes superiores, p. ej., /d/.

diptongo (*diphthong*). Dos sonidos vocálicos que se pronuncian en una misma sílaba, p. ej., *duerme* o *peine*

diptongo creciente o ascendente (*increasing or rising diphthong*). Diptongo formado por una semiconsonante y una vocal, p. ej., *guapa*.

diptongo decreciente o **descendente** (*decreasing or falling diphthong*). Diptongo formado por una vocal y una semivocal, p. ej., *aires*.

distribución complementaria (*complementary distribution*). Relación entre dos elementos cuando la selección de un sonido sobre otro hace que se cree un par mínimo, es decir, dos palabras distintas, como son /ká.ma/ y /ká.pa/.

E

entonación (*intonation*). Variación que se produce en el conjunto de los tonos de todas las sílabas de una oración. La entonación se suele representar con la *curva melódica* que aparece en el discurso al pronunciar las palabras y que está relacionada con el sentido o la intención del hablante.

esdrújula (*proparoxytone*). Palabra con la sílaba tónica en la antepenúltima sílaba, p. ej., *ár-bo-les*. Una palabra *sobresdrújula* es aquella con la sílaba tónica en la anteantepenúltima sílaba, p. ej., *có-me-te-lo*.

espirante (*spirant*). Véase **aproximante**.

F

fonema (*phoneme*). Representación abstracta de un sonido. Unidad básica de la que se ocupa la fonología. Así, el sonido [p] se representa con el fonema /p/.

fonema consonántico (*consonantic phoneme*). Fonema en cuya realización el aire encuentra algún tipo de obstáculo al salir, p. ej., /d/ o /m/.

fonema vocálico (*vocalic phoneme*). Fonema en cuya realización el aire pasa por la cavidad bucal sin encontrar obstrucción alguna a su paso, p. ej., /a/ o /i/.

fonética (*phonetics*). Rama de la lingüística que se ocupa de los fonemas en relación con las características articulatorias, acústicas y fisiológicas propias de los hablantes.

fonología (*phonology*). Rama de la lingüística que estudia el sistema de sonidos de una lengua. La unidad básica de la que se ocupa la fonología es el fonema.

fricativo (*fricative*). Sonido en cuya producción los dos órganos que intervienen se acercan sin llegar a cerrarse y el aire causa una fricción al salir, p. ej., /f/ o /s/.

G

grave (*paroxytone*). Véase **llana**.

H

hiato (*hiatus*). Secuencia de dos sonidos vocálicos que se pronuncian en sílabas distintas, p. ej., *po-e-ma* o *ra-íz*.

I

interdental (*interdental*). Punto de articulación en el que el órgano activo es la lengua y el pasivo son los dientes. En español, el único fonema interdental es /θ/, el cual se produce en el centro y norte de España, y algunas regiones del sur de España y de Hispanoamérica, p. ej., *zapato* /θapáto/.

L

labiodental (*labiodental*). Punto de articulación en el que el órgano activo es el labio inferior y el pasivo son los dientes superiores, p. ej., el fonema /f/ en *foca*.

lateral (*lateral*). Punto de articulación en que el órgano activo es la lengua y los órganos pasivos son los alveolos o el paladar, forzando la salida del aire por los laterales de la cavidad bucal, p. ej., el fonema /l/ en *lado* y /ʎ/ en *llama*.

llana (*paroxytone*). Palabra con la sílaba tónica en la penúltima sílaba, p. ej., *pa-nes* o *cés-ped*.

lleísmo. Pronunciación del fonema mediopalatal /j / <y> como lateral palatal /ʎ/ <ll>, por lo que se produce una neutralización de ambos fonemas. Por tanto, la palabra suyo / sújo/ se pronunciaría como /súʎo/.

N

nasal (*nasal*). Sonido consonántico para cuya producción el aire no sale solo por la cavidad bucal, sino también por la nasal, p. ej., el fonema /m/ de *mar* /máɾ/.

O

oclusivo (*plosive or stop*). Modo de articulación de sonidos consonánticos en cuya producción los dos órganos que intervienen se cierran completamente y el aire causa una pequeña explosión al salir, p. ej., el fonema /p/ en pan/pán/.

órgano articulatorio activo (*active articulatory organ or active articulator*). Órgano que se mueve y se aproxima al pasivo en la producción de sonidos, p. ej., los labios inferiores en la articulación del fonema labiodental /f/.

órgano articulatorio pasivo (*passive articulatory organ or passive articulator*). Órgano que interviene en la producción de un sonido pero que permanece estático, p. ej., los dientes superiores en la articulación del fonema /f/.

P

palatal (*palatal*). Punto de articulación en el que el órgano activo es la lengua y el pasivo el paladar duro, p. ej., el fonema /ɲ/ en niño /níɲo/.

palatoalveolar (*alveopalatal*). Véase **alveopalatal**.

par mínimo (*minimal pair*). Dos palabras que se diferencian en un solo fonema y tienen significados diferentes, p. ej., *Paco* y *palo* /pá.ko/ y /pá.lo/.

R

rasgos suprasegmentales (*suprasegmental features*). Rasgos que constituyen las modificaciones a los sonidos vocálicos y consonánticos que están directamente relacionadas con el acento prosódico y con la entonación, y que sirven para complementar o matizar el significado de un enunciado o de una oración.

redondez (*roundness*). Posición de los labios al pronunciar cada vocal. Los labios pueden estar en posición redondeada como en /o, u/ o no redondeada como en /a, e, i/.

S

semiconsonante (*semiconsonant*). Primera vocal de un diptongo cuando esta es débil y aparece en la primera posición, como en *miel* /mjél/ o *huevo* /wébo/, formando así diptongos crecientes o ascendentes.

semivocal (*semivowel*). Segunda vocal de un diptongo cuando esta es débil y aparece detrás de la vocal fuerte, como en *aires* /áires/ o *Europa* /európa/.

sílaba (*syllable*). Sonido o grupo de sonidos emitido en un golpe de voz. Toda sílaba ha de contener siempre una única unidad vocálica que es su núcleo.

sílaba átona (*unstressed syllable*). Sílaba sobre la cual no recae el acento prosódico en una palabra, p. ej., la última sílaba en *ca-sa* y en *dá-til*.

sílaba tónica (*stressed syllable*). Sílaba sobre la cual recae el acento prosódico en una palabra, p. ej., la penúltima sílaba en *ca-sa* y en *dá-til*.

sinalefa (*synalepha*). Proceso por el cual dos vocales consecutivas, aun estando en la frontera de dos palabras distintas, se reducen a un diptongo. Es más habitual que esto ocurra con vocales átonas, es decir, las que no llevan el acento prosódico.

sonido (*sound*). Véase **alófono**.

sonoro (*voiced*). Sonido en cuya realización la glotis se cierra y los pliegues o cuerdas vocales entran en contacto y vibran, p. ej., /b/ en *va* /bá/.

sordo (*voiceless*). Sonido en cuya realización la glotis se abre y los pliegues o cuerdas vocales no vibran, p. ej., /p/ en *papa* /pá.pa/.

T

tilde diacrítica (*diacritic written accent*). Acento ortográfico que distingue la función gramatical y el significado de dos palabras homófonas, p. ej., en el caso de *el* (artículo definido) y *él* (pronombre personal).

tono (*tone*). Frecuencia de las ondas sonoras.

triptongo (*triphthong*). Secuencia compuesta por tres vocales que conforman una misma sílaba con el esquema compositivo: vocal débil átona (VD) + vocal fuerte (VF) + vocal débil átona (VD), p. ej., *limpiáis* o *guau*.

V

variación libre (*free variation*). Selección de un alófono sobre otro cuando no se debe al contexto fonético en el que se encuentran, sino a una diferencia dialectal, social, generacional o incluso individual, p. ej., la manera en que se puede producir el fonema /s/ en *este* como [és.te] o [éh.te].

velar (*velar*). Punto de articulación en el que el órgano activo es la parte posterior de la lengua y el pasivo el paladar blando, p. ej., /k/ en *casa* /ká.sa/.

vibrante (*vibrant or flap*). Modo de articulación de un fonema en cuya producción la lengua golpea brevemente una o más veces contra los alveolos, p. ej., /ɾ/ en *rato* /rá.to/.

vocal abierta (*strong vowel*). Véase **vocal fuerte**.

vocal cerrada (*weak vowel*). Véase **vocal débil**.

vocal débil (*weak vowel*). Vocales que, en los diptongos, pueden ocupar la posición de semiconsonante o semivocal, /i, u/.

vocal fuerte (*strong vowel*). Vocales que siempre son núcleo en su sílaba correspondiente, /a, e, o/.

Y

yeísmo. Neutralización o ausencia de distinción en la pronunciación entre los fonemas /ʎ/ (grafema "ll") y /j/ (grafema "y"). El resultado es que la realización de ambos fonemas equivale a un único sonido [j], es decir, *pollo* [pó.jo] y *poyo* [pó.jo], en lugar de *pollo* [pó.ʎo] y *poyo* [pó.jo]. Este es un rasgo bastante generalizado en las diferentes zonas dialectales. En la península ibérica, en regiones en las que el castellano se encuentra en contacto con el catalán, algunos hablantes todavía articulan esta distinción. Es en el español andino donde encontramos zonas en las que los hablantes distinguen entre los dos fonemas: desde la zona andina de Venezuela, Colombia (dialecto andino oriental, salvo en Bogotá); zonas andinas de Perú (tierras altas), Bolivia, Paraguay; zona nordeste argentina de influjo guaraní; y zonas fronterizas con Bolivia. El contacto de algunas de estas zonas con otras lenguas, por ejemplo, con el guaraní en Paraguay, o con el quechua y el aimara en el caso de Perú y Bolivia, ha favorecido el mantenimiento de la distinción entre los fonemas.

Capítulo 3

Morfología: la formación de palabras

1. Objetivos del capítulo

- Analizar los componentes que conforman la estructura interna y externa de las palabras.
- Aprender a segmentar las unidades léxicas en morfemas como paso previo para comprender los conceptos de raíz y de afijo y la diferencia entre afijos flexivos y derivativos.
- Describir los principales procesos de formación y tipos de palabras: simples, derivadas, compuestas y parasintéticas.
- Estudiar la sufijación apreciativa en los aumentativos, los diminutivos, los peyorativos y los superlativos.
- Explicar otros procedimientos en la formación de palabras como las siglas, los acrónimos, las abreviaturas, los acortamientos, los neologismos y las marcas comerciales.
- Repasar los diferentes tipos de palabras, las categorías léxicas o clases abiertas (con significado principalmente referencial), y las categorías funcionales o clases cerradas (con una función principalmente gramatical y que adquieren su significado de manera relacional).
- Ampliar algunos aspectos de la morfología flexiva nominal (género y número) y la morfología flexiva verbal (número, persona, tiempo, modo y aspecto).

2. Actividades, soluciones y actividades de ampliación

Actividad 1

Esta primera actividad permitirá al estudiante comprender algunos términos fundamentales que aparecerán en el capítulo y que resultarán imprescindibles para el análisis morfológico de la lengua.

Soluciones

Actividad 1. Esta primera actividad te ayudará a familiarizarte con algunos conceptos fundamentales sobre morfología. Responde a las siguientes preguntas.

1. Explica la diferencia entre la *raíz* y los *afijos* que aparecen en una palabra.

La *raíz* es el morfema con significado léxico, mientras que los afijos son los elementos añadidos que se adhieren a la raíz, que pueden matizar o cambiar el significado de una palabra y determinar su categoría gramatical.

2. ¿Qué es la *familia léxica* de una palabra y qué indica en relación con la lengua? ¿Para qué se puede utilizar desde el punto de vista del análisis morfológico?

Otra manera de identificar la raíz de una palabra consiste en fijarse en la *familia léxica* o conjunto de unidades léxicas que comparten la misma raíz. En la familia léxica se puede entrever la parte común de los términos en una misma familia léxica, como en *transport–ación*, *transport–ador*, *transport–ista*, etc.

3. Explica en qué se distingue una *palabra monomorfemática* de una *palabra polimorfemática*.

Algunas palabras, tanto categorías léxicas plenas, *azul*, *calle*, *pan*, *sal*, como propiamente gramaticales o funcionales, *cuando*, *le*, *sin*, se denominan *palabras monomorfemáticas* porque constan de un único elemento o *morfema libre*. Estas palabras poseen autonomía morfológica, se pronuncian de manera independiente y no se pueden descomponer en otros morfemas. A las muchas palabras que contienen más de un morfema se las designa *palabras polimorfemáticas*. Por ejemplo, en la segmentación morfológica del sustantivo *chico*, la raíz *chic–* es la unidad mínima que expresa el significado esencial o conceptual de la palabra, que aquí significa "niño o adolescente", y el morfema *–o* indica género masculino.

4. ¿Por qué los *afijos* son *morfemas ligados* o *trabados*? ¿Qué contenido léxico transparentan los afijos *–or* e *–ista* en las palabras *transportador* y *transportista*?

Como anticipábamos en la palabra *chic–o*, los afijos son siempre *morfemas ligados* o *trabados*, ya que no poseen autonomía, sino que necesitan ir unidos a otros elementos para poder crear una unidad autónoma o palabra. A todos estos morfemas ligados los llamamos *afijos*, ya que necesitan ir fijados o adheridos a la raíz, o a otros afijos, para realizar su función y contribuir en su conjunto al significado de la unidad léxica. Sí que poseen contenido léxico porque por ejemplo en *transport–(a)dor*, el afijo *–(a)dor* transparenta el significado "que transporta" y en *transport–ista*, *–ista* transparenta el significado de "agente o profesión".

5. Explica la diferencia entre los *morfemas léxicos* y los *morfemas gramaticales*.

Los *morfemas léxicos* equivalen a la raíz de una palabra y por lo tanto transparentan su contenido léxico, por ejemplo, en sustantivos, *pastel > pastel–ería*; adjetivos, *verde > verd–oso*; verbos, *salir > sal–ida*; y adverbios, *rápida > rápida–mente*. Por otro lado, los *morfemas gramaticales* son elementos funcionales sin contenido léxico propiamente dicho, que adquieren su significado como elementos relacionantes, es decir: los artículos, *el*, *la*, etc.; los pronombres, *él*, *mi*, *ti*, etc.; las preposiciones, *a*, *con*, *de*, etc.; las conjunciones, *ni*, *pero*, *y*, etc.

▶ *Actividad de ampliación*

Los estudiantes pueden buscar los sufijos en la aplicación móvil del *Diccionario de la lengua española* (*DRAE*).

Actividad 2

Esta actividad sirve de introducción a cómo segmentar las palabras morfológicamente. Para ello, se le pide al alumno que divida palabras en la raíz y en los afijos que puede contener cada palabra. Para segmentar las unidades léxicas, se podrá utilizar cualquiera de los métodos que se han explicado, como intentar detectar la raíz en la palabra o prestar atención a la familia léxica de la palabra mediante la observación de otros derivados, para poder deducir cuál es la recurrencia del morfema. En la segunda parte de la actividad, se tendrá que pensar en algunas palabras que funcionan como morfemas léxicos y como morfemas gramaticales. Se puede aprovechar esta actividad para pedirles a los estudiantes que expliquen la categoría a la que pertenecen los morfemas gramaticales que hayan seleccionado. Más adelante en el capítulo hay una sección dedicada a los diferentes tipos de palabras según su categoría gramatical. Dicha sección se puede abordar antes en el capítulo si se considera conveniente un repaso general de las categorías gramaticales del español.

Soluciones

Actividad 2. Segmenta las siguientes palabras en morfemas. Identifica su raíz y determina el número de afijos de los que constan.

Modelo: *perr – o   cristal – er – o*
            raíz afijo   raíz afijo afijo

1. amarillo   amarill – o
                      raíz   afijo
2. gato   gat – o
                      raíz   afijo
3. regional   region – al
                      raíz   afijo
4. útiles   útil – es
                      raíz   afijo
5. blanco   blanc – o
                      raíz   afijo
6. mesero   mes – er – o
                      raíz   afijo afijo
7. histórico   histór – ic – o
                      raíz   afijo afijo
8. pastelería   pastel – erí – a
                      raíz   afijo afijo

Desde el comienzo del capítulo, resulta especialmente importante matizar que muchas veces se segmenta el afijo de género en la palabra. Por lo tanto, nos podemos encontrar *mes–er–o*, donde se segmenta también el afijo que marca el género de la palabra, o *mes–ero*, donde dicha marca se incluye en el sufijo. Ambos métodos son posibles, pero hay que tener en cuenta que el afijo flexivo de género proporciona información adicional sobre la palabra. Si se opta por incluir la marca de género como parte del sufijo, se estará conjugando a la vez la morfología derivativa (categoría de palabra, en este caso un sustantivo, como en *jornal–er–o*) y la flexiva (género como accidente gramatical de la palabra, como en *jornal–er–o, jornal–er–a*).

✎ **Ahora enumera cinco morfemas léxicos libres y cinco morfemas gramaticales.**

Modelo: Morfema léxico → *sol*
            Morfema gramatical → *sin*

Posibles respuestas para morfemas léxicos libres: *luz, gas, pan, nuez, césped*.
Posibles respuestas para morfemas gramaticales: *con, por, él, el, a*.

▶ *Actividad de ampliación*

Una vez que los estudiantes hayan completado la actividad, el profesor puede pedirles que expliquen cuál es el método que han empleado para segmentar la palabra. Del mismo modo, les puede preguntar si observan alguna correspondencia entre el tipo de morfema y la categoría de la palabra. En parejas pueden comentar los ejemplos *region–al* y *pastel–ería*. También pueden explicar cuál es la información que aportan los afijos *–al* y *–ería* para cada palabra desde el punto de vista gramatical y léxico en relación con la raíz a la que se añaden. Una buena manera de dar con la respuesta es pensar en otros ejemplos similares, donde el morfema expresa la categoría gramatical y un contenido léxico concreto relacionado con esta función. Así, en *regional*, *–al*, es un sufijo adjetival que indica "relación" o "pertenencia", mientras que en *pastelería*, *–ería*, significa en este ejemplo un "establecimiento" o "lugar de venta".

Actividad 3

El objetivo de esta actividad es familiarizar al estudiante con el concepto de interfijo. Para ello, es fundamental que preste atención a los diferentes elementos constitutivos de la palabra. Los interfijos suelen ser difíciles de localizar, puesto que cumplen una función morfofonémica, es decir, contribuyen a facilitar la pronunciación de una palabra y se perciben como parte íntegra de la misma. En los ejemplos propuestos, se puede destacar qué sucedería si no apareciera el interfijo desde el punto de vista articulatorio. Por ejemplo, si en *cocotero* no apareciese el interfijo, se produciría una palabra como **cocoero*, cuya confluencia de vocales no sigue la estructura más habitual en la lengua de CV (consonante + vocal). En la segunda parte, el estudiante contrasta las dos palabras para ver que en una de ellas aparece un interfijo, mientras que, en la otra, se trata de un sufijo nominal añadido a la base léxica. Del mismo modo, se puede preguntar qué sucedería si no hubiera aparecido el interfijo *–ad–*, lo cual habría dado lugar a una palabra como **pan–ero* (sin interfijo) en lugar de *pan–ad–ero*.

Soluciones

Actividad 3. Señala en mayúsculas dónde se ubica el interfijo en las siguientes palabras. Ten en cuenta su función morfofonémica.

Modelo: *cafecito* → *cafe–cito* → *cafe* – C – *ito*
                                                        raíz   interfijo   sufijo

1. suave–**C**–ito	2. coco–**T**–ero	3. polvo–**R**–ín	4. gas–**E**–oso
5. vertig–**IN**–oso	6. pan–**EC**–illo	7. pic–**AJ**–oso	8. bes–**UC**–ón

Se puede comentar aquí que *–cito* también se considera muchas veces alomorfo de *–ito*.

✎ Si comparamos *rosaleda* y *panadero,* ¿cuál de las palabras no contiene un interfijo? ¿Qué hay en su lugar? Presta atención a la estructura y al significado de cada una de ellas.

a) ros–al–eda (no contiene un interfijo, sino que –al– es un sufijo nominal que significa "conjunto") rosal > rosaleda.
b) pan–ad–ero (contiene el interfijo –ad–)

Actividad 4

El análisis de los colores derivados en español, *amarillo* (color compacto) > *amarillento* (que parece amarillo) pretende que el estudiante se fije en que, a diferencia del inglés, donde normalmente se añade el sufijo *–ish, yellow > yellowish,* los colores presentan distintos sufijos en su formación. Se les puede preguntar a los estudiantes que piensen en cuál podría ser un derivado del color marrón. No es común encontrar un término lexicalizado como derivado, por lo que se puede recurrir a otros términos como *cobre* (*cobrizo*), *pardo, castaño, yema,* etc., o la estructura "tirando a marrón".

Soluciones

Actividad 4. Completa la tabla con los nombres de los siguientes colores derivados. Ayúdate de los ejemplos que poseen las mismas terminaciones.

–ÁCEO/A	–UZCO/A	–IZO/A	–ECINO/A	–ENTO/A	–ADO/A	–OSO/A
violeta					azul	
gris	blanco				rosa	
rosa	negro	rojo	blanco	amarillo	naranja	verde
violáceo/a	blancuzco/a	rojizo/a	blanquecino/a	amarillento/a	azulado/a	verdoso/a
grisáceo/a	negruzco/a				rosado/a	
rosáceo/a					anaranjado/a	

✎ Explica qué cambios hiciste hasta llegar al color derivado. ¿Ha sido necesario modificar alguna raíz o base léxica en algún caso?

Resulta interesante que en algunos colores simplemente se añadan los afijos a la base léxica, *azul-ad-o/a*, mientras que en otros se producen cambios en la raíz, *blanco > blanqu–ec–in–o/a.* También llama la atención la adición del prefijo *a*– antes de la raíz en *naranja > a–naranj–ad–o/a.* El hecho de que este color, *anaranjado,* contenga un prefijo tiene que ver con diversas razones históricas en la evolución de la lengua de preferencia. Como las formas en *–ado* se asemejan al participio verbal, lo habitual es que si existe el verbo correspondiente con prefijo, dicho prefijo se conserve. Así, poner algo naranja es *anaranjar,* luego es normal que se diga *anaranjado,* raramente **naranjado.*

✎ **¿Qué se puede comentar sobre la morfología del género en algunos colores en español al contrastar *rosa – rosado*? Piensa en cómo los combinarías con sustantivos de ambos géneros.**

Todos los colores son masculinos cuando nos referimos a ellos, porque implícitamente se toma como referencia el género del sustantivo *el color*, *el (color) rosa*, *el (color) naranja*, *el (color) verde*, *el (color) amarillo*. En algunos colores, por ejemplo, los que terminan en *–a* o en consonante se da una concordancia invariable en combinaciones como *el libro rosa*, *la casa rosa*, *el libro azul*, *la casa azul*. Esto no se da en aquellos colores que sí que flexionan como *el libro amarillo*, *la casa amarilla*, así como otros colores (*blanco*, *negro*, *rojo*).

✎ **¿Qué mecanismo se utiliza en inglés para construir los colores derivados en la lengua? ¿Se trata de un procedimiento más o menos regular que el del español?**

Normalmente se añade el sufijo *–ish*, *blue > bluish*, *pink > pinkish*, *yellow > yellowish*. La palabra puede variar según su terminación, pero el sufijo es regular.

Actividad 5

Esta actividad pide al alumno que segmente morfológicamente las siguientes palabras a partir de la raíz y los afijos. Es importante fijarse en la información que el sufijo añade a la palabra, ya sea gramatical, *–dad–* (*desigualdades* – sustantivo), o léxica, *–ar–* (*pinares* – lugar o conjunto de pinos).

Soluciones

Actividad 5. Segmenta las siguientes palabras en la raíz y sus afijos. Indica si los afijos son flexivos o derivativos.

Modelo: *literarios*	liter–	–ari–	–o	–s
	raíz	*afijo derivativo*	*afijo flexivo*	*afijo flexivo*

1. regional — region–al — raíz – derivativo
2. prehistórico — pre–histór–ic– o — derivativo – raíz – derivativo – flexivo
3. taxista — tax–ista — raíz – derivativo
4. cantante — cant–ante — raíz – derivativo
5. hermanastro — herman–astr– o — raíz – derivativo – derivativo
6. Para los sustantivos con esta terminación existen dos posibilidades:
   cristalería — cristal–ería — raíz – derivativo
   — cristal–er–ía — raíz – derivativo – derivativo
7. desigualdades — des – igual – dad – es — derivativo – raíz – derivativo – flexivo
8. felicísimo — felic – ísim – o — raíz – derivativo – flexivo
9. elefante — elefant – e — raíz – flexivo
10. velocidad — veloc – idad — raíz – derivativo
11. perales — per – al – es — raíz – derivativo – flexivo
12. tenso — tens – o — raíz – flexivo

13.	indiscutible	in – discut – ible	derivativo – raíz – derivativo
14.	señorita	señor – it – a	raíz – derivativo – flexivo
15.	azúcar	azúcar	raíz
16.	peligrosa	peligr – os – a	raíz – derivativo – flexivo
17.	comprado	compr – ad – o	raíz – derivativo – flexivo
18.	pinares	pin – ar – es	raíz – derivativo – flexivo

Actividad 6

Con esta actividad el estudiante se familiarizará con la relación entre las palabras de una misma familia léxica. De esta manera, se podrá observar mejor cómo se constituyen las unidades léxicas al comparar su composición y significado. En la segunda parte de la actividad, se podrá prestar atención a la frecuencia de uso de las palabras en la lengua. El hablante selecciona las unidades léxicas que más le interesan según su uso referencial y significado (concreto o abstracto). El empleo de una palabra también tiene que ver con lo que las palabras identifican y con el uso que se ha ido constituyendo en la lengua a lo largo del tiempo. Del mismo modo, esta actividad permite que los estudiantes se acostumbren al manejo de los corpus de lengua, una buena herramienta para obtener datos representativos sobre la comunicación lingüística.

Soluciones

Actividad 6. Escribe al menos tres términos de la familia léxica de cada una de las siguientes palabras.

Modelo: *mar* → *marino, marinero, marítimo*

1.	sol	soleado	solar	solana
2.	carta	cartero	carteo	cartear
3.	fruta	afrutado	frutero	frutería
4.	libro	librería	librero	libreta

✎ **Consulta los siguientes corpus de lengua y determina cuál de las palabras de la familia léxica aparece registrada más veces. Luego ordénalas e intenta explicar por qué.**

Actividad libre.
🖉 Corpus del Español del Siglo XXI (CORPES XXI). http://web.frl.es/CORPES/
🖉 Corpus de Referencia del Español Actual (CREA). http://corpus.rae.es/creanet.html

Es conveniente hacer hincapié en la importancia de escribir la ortografía correcta de las palabras al buscarlas.

Actividad 7

Aquí se plantea que el alumno analice la relación semántica entre el sufijo que se añade a una palabra y el significado que le aporta dicho sufijo. Esta característica se puede contrastar con el inglés en la medida que, en numerosas ocasiones, en inglés se recurre a otros adjetivos, p. ej., *little*, para poder acercarse al significado del español en la traducción. En español, además de tener el significado de *pequeño* o *grande*, los sufijos pueden incluir igualmente significados despectivos o emotivos.

Soluciones

Actividad 7. Identifica los afijos derivativos que aparecen en las siguientes palabras. Después, con la ayuda de un diccionario, explica cómo inciden en su significado.

Puedes consultar los siguientes recursos:
⌁ *Diccionario de la lengua española*: http://dle.rae.es/
⌁ *Diccionario de americanismos*: lema.rae.es/damer/

pan (pan–ad–ería o pan–ad–er–ía, pan–ec–illo)
mar (mar–eo, mar–isco)
casa (cas–erío, cas–ucha)
caballo (caball–ero, caball–ete)

✎ **¿Cuáles de estos significados corresponden a los afijos de las palabras anteriores?**

pequeño	despectivo	profesión	pertenencia
–illo, p. ej., pastelillo	*–ucha*, p. ej., delgaducha	*–ero*, p. ej., pastelero	*–isco*, p. ej., morisco
acción	**conjunto**	**pequeño**	**lugar**
–eo, p. ej., mareo	*–erío*, p. ej., griterío	*–ete*, p. ej., palacete	*–ería*, p. ej., pastelería

✎ **Compara las definiciones de las palabras en los dos diccionarios. ¿En cuáles de ellas se observan diferencias dialectales por su significado?**

Algunas palabras poseen significados distintos en función de la variedad dialectal. Siguiendo el *Diccionario de americanismos*:

caballete
En gimnasia, aparato que consiste en un paralelepípedo forrado de cuero u otro material, sostenido por cuatro patas (Colombia, Ecuador, Perú, Bolivia, Chile, Argentina).
Amigo de un traficante de drogas (El Salvador).

panecillo
Trozo compacto de una mezcla de cacao y maíz (Nicaragua).

caballero
Libélula (El Salvador, Puerto Rico)
Caballito de mar (El Salvador)

caserío
Conjunto de edificios de apartamentos subsidiados por el Gobierno, destinado a personas de pocos recursos. Residencial público (Puerto Rico).

casucha
Construcción pequeña para el perro, en madera u otro material y, generalmente, con forma de casa (Uruguay).

panadería
Vulva. Uso vulgar (Honduras).

Actividad 8

El objetivo de esta breve actividad consiste en que el estudiante examine la alomorfía de algunas palabras. Las palabras que poseen *alomorfos* son aquellas que contienen formas distintas en su raíz, p. ej., *diente, dental.* Se lleva a cabo también una primera incursión en el morfema de plural, tema que se analizará al final del capítulo como parte de la morfología flexiva nominal.

Soluciones

Actividad 8. Identifica tres morfemas léxicos o tres raíces con alomorfos distintos. Solo uno de los ejemplos puede ser un verbo.

Modelo: *tierr*–a   *terr*–estre

Posibles respuestas:

pobr–e	paup–érrimo
fuert–e	fort–ísimo
dient–e	dent–al
sirv–o	serv–icio
padr–astro	patern–al

✎ **Teniendo en cuenta el concepto de alomorfía, ¿puedes deducir cuáles son los alomorfos del plural en español, a partir de las palabras *casas, ingleses* y *rascacielos*?**

$$/s/ \;\rightarrow\; \begin{Bmatrix} -s \\ -es \\ \varnothing \end{Bmatrix}$$

casa → casa–s
inglés → ingles–es
rascacielos → rascacielos

Actividad 9

Con el mismo tema de las familias léxicas ya trabajado antes (Actividad 6), el objetivo aquí es comparar la información gramatical contenida en la morfología de las palabras. Asimismo, también resulta interesante comentar que un mismo sufijo puede dar lugar a categorías gramaticales distintas.

Soluciones

Actividad 9. Fíjate en la siguiente familia léxica de palabras. ¿A qué categorías gramaticales pertenece cada una de las palabras? En algunos casos existe más de una posibilidad.

sal > salado, salino, saladar, saladero, salador, salero.

salado (adjetivo, y también sustantivo; por ejemplo, "el salado", operación o acción de salar)
salino (adjetivo)
saladar (sustantivo)
saladero (sustantivo)
salador (adjetivo y también sustantivo, "lugar donde se sala")
salero (sustantivo)

✎ **Teniendo en cuenta la actividad anterior, ¿crees que un mismo afijo puede dar lugar a un sustantivo y a un adjetivo? Justifica tu respuesta.**

Sí, un mismo sufijo puede derivar en diferentes categorías gramaticales. Por ejemplo, el sufijo *–or* origina adjetivos, pero también sustantivos, como veíamos en el ejemplo *salador*. Otro ejemplo es *lector*, que también es adjetivo y sustantivo.

Actividad 10

Esta actividad es una ampliación de la anterior, ya que aquí aparece un mayor número de categorías gramaticales. Al tratarse de categorías comunes, en principio el estudiante no debería tener problema para identificarlas. Si los estudiantes no están familiarizados con cada una de ellas, se les puede pedir que repasen la sección dedicada a "las categorías gramaticales" (Sección 5). En ella encontrarán toda la información que necesitan para aprender a reconocerlas.

Soluciones

Actividad 10. Completa la tabla a partir de las categorías gramaticales de cada palabra e indica además la categoría resultante. Hay dos para cada tipo.

Posibles combinaciones	Categoría resultante	
1. sustantivo + sustantivo	arcoíris (sustantivo)	mapamundi (sustantivo)
2. sustantivo + adjetivo	pelirrojo (adjetivo)	boquiabierto (adjetivo)
3. adjetivo + sustantivo	medianoche (sustantivo)	hispanohablante (adjetivo)
4. verbo + sustantivo	abrelatas (sustantivo)	girasol (sustantivo)
5. adjetivo + adjetivo	iberoamericano (adjetivo)	altibajo (sustantivo)
6. adverbio + adjetivo	bienvenido (adjetivo)	malentendido (sustantivo)
7. verbo + verbo	correveidile (sustantivo)	quitaipón (sustantivo)
8. pronombre + verbo	quienquiera (pronombre)	quehacer (sustantivo)

Actividad 11

Esta actividad es otra manera de que el estudiante reconozca la composición de una palabra. En este caso, dicho aprendizaje se potencia de manera deductiva.

Soluciones

Actividad 11. Ahora completa las letras que faltan en las siguientes palabras e indica su esquema compositivo.

Palabra	Combinación
malsano	adverbio + adjetivo
malhumor	adjetivo + sustantivo
baloncesto	sustantivo + sustantivo
vaivén	verbo + verbo
agridulce	adjetivo + adjetivo
cualquier	pronombre + verbo
sacapuntas	verbo + sustantivo
puntiagudo	sustantivo + adjetivo

✍ **Algunos sustantivos compuestos poseen significados menos aparentes. Busca las siguientes palabras en un diccionario. ¿Se te ocurre alguna explicación que haya podido conducir a su formación?**

Puedes consultar el siguiente recurso:
☞ *Diccionario de la lengua española:* http://dle.rae.es/

Seguimos las definiciones del *DRAE* (2014) para explicar los ejemplos propuestos.

1. *el pasamontañas.*
"Prenda de abrigo que puede cubrir toda la cabeza hasta el cuello, salvo el rostro, o salvo los ojos y la nariz". Una posible lógica sería que se trata de una prenda que se puede usar especialmente en la montaña para protegerse del frío.

2. *el/la cazatalentos.*
Traducción del inglés *talent scout* o *headhunter*: "Persona dedicada a buscar individuos idóneos para ser contratados por compañías necesitadas de ellos". Aquí se puede comentar que se trata de alguien que va a la caza o búsqueda del talento de una persona.

3. *el matasuegras o espantasuegras.*
"Tubo enroscado de papel que tiene un extremo cerrado, y el otro terminado en una boquilla por la que se sopla para que se desenrosque bruscamente el tubo y asuste por broma". Según el *Diccionario de americanismos*, "espantasuegras" se emplea en México, Costa Rica y Perú.

Resulta difícil pensar en una lógica, pero una de las posibles asociaciones es que este objeto se utiliza en las fiestas, hace ruido y, por tanto, quizás antiguamente podía incomodar a algunas personas, como a una suegra.

4. *el/la cantamañanas.*
"Persona informal, fantasiosa, irresponsable, que no merece crédito". Se trata de un coloquialismo del que también resulta complicado determinar la etimología. La inclusión de "mañana" puede hacer referencia a alguien en quien no se puede confiar y que sería poco cumplidor, pues siempre diría que va a hacer algo "mañana" pero nunca lo llegaría a hacer. He aquí una posible explicación:

Su origen hay que buscarlo en los siglos de oro (siglos XVI y XVII). Durante esta época, se popularizó el uso del adverbio "mañana" para mostrar desacuerdo o contrariedad con lo que se decía. Si se le pedía a alguien hacer algo que no deseaba hacer, reaccionaba diciendo: "¡Mañana!". Entonces se le respondía: "¡Ya cantó 'mañana'!". Del significado global de la reacción y de la respuesta, salió la figura del cantamañanas, individuo que asegura que va a hacer algo con cuya realización los demás no podrán contar. http://www.blogdeespanol.com/2011/10/ser-una-cantamananas/

✍ **Compara las palabras con los términos equivalentes en inglés. ¿Qué diferencias observas?**

1. *el pasamontañas.*
En inglés se trata de un préstamo, *balaclava* o *balaclava helmet*, que procede de un topónimo de Crimea. Según el *Oxford English Dictionary* (OED) (2016) "a woollen covering for the head and neck worn esp. by soldiers on active service; named after the Crimean village of Balaclava near Sebastopol, the site of a battle fought in the Crimean war, 25 October 1854".

2. *el/la cazatalentos.*
En inglés se ha producido una doble especialización del término según el tipo de actividad *headhunter* para ejecutivos o personas de negocios, y *talent scout* para artistas o deportistas. En español el concepto es más amplio y se puede aplicar a cualquier actividad.

3. *el matasuegras o espantasuegras.*
En inglés es un término difícil de traducir. En el diccionario aparece como *party blower*, pero no es una denominación común.

4. *el/la cantamañanas.*
Se puede decir en inglés *unreliable person*, o de manera vulgar, *bullshitter*.

Actividad 12

En esta actividad final de la sección, el estudiante deberá saber reconocer todos los tipos de palabras que se han presentado: simples, derivadas o compuestas. Con ello se desea afianzar el reconocimiento de la estructura morfológica de las palabras. En la segunda parte de la actividad se formula una pregunta para prestar también atención al fenómeno de la parasíntesis.

Soluciones

Actividad 12. Describe el proceso de formación de las siguientes palabras e identifica si se trata de una palabra simple, derivada o compuesta.

Modelo: *soles* → *raíz + afijo flexivo* → *palabra simple*

1. sol–e–ad–o	derivada (raíz + derivativo + flexivo) (en este ejemplo la –e– es un interfijo)
2. alti–baj–o	compuesta (dos raíces + flexivo)
3. lápiz	simple (raíz)
4. vergon–z–os–o	derivada (raíz + derivativo + flexivo) (en este ejemplo la –z– es un interfijo)
5. boqui–abiert–o	compuesta (dos raíces + flexivo)
6. arroz	simple (raíz)
7. real–ismo	derivada (raíz + derivativo)
8. des–honest–o	derivada (derivativo + raíz + flexivo)
9. punti–agud–o	compuesta (dos raíces + flexivo)
10. sal–ad–o	derivada (raíz + derivativo + flexivo)
11. termina–ción	derivada (raíz + derivativo)
12. oji–negr–o	compuesta (dos raíces + flexivo)
13. person–al	derivada (raíz + derivativo)
14. tont–o	simple (raíz + flexivo)
15. indica–t–ivo	derivada (raíz + derivativo + flexivo)
16. dent–ista	derivada (raíz + derivativo)

✎ **¿Cuáles de las siguientes palabras son parasintéticas? ¿Cuál de ellas es la única parasintética compuesta? Justifica tu respuesta.**

Parasintéticas: 1. em–pobr–ecían (palabra derivada parasintética); 3. des–alm–ado (palabra derivada parasintética); 5. a–grup–aron (palabra derivada parasintética); 6. barrio–baj–ero (palabra compuesta parasintética). Estas palabras no pueden existir sin el prefijo ni el sufijo, es decir, en *a–grup–ar*, no existe **a–grup* ni **grup–ar*). La palabra *barrio–baj–ero* es la única palabra compuesta parasintética y se compone de las raíces *barrio–* y *baj–*.
Palabras con prefijos: 2. pos–poner; 4. pre–historia

▶ *Actividad de ampliación*

Se puede aprovechar aquí para hacer un recordatorio del concepto de interfijo, el cual ha aparecido previamente y se ha trabajado en la Actividad 3. Así, se puede mostrar cómo en dos palabras de la primera parte de la actividad, *sol–e–ad–o* y *vergon–z–os–o*, el interfijo cumple una función morfofonémica, es decir, relaciona los morfemas en el interior de la palabra para facilitar su pronunciación. Los interfijos pueden constar de elementos vocálicos y consonánticos, se ubican con frecuencia entre la raíz y un sufijo, *barr–end–ero*, *gas–e–oso*, *pan–ec–illo*, y a veces, aunque con menor frecuencia, entre un prefijo y la raíz, *en–s–anchar*. Se pueden utilizar estos 4 ejemplos para que en parejas los estudiantes tengan que: a) detectar dónde se encuentran los interfijos; b) describir su composición (elementos vocálicos y/o consonánticos); y c) determinar cuál creen que es su ubicación más habitual en el español (entre la raíz y un sufijo o entre un prefijo y la raíz).

Actividad 13

Esta breve actividad quiere incidir en aquellos casos en que el esquema compositivo de una palabra pueda ser más complejo y menos habitual en la lengua, aunque posible. La composición de estas palabras depende en gran medida de si su uso se encuentra lexicalizado o constituido en la lengua con un uso y significado concretos. Por lo tanto, que estas palabras tengan un esquema compositivo complejo no quiere decir que dicho esquema pueda ser trasladable a un gran número de palabras.

Soluciones

Actividad 13. Los siguientes sustantivos poseen un esquema compositivo más complejo de lo habitual. Identifica sus elementos y explica su lógica en relación con la realidad extralingüística que identifican. Ayúdate de un diccionario.

Puedes consultar los siguientes recursos:
Diccionario de la lengua española: http://dle.rae.es/
Diccionario de americanismos: lema.rae.es/damer/

Para esta actividad, seguimos las definiciones del *DRAE* (2014):

1. *un nomeolvides*
Es un sustantivo creado a partir de la combinación Adv. (*no*) + Pron. (*me*) + V (*olvides*). Según el *DRAE*, "un nomeolvides" es un tipo de flor de la raspilla, o "planta herbácea de la familia de las borragináceas, con tallos casi tendidos, angulares, con espinitas revueltas hacia abajo, hojas ásperas, estrechas por la base y aovadas por la parte opuesta, y flores azules, llamadas nomeolvides". Este sustantivo sirve también para denominar un tipo de cadena usado como ornamento en la muñeca o en el cuello, y sobre el que se graba el nombre de una persona para que la persona "no la olvide".

2. *un porsiacaso*
Es un sustantivo procedente de la locución adverbial "por si acaso", y que se compone del esquema Prep. (*por*) + Conj. (*si*) + S (*acaso*). Según el *DRAE* "un porsiacaso" es una especie de alforja, bolsita o saquito pequeño en el que se llevan provisiones de viaje. Su nombre haría referencia, por lo tanto, a la necesidad de utilizar este pequeño objeto para alimentarse en caso de que se tuviera hambre.

3. *un bienmesabe*
Es un sustantivo derivado de la combinación Adv. (*bien*) + Pron. (*me*) + V (*sabe*). Según el *DRAE*, "un bienmesabe" es un dulce de claras de huevo y azúcar clarificado, con el cual se forman los merengues. También se utiliza a veces como nombre genérico para identificar otra clase de dulces. En el *DRAE* también se apunta que en los Andes, Canarias y Venezuela se emplea para referirse a un dulce que se hace con yemas de huevo, almendra molida y azúcar. La lógica está en que cuando uno se los come "le sabe bien", puesto que se trata de un dulce.

4. *un curalotodo*

Un sustantivo que procede de la combinación V (*cura*) + Pron. (*lo*) + S (*todo*). Según el *DRAE* "un curalotodo" es un remedio o una medicina para combatir cualquier mal. También se emplea coloquialmente, o en sentido metafórico, para referirse a una persona que tiene la capacidad de curar cualquier enfermedad o dolencia.

✎ **Compara las definiciones de las palabras en los dos diccionarios. ¿En cuáles de ellas se observan diferencias dialectales por su significado?**
Se incluyen las palabras que se recogen con definiciones distintas o con matices:

porsiacaso
Alforja o saco pequeño en que se llevan provisiones de viaje (Venezuela y norte de Argentina).

bienmesabe
Dulce que se hace con yemas de huevo, almendra molida, azúcar y otros ingredientes.

biembesabe (Cuba, República Dominicana, Puerto Rico, Perú).
Dulce de leche cuajada cocida con panela. También *mielmesabe* (Colombia).
Manjar frío hecho de rebanadas de bizcochuelo bañadas con un almíbar a base de azúcar, yemas de huevo, leche de coco y algo de ron (Venezuela).
Postre de plátano frito en trocitos bañados con miel de raspadura (coloquialismo, Nicaragua).
Dulce a manera de tamal asado que se empapa en leche durante varios días antes de ser servido (Costa Rica).

sanalotodo (En el *DA* no aparece *curalotodo*)
Planta de tallo recto y nudoso, hojas simples, aovadas, lanceoladas o elípticas, inflorescencias en panículas, flores pequeñas y frutos en racimos, globosos y de color rojo; se emplea como emoliente en la medicina tradicional (Vitaceae; Vitis tiliifolia) (México).
chilca, arbusto de hasta 2 m (Colombia).
Hierba rizomatosa de hasta 1 m de altura, de hojas glabras en el haz y algo tomentosas en el envés, y flores violáceas o amarillentas (Asteraceae; Artemisia verlotorum). También llamado yuyo de San Vicente (Argentina).

Actividad 14

Al pasar al estudio de la morfología derivativa se seguirán presentando aspectos relacionados con la formación de palabras. De esta manera, el estudiante podrá fijarse otra vez en cómo los prefijos, y más adelante los sufijos, inciden en el significado de una palabra. Del mismo modo, no todas las formas verbales que se presentan aquí tendrán el mismo índice de frecuencia de uso en la lengua.

Soluciones

Actividad 14. Forma un derivado del verbo poner *a partir de los prefijos latinos y enlázalo con su correspondiente definición. Ayúdate de la tabla 3.6.*

Tabla 3.6 Prefijos de origen latino

Prefijo	Significado	Ejemplo	Prefijo	Significado	Ejemplo
a–, ad–	cercano; contiguo; próximo	*afirmar, adverbio*	octo–, octa–	que consta de ocho	*octaedro, octavilla*
ab–, abs–	evitar; separar	*abstención, abnegar*	omni–	todo	*omnívoro*
ante–	anterior (tiempo o espacio)	*antesala*	pen–	casi	*penúltimo*
bi–, bis–, biz–	que contiene dos; que es dos veces	*bilabial, bisnieto, bizcorneto*	pos(t)–	detrás de; después de	*postónico*
circun–	alrededor	*circunnavegación*	pre–	anterior (espacio o tiempo)	*prefijo*
co–, com–, con–	agregación; cooperación; reunión	*cooperar, componer, convivencia*	pro–	en vez de; delante; impulso hacia adelante; publicación; negación	*pronombre*
cuadri–, cuatri–, cuadru–	que consta de cuatro	*cuatrimestral, cuadrivio, cuádruple*	quinqu–	que consta de cinco	*quinquenal*
deca–	que consta de diez	*decálogo*	re–	repetición; movimiento hacia detrás; intensificación; oposición	*rehacer*
deci–	que es una décima parte	*decibelio*	retro–	hacia atrás	*retrospectiva*
de(s)–	acción reversible de otra	*desencuadernar*	semi–	medio; casi	*semiconsonante*
dis–	negación; contrariedad; separación; oposición	*disentir*	sub– (so–, son–, sos–, su–, sus–)	inferioridad; acción secundaria; atenuación; disminución	*submarino, soterrar, sonrojar, sostener, suponer, sustraer*
ex–	que ha dejado de ser; fuera; privación	*exministro*	super–, sober–, sobre–, supra–	encima de; preeminencia; en grado sumo; exceso	*superdotado, soberbia, sobrevivir, suprarrealismo*
extra–	excesivamente; fuera de	*extraordinario*	trans–, tras–	al otro lado; a través de	*transparente, traspasar*

Prefijo	Significado	Ejemplo	Prefijo	Significado	Ejemplo
i–, in–, im–	privación; negación; adentro; al interior	*ilegal, inhumano, imposible*	tri–	que consta de tres	*trisílabo*
infra–	inferior; por debajo de	*infravalorar*	uni–	que consta de uno	*unicelular*
inter–	entre; en medio de	*intercultural*	ulter–, ultra–	más allá de; al lado de	*ulterior, ultramar*
intra–	dentro de; en el interior	*intravenoso*	vice–, vi–, viz–	en vez de; que hace las veces de	*vicepresidente, virrey, vizconde*
multi–	muchos	*multilingüe*	yuxta–	contiguo; junto a	*yuxtalineal*

Definición	Verbo derivado
1. Dejar de hacer algo con idea de realizarlo más adelante.	*posponer*
2. Manifestar con razones algo para conocimiento de alguien, o para inducirle a que haga algo.	*proponer*
3. Reemplazar lo que falta o volver a poner algo en su lugar.	*reponer*
4. Poner inmediatamente antes, poner delante.	*anteponer*
5. Presentar algo para que se vea. Poner algo de manifiesto.	*exponer*
6. Colocar algo entre cosas o entre personas.	*interponer*
7. Juntar varias cosas colocándolas con cierto modo y orden.	*componer*
8. Poner algo junto a otra cosa o justo al lado.	*yuxtaponer*
9. Poner una carga o una obligación en otra persona.	*imponer*
10. Privar a alguien de su empleo, o degradarlo de sus honores o dignidad.	*deponer*

✎ **Elige dos de los verbos anteriores y combínalos en una misma oración.**

Posible oración. *Antes de exponer la mercancía habrá que reponerla en la tienda.*

▶ *Actividad de ampliación*

Los estudiantes pueden realizar una búsqueda de estas formas verbales en los corpus mencionados anteriormente. Al tratarse de verbos, tendrán que hacer búsquedas tanto de infinitivos como de formas conjugadas en el presente, por ejemplo, en la tercera persona del singular. En lugar de darles estas instrucciones, se les puede preguntar sobre lo que deberían tener en cuenta según la morfología y sintaxis del verbo. A diferencia de la búsqueda anterior con sustantivos, los propios estudiantes deberían ser capaces de identificar las características peculiares de las formas verbales.

ℰᴸ Corpus del Español del Siglo XXI (CORPES XXI). http://web.frl.es/CORPES/

ℰᴸ Corpus de Referencia del Español Actual (CREA). http://corpus.rae.es/creanet.html

Actividad 15

Esta actividad sirve para subrayar la importancia de los *formantes cultos* o prefijos de origen griego y latino en la formación de términos lingüísticos. El estudiante debería percibir la lógica semántica que opera en la configuración de la palabra y que contribuye a recordar su significado.

Soluciones

Actividad 15. Al leer las tablas de prefijos griegos y latinos habrás visto los siguientes términos lingüísticos. Identifica su estructura y defínelos según el significado del prefijo.

Modelo: *alomorfo → De alo–morfo. Cada una de las realizaciones o variantes de un mismo morfema.*

1. adverbio: ad–verbio, "contiguo o cercano al verbo".
2. bilabial: bi-labial, "una consonante que se pronuncia con los dos labios".
3. eufonía: eu–fonía, "sonoridad agradable que resulta de la acertada combinación de los elementos acústicos de las palabras".
4. multilingüe: multi–lingüe, "que habla o que se escribe en varias lenguas, que se imparte en varias lenguas".
5. postónico: pos–tónico, "dicho de un elemento de la palabra que está después de la sílaba tónica".
6. prefijo: pre–fijo, "que se coloca delante, un afijo que va antepuesto".
7. pronombre: pro–nombre, "que va en lugar del nombre; clase de palabras que hace las veces del sustantivo".
8. semiconsonante: semi–consonante, como si fuera media consonante. "Se utiliza en fonología para referirse a las vocales *i, u*, en primera posición de un diptongo o triptongo". Son las vocales más cerradas en español.
9. seudónimo: seudó–nimo, "nombre utilizado por un artista en sus actividades, en vez del suyo propio".
10. trisílabo: tri–sílabo, "que consta de tres sílabas".

Definiciones adaptadas del *DRAE* (2014)

✎ **Ahora proporciona un ejemplo para cada término lingüístico que acabas de definir.**

Modelo: *alomorfo → Por ejemplo, in–humano, im–posible, i–legal.*

1. adverbio: el adverbio *bien*.
2. bilabial: la *b* o la *p*.
3. eufonía: *el agua* y no *la agua.
4. multilingüe: un texto que está escrito en varios idiomas.
5. postónico: la última sílaba de la palabra *lápiz*.

6. prefijo: "re–" en *reabrir*.
7. pronombre: en "es mío", el pronombre "mío" hace referencia a un sustantivo masculino y singular, p. ej., "el coche".
8. semiconsonante: un sonido vocálico que precede a la vocal silábica en palabras como *piedra, hielo, huerto, apreciáis*, y más propiamente cuando en dicha posición se pronuncian con sonido de duración momentánea, improlongable, abertura articulatoria creciente y timbre más próximo a consonante que a vocal.
9. seudónimo: *el Duende* utilizado por el escritor Mariano José de Larra.
10. trisílabo: la palabra "lá–pi–ces".

Actividad 16

Aquí el estudiante tendrá que reconocer la diferencia de una palabra en relación con la información gramatical que le aporta el sufijo. Se introducen también algunas ideas desde la perspectiva de la morfología flexiva (género).

Soluciones

Actividad 16. Determina cuáles de los siguientes sufijos son nominales y cuáles adjetivales. Añade un ejemplo en el que aparezca el afijo.

Modelo: *–ar* → *pin–ar* (*sufijo nominal*); *–al* → *centr–al* (*sufijo adjetival*)

Sufijos nominales	Ejemplo	Sufijos adjetivales	Ejemplo
–anza	alabanza	–az	fugaz
–ción	tentación	–bundo	meditabundo
–dad	universidad	–eño	isleño
–ería	panadería	–és	aragonés
–ía	sangría	–estre	terrestre
–ita	vietnamita	–oso	borroso
–umbre	techumbre	–ense	costarricense
–azgo	liderazgo	–uzco	blancuzco

✍ **¿Qué sufijos adjetivales de los que aparecen arriba contienen la marca de género?**

Los siguientes sufijos adjetivales poseen forma masculina y femenina que viene marcada por los morfemas flexivos *–a* y *–o*: –bund(o/a) (meditabundo/a); –eñ(o/a) (isleño/a); –os(o/a) (borroso/a); –uzc(o/a) (blancuzco/a).

✍ **Teniendo en cuenta la categoría gramatical de las palabras taxista y comunista. ¿Cuál es el contenido léxico que transparenta el sufijo *–ista* en cada caso?**

En el caso de *taxista*, –ista funciona como un sufijo nominal y el valor semántico es el de "profesión, oficio o agente". En el caso de *comunista*, se trata de un sufijo adjetival que añade el valor semántico de "pertenencia a una ideología".

Actividad 17

Tras añadir un sufijo, el estudiante deberá crear una unidad léxica. De esta manera, se desea insistir una vez más en la derivación de las palabras como uno de los mecanismos que dan lugar a la creación del vocabulario en una lengua.

Soluciones

Actividad 17. Añade un sufijo a cada una de las siguientes palabras y crea una nueva palabra de la misma familia léxica. Indica a qué categoría léxica pertenece.

Modelo: *región* (S) → *region–al* (Adj.)

1. cantar	verbo	→	cantante	sustantivo
2. bueno	adjetivo	→	bondad	sustantivo
3. toro	sustantivo	→	torear	verbo
4. piedra	sustantivo	→	pedrada	sustantivo
5. ordenar	verbo	→	ordenada	adjetivo
6. chisme	sustantivo	→	chismoso	adjetivo
7. tranquilo	adjetivo	→	tranquilidad	sustantivo
8. libro	sustantivo	→	librería	sustantivo
9. comer	verbo	→	comedor	sustantivo y adjetivo
10. redondo	adjetivo	→	redondez	sustantivo

Actividad 18

Esta actividad propone mostrar que estos prefijos y sufijos, o formantes cultos, también se combinan entre sí dando lugar a unidades léxicas. De nuevo, el objetivo consiste en que el estudiante se fije en cómo dichos formantes aportan significados concretos a la palabra.

Soluciones

Actividad 18. Emplea los siguientes formantes cultos para componer palabras.

Prefijo	Sufijo
1. acró	a. terapia
2. anfi	b. filo
3. auto	c. polis
4. biblio	d. voro
5. cromo	e. metro
6. endo	f. bio
7. omní	g. gamia
8. termo	h. didacta

1.c (acrópolis); 2.f (anfibio); 3.h (autodidacta); 4.b (bibliófilo); 5.a (cromoterapia); 6.g (endogamia); 7.d (omnívoro); 8.e (termómetro).

✎ **Localiza en las tablas 3.5, 3.6, 3.7 y 3.8 del manual estos elementos compositivos. Después utiliza la información para escribir una definición para cada término.**

La mayor parte de las definiciones se han adaptado del *DRAE*:

1. acrópolis: que está en lo alto de la ciudad.
2. anfibio: que puede vivir en dos medios, es decir, en la tierra y en el mar.
3. autodidacta: que aprende por sí mismo.
4. bibliófilo: que es amante de los libros.
5. cromoterapia: terapia que consiste en el uso de los colores; no aparece recogida en el *DRAE*.
6. endogamia: que se trata de una unión interna, en la misma familia, o que se rechaza a la gente que es ajena.
7. omnívoro: que come de todo. El ser humano es omnívoro comparado con otras especies herbívoras.
8. termómetro: que mide el calor.

✎ **¿Cómo definirías las palabras *antihéroe, archiconocido* y *semidesnatado*, a partir de la información que proporciona el prefijo?**

antihéroe: personaje destacado o protagonista de una obra de ficción cuyas características y comportamientos no corresponden a los del héroe tradicional; nueva definición de la 23ª edición del *DRAE*. La definición anterior rezaba: "En una obra de ficción, personaje que, aunque desempeña las funciones narrativas propias del héroe tradicional, difiere en su apariencia y valores".
archiconocido: que es muy conocido.
semidesnatado: dicho de la leche o de un producto lácteo; que carece de parte de su grasa por haber sido eliminada.

Actividad 19

Esta actividad presenta diferentes diminutivos para mostrar su función como elementos que aportan significado a la unidad léxica. Del mismo modo, muchos de estos diminutivos se han lexicalizado hasta perder el significado en origen o valor propio del diminutivo de denotar tamaño pequeño o emotividad. En la última parte de la actividad, se hace una breve incursión en el uso del diminutivo como un importante componente dialectal. Se puede mencionar que este aspecto se abordará en los rasgos de las distintas variantes de español del capítulo 7 sobre variación lingüística.

Soluciones

Actividad 19. Determina cuáles de las siguientes palabras se consideran diminutivos lexicalizados y cuáles no. Hay ocho para cada tipo. Ayúdate de un diccionario si es preciso.

Puedes consultar los siguientes recursos:
- *Diccionario de la lengua española*: http://dle.rae.es/
- *Diccionario de americanismos*: lema.rae.es/damer/

Diminutivos: paseíto, tortillita, nenín, gatico, casita, lucecita, manzanita.
Diminutivos lexicalizados: meseta, avioneta, calderilla, colchoneta, platillo, puntilla, quesadilla.

Compara las definiciones de las palabras en los dos diccionarios. ¿En cuáles de ellas se observan diferencias dialectales por su significado?

Seguimos el *Diccionario de americanismos*:

meseta
En una cocina, plataforma adosada a la pared sobre la cual se preparan los alimentos para ser cocinados (Cuba, República Dominicana).

avioneta
Oreja (coloquialismo, Cuba).
Golpe que se da a alguien con intención de hacerle daño (coloquialismo, Cuba).

platillo
Alimento que se sirve en un plato (México, Nicaragua).
Plato de madera, generalmente de gran tamaño, usado para machacar y majar yuca, plátano y otros alimentos. Uso rural (Perú, Ecuador).
Plato de comida especial y elaborado (platito) (Guatemala, Costa Rica, Paraguay, Bolivia).
Tapón metálico de las botellas. Uso popular (Paraguay, Ecuador, Bolivia).
Juego de niños que consiste en lanzar platillos contra una pared desde una distancia determinada; quien logra poner su platillo sobre uno del adversario gana (Bolivia).

gatico
Planta con tallo ahorquillado, de hasta 60 cm de altura, con flores de color verde amarillento y frutos aovados cubiertos de espinas ganchudas (Asteraceae; Xanthium strumarium) (República Dominicana).

casita
Servicio, excusado o retrete de las escuelas. Uso popular y obsoleto (Chile).
Placenta, órgano de forma redondeada y aplastada que se desarrolla en el útero de la madre durante la gestación, envuelve el feto y permite su nutrición a través del cordón umbilical. Uso rural (Honduras).
Conjunto de semillas de maní en su cáscara (Costa Rica).

manzanita
Nuez, prominencia cartilaginosa del tiroides en el hombre (Honduras, Bolivia).

puntilla
Clavo delgado, de hierro o acero, que se emplea en construcciones y otros usos (México, Cuba, Colombia).
En un monte o colina, extremo angosto situado en la parte superior o lateral (Chile).
Accidente geográfico con forma de punta, que se interna en el mar o en un terreno (Chile).
Pañuelo triangular que se coloca rodeando el cuello y cayendo a la espalda (Chile).
Pieza triangular pequeña que se pone como adorno en los extremos de ciertos objetos (Chile).
Navaja pequeña. Uso popular (Venezuela).
Puntera del zapato (Puerto Rico).

quesadilla
Tortilla de harina de maíz o de trigo doblada por la mitad y rellena de queso u otros ingredientes, y posteriormente asada o frita; se come caliente y acompañada de salsas (México).
Dulce, generalmente de forma rectangular, hecho con dos o tres capas de masa unidas con arrope, dulce de leche, de cayote o de batata, y cubierto a veces con un baño de azúcar (norte de Argentina).

✤ **Investiga a qué variedad dialectal podría pertenecer la palabra *nenín*.**

La palabra *nenín* contiene el diminutivo –*ín* con rasgo dialectal de la zona de Asturias (España).

Actividad 20

En esta última actividad de la sección dedicada a la morfología derivativa se contraponen palabras parecidas en su morfología pero con significados distintos. Otra vez, se trata de una buena manera de ver la relación morfológica y semántica en la palabra. Algunas de estas palabras presentan significados que pueden estar relacionados también con el uso idiomático de la lengua como en las expresiones *¡Menudo papelón!* o *¡Menuda papeleta!*, ya sea por el significado de la expresión o por su contexto comunicativo. En el capítulo 5 se amplía la información sobre el lenguaje idiomático.

Soluciones

Actividad 20. La sufijación apreciativa está relacionada con aspectos dialectales del idioma. Responde a las siguientes preguntas sobre el español peninsular. Ayúdate de un diccionario y deduce el significado de las expresiones que no aparezcan recogidas.

1. Según el *DRAE*, un *cucharón* es un "cazo con mango, o cuchara grande, que sirve para repartir ciertos alimentos en la mesa y para ciertos usos culinarios", mientras que una *cucharilla* es simplemente una "cuchara pequeña" como, por ejemplo, la que se utiliza con el té o café.
2. Un *manitas* es alguien que sabe hacer cosas bien con las manos como, por ejemplo, el bricolaje. Un *manazas* es alguien torpe con las manos. Existiría, por lo tanto, cierta lógica entre el diminutivo para denotar a alguien muy habilidoso (con manos pequeñas) y el aumentativo para indicar que alguien es torpe (con manos grandes).

3. Se podría decir, por ejemplo, que un niño pequeño tiene unos *ojitos*. El sustantivo *ojazos* muestra más atracción física hacia una persona que tiene los ojos muy bonitos, *unos ojazos azules*.

4. Un *tiparraco* sería una persona vulgar, alguien de quien se desconfía o que no cae bien. Tener un *tipazo* quiere decir tener un físico atractivo en relación con la fisonomía del cuerpo. El peyorativo funciona para marcar un significado despectivo, mientras que el sufijo aumentativo muestra cierta admiración.

5. Según el *DRAE*, *papelón* se emplea para hacer referencia a "una persona que ostenta y aparenta más de lo que es" o "papel en que se ha escrito acerca de algún asunto o negocio, y que se desprecia por algún motivo". También, por el sufijo aumentativo, se podría utilizar en sentido de admiración para alguien que tiene que desempeñar un papel importante, por ejemplo, en una película: *Le han dado un papelón*. "Papeleta", según el *DRAE*, es "un papel en el que figura cierta candidatura o dictamen, y con el que se emite el voto en unas elecciones" y, con el sentido que se utiliza aquí, "un asunto difícil de resolver".

6. Según el *DRAE*, una *palabrota* "es un dicho ofensivo, indecente o grosero" y una *palabreja* es "una palabra de escasa importancia o interés en el discurso". A veces también se emplea el sufijo peyorativo cuando se trata de una palabra muy complicada o poco común.

7. "Salir por una *portezuela*" es salir por una puerta pequeña o trampilla. "Salir de un *portazo*" es salir dando un gran golpe con la puerta.

8. ¡*Hay vidilla*! Quiere decir que el ambiente en un lugar específico está bastante animado. Hace referencia a la vida que da el ir y venir de la gente, por ejemplo, en un restaurante o un centro comercial. ¡*Se pega una vidorra*! Se refiere a alguien que vive bien sin esforzarse o a costa de los demás.

✎ **Ahora explica de qué tipo de sufijo se trata en cada caso y cómo contribuye al significado del sustantivo.**

1. *cucharón*: aumentativo, por ejemplo, para servir grandes cantidades; *cucharilla*: diminutivo lexicalizado, para una taza.

2. *manitas*: diminutivo, se relaciona con manos pequeñas y habilidosas; *manazas*: aumentativo, se relaciona con manos grandes y torpes.

3. *ojitos*: diminutivo, con valor de tamaño o afectivo; *ojazos*: aumentativo con valor de admiración.

4. *tiparraco*: peyorativo con valor despectivo; *tipazo*: aumentativo con valor de admiración.

5. *papelón*: aumentativo con valor metafórico o de admiración; *papeleta*: diminutivo lexicalizado para hacer referencia al papel que se utiliza para votar en unas elecciones. También posee un significado metafórico con el sentido de "asunto difícil de resolver", como en el ejemplo ¡*Menuda papeleta*!

6. *palabrota*: aumentativo, con valor intensificador porque es un insulto; *palabreja*: peyorativo.

7. *portezuela*: diminutivo, una puerta pequeña; *portazo*: aumentativo, un golpe que se da con una puerta de manera deliberada por enfado, o que se produce por acción del aire y se cierra de golpe.

8. *vidilla*: diminutivo con valor afectivo; *vidorra*: aumentativo, de admiración (con matiz irónico), y también peyorativo.

Actividad 21

Esta actividad tiene como objetivo reflexionar sobre el uso actual del vocabulario. Todos los conceptos hacen referencia al impacto que ha tenido el empleo de la tecnología, ya sea a gran escala o en el contexto de la educación.

Soluciones

Actividad 21. En los siguientes ejemplos vemos cómo ha evolucionado un mismo concepto. Investiga su significado y explica qué nos muestra este ejemplo en relación con la lengua.

Las NN.TT.	Las Nuevas Tecnologías
Las NTIC	Las Nuevas Tecnologías de la Información y de la Comunicación
Las TIC	Las Tecnologías de la Información y de la Comunicación
Las TAC	Las Tecnologías del Aprendizaje y Conocimiento. En determinados contextos también puede hacer referencia a "Las Técnicas de Aprendizaje Colaborativo".

Al comparar los ejemplos, es interesante notar que en la evolución de las siglas se ha perdido el adjetivo "nuevo", porque ahora la tecnología ya constituye una parte integral de la rutina de una persona y del aprendizaje. La evolución de estas siglas muestra que la lengua se presta a la innovación léxica y necesita adecuarse a la evolución que se pueda producir ligada a una realidad extralingüística concreta.

Estos ejemplos muestran que la lengua cambia y refleja la realidad y su entorno. Es decir, la unidad léxica evoluciona en relación con su referente extralingüístico. Dicha evolución se puede dar solamente desde el punto de vista semántico, según el significado que una palabra haya ido adquiriendo con el paso del tiempo. Un ejemplo reciente es la palabra "matrimonio", que en la actualidad sirve también para calificar la unión entre dos personas del mismo sexo.

El ejemplo de la actividad tiene que ver con la integración de la tecnología en la educación. La nomenclatura comenzó como las NN.TT. (Nuevas Tecnologías, con el adjetivo "nuevo" para reforzar la idea de que se trataba de un elemento novedoso); posteriormente pasó a las NTIC (Nuevas Tecnologías de la Información y de la Comunicación), donde vemos una especialización que se centra en ámbitos concretos de este uso de las tecnologías. Después se comenzó a emplear un término que permitiría la pronunciación sin deletreo, es decir, las TIC (Tecnologías de la Información y de la Comunicación), donde se pierde el adjetivo "nuevo" puesto que ya pasan a ser una parte integral de estos ámbitos. Y, por último, TAC (Tecnologías del Aprendizaje y Conocimiento, o Técnicas de Aprendizaje Colaborativo) se emplea para dos conceptos que, aunque sean diferentes, se pueden relacionar. También incluyen conceptos más amplios como, por ejemplo, "conocimiento". Por otro lado, el término se vuelve a especializar porque se vincula al "aprendizaje y al conocimiento", y también se utiliza para hablar de un entorno de "aprendizaje colaborativo", lo cual está relacionado con la educación. Por lo tanto, vemos cómo el término en origen se ha ido adaptando para adecuarse a la realidad tanto social como de los hablantes.

✎ **¿Se podría hablar de siglas en todos los casos? Justifica tu respuesta.**

Las siglas se forman por deletreo a partir de las iniciales o primeras letras de varias palabras. Se escriben con mayúsculas y forman una unidad, por lo que las TIC y las TAC serían siglas.

En el caso de las NTIC cabría preguntarse si los hablantes articulan esta composición de manera verbal o si corresponden solamente al lenguaje escrito. Se podrían considerar siglas pronunciado como [n-tic] NTIC, pero si solamente se utiliza en el lenguaje verbal sería una abreviatura. Las abreviaturas emplean una o varias letras de una palabra a modo de representación, y la diferencia principal con el resto de los procesos de formación de palabras es que, debido a que no se pronuncian, solamente aparecen en la escritura. De esta forma, las NN.TT. corresponderían principalmente a una abreviatura y no a una sigla.

✎ **Según la Fundéu, la existencia de una palabra homónima ha impedido que el término TIC se haya lexicalizado y que se pluralice añadiendo el morfema de plural como si fuera un acrónimo: las pymes → *las pequeñas y medianas empresas*. Explica:**

a) Cuál es el término que ha podido impedir esta evolución morfológica.

La palabra homónima es "tics" plural de "tic". Según el *DRAE* se trata de una palabra de origen onomatopéyico que identifica un "movimiento convulsivo, que se repite con frecuencia, producido por la contracción involuntaria de uno o varios músculos", como puede observarse en *Tiene un tic en la cara y cierra los ojos con frecuencia*. En el caso de TAC resulta difícil prever qué sucederá. No obstante, es interesante explicar que, por un lado, hay también una palabra homónima recogida en el *DRAE* con los dos significados: uno con la misma etimología también onomatopéyica, "ruido que producen ciertos movimientos acompasados, como el latido del corazón", y otro perteneciente al ámbito médico con el significado de "conjunto de imágenes seriadas de secciones de un órgano o tejido, obtenidas a lo largo de un eje mediante distintas técnicas, y computarizadas".

b) Si crees que es probable que le suceda lo mismo al término TAC.

Por analogía con lo sucedido con TIC, y dado que están relacionados al pertenecer al mismo ámbito, puede ocurrir que TAC se pluralice también de la misma manera, es decir, solamente con el artículo sin llegar a evolucionar a las TACs. Hay también otras razones, como la grafía "s" en mayúscula o minúscula, que se detallan en el siguiente enlace: http://www.fundeu.es/recomendacion/las-tic-mejor-que-las-tics-o-las-tics/. Asimismo, hay una tendencia en la actualidad a pluralizar algunas siglas por influencia del inglés, como sucede en los DVDs en lugar de los DVD. Aunque en la *Ortografía* (2010) se recomiende no hacerlo, también se reconoce que se trata de un uso bastante extendido que posiblemente terminará por imponerse.

c) Qué cambio se ha producido entre los dos primeros términos y los dos últimos de la tabla en cuanto a su deletreo. Justifica tu respuesta.

Se ha producido un cambio de la abreviatura NN.TT. a la sigla NTIC, que se lee por deletreo, a las variantes que se pronuncian como una sola palabra, TIC y TAC.

Para más información sobre estas siglas, se puede consultar el siguiente enlace: http://www.quadernsdigitals.net/datos_web/hemeroteca/r_1/nr_773/a_10430/10430.html

Actividad 22

Esta actividad muestra que las marcas comerciales pueden ser otro ámbito de creación de léxico en una lengua. Hoy en día, dichas marcas tienen que ver con determinados aspectos morfológicos y estilísticos, puesto que muchas veces se relacionan con la publicidad y con la manera de conseguir que el nombre de un producto despierte el interés del consumidor. En la última parte de la actividad se presenta además cómo, según el grado de proteccionismo lingüístico en una lengua, las instituciones pueden hacer recomendaciones sobre el uso u ortografía de determinadas palabras, o incluso dar lugar a la creación de alternativas, sobre todo cuando se trata de marcas comerciales que se han originado en otra lengua. Estas recomendaciones no siempre concuerdan con la manera en la que la mayoría de los hablantes hace uso del idioma. Instituciones como la RAE, ASALE y la Fundéu, por citar algunos ejemplos, ejercen una notable influencia en los medios de comunicación mediante la publicación de "manuales de estilo".

Soluciones

Actividad 22. Aquí aparecen las definiciones adaptadas del DRAE de otros sustantivos que proceden de marcas registradas. Enlaza cada uno de los sustantivos con su significado.

✎ **Ahora identifica cuál es el género de cada uno de ellos y explica brevemente cómo se ha adaptado cada sustantivo de acuerdo con las normas ortográficas del español.**

Las definiciones se han extraído del *DRAE*. Se indica también el género del sustantivo y la adaptación de cada término.

1. *el rímel*
(5) (De Rimmel, marca reg.). "Cosmético para ennegrecer y endurecer las pestañas". La palabra se ha adaptado simplificando la doble "m" a solamente una consonante, puesto que esta combinación no es aceptable en español. También se acentúa como palabra llana que termina en otra consonante que no es –n ni –s.

2. *el celofán*
(3) (Del fr. Cellophane, marca reg.). "Película transparente y flexible que se utiliza principalmente como envase o envoltura". Se ha simplificado la doble "l", la "ph" se ha transformado en "f" y se ha eliminado la "e" final. La palabra se acentúa como palabra aguda que termina en –n.

3. *la lycra*
(2) (Marca reg.). "Tejido sintético elástico, utilizado generalmente en la confección de prendas de vestir". En este caso se ha popularizado la palabra tal cual, sin adaptar la "y", aunque también aparece recogida en el diccionario la adaptación *licra*.

4. *la fórmica*
(6) (Marca reg.). "Conglomerado de papel impregnado y revestido de resina artificial, que se adhiere a ciertas maderas para protegerlas". Se ha mantenido la ortografía original, pero la palabra ha pasado a ser esdrújula y a llevar acento ortográfico.

5. *el nailon*
(4) (Del ingl. Nylon, marca reg.). "Material sintético de índole nitrogenada, del que se hacen filamentos elásticos, muy resistentes". Aquí la "y" ha pasado a convertirse en el diptongo "ai" para adecuarse a la pronunciación inglesa.

6. *la faria*
(1) (De Farias, marca reg.). "Cigarro barato peninsular de tripa de hebra larga". Se ha simplificado la –s final de la marca registrada para identificar una unidad. Este ejemplo muestra variación diatópica o geográfica, puesto que solamente se utiliza en el español peninsular.

✎ **Explica qué se puede comentar de cada uno de los siguientes ejemplos, y en su conjunto, teniendo en cuenta que se han extraído del *DRAE* y del *Diccionario panhispánico de dudas* (DPD).**

Estos ejemplos indican la creación en la lengua de léxico a partir de las marcas comerciales. Este léxico se integra muchas veces de manera que el hablante deja de percibir que se trata en origen de una marca comercial.

1. *ping-pong* (Ping-pong®, marca reg.) (*DRAE* 2014, 1715)
En este ejemplo se recoge la marca comercial de la que procede el término y que se emplea para designar un deporte.

2. *pimpón* (*DRAE* 2014, 1713)
Aquí se observa la adaptación propuesta por la RAE y ASALE para la edición posterior del *DRAE*.

3. *tenis de mesa* (*DPD* 2005, 502)
En este ejemplo se puede observar que se propone el uso de un término equivalente, pese a ser más largo, para así no tener que recurrir al extranjerismo.

4. *pimponista – tenismesista – tenimesista* (*DPD* 2005, 502)
Aquí se aprecia la alternancia entre términos que se refieren a la persona que practica este deporte. En uno de los términos compuestos se mantiene íntegra la primera palabra del compuesto (*tenismesista*), mientras que en el otro se suprime la –s final del primer término (*tenimesista*), posiblemente por la confluencia de sonidos /s/ en la palabra. Otra de las razones puede ser la influencia de otras palabras compuestas con un esquema compositivo similar.

Según la Fundéu "tenis de mesa" es una opción mejor que pimpón:
http://www.fundeu.es/recomendacion/tenis-y-tenis-de-mesa/

Esto es lo que dice el *DPD* (2005, 502):

pimpón. Adaptación gráfica propuesta para la voz inglesa *ping-pong*, 'juego semejante al tenis que se practica sobre una mesa con palas pequeñas': «*Bajaron con sus raquetas de pimpón en la mano y sus pantaloncitos cortos*» (Carrión *Danubio* [Esp. 1995]). Para designar al jugador se ha creado el derivado *pimponista: «Pese a la juventud de los pimponistas señalados, se espera que compitan en óptimas condiciones»* (*Expreso* [Perú] 22.4.90). Existe también el equivalente español *tenis de mesa*, cuyo uso es preferible al anglicismo: «*La selección peruana de tenis de mesa se prepara para el Sudamericano de Bolivia*» (*Expreso* [Perú] 22.4.90). Al jugador, en ese caso, se le llama *tenismesista* o *tenimesista* (→ tenismesista).
Pimponista (sale también en la misma página).

Se puede encontrar una explicación más detallada en el siguiente enlace:
http://www.fundeu.es/recomendacion/tenis-y-tenis-de-mesa/

Tanto el *DPD* como el *DRAE* ofrecen alternativas para mostrar que el hablante dispone de varias opciones para referirse a una realidad concreta. En este caso, se insta además a hacer uso de o bien la adaptación del inglés como *pimpón*, o bien de la expresión pluriverbal *tenis de mesa*. Lo mismo sucede con los compuestos para designar la persona que practica este deporte.

Actividad 23

Esta actividad plantea el tema del contacto entre lenguas y la influencia que ejercen hoy en día los anglicismos en el español por la función del inglés como lengua franca a escala global.

Soluciones

Actividad 23. Según la Fundéu, estos son algunos términos recientes procedentes del inglés que han dado lugar a neologismos. Investiga cuál es el término equivalente en español y describe su proceso de transformación.

Modelo: *selfie* → *una autofoto*. Palabra compuesta por el prefijo griego *auto–* y el sustantivo femenino *foto*, acortamiento de la palabra fotografía que se ha formado siguiendo el esquema de, por ejemplo, la palabra *autorretrato*. Este neologismo se emplea para hacer referencia a la fotografía que uno mismo se puede hacer con un aparato electrónico.

1. *blogger* → *bloguero*. Se le ha añadido el sufijo nominal *–ero* que suele hacer referencia a una profesión u ocupación.
2. *to chat* → *chatear*. Se le ha añadido el sufijo verbal *–ear* como sufijo iterativo que muestra una misma acción que se compone de repeticiones.
3. *freak* → *friki*. Se ha adaptado ortográficamente para facilitar la pronunciación.
4. *to google* → *googlear*. Se le ha añadido el sufijo verbal *–ear*.
5. *multitasking* → *multitarea*. Se ha mantenido el compuesto a modo de calco del inglés, el prefijo de origen latino *multi–* y el sustantivo *tarea*.
6. *nomophobia* → *nomofobia*. Se ha adaptado la ortografía transformando la "ph" en "f" en consonancia con las normas ortográficas del español.

7. *tablet* → *tableta*. Se ha adaptado como calco lingüístico. Por el momento el término coexiste como extranjerismo con el término directo del inglés *tablet*.
8. *vaping* → *vaporear*. Se ha añadido al sustantivo *vapor* a la terminación o sufijo verbal –*ear*.

✎ **¿Qué campo semántico crees que destaca en los préstamos lingüísticos del inglés? Busca al menos diez muestras de lengua representativas.**

Diccionario de neologismos on line: http://obneo.iula.upf.edu/spes/ del proyecto del L'Observatori de Neologia (OBNEO).

Se puede comentar que a simple vista se detectan muchos anglicismos que proceden del ámbito tecnológico como, por ejemplo, *screening, high tech*, etc. Otro tema que aparece con frecuencia es el de la cultura popular o de masas (cine y televisión), por ejemplo, *soap opera*.

✎ **Esta sección del capítulo indica que el *DRAE* (2014, 2184) recoge ya el verbo *tuitear*. Algunos hablantes comienzan a usar las adaptaciones de *Facebook* o *WhatsApp* como formas verbales. Con la base de los ejemplos anteriores, ¿cómo crees que se haría dicha adaptación fonológica y morfológicamente al español? Justifica tu respuesta.**

En primer lugar, habría que plantear una adaptación ortográfica en consonancia con las normas del español. *Facebook* pasaría a ser posiblemente *Feisbuc* o *Feisbuk*. Debido al significado de un verbo relacionado con esta palabra, "utilizar *Facebook*", se añadiría posiblemente el sufijo verbal –*ear* que, como hemos visto, da lugar a verbos iterativos cuya acción se repite, como sucedía en *tuitear* o *googlear* o *guglear*. Por lo tanto, de *Feisbuc* o *Feisbuk* se produciría otra transformación ortográfica al pasar a ser una forma verbal y obtendríamos *feisbuquear*. El sonido /k/ se transformaría en el dígrafo "qu", dos letras que representan un mismo fonema, para poder enlazar con el prefijo verbal –*ear*, que comienza por la vocal "e", adaptación ortográfica similar a lo que sucede en la palabra *queso*. Esta combinación sería quizás más común que *feisbukear*, aunque esta última también sería posible. El mayor uso de la nueva forma verbal determinaría que una forma se impusiera en la lengua sobre la otra, aunque también se podría dar el caso de que las dos coexistieran durante un tiempo.

A este respecto se puede consultar la siguiente noticia: http://www.fundeu.es/noticia/nueva-academica-boliviana-aboga-por-abrir-la-mente-a-lenguaje-de-las-mayorias/

En el caso de WhatsApp, una de las posibles evoluciones podría ser *wasapear*. Desaparecerían algunas letras, por lo que solamente se dejarían las imprescindibles en consonancia con su pronunciación. Se puede consultar: http://www.fundeu.es/recomendacion/wasap-y-wasapear-grafias-validas/

Actividad 24

Tras haber repasado las categorías léxicas y funcionales, el estudiante deberá identificar en esta actividad a qué categoría pertenece cada una de las palabras en cursiva. Con ello, se espera que el alumno aprenda a reconocer las diferentes categorías. Esta actividad resulta útil antes de pasar al capítulo 4 sobre sintaxis. Como se ha apuntado ya, esta sección se puede abordar antes en el capítulo si se considera que puede resultar útil para los estudiantes hacer un repaso de las categorías gramaticales del español. Además de identificar cada categoría, se puede pedir al estudiante que indique cómo contribuye cada una de ellas a la oración, es decir, si cumple una función léxica o meramente funcional o relacional. Es una buena manera de observar cómo operan todos los elementos de manera conjunta como parte de una oración.

Soluciones

Actividad 24. Determina a qué categoría gramatical pertenece cada una de las palabras que aparecen en cursiva en las siguientes oraciones.

Modelo: He comprado un *cuadro*. → *sustantivo*

1. *Mañana* saldremos de casa muy temprano.	adverbio
2. Tenemos *muchas* opciones.	determinante o adjetivo
3. Ese libro no es *nuestro*.	pronombre
4. ¿Vienes *o* vas?	conjunción o nexo
5. *Hacía* tanto calor que no podía respirar.	verbo
6. Ese regalo era *para* ti.	preposición
7. Los estudiantes tienen un *nuevo* examen.	adjetivo
8. Salimos *hacia* Mérida esta noche.	preposición
9. *Quito* es una ciudad muy grande.	sustantivo
10. ¿De verdad es *mío*?	pronombre
11. *Con* tantos regalos no puedo entrar en casa.	preposición
12. Es *muy* alto.	intensificador
13. Tendremos que cambiar *esta* ventana.	determinante
14. Cuando llego a casa me *quito* siempre los zapatos.	verbo
15. Se paró *ante* la puerta.	preposición
16. El jueves *pasado* tuve un accidente.	adjetivo
17. Pedro quiere un libro nuevo de *aventuras*.	sustantivo
18. El niño de *mi* vecina es rubio.	determinante
19. *Vamos* al cine.	verbo
20. Llegaremos por la *mañana*.	sustantivo
21. Saldremos *de* esta.	preposición
22. Saldremos de *esta*.	pronombre
23. Me entregó *los* documentos en un sobre cerrado.	determinante
24. Me he comprado unas botas de *ante*.	sustantivo
25. La puerta estaba *abierta*.	adjetivo

▶ *Actividad de ampliación*

Se puede pedir a los alumnos que ellos mismos preparen oraciones para la clase siguiente en la que se deberá identificar la categoría gramatical que se señale. Con este tipo de práctica, se podrán afianzar conocimientos de especial utilidad para el resto de los capítulos del libro.

Actividad 25

En esta última parte del capítulo se desarrollan las dos categorías léxicas principales de la oración, el sustantivo y el verbo, desde la perspectiva de la morfología flexiva. De esta manera, se profundiza en aspectos que no se han podido abordar con anterioridad en el capítulo. Mediante la contraposición de estos elementos con géneros y significados distintos, se muestra que el género puede servir también para diferenciar el contenido léxico de una palabra. Como se ha explicado en el capítulo, los motivos pueden ser diversos, ya que ambos elementos pueden estar relacionados entre sí (*el olivo – la oliva*) o puede tratarse de un factor casual desde el punto de vista de la morfología de la palabra (*el modo – la moda*, préstamo del francés *mode*).

Soluciones

Actividad 25. Determina si existe una relación semántica entre los siguientes términos a partir de sus significados primarios.

Modelo: *el cuchillo* (*para cortar algo*) *– la cuchilla* (*para afeitarse*) → *Relación semántica clara.*

Definiciones adaptadas del *DRAE* (2014).

Puedes consultar los siguientes recursos:
⌘ *Diccionario de la lengua española*: http://dle.rae.es/
⌘ *Diccionario de americanismos*: lema.rae.es/damer/

1. El barco: embarcación de estructura cóncava y, generalmente, de grandes dimensiones. – la barca: embarcación pequeña para pescar, costear o atravesar los ríos.→ Relación semántica clara.
2. El madero: pieza grande de madera; coloquialismo del español peninsular, y a veces también despectivo, que se utiliza para referirse a un agente de policía. – la madera: parte sólida de los árboles, bajo la corteza. → Sí existe relación semántica con la acepción del material, pero no con el uso coloquial del español peninsular.
3. El ciruelo: el árbol – la ciruela: el fruto del ciruelo. → Relación semántica clara.
4. El plazo: término o tiempo señalado para algo. – La plaza: lugar ancho y espacioso dentro de un poblado, al que suelen afluir varias calles. → No existe relación semántica a priori. (Sin embargo, existe un uso para *plazo*, aunque en desuso, con el significado de lugar, campo o sitio elegido para un desafío.)
5. El peso: objeto pesado, unidad monetaria, pesadumbre. – la pesa: instrumento para pesar. → Relación semántica clara.
6. El modo: la manera de hacer algo. – la moda (del francés *mode*): el estilo que está en boga. → No existe relación semántica a priori.
7. El ramo: de flores – la rama: de un árbol. → Relación semántica clara.
8. El suelo: el piso – la suela: la parte inferior del zapato que toca el suelo. → Posible relación semántica.
9. El llanto: efusión de lágrimas acompañada frecuentemente de lamentos y sollozos. – la llanta: Cerco metálico exterior de las ruedas de los coches de caballos y carro; neumático. → No existe relación semántica a priori.
10. El cesto: recipiente grande de mimbre. – la cesta: recipiente pequeño de mimbre, también. → Relación semántica clara.

✎ Escribe una oración en la que aparezcan dos de las palabras de la actividad anterior que tienen diferente significado según su género.

Modelo: *La ciruela se cayó del ciruelo porque estaba ya madura.*

Posible oración. *Consiguió despegar la suela del trozo de suelo donde había pegamento.*

Actividad 26

Dentro del tema del género gramatical en español, esta actividad muestra una serie de patrones morfológicos que nos pueden aportar información sobre el género de algunos sustantivos. Es una manera útil de sistematizar este aspecto en la morfología nominal, por ejemplo, con aquellas personas para las que el español es su L2. El funcionamiento del género gramatical suele diferir entre lenguas, incluso el de palabras que son semánticamente equivalentes (español, *la nariz;* francés, *le nez*). Lo mismo sucede con lenguas que poseen tres géneros (masculino, femenino y neutro) como el alemán o el griego moderno. Este hecho se observa también en el caso del inglés, donde los objetos inanimados no poseen género explícito, aunque en algunos casos se pueda hablar de *she*, por ejemplo, para referirse a "un barco" (*She sails beautifully*).

Soluciones

Actividad 26. Imagina que le tienes que explicar la noción de género a un estudiante de español como L2. ¿Qué regla le darías como estrategia para recordarlo? Fíjate en el ejemplo.

	Género(s)	Sustantivo	Regla
1.	la	costumbre	Es femenino porque termina en –*umbre*.
2.	el	genoma	Es masculino porque es de origen griego y termina en –*oma*.
3.	el	azafrán	Es masculino porque termina en –*án*.
4.	el / la	periodista	El género va en función del referente, ya que los sustantivos terminados en –*ista* que indican profesiones son por lo general invariables.
5.	el	equipaje	Es masculino porque termina en –*aje*.
6.	el	jueves	Es masculino porque es el nombre de un día de la semana.
7.	la	cantidad	Es femenino porque termina en –*dad*.
8.	el	jerez	Es masculino porque es el nombre de un vino.
9.	la	víctima	Es un sustantivo epiceno de persona femenino independientemente del referente.
10.	el	Real Madrid	Es masculino porque es el nombre de un equipo deportivo.
11.	el	ventilador	Es masculino porque termina en –*dor*.
12.	la	esperanza	Es femenino porque termina en –*nza*.

	Género(s)	Sustantivo	Regla
13.	el	tema	Es masculino porque es de origen griego y termina en –*ema*.
14.	el	Amazonas	Es masculino porque es el nombre de un río.
15.	la	hache	Es femenino porque es el nombre de una letra.
16.	el	siete	Es masculino porque es el nombre de un número.
17.	la	realeza	Es femenino porque termina en –*eza*.
18.	la	M40	Es femenino porque es el nombre de una carretera.
19.	la	hipnosis	Es femenino porque termina en –*sis* y no es una de las excepciones.
20.	el	enjambre	Es masculino porque termina en –*ambre*.

🖏 **Ahora añade tú un ejemplo con las mismas características genéricas que los sustantivos anteriores.**

Actividad libre.
la muchedumbre, el aroma, el mazapán, el tenista, el oleaje, el martes, la universidad, el rioja, el personaje (no existe *la personaje), el Barcelona, el ascensor, la confianza, el lema, el Manzanares, la eme, el dos, la franqueza, la M30, la síntesis, el calambre.

▶ *Actividad de ampliación*

Los estudiantes pueden comparar cómo se marca el género en inglés tal y como se acaba de explicar. Otros ejemplos que muestran la falta de equivalencia con respecto al género son palabras como *kid* (*el niño/la niña; el chico/la chica*) o *toddler* (*el niño pequeño / la niña pequeña*). Al traducirlas al español, obligan al hablante a escoger entre un género u otro en función del referente extralingüístico. Por lo tanto, una pequeña actividad consistiría en pedirles que piensen sobre la realidad extralingüística que estas palabras designan, y en su posible equivalencia en español.

Actividad 27

Con esta actividad se pretende mostrar la concordancia de género por eufonía. Este fenómeno suele causar bastante confusión a los hablantes de español como L2 por la concordancia atípica que se da entre los elementos de la oración.

Soluciones

Actividad 27. En las siguientes oraciones, excepto en una, se esconde un error relacionado con la concordancia de género por eufonía. Corrígelas e identifica la única oración correcta.

1. Todavía no he recibido la acta de la reunión. Voy a llamar a la oficina para ver si está allí.
2. Si echas todo el agua en la botella, seguro que no va a caber.
3. Subimos hasta la cima de la montaña y vimos una águila que estaba haciendo un nido.

4. Creo que la reunión es en una aula que está en el otro edificio.
5. En esta época del año, no apetece nada bañarse en el frío agua invernal.
6. Me han dicho que el AMPA (Asociación de Madres y Padres de Alumnos) se va a reunir la semana que viene.
7. En este almacén no caben las cajas con las hachas que hemos comprado para los leñadores.
8. Dicen que en ese área de la ciudad el precio de la vivienda es más barato.

1. el acta; 2. toda el agua; 3. un águila; 4. un aula; 5. la fría agua; 6. la AMPA; 7. frase correcta; 8. esa área.

Actividad 28

Como se ha hecho con el género, se muestra al estudiante que es posible sistematizar la formación del plural en español a partir de una serie de reglas, que se acaban de exponer en el capítulo.

Soluciones

Actividad 28. Decide cuál es el morfema apropiado para la formación del plural (–s, –es o cero –Ø) de los siguientes sustantivos. Añade una breve justificación como en el ejemplo.

	Singular	Morfema	Plural	Justificación
	la sala	*–s*	*las salas*	*termina en vocal átona*
1.	el lunes	–Ø	los lunes	termina en –s y la sílaba tónica es la penúltima sílaba
2.	la hoz	–es	las hoces	solamente tiene una sílaba y se produce un cambio ortográfico
3.	el alhelí	–es	los alhelíes	termina en vocal tónica –*í*
4.	el abrebotellas	–Ø	los abrebotellas	termina en –s, y la sílaba tónica va en la penúltima sílaba
5.	el ballet	–s	los ballets	préstamo lingüístico terminado en –*t*
6.	el yogur	–es	los yogures	préstamo lingüístico terminado en –*r*
7.	el currículum	–Ø	los currículums	sustantivo de origen latino (en el caso de *currículo* el plural es *currículos*)
8.	el autobús	–es	los autobuses	termina en –s y el acento tónico va en la última sílaba
9.	la crisis	–Ø	las crisis	termina en –s y el acento tónico va en la penúltima sílaba
10.	el buey (en singular la –*y* como la vocal homófona –*i*)	–es	los bueyes (en plural –*y*, suena como semiconsonante)	termina en –*y*

✤ **Ahora identifica al menos otras cinco palabras que forman el plural añadiendo el morfema −s, −es o cero −∅.**

1. −s: casas, niños, gatos, perros, hombres
2. −es: mujeres, animales, nueces, meses, seres
3. −∅: lunes, campus, virus, tórax, análisis

✤ **¿Cómo le explicarías a un estudiante de español como L2 la diferencia en la formación del plural de las palabras *el fax* > *los faxes* y *el tórax* > *los tórax*? Justifica tu respuesta.**

Las palabras que terminan con el sonido /s/ y que son agudas, es decir, cuya sílaba tónica es la última sílaba, toman el alomorfo −*es*. Las palabras que terminan con el sonido /s/ y que son llanas o graves, es decir, cuya sílaba tónica es la penúltima sílaba, toman el morfema cero, es decir, el alomorfo ∅.

Actividad 29

Tal y como se ha practicado al comienzo del capítulo, la segmentación morfológica facilitará la comprensión de los diferentes elementos que constituyen una forma verbal desde el punto de vista semántico. En la segunda parte de la actividad se pretende incidir en el valor aspectual de los verbos mediante el reconocimiento de los valores que estos verbos indican respecto a la acción que expresan. Esta información resulta útil tanto a nivel semántico como sintáctico, tema del capítulo 4.

Soluciones

Actividad 29. A partir del modelo que aparece en la tabla 3.17, separa en morfemas las siguientes formas verbales.

Tabla 3.17 Paradigma de la segunda persona del singular (*tú/vos*) en todos los modos verbales

	Raíz	Indicativo			Subjuntivo			Imperativo		
		VT tú/vos	TMA	P/N	VT	TMA	P/N	VT tú/vos	TMA	P/N
	habl– beb– escrib–							–a / –á –e / –é –e / –í		
Presente	habl– beb– escrib–	–a– / –á– –e– / –é– –e– / –í–		–s –s –s	–e– –a– –a–		–s –s –s			
Imperfecto	habl– beb– escrib–	–a– –í– –í–	–ba– –a– –a–	–s –s –s	–a– –ie– –ie–	–ra–/–se– –ra–/–se– –ra–/–se–	–s –s –s			
Pretérito	habl– beb– escrib–	–a– –í– –í–	–ste –ste –ste							

		Indicativo			Subjuntivo			Imperativo		
	Raíz	VT tú/vos	TMA	P/N	VT	TMA	P/N	VT tú/ vos	TMA	P/N
Futuro	habl–	–a–	–rá–	–s						
	beb–	–e–	–rá–	–s						
	escrib–	–i–	–rá–	–s						
Condicional	habl–	–a–	–ría–	–s						
	beb–	–e–	–ría–	–s						
	escrib–	–i–	–ría–	–s						

Modelo: *beberías*   beb – e – ría   – s
　　　　　　　　 raíz VT TMA P/N

1. comeremos　　com – e　　– re　– mos
　　　　　　　　raíz VT　TMA　P/N

2. votaste　　　　vot – a　　– ste
　　　　　　　　raíz VT　TMA

3. pidió　　　　　pid　– i　– ó
　　　　　　　　raíz VT　TMA

4. volviera　　　　volv – ie　– ra
　　　　　　　　raíz VT　TMA

5. teme　　　　　tem – e
　　　　　　　　raíz VT

6. salía　　　　　sal　– í　– a
　　　　　　　　raíz VT　TMA

7. mire　　　　　mir – e
　　　　　　　　raíz VT

8. volaba　　　　vol – a　　– ba
　　　　　　　　raíz VT　TMA

✍ Determina el valor aspectual de los siguientes verbos en función de su significado.

Perfectivos	Imperfectivos	Incoativos	Frecuentativos	Iterativos
saltar	ver	comenzar	visitar	acariciar
cerrar	bailar	amanecer	codearse	martillear

✍ Sin consultar un diccionario y teniendo en cuenta la raíz y el valor aspectual, ¿qué diferencia de significado crees que existe entre los verbos *hojear* y *ojear*?

Por su terminación *–ear*, ambos verbos poseen valores aspectuales iterativos o de repetición. *Hojear* viene de "hoja" y, por lo tanto, su significado está relacionado según el *DRAE* como verbo transitivo con "mover o pasar ligeramente las hojas de un libro o de un cuaderno" o "pasar las hojas de un libro, leyendo deprisa algunos pasajes". Como verbo intransitivo posee el significado de "dicho de las hojas de un árbol: moverse o menearse". El verbo *ojear* procede de "ojo" y solamente se utiliza como verbo transitivo para "mirar a alguna parte", "lanzar ojeadas a algo" o "mirar superficialmente un texto".

▶ *Actividad de ampliación*

Se puede pedir a los estudiantes que en parejas añadan un verbo más para cada tipo. Pueden pensar en sinónimos o antónimos. Algunos ejemplos son: perfectivo (*abrir*), imperfectivo (*cantar*), incoativo (*iniciar*), frecuentativo (*cortejar*), iterativo (*insistir*). También se puede pedir a los estudiantes que hagan un análisis morfológico detallado de las formas verbales. Por ejemplo, *com–e–re–mos*: *com–* (raíz), *–e–* VT 2ª conjugación (*comer*, infinitivo 2ª conjugación), *–re–* (TAM, Tiempo: futuro, Aspecto: imperfectivo, Modo: indicativo), *–mos* (P/N: primera persona del plural). Raíz + morfemas flexivos (añaden información gramatical).

Actividad 30

Esta última actividad sirve de recapitulación de todos los conocimientos sobre morfología adquiridos a lo largo del capítulo. Así, se pretende que el alumno analice todo un diálogo y se fije en diferentes características morfológicas que han aparecido en el capítulo como, por ejemplo, distinguir algunos rasgos propios del lenguaje familiar: los diminutivos, los acortamientos, los marcadores orales del discurso, el vocabulario propio de la jerga juvenil (*tía*), etc. Del mismo modo, al tratarse de un diálogo entre dos amigas, el contexto de la comunicación puede ser de interés para el estudiante, ya que le permitirán prestar atención a elementos relacionados con la noción de registro y posee, además, implicaciones de carácter semántico y pragmático. Por último, se puede mencionar que es interesante fijarse en el funcionamiento de los turnos de palabra entre los hablantes, las interrupciones que se dan, etc., aspecto que pertenece al ámbito de la pragmática y que se verá en el capítulo 5 al analizar la cortesía verbal. Se puede aprovechar el desarrollo de esta actividad final para despertar el interés del estudiante por el análisis de la lengua en relación con otras disciplinas de la lingüística hispánica que se abordarán más adelante en los capítulos del libro de texto sobre, la sintaxis, la semántica o la pragmática.

Soluciones

Actividad 30. Escucha el siguiente diálogo entre dos amigas y responde a las preguntas sobre morfología con los conocimientos que has adquirido a lo largo del capítulo.

🎧 Audio: http://www.audio-lingua.eu/spip.php?auteur1079&lang=fr

Se indican en negrita los elementos sobre los que formularán preguntas a continuación.

A: Ei, **Patri**, ¿qué tal? Ehhh. . . ¿Te apetece venir a comer hoy conmigo?
P: Vale, ¿dónde vamos?
A: Pues, mira había pensado que, sabes. . . es final de mes. . . y ando un poco **pillada**. . . Entonces, ¿te parece que vayamos al **Macdo**?
P: Tía, ¿al **McDonald's**?
A: Sí, **joer**, está bien, es un **menú** asequible y yo qué sé, pues. . .

P: Mira, es que a **mí** la verdad, ya de primeras, la carne me da un **poquito** de **asquito**, y el McDonald's es que te ponen las **hamburguesas** ahí con **superbuena** pinta en el cartel de la entrada y luego entras y están **chafadas**, que dan un asco. . .

A: Bueno, pero si **quieres** también tienes ensaladas. . . y. . . cosas de esas. . .

P: Pero, tía, si yo leí el otro día que las ensaladas del McDonald's tienen más **calorías** que las hamburguesas.

A: No, hombre [n'ombre], ¿cómo va a ser eso?

P: Que sí. . .

A: Que no, que no. . .

P: Mira yo, debajo de mi casa hay un bar que hacen ahí un quinto y tapa, tía, que, por 2 euros, te pides un **quintito** y te dan una tapa **supercumplidita**.

A: Pero, yo quiero comer, no quiero ir de **aperitivo**, así. . . no sé. . .

P: A ver, igual también tienen algún menú, yo que sé. . . lo podemos mirar.

A: Ya. Y. . . qué te parece. . ., pues, si no te apetece el McDonald's, podemos ir al **Telepi** o al. . .

P: ¿Al Telepi?

A: Al **Telepizza**. . .

P: Hombre, el Telepizza ya me lo pensaría un poco pero, ¿tú has visto el tomate que le echan a las **pizzas**? Es que no es tomate de verdad, son unos polvos **rojos** que les echan agua y los remueven, y luego los echan.

A: Bueno, pero al final en qué sitio. . .

P: Es que para ir a una **pizzería**, vamos a la italiana. . .

A: Sí, pero es **muchísimo** más caro.

P: Pues ¡nos pedimos una **a medias**!

✎ **Preguntas sobre el diálogo:**

1. Localiza al menos tres morfemas libres gramaticales y determina a qué categoría gramatical pertenecen.

mí → pronombre personal
y → conjunción
de → preposición

2. Durante la conversación han aparecido las formas verbales "quieres" y "remueven". ¿Cuáles son los alomorfos de las raíces de estos verbos?

quie–ro y *que*–re–mos / *remuev*–o y *remov*–emos

3. ¿Qué acortamientos se utilizan durante la conversación? ¿Cuál de ellos es un hipocorístico? ¿Qué puedes comentar sobre el uso de estas formas con respecto al contexto de la comunicación?

Macdó → Acortamiento de McDonald's, marca registrada utilizada para denominar a un tipo de establecimiento de comida rápida.
joer → acortamiento con valor de eufemismo de "joder" con valor de irritación.

Telepi → Acortamiento de Telepizza, marca registrada que da nombre a una cadena de establecimientos en España donde se preparan y venden pizzas.
Patri → Hipocorístico por acortamiento de la última sílaba (Patri–cia)

Se utilizan los acortamientos porque en el diálogo se usa un registro familiar. Es un diálogo entre dos amigas.

4. Enumera todos los diminutivos que han aparecido y describe su uso en relación con el contexto. ¿Crees que alguno de ellos se podría considerar lexicalizado?

poquito, asquito → diminutivos de *poco* y de *asco*.
quintito → diminutivo de *quinto*, que se refiere a "un quinto", medida de una bebida. Según el *DRAE*, un *quinto* es una "medida de líquidos que contiene la quinta parte de un litro". En algunas partes de España "un quinto" corresponde a un botellín de cerveza de 200 ml. Se puede encontrar información relacionada en el siguiente enlace: http://webs.ono.com/mizubel/canna.htm
supercumplidita → combinación del prefijo de origen latino *super–* y el adjetivo *cumplido* para indicar que es una tapa generosa. Esta expresión pertenece a la jerga juvenil en la variante del español peninsular.

Ninguno se podría considerar lexicalizado, puesto que son diminutivos derivados de otras palabras y no identifican una realidad extralingüística que diferencie al término con diminutivo de su término original, como en las palabras *boca* > *boquilla* o *trampa* > *trampilla*.

5. Identifica qué tres préstamos lingüísticos o extranjerismos se utilizan en el diálogo. ¿Qué puedes comentar sobre su adaptación a la ortografía del español? ¿Y sobre la formación del plural?

menú → es un extranjerismo que procede del francés. Es una de las pocas palabras en español que terminan en *–ú*, es decir, con una vocal cerrada acentuada. En este caso se forma el plural con el morfema *–s* pero en otros sustantivos con la misma terminación se toma el morfema *–es*, por ejemplo, *el iglú* > *los iglú–es / los iglú–s; el/la hindú* > *los/las hindú–es / los/las hindú–s*.
hamburguesas → es un préstamo lingüístico del inglés americano *hamburger*, préstamo en inglés del alemán que en origen designaba a un habitante de la ciudad de Hamburgo, por lo que deducimos que ha sido adaptado al español añadiendo el sufijo derivativo adjetival *–és, –esa* que denota origen o procedencia, como en *burgalés / burgalesa*, originario de la ciudad de Burgos. El plural se forma con el morfema *–s* porque no termina en sílaba tónica.
pizzas → es un préstamo lingüístico del italiano que se forma el plural con el morfema *–s* pero que no ha sufrido adaptación. Pese a no ser habitual en español la combinación de doble consonante "zz", se ha mantenido como tal.

6. Segmenta morfológicamente las siguientes palabras en sus diferentes constituyentes. Describe su proceso de formación teniendo en cuenta todo lo que has aprendido en el capítulo.

pillada → pill–ad–a, adjetivo con valor coloquial que en este contexto puede significar "con poco dinero" y/o "agobiada, con prisa". Contiene el sufijo derivativo adjetival *–ad–*.

superbuena → super–buen–a, adjetivo con el prefijo de origen latino *super–* que intensifica su valor como "muy bueno". Tiene un valor coloquial.

chafadas → chaf–ad–a–s, con el significado de "aplastadas". El participio contiene el sufijo derivativo adjetival *–ad–* y concuerda en género y número con la palabra "hamburguesas".

supercumplidita → super–cumpl–id–it–a, adjetivo con el prefijo de origen latino *super–*, con el afijo *–id–* que une la base léxica al sufijo diminutivo *–ita*. Es diminutivo de *cumplida* > *cumplidita*. Combinación propia de un registro coloquial.

podemos → pod–e–mos, primera persona del plural correspondiente a la forma *nosotros*, del presente de indicativo del verbo *poder*. Se compone de la raíz *pod–*, de la vocal temática *–e–* de la segunda conjugación, y de la desinencia *–mos* que contiene los morfemas flexivos que expresan modo, tiempo, número y persona.

rojos → roj–o–s, adjetivo de color formado por los afijos flexivos de género masculino y de número plural. Al tratarse de una palabra terminada en vocal en sílaba no tónica, forma el plural con el morfema *–s*.

pizzería → pizz–ería, sustantivo formado con el sufijo derivativo nominal *–ería*, que identifica un lugar.

muchísimo → much–ísim–o, superlativo formado por el sufijo *–ísim*. Puede estar relacionado con un uso coloquial.

¿Cuáles de estas palabras nos ofrecen además información relacionada con la noción de registro?

Palabras que, según el contexto de la comunicación (una conversación entre dos amigas), pertenecen al registro familiar o coloquial: *pillada, superbuena, chafadas, supercumplidita*. El caso de *muchísimo* puede pertenecer tanto al registro coloquial como al no coloquial.

Palabras neutras que no aportan información relacionada con la noción de registro: *aperitivo, rojos* y *pizzería*.

▶ *Actividad de ampliación*

Además de la información que se requiere para responder a las preguntas, se puede pedir a los estudiantes que identifiquen otros aspectos que en su opinión resultan de interés desde el punto de vista morfológico o del uso de la lengua en general. Uno de estos datos son los cambios de entonación durante el intercambio comunicativo. Los estudiantes habrán estudiado los rasgos suprasegmentales en el capítulo 2 sobre fonología y fonética.

3. Proyectos de investigación

1. Investiga las diferentes opiniones de los lingüistas en torno al concepto de interfijo o infijo en relación con su función morfofonémica, y elabora una tabla en la que recojas ejemplos o muestras de lengua que contengan este afijo. Después, prepara una presentación oral en la que expongas, mediante ejemplos concretos, las diferentes posturas que han surgido sobre este concepto para contrastar en qué se diferencian las unas de las otras.

Recursos:

Martín Camacho, J. C. 2001. "Sobre los supuestos diminutivos infijados del español". *Anuario de Estudios Filológicos* 24: 239-342.

Torres Cabrera, G. 2006. "Algunas puntualizaciones en torno a la formación de palabras en español". *Philologica Canariensia* 12-13: 49-66.

Díaz Hormigo, M. T. 2016. "Prefijos y sufijos". En *Enciclopedia de lingüística hispánica*, ed. Javier Gutiérrez-Rexach, 821-834. Londres y Nueva York: Routledge.

2. Entrevista a estudiantes de español que posean diferentes niveles en el uso de la lengua y averigua cuáles son los aspectos del género y del número de los sustantivos que más difíciles les resultan. Recoge ejemplos concretos y describe los datos que te hayan proporcionado tus informantes. Después elabora ejercicios que en tu opinión les puedan ayudar a reforzar este aspecto de la morfología y a mejorar su competencia gramatical.

Recursos:

White, L., E. Valenzuela, M. Kozlowska-Macgregor, y Y.-K. I. Leung. 2004. "Gender and Number Agreement in Nonnative Spanish". *Applied Psycholinguistics* 25 (1): 105-133.

Boroditsky, L., L. A. Schmidt y W. Phillips. 2003. "Sex, Syntax, and Semantics". *Language in Mind: Advances in the Study of Language and Thought,* pp. 61-79.

3. La medicina, las ciencias naturales, la economía y la tecnología son algunos de los campos en los que hoy en día se utilizan numerosas palabras que se componen de prefijos y de sufijos de origen griego y latino, y que constituyen neologismos en la lengua. Prepara una presentación oral sobre el léxico que se ha incorporado a estos ámbitos en la última década. Selecciona diez neologismos o tecnicismos, identifica cómo se han constituido en la lengua y explica su significado.

Recursos:

Gutiérrez Rodilla, B. M. 2014. "El lenguaje de la medicina en español: cómo hemos llegado hasta aquí y qué futuro nos espera". *Panace@: Revista de Medicina, Lenguaje y Traducción* 15 (39): 86-94.

Alcántara Plá, M. 2016. "Neologismos tecnológicos y nuevos comportamientos en la sociedad red". *Aposta. Revista de Ciencias Sociales* 69: 14-38.

4. Consulta la tabla y la información que ha aparecido en el capítulo sobre los sufijos diminutivos, aumentativos y peyorativos; identifica otros ejemplos de sufijación apreciativa; y explica su significado. Después, localiza en qué zonas geográficas del dominio panhispánico se suelen utilizar algunos de estos afijos y menciona si se podrían considerar como parte de algunas de las variedades dialectales del idioma.

Recursos:

Buscador morfológico – Proyecto VARILEX

http://lingua2.cc.sophia.ac.jp/varilex/php-atlas/lista3_search.php?search_
fd0=%25INO%25&

Corpus del español, Mark Davies, Brigham Young University

http://www.corpusdelespanol.org/

Corpus de Referencia del Español Actual (CREA)

http://corpus.rae.es/creanet.html

4. Preguntas de ensayo

Las siguientes preguntas pueden servir como temas de ensayo una vez que se hayan abordado
los contenidos del capítulo.

1. ¿Qué semejanzas y diferencias existen entre los conceptos de "fonema" y "morfema",
   "alófono" y "alomorfo"? Utiliza ejemplos concretos.
2. ¿Por qué la derivación resulta un proceso más productivo para la formación de palabras
   que otros procesos como la composición?
3. Explica con tus propias palabras la distinción entre las categorías léxicas (clases abiertas)
   y las categorías funcionales (clases cerradas). Incluye una breve definición de cada una
   de ellas.
4. ¿De qué manera el conocimiento de la morfología de una lengua puede ayudarnos a
   deducir significados o a ampliar nuestro vocabulario?
5. Analiza cómo contribuyen los préstamos lingüísticos y las marcas comerciales al léxico
   de una lengua y determina si, en tu opinión, este fenómeno va en aumento.
6. Haz un repaso de la sufijación apreciativa en español y explica algunas de sus funciones
   en la lengua.

5. Glosario bilingüe de términos de morfología

A

abreviatura (*abbreviation*). Uso de una o varias letras de una palabra a modo de representación de la misma. Se utiliza en la escritura. Por ejemplo, D_a (*doña*), *apdo.* (*apartado*), *atte.*
(*atentamente*).

acortamiento o **truncamiento** (*shortening*). Supresión de sílabas en una palabra de manera
que el término resultante es más corto que el original, aunque semánticamente equivalente, p. ej., *biblio > biblioteca*. Muchos acortamientos pertenecen a un registro informal,
por lo que su uso implica un mayor grado de familiaridad entre los hablantes.

acrónimo (*acronym*). Sigla que se forma mediante la yuxtaposición de letras, sílabas o grupos
de letras iniciales o finales que corresponden a varios términos, p. ej., *telemática > teleco-
municación* e *informática*, la OTAN (*Organización del Tratado del Atlántico Norte*).

adaptación (*adaptation*). Transformación fonológica de un préstamo lingüístico en consonancia con las normas ortográficas de la lengua de adopción, p. ej., tweet® > *tuit* (*DRAE* 2014).

adjetivo (*adjective*). Categoría léxica que modifica, describe y concuerda en género y número con el sustantivo al que acompaña, p. ej., *los vecinos simpáticos, las vecinas simpáticas*. Según la intención del hablante y el significado del adjetivo, puede ir antepuesto al sustantivo, *un buen material* (que es de calidad), o pospuesto, *una persona buena* (que es bondadosa).

adverbio (*adverb*). Categoría léxica que modifica principalmente al verbo y concreta o matiza su significado. Es invariable y no posee género ni número, p. ej., *cerca, fabulosamente*. Sí admite sufijación, p. ej., *ahora > ahorita*.

afijo (*affix*). Elementos añadidos que se adhieren a la raíz, que pueden matizar o cambiar el significado de una palabra y determinar —solo los sufijos— su categoría gramatical, p. ej., *cas–ona*. Véase **morfema ligado** o **trabado**.

alomorfo (*allomorph*). Realización o variante de un morfema, p. ej., el alomorfo [–es], *azul–es*, es la variante del morfema de plural [–s], *casa–s*, si la palabra en singular termina en consonante.

apócope (*apocope*). Supresión de uno o más fonemas a final de palabra. Por ejemplo, *primer* por *primero*.

aspecto verbal o **valor aspectual** (*verbal aspect*). Propiedad del verbo que expresa las perspectivas —inicio, conclusión, reiteración, etc.— desde las que se puede enfocar la acción de un verbo. El aspecto perfectivo, por ejemplo, indica una acción que se debe completar para que se entienda como realizada, *entrar* o *salir*.

aumentativo (*augmentative*). Sufijo que puede indicar gran tamaño o intensidad, p. ej., *golpetazo* "golpe fuerte".

B

base léxica (*lexical base*). Palabra que posee el significado esencial, p. ej., *transporte* "acción y efecto de transportar". Se diferencia de la raíz, *transport–*, que da lugar a distintas palabras que pertenecen a la misma familia léxica, *transport–ación, transport–ador, transport– ista*, etc. Véase **raíz**.

C

calco lingüístico (*calque*). Préstamo de otra lengua a modo de traducción literal o como copia de la estructura de una palabra o expresión, p. ej., la expresión *jardín de infancia* es un calco del alemán *Kindergarten*.

categoría funcional o **clase cerrada** (*functional category or closed-class word*). Conjunto de palabras que no admiten la creación de otras nuevas en la lengua. Por ejemplo, el paradigma o conjunto de formas flexionadas de los pronombres tiene un número limitado; así ocurre con todos los pronombres de sujeto, *yo, tú/vos, usted, él/ella, nosotros/nosotras, vosotros/vosotras, ellos/ellas, ustedes*.

categoría léxica o **clase abierta** (*lexical category or open-class word*). Conjunto de palabras cuyo número en el lexicón del hablante puede seguir aumentando. Son categorías léxicas los sustantivos, los adjetivos, los verbos y los adverbios.

composición (*composition*). Proceso productivo de formación de palabras en el cual se combinan al menos dos raíces que además pueden contener afijos, p. ej., *compraventa*, *italo-argentino*, *sofá cama*, etc.

conjugación (*conjugation*). Clasificación que engloba la totalidad de las varias formas que puede poseer un mismo verbo. Hay en español tres conjugaciones que se clasifican según la terminación de su infinitivo, *–ar*, *–er*, *–ir*.

conjunción o **nexo** (*conjunction*). Elemento cuya función consiste en unir palabras u oraciones entre sí. Es invariable, no posee marca de género y número y es un elemento relacionante, p. ej., *Me miró y me sonrió*.

conversión (*conversion or zero derivation*). Fenómeno morfologico por el que se pueden crear nuevas palabras a partir de otras ya existentes sin modificarlas. Por ejemplo, en el caso del inglés, *a chair* (sustantivo, "una silla") > *to chair a meeting* (verbo, "presidir", como en *presidir una reunión*).

D

determinante (*determiner*). Elemento que funciona como actualizador, es decir, determina o presenta al sustantivo al que precede. Hay cinco tipos principales: los "artículos", determinados, *el*, *la*, o indeterminados, *un*, *una*; los "demostrativos", *este*, *esa*, *aquellos*, etc.; los "cuantificadores", *algunas*, *otros*, *tres*, etc., y dentro de este tipo los "intensificadores" o "modificadores", *tan* o *muy* (como en *tan/muy niño*); los "posesivos", *mi*, *nuestra*, etc., y los "exclamativos" e "interrogativos", *qué*, *cuánto*, *cuántas*, etc. El género y número son especialmente importantes en esta categoría gramatical, así como la concordancia que se establece con el sustantivo al que siempre acompañan.

derivación (*derivation*). Morfema que cambia el significado de una palabra, p. ej., *flor* > *florero*, y, en ocasiones, su categoría gramatical, p. ej., *fresco* (adj.) > *frescura* (sust.).

desinencia verbal (*verbal desinence*). Véase **morfema verbal**.

diminutivo (*diminutive*). Sufijo que además de indicar tamaño pequeño puede transmitir significados de carácter afectivo o valorativo, p. ej., *trabajito* y *trabajillo*.

diminutivo lexicalizado (*lexicalized diminutive*). Diminutivo que ha perdido su significado apreciativo respecto al tamaño y ha pasado a identificar un referente extralingüístico distinto, p. ej., *cama* > *camilla*.

E

epiceno (*epicene or noun of common gender*). Sustantivo que posee un único género pero designa a ambos sexos, p. ej., *el personaje*.

eslabón (*infix*). Véase **interfijo**.

eufonía (*euphony*). Fenómeno que se explica por razones de fonética histórica y mediante el cual se busca una dicción con una sonoridad agradable al combinar ciertos elementos acústicos de las palabras. Se produce en el singular de los sustantivos femeninos que comienzan por *a–* tónica, *el/un agua*, *el/un área*, *el/un aula*, etc. (nótese la concordancia adjetival, *el/un agua clara*, *el/un área metropolitana*, *el/un aula magna*, etc.), y en los sustantivos que comienzan por *ha–* tónica, *el/un habla*, *el/un hacha*, *el/un hambre*, etc. (nótese igualmente la concordancia adjetival, *el/un habla uruguaya*, etc.).

F

familia léxica (*lexical family*). Conjunto de unidades léxicas que comparten el mismo lexema o raíz, p. ej., *flor–es* (*sustantivo*), *flor–ido* (*adjetivo*), *flor–ecer* (*verbo*).

formante culto. Prefijos y sufijos que proceden del griego y del latín y que en origen eran raíces independientes como, p. ej,, *dinamo* en *dinamómetro* o *–grafía* en *fotografía*.

I

imperativo (*imperative*). Modo verbal de los mandatos utilizado para modificar la conducta del oyente, p. ej., *Ven aquí; No se mueva.*

indicativo (*indicative*). Modo verbal que expresa lo real, los hechos que se consideran reales o que se presentan desde un punto de vista objetivo, p. ej., *Es más alto que su hermano.*

infijo (*infix*). Véase **interfijo**.

influencia croslingüística léxica (*cross-linguistic lexical influence*). Término acuñado por Javier Muñoz-Basols y Danica Salazar (2016, 83) para referirse al "proceso por el cual las lenguas se influyen mutuamente a nivel léxico y que refleja el impacto que los préstamos lingüísticos de una lengua donante pueden tener en la lengua de acogida o receptora".

interfijo, infijo o eslabón (*interfix*). Término acuñado por el lingüista Yakov Malkiel (1958) y que identifica un afijo sin contenido léxico que suele cumplir una función morfofonémica, es decir, relaciona los morfemas en el interior de una palabra para facilitar su pronunciación. Puede constar de elementos vocálicos y consonánticos, se ubica con frecuencia entre la raíz y un sufijo, *barr–end–ero, gas–e–oso, pan–ec–illo*, y a veces, aunque con menor frecuencia, entre un prefijo y la raíz, *en–s–anchar*.

L

locución preposicional (*prepositional locution*). Expresión de dos o más unidades en la cual el elemento que va en último lugar siempre es una preposición. Su función consiste igualmente en enlazar palabras dentro de la oración. Algunas de estas expresiones están relacionadas con los adverbios, *encima de, por encima de, debajo de,* etc., y otras locuciones preposicionales equivalen por su significado a una sola preposición, *a causa de → por.*

M

modo verbal (*verbal mood*). Forma verbal en que se plasma la perspectiva del hablante en relación a lo que expresa y en el contexto de la comunicación. En español existen tres modos: *indicativo, subjuntivo* e *imperativo*.

morfema (*morpheme*). Unidad mínima con significado, p. ej., *pan* o uno de los morfemas del plural *–es*. A su vez, la combinación de los morfemas da lugar a las palabras, p. ej., *pan* o uno de los morfemas del plural *–es*.

morfema cero o morfema –Ø (*null or zero morpheme*). Ausencia de morfema de plural. Su utilización sigue unas determinadas reglas. Aparece cuando una palabra termina en "s" y la vocal que la precede es átona, *el/los jueves, el/los matamoscas.*

morfema derivativo (*derivational morpheme*). Morfema que cambia el significado de una palabra, p. ej., *flor > florero*, y, en ocasiones, su categoría gramatical, p. ej., *fresco* (adj.) > *frescura* (sust.).

morfema desinencial (*verbal desinence*). Véase **morfema verbal**.

morfema flexivo (*inflectional morpheme*). Afijo que no cambia la categoría gramatical de una palabra, es decir, no crea palabras a partir de otras, sino que contribuye a formar su **paradigma** o conjunto de formas flexivas o accidentes gramaticales, por ejemplo, *blanco, blanca, blancos, blancas* o *cante, cantaste, canto, cantamos, cantasteis, cantaron*.

morfema gramatical (*functional morpheme*). Elemento funcional sin contenido léxico que adquiere su significado como elemento relacional, como son los artículos, *el, la*, etc.; los pronombres, *él, mí, ti*, etc.; las preposiciones, *a, con, de*, etc.; las conjunciones, *ni, pero, y*, etc.

morfema léxico (*lexical morpheme*). Morfema que equivale a la raíz de una palabra y que, por lo tanto, transparenta su contenido léxico, por ejemplo, en sustantivos, *pastel > pastel–ería*; adjetivos, *verde > verd–oso*; verbos, *salir > sal–ida*; y adverbios, *rápida > rápida–mente*.

morfema libre (*free morpheme*). Morfema que puede existir por sí solo y conforma una palabra, p. ej., *azul, pan, sol*.

morfema ligado o **trabado** (*bound morpheme*). Morfema que no posee autonomía sino que necesita ir unido a otro elemento para formar una unidad autónoma o palabra, p. ej., *azul–es*.

morfema radical (*radical morpheme*). Véase **raíz**.

morfema verbal o **morfema desinencial** (*verbal desinence*). También llamado morfema desinencial, son morfemas gramaticales unidos a la raíz del verbo que expresan los significados de modo, tiempo, número y persona. Por ejemplo, una forma conjugada como *hablaban* se puede descomponer en distintos constituyentes morfológicos: Raíz (*habl–*) + Vocal temática (*–a–*) + Desinencia (*–ba*) + Desinencia (*–n*).

N

neologismo (*neologism*). Palabra de nueva creación o una incorporación a la lengua. Generalmente, procede de diferentes ámbitos del saber y suele aparecer, por ejemplo, cuando hay una necesidad de crear terminología que permita designar una realidad extralingüística concreta. Es habitual, por lo tanto, que se originen neologismos en las ciencias, la medicina, la economía, la política, la tecnología, etc.

O

orden secuencial (*sequential order*). Orden en el que se suceden los morfemas en una palabra. Primero van los morfemas derivativos y los flexivos se sitúan después. Así, vemos que en las palabras *flor–er–o* y *flor–er–o–s*, los sufijos derivativos preceden a los sufijos flexivos.

P

palabra compuesta (*compound word*). Palabra formada por al menos dos raíces; puede incluir también afijos flexivos y derivativos, p. ej., *girasol* y *boquiabierto*.

palabra compuesta parasintética (*compound parasynthetic word*). Palabra puramente compuesta que sigue el esquema raíz + raíz + sufijo. Se diferencia de las palabras compuestas en que el sufijo es obligatorio, p. ej., *siete–mes–ino*.

palabra derivada (*derivative word*). Palabra que contiene la raíz y al menos un morfema derivativo. Puede además contener morfemas flexivos, p. ej., la palabra *cristalería*, formada por la raíz *cristal–* y el sufijo nominal *–ería*.

palabra derivada parasintética (*parasynthetic detivative word*). Palabra que sigue el esquema prefijo + raíz + sufijo. Ambos afijos son obligatorios, p. ej., *en–gord–ar*.

palabra monomorfemática (*monomorphemic word*). Palabra que consta de un único elemento o morfema libre. Posee autonomía morfológica propia, se pronuncia de manera independiente y no se puede descomponer en otros morfemas o unidades mínimas, p. ej., *azul, pan, sol*.

palabra polimorfemática (*polymorphemic word*). Palabra que contiene más de un morfema, p. ej., *chic–o*.

palabra simple (*simple word*). Palabra que está formada por la raíz y que puede tener también morfemas flexivos, p. ej., *chico, chica, gatos, gatas, comían*.

paradigma (*paradigm*). Conjunto de formas flexivas o accidentes gramaticales, p. ej., *blanco, blanca, blancos, blancas* o *canté, cantaste, cantó, cantamos, cantasteis, cantaron*.

peyorativo (*pejorative*). Sufijo que posee un sentido despectivo, p. ej., *cas–ucha*.

pluriverbal (*a multi-word lexical unit*). Dicho de una expresión que se compone de varios elementos que se utilizan en su conjunto, p. ej., *sin embargo*.

prefijación (*prefixation*). Proceso derivativo que consiste en la adición de un prefijo a la raíz o base léxica, p. ej., *sub–terráneo* "bajo tierra".

prefijo (*prefix*). Afijo que precede a la raíz y que posee significado inherente. Su presencia ante una raíz incide sobre el significado de la palabra, p. ej., *bi–color* "que consta de dos colores".

preposición (*preposition*). Partícula que modifica a verbos, sustantivos o adverbios. Es invariable y no posee marca de género ni de número. Es un elemento relacionante, no posee contenido léxico propiamente dicho, y viene seleccionado por los elementos de los que depende, *Voy a Vitoria* pero *Voy en avión*.

préstamo lingüístico (*linguistic borrowing*). Morfema o palabra que se toma prestado de otra lengua sin adaptar o con poca adaptación. Por ejemplo, las palabras *software* (del inglés) o *yogur* (del fr. *yogourt*, y este del turco *yoğurt*).

pronombre (*pronoun*). Categoría gramatical cuya función es la de sustituir o representar a los sustantivos. Hay pronombres de diversos tipos que realizan funciones concretas en la oración, p. ej., "personales", *yo, tú/vos, me, te*, etc.; "posesivos", *mío, nuestra*, etc.; "demostrativos", *este, esa, aquellos*, etc.; "indefinidos" y "numerales", *muchos, algunos, otros*, etc.; "exclamativos" e "interrogativos", *qué, cuánto, quién*, etc., y "relativos", *que, cuanto, quien*, etc.

R

raíz o **lexema** (*root, stem or lexeme*). También llamada *base léxica* o *morfema radical*, es el morfema con significado léxico de una palabra. Por ejemplo, en la palabra *niño*, la raíz es *niñ–*, mientras que el morfema *–o* proporciona información sobre el género del sustantivo. Según la *Nueva gramática básica de la lengua española* (*NGBLE*) (2011), conviene distinguir entre *base léxica*, por ejemplo *transporte*, que posee el significado esencial de la palabra, es decir, "acción y efecto de transportar", y *raíz*, en este caso *transport–*, que da lugar a distintas palabras que pertenecen a la misma familia léxica, *transport–ación, transport–ador, transport–ista*, etc. Véase **base léxica**.

recurrencia del morfema (*morpheme recurrence*). Parte común que se combina con todos los afijos y nos permite identificar la raíz de las palabras pertenecientes a la misma familia léxica, p. ej., *verd–* es la raíz de *verd–or* (*sustantivo*), *verd–ísimo* (*adjetivo*), *verd–ear* (*verbo*).

S

segmentación morfológica (*morphological segmentation*). División de una palabra en morfemas. Por ejemplo, la palabra *chico* se compone de la raíz *chic–* y del afijo *–o*, que indica género masculino.

sigla (*initial*). Abreviación gráfica que se forma por deletreo a partir de las primeras letras de varias palabras que se escriben con mayúsculas, sin puntos entre las letras, y forman una unidad, p. ej., *DELE* (*Diploma de Español como Lengua Extranjera*).

síncopa (*syncope*). Pérdida de un sonido o grupo de sonidos en el interior de una palabra. Por ejemplo, las vocales breves que desaparecen entre consonantes átonas en la evolución del latín al español moderno, AURICULAM → /oːríkulam/ → /oːríkula/ → /oːríkla/ que dio lugar a *oreja*.

subjuntivo (*subjunctive*). Modo verbal con el que se expresa hipótesis, duda, deseo o temor y que presenta la subjetividad del hablante, con hechos de naturaleza incierta o que no se presentan como reales. Muchas de las acciones a las que se hace referencia tienen que ver con sentimientos, voluntad, deseos, intenciones y, por lo tanto, con verbos que denotan volición, es decir, voluntad, mandato, influencia, ruego, etc., *Quiero que te quedes hasta las tres; No me gusta que me hable así*.

sufijación (*suffixation*). Proceso por el cual se añaden los morfemas flexivos y/o derivativos a la raíz. En español es un proceso muy productivo.

sufijación apreciativa o **valorativa** (*evaluative suffixation*). Proceso morfológico por el cual se añaden a una palabra sufijos que denotan significados que expresan una apreciación sobre el tamaño, la intensidad o la sensación en relación con un referente concreto. En este grupo de sufijos derivativos se incluyen los aumentativos, los diminutivos, los peyorativos y los superlativos.

sufijo (*suffix*). Afijo que sigue directamente a la raíz, p. ej., *helad–ería*, o que va colocado después de los interfijos en caso de que los haya, *pega–aj–oso*.

superlativo (*superlative*). Sufijo que indica intensidad o grado máximo. Principalmente se suelen añadir a los adjetivos, *rapidísimo*, a pesar de que en algunos casos también puedan añadirse a una base sustantiva, *cuñadísimo, hermanísimo, nietísima, Saritísima*, aunque a menudo con una función burlesca (Serradilla Castaño 2005, 361).

sustantivación (*nominalization*). Proceso morfológico por el cual una palabra de otra categoría se utiliza como sustantivo, p. ej., el adjetivo *azul* se sustantiviza por el uso del artículo definido, *El azul es el que más me gusta*.

sustantivo (*noun*). Categoría léxica que hace referencia a personas, *niño*; animales, *gato*; objetos, *mesa*; o conceptos, *bondad*, además de a sucesos, procesos o acciones.

T

tema (*theme*). 1. Papel temático que describe a la entidad que padece la acción, que la experimenta o la percibe, p. ej., *José compró el libro de lingüística*; 2. Estructura morfológica de un verbo compuesta por la raíz verbal + la vocal temática pero que no incluye las desinencias, p. ej., *habla–, bebe–, escribí– / escribe–*.

tiempo verbal (*verbal tense*). Referencia que indica cuándo sucede la acción expresada por el verbo: presente, pasado y futuro.

U

univerbal (*a single-word lexical unit*). Palabra que pese a contener afijos adheridos se compone solamente de un único elemento, p. ej., *antiniebla*, *exmarido*, *viceministro*.

V

verbo (*verb*). Categoría léxica que hace una referencia a un proceso, una acción, una consecución o una condición. Puede denotar existencia y también informar sobre un estado en relación con el sujeto de la oración. Asimismo, puede establecer las relaciones temporales en una oración mediante una forma simple, *hablo*, o compuesta, *he hablado*.

verbo defectivo (*defective verb*). Verbo cuya conjugación no es completa. Generalmente solo pueden conjugarse en algunas personas, p. ej., *ocurrir* → *ocurre*, *ocurren*.

verbo frecuentativo (*frequentative verb*). Verbo que indica una acción habitual o frecuente, p. ej., *acostumbrar*, *frecuentar*, *soler*.

verbo imperfectivo (*imperfective verb*). Verbo que no muestra la necesidad de compleción en su significado, p. ej., *querer*, *saber*, *vivir*.

verbo incoativo (*inchoative verb*). Verbo que pone de manifiesto el comienzo de una acción, su continuidad o el cambio de estado, p. ej., *dormirse*, *florecer*, *nacer*.

verbo iterativo (*iterative verb*). Verbo que muestra una misma acción que se compone de repeticiones, p. ej., *castañetear*, *picotear*, *repicar*.

verbo perfectivo (*perfective verb*). Verbo que no muestra la necesidad de compleción en su significado, p. ej., *querer*, *saber*, *vivir*.

vocal temática (*thematic vowel*). Vocal que une la raíz verbal y las desinencias. Esta vocal cambia según la conjugación a la que pertenece un verbo: primera, *–ar* (*habl–a–mos*), segunda, *–er* (*beb–e–mos*), o tercera, *–ir* (*escrib–i–mos*).

Capítulo 4

Sintaxis: la estructura de las oraciones

1. Objetivos del capítulo

- Explicar la capacidad creativa del lenguaje y las reglas que pueden regir la sintaxis de la lengua.
- Describir diferentes pruebas (sustitución, permutación, coordinación y elipsis) para comprobar si determinadas palabras conforman un constituyente.
- Analizar el concepto de núcleo de un sintagma y sus diferentes tipos y funciones: nominal (SN), adjetival (SA), verbal (SV), adverbial (SAdv) y preposicional (SP).
- Distinguir entre argumentos (elementos obligatorios o necesarios) y adjuntos (constituyentes opcionales que añade el hablante para proporcionar información adicional).
- Examinar la jerarquía entre los elementos de la oración, complementos y adjuntos, y la estructura en la que se refleja dicha jerarquía: la X-barra.
- Presentar una clasificación de los tipos de oraciones simples y compuestas (coordinadas y subordinadas).
- Describir el sintagma de tiempo (ST) y el sintagma complementante (SC) como categorías funcionales en español.
- Aprender a representar la sintaxis del español en diagramas arbóreos.

2. Actividades, soluciones y actividades de ampliación

Actividad 1

Esta primera actividad propone que el estudiante reflexione sobre qué hace que una oración sea gramatical o no. Para ello se presenta un número finito de elementos léxicos y se pide a los estudiantes que los combinen formando oraciones tanto gramaticales como agramaticales. Con esta dinámica tendrán que identificar aspectos que causan la agramaticalidad de una oración.

Soluciones

Actividad 1. Tomando como punto de partida todos los elementos del conjunto aquí representado, escribe cinco oraciones gramaticales y tres agramaticales.

Entre las oraciones gramaticales posibles encontramos:

1. Un niño juega con una cometa blanca en la playa.
2. Con una cometa blanca un niño juega en la playa.
3. En la playa un niño juega con una cometa blanca.
4. Con una cometa blanca juega un niño en la playa.
5. Con una cometa juega un niño en la playa blanca.
6. Juega un niño en la playa con una cometa blanca . . .

✎ **Explica brevemente qué elementos has movido para conseguir que las oraciones sean agramaticales.**

Para provocar la agramaticalidad de las oraciones podemos agrupar los elementos sin tener en cuenta las reglas gramaticales en general. Nos podemos fijar en cuáles son los constituyentes de la oración, como en *con en una un una juega blanca comenta niño playa*. También podemos alterar las concordancias de género como en *una niño juega en una playa con un cometa blanca*, o el orden de los elementos dentro de un sintagma preposicional, como en *Juega una blanca con cometa un niño en una playa*.

▶ *Actividad de ampliación*

Se pueden proponer a los estudiantes oraciones agramaticales y pedirles que en parejas o en pequeños grupos expliquen dónde reside la agramaticalidad. También pueden explicar alguna anécdota relacionada con errores de tipo sintáctico que hayan vivido al aprender una lengua extranjera, y que expliquen por qué esos errores provocaron oraciones agramaticales.

Actividad 2

Esta actividad plantea que el estudiante observe la combinación de los elementos del lenguaje y que sea capaz de crear oraciones con un propósito concreto. Esta actividad ayudará a los alumnos a reforzar la idea de que las oraciones ambiguas poseen dos estructuras diferentes, una para cada significado. Es decir, la ambigüedad semántica se refleja en una ambigüedad sintáctica.

Soluciones

Actividad 2. Escribe una única oración que sirva para representar los dibujos de las dos viñetas. Asegúrate de que en la oración aparezcan los elementos en este orden {Pablo, ver, oso, prismáticos}.

Figura 4.1 Viñetas equivalentes a los elementos {Pablo, ver, oso, prismáticos}

Pablo vio un oso con unos prismáticos.
Pablo vio [un oso] [con unos prismáticos] → primera viñeta.
Pablo vio [un oso con unos prismáticos] → segunda viñeta.

✎ **Explica cómo funciona la ambigüedad de esta oración y cuántos constituyentes existen en cada una de las versiones. ¿Puedes pensar en otras oraciones similares?**

En el primer caso [un oso] y [con unos prismáticos] son dos constituyentes independientes, por lo que Pablo es quien tiene los prismáticos en sus manos y con ellos vio un oso. Sin embargo, en el segundo, [un oso con unos prismáticos] es un solo constituyente, y eso significa que *con unos prismáticos* está modificando a *oso*, por lo que aquí es el oso el que tiene los prismáticos.

▶ *Actividad de ampliación*

Los estudiantes pueden construir más oraciones ambiguas y explicar por qué lo son. Esta actividad puede realizarse en parejas o en grupos, para entre todos obtener un mayor número de oraciones de este tipo.

Actividad 3

Con esta actividad el estudiante aplicará las pruebas de constituyentes descritas en el capítulo. Deberá elegir las pruebas apropiadas para cada caso, y decidirá si los elementos subrayados forman constituyentes o no. De este modo descubrirá cómo funciona la investigación lingüística y cómo se prueban las diferentes hipótesis para comprobar su veracidad.

Soluciones

Actividad 3. Utiliza al menos dos pruebas para determinar si los elementos subrayados conforman un constituyente. Después explícalas brevemente.

1. <u>Mis amigos españoles</u> llegaron a Calacalí anoche. → Sí es constituyente.
   ELIPSIS → -¿Quiénes llegaron a Calacalí anoche?
               -Mis amigos españoles.
   SUSTITUCIÓN → Ellos llegaron a Calacalí anoche.

2. Mis amigos españoles llegaron a <u>Calacalí</u> anoche. → No es constituyente.
   SUSTITUCIÓN → *Mis amigos españoles llegaron a allí anoche.
   PERMUTACIÓN → *Calacalí mis amigos españoles llegaron a anoche.

3. Calacalí es un pueblito muy <u>pintoresco</u>. → No es constituyente.
   PERMUTACIÓN → *Pintoresco Calacalí es un pueblito muy.
   ELIPSIS → -*¿Cómo es Calacalí un pueblito muy?
               - Pintoresco.

4. Calacalí está situado <u>en el norte de la cordillera andina ecuatoriana</u>. → Sí es constituyente.
   SUSTITUCIÓN → Calacalí está situado allí.
   PERMUTACIÓN → En el norte de la cordillera andina ecuatoriana está situado Calacalí.

5. <u>Pronto llegaremos</u> a Calacalí. → No es constituyente.

        SUSTITUCIÓN → *Enseguida a Calacalí.

        ELIPSIS → -*¿Cuándo a Calacalí?

▶ *Actividad de ampliación*

Como actividad de ampliación se propone que los propios estudiantes sean quienes construyan oraciones y subrayen diferentes elementos en cada una de ellas para que sus compañeros apliquen las pruebas. Además, se les pueden dar una o dos oraciones del tipo *Pablo salió de la casa azul el miércoles por la mañana* para que las separen en constituyentes, es decir, siendo ellos en esta ocasión quienes agrupen los elementos en constituyentes.

Actividad 4

En esta actividad el estudiante debe señalar el núcleo de cada sintagma a fin de distinguir los diferentes elementos léxicos y demostrar una comprensión de las reglas básicas de la gramática. Por ejemplo, si reconoce que el primer elemento es un determinante, está ante un sintagma nominal, por lo que deberá buscar el sustantivo que funciona como núcleo. Para ello, puede utilizarse el formato con corchetes que aparece en el texto, o la versión más sencilla presentada a continuación.

Soluciones

Actividad 4. Identifica el núcleo de los siguientes sintagmas e indica a qué tipo pertenecen utilizando corchetes de la manera que aparece en el ejemplo.

Modelo: La casa azul. *Núcleo: casa. Tipo de sintagma: Nominal* [$_{SN}$ La [$_N$ <u>casa</u>] azul]

1. <u>Nació</u> en México.	*Núcleo: nació*	*Tipo de sintagma: verbal*
2. <u>Desde</u> su juventud.	*Núcleo: desde*	*Tipo de sintagma: preposicional*
3. Una <u>vida</u> atormentada.	*Núcleo: vida*	*Tipo de sintagma: nominal*
4. <u>En</u> la casa siguiente.	*Núcleo: en*	*Tipo de sintagma: preposicional*
5. <u>Vivía</u> con su marido.	*Núcleo: vivía*	*Tipo de sintagma: verbal*
6. Esas gruesas <u>cejas</u> de la artista.	*Núcleo: cejas*	*Tipo de sintagma: nominal*
7. Los <u>cuadros</u> de Frida Kahlo.	*Núcleo: cuadros*	*Tipo de sintagma: nominal*
8. Una gran <u>variedad</u> de pinturas muy coloridas.	*Núcleo: variedad*	*Tipo de sintagma: nominal*

✎ **A continuación dibuja los árboles de los sintagmas 2, 3, 4 y 6.**

Los estudiantes comienzan aquí a esbozar sus propios árboles, primero con sintagmas para ver cómo se organizan los diferentes elementos de cada constituyente. Para ello se han escogido algunos de los sintagmas de la actividad. Progresivamente, el estudiante irá dibujando sus propios diagramas arbóreos empezando por los sintagmas para terminar con oraciones completas.

2.

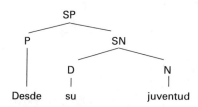

Un SP siempre está formado por una preposición y un SN. A su vez, el SN en este caso está formado por un determinante y un nombre.

3.

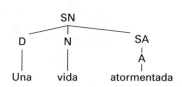

En esta ocasión, el SN está formado por un determinante, un sustantivo y un SA. El SA consiste solo en un adjetivo.

4.

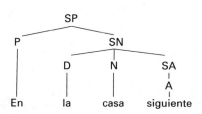

El SP está formado por una preposición seguida de un SN. El SN contiene un determinante, un nombre y un SA formado por un adjetivo.

6.

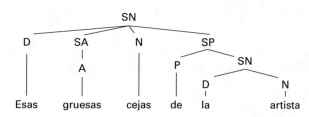

El SN comprende un determinante, un SA formado por un adjetivo, el nombre y un SP. Por su parte, el SP está formado por una preposición y un SN que contiene un determinante y un nombre.

▶ *Actividad de ampliación*

Se puede pedir al estudiante que explique el razonamiento que le ha llevado a decidir cuál es el núcleo en cada caso.

Actividad 5

Actividad 5. Escribe un sintagma para cada una de las siguientes palabras. Todas las palabras tienen que ser el núcleo de su sintagma.

Actividad libre.
Las respuestas variarán en función del alumno. Lo importante es que el estudiante se dé cuenta de que el núcleo proyecta un sintagma de su misma naturaleza. Algunas posibles respuestas son:

gato → el gato azul	N → SN
grande → tan grande	A → SA
quiso → quiso un caramelo	V → SV
por → por el camino	P → SP
hacía → hacía viento	V → SV
sol → sol de otoño	N → SN
plácidamente → muy plácidamente	Adv → SAdv
desde → desde el balcón	P → SP
aburrido → tan aburrido	A → SA
rápidamente → muy rápidamente	Adv → SAdv

Actividad 6

Esta actividad ayuda al alumno a comprender mejor las RES presentadas en la sección al hacerle señalar tanto el tipo de sintagma que se presenta, como los diferentes sintagmas que lo componen. De este modo, no será necesario memorizar las RES, sino que será capaz de recordarlas o de deducirlas en un momento dado. En la segunda parte de la actividad, se le pide al estudiante que él mismo agrupe los elementos en sintagmas antes de identificarlos.

Soluciones

Actividad 6. Señala qué tipo de sintagmas son los siguientes elementos que aparecen entre corchetes.

Modelo: [El chico [alto]] → [$_{SN}$ El chico [$_{SA}$ alto]]

1. [$_{SN}$ Mi cama]
2. [$_{SA}$ Muy alegre]
3. [$_{SAdv}$ Tranquilamente]
4. [$_{SV}$ Salió [$_{SP}$ de casa] [$_{SP}$ por la mañana]]
5. [$_{SP}$ En [$_{SN}$ la casa [$_{SP}$ del bosque]]]

✍ **En las siguientes frases marca cada sintagma entre corchetes y señala el tipo de sintagma que es cada uno.**

Modelo: *Un estudiante tan inteligente.* → [Un estudiante [tan inteligente]] → [$_{SN}$ Un estudiante [$_{SA}$ tan inteligente]]

1. [A [las tres]] → [_SP A [_SN las tres]]
2. [Muchos chicos [jóvenes]] → [_SN Muchos chicos [_SA jóvenes]]

Actividad 7

En esta actividad se presentan reglas de estructura sintagmática (RES) inventadas. A pesar de que las oraciones están en español, las RES dadas no se corresponden con las reales. De este modo, se busca que el estudiante vaya ahondando en el modo de realizar análisis lingüísticos por medio de hipótesis y pruebas. El estudiante debe decidir si las reglas presentadas son suficientes para generar las oraciones que aparecen en la actividad y, en caso de no ser así, tendrá que crear unas reglas adecuadas. Se trata de una actividad compleja, que los estudiantes pueden hacer en casa y comprobar en parejas en clase antes de corregirla en grupo.

Soluciones

Actividad 7. Lee detenidamente las siguientes reglas de estructura sintagmática. Imagina que son las reglas de una lengua inventada.

→ significa "se compone de"
() indica opcionalidad

O → SN SV
SN → (D) N (SA)
SA → (Int) A
SP → P SN
SV → V SN SP

✍ **Ahora decide cuáles de las siguientes oraciones no podrían generarse aplicando estas reglas.**

Modelo: *El chico es alto* → No puede producirse porque, según la RES indicada arriba, el SV no permite que haya un SA en el predicado, y exige la presencia de un SN y de un SP, los cuales no aparecen en el ejemplo.

1. Jorge salió de casa rápidamente. → La RES de SV no permite la presencia de un SA (*rápidamente*), por lo que no puede ser generada. Además, falta un SN.
2. Pepe dio un beso a Laura. → Puede generarse, puesto que tiene un SN sujeto y un SV predicado, y el SV contiene un verbo (*dio*), un SN (*un beso*) y un SP (*a Laura*).
3. Este fue un bonito momento. → No puede generarse porque el SA *bonito* precede al sustantivo, pero la RES dice que debería ir detrás.
4. Miguel tiene cosquillas en la barriga. → Sigue todas las reglas.
5. Mi amigo quiere un helado de chocolate. → No puede generarse porque el SN *un helado de chocolate* contiene un SP, que no está incluido en las RES de SN. Además, falta un SP en el SV.

✍ **Por último, adecúa las RES presentadas en la actividad para que las oraciones 1-5 puedan generarse.**

O → (SN) SV
SN → (D) (SA) N (SP)
SA → (Int) A
SP → P SN
SV → V (SN) (SP) (SA) (SAdv)

Actividad 8

Esta actividad propone que el estudiante aplique la nueva definición de sujeto a la hora de identificarlo en las oraciones. Se busca así que se fije en la descripción que se ha dado del sujeto. Para lograrlo, aplicará la prueba de concordancia con el verbo explicada en el capítulo. Si no hubiese un sujeto explícito, deberá indicarse que el sujeto es "pro", ya que no hay ninguna oración sin sujeto.

Soluciones

Actividad 8. Identifica todos los sujetos en cada una de las siguientes oraciones. Ten en cuenta que en algunas de ellas hay más de uno.

Modelo: <u>Ana</u> quiere que <u>Pepe</u> le compre un coche nuevo.
     S   S

1. ¿<u>Quién</u> ha dicho eso?
   S
2. A Marta no le gustan <u>los pasteles de crema</u>.
                         S
3. (Yo, <u>pro</u>) Quiero que <u>Paco</u> venga ya.
    S   S
4. ¿Ha llegado ya <u>el médico</u>?
                   S
5. A Ana la vio <u>la estudiante</u> ayer.
                S
6. Como no (tú, <u>pro</u>) quieres que lo compre <u>Pepe</u>, saldremos <u>tú y yo</u> a por ello.
               S   S   S
7. Nunca pongas la caja en el armario (tú, <u>pro</u>).
   S
8. La besó <u>Juan</u>.
            S
9. ¿Vienes o no? (tú, <u>pro)</u>
   S
10. Al otro lado del río tiene una casa <u>Laura</u>.
                                         S

Actividad 9

Esta actividad sirve para comprobar si el alumno puede identificar las distintas funciones sintácticas mediante la aplicación de las pruebas presentadas en la sección.

Soluciones

Actividad 9. Identifica la función sintáctica de cada uno de los constituyentes subrayados en las siguientes oraciones.

Suj (Sujeto), OD (complemento u objeto directo), OI (complemento u objeto indirecto), CV (complementos del verbo), ATR (atributo)

Modelo: <u>Ana</u> ha comprado <u>un coche nuevo</u> esta mañana.
       S   OD

1. <u>Rafael</u> puso <u>el libro</u> <u>en la mesa</u>.
    Suj   OD   CV
2. <u>A Maite</u> no le gustan <u>las galletas de chocolate</u>.
    OI   Suj
3. <u>Alberto</u> salió <u>de casa</u> corriendo.
    Suj   CV
4. Le daré <u>las gracias</u> <u>a mi jefe</u> por el aumento.
          OD   OI
5. <u>Ana</u> se arrepintió <u>de todo</u>.
    Suj   CV
6. <u>Tres estudiantes</u> han llegado tarde <u>al examen</u>.
     Suj   CV
7. Vi <u>a Juan</u> en el restaurante de la esquina.
    OD
8. Siempre gana <u>Martín</u> <u>la carrera</u>.
             Suj   OD
9. Tenemos <u>muchos cuadros</u> en casa.
           OD
10. <u>Laura</u> es <u>la mejor dibujante del mundo</u>.
   Suj   ATR

▶ *Actividad de ampliación*

Al identificar las funciones sintácticas de cada constituyente, se puede ver también qué tipo de sintagmas puede aparecer en cada una de esas funciones. Como extensión de la actividad, se puede pedir a los estudiantes que identifiquen el tipo de sintagma de cada constituyente.

Actividad 10

Con esta actividad se puede comprobar si el estudiante ha comprendido los conceptos de argumento y adjunto que posteriormente va a necesitar para poder dibujar las estructuras de las oraciones. Para ello, en la segunda parte de la actividad, se le pide que dibuje los diagramas arbóreos de dos de las oraciones que se han analizado.

Soluciones

Actividad 10. En las siguientes oraciones indica cuáles de los elementos subrayados son argumentos y cuáles adjuntos.

Modelo: Carlos trabaja en la Universidad de Chicago.
      Argumento (Arg.)   *Adjunto (Adj.)*

1. A Mafalda no le gusta la sopa.
   Arg   Arg
2. La sopa de sobre.
           Adj
3. El profesor de inglés volvió a casa solo.
       Arg   Arg
4. El profesor de inglés.
             Arg
5. El profesor inglés volvió a casa rápidamente.
    Arg   Arg   Adj
6. El profesor inglés.
          Adj
7. El profesor de pelo negro volvió a casa después de la conferencia.
       Arg   Arg   Adj
8. El profesor de pelo negro.
            Adj
9. Paco vendió la casa azul.
   Arg   Arg
10. La casa azul.
       Adj
11. Se arrepintió de todo en el juicio.
         Arg   Adj
12. Devolvió la carta a su dueño ayer.
      Arg   Arg   Adj
13. Pepe puso la carta de su amante en el cajón.
   Arg   Arg   Arg
14. Carlos cenó con su madre a las tres en el restaurante de la esquina.
   Arg   Adj   Adj   Adj
15. Carla salió de su casa rápidamente
   Arg   Arg   Adj

✎ **Ahora dibuja los diagramas arbóreos de las oraciones 5 y 13. No olvides seguir las RES que hemos aprendido para el español.**

5.

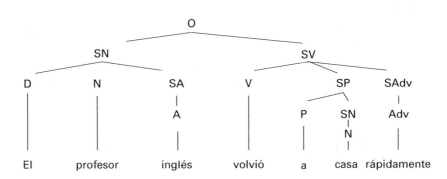

13.

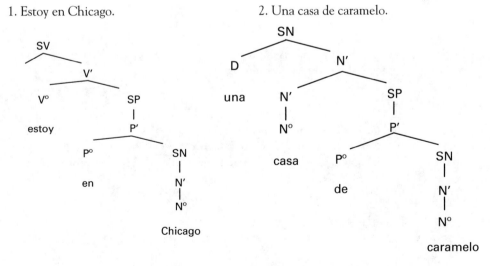

Árbol: O → SN [N: Pepe] + SV [V: puso, SN [D: la, N: carta, SP [P: de, SN [D: su, N: amante]], SP [P: en, SN [D: el, N: cajón]]]]

▶ *Actividad de ampliación*

Se puede pedir a los estudiantes que expliquen con sus propias palabras la estructura de cada una de las oraciones que tienen que dibujar. Por ejemplo, en 5, el SN sujeto se compone de un D, un N y un SA, que contiene únicamente un adjetivo, mientras que el SV, por su parte, está formado por el verbo, un SP con una P y un SN, y un SAdv que contiene un Adv. Por su parte en 13, el SN sujeto es simple y contiene su núcleo N, y el SV está formado por V, un SN con un D y un N, dos SP, cada uno con una P y un SN. También se les puede pedir a los estudiantes que identifiquen la función sintáctica de los elementos subrayados.

Actividad 11

Esta actividad de diagramas arbóreos incluye ya la teoría de X', con lo que el estudiante debe distinguir los argumentos de los adjuntos para ser capaz de dibujar correctamente la estructura jerárquica de los elementos.

Soluciones

Actividad 11. Dibuja los diagramas arbóreos de los siguientes sintagmas, utilizando la teoría de X'.

1. Estoy en Chicago.

2. Una casa de caramelo.

3. Orgulloso de mi equipo.

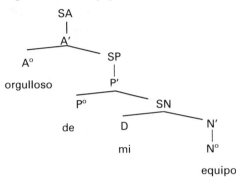

4. Muy lejos.

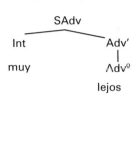

5. El conductor del camión.

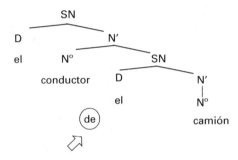

✎ **¿Son los sintagmas 2 y 5 ejemplos de la misma estructura? Justifica tu respuesta.**

Una casa de caramelo es un SN cuyo núcleo es *casa*, modificado por el SP *de caramelo*. Sin embargo, a pesar de que *El conductor del camión* también es un SN, en este caso *el camión* es un SN complemento, y *de* es un marcador de caso insertado en la derivación. Por todas estas razones, aunque los ejemplos 2 y 5 contienen los dos un SN, son estructuras distintas.

▶ *Actividad de ampliación*

Se les puede pedir a los estudiantes que expliquen con sus propias palabras la estructura de cada uno de los sintagmas que tienen que dibujar.

Actividad 12

Esta actividad propone que los alumnos se fijen en los tres árboles sintácticos que aparecen y que encuentren un error en cada uno de ellos. Deben poner atención al tener que corregir los árboles, pues esta tarea suele resultar más difícil que dibujar sus propios árboles.

Soluciones

Actividad 12. En cada uno de los siguientes diagramas arbóreos hay un paso que no sigue las reglas que hemos presentado en el capítulo. Identifica la discordancia y arréglala.

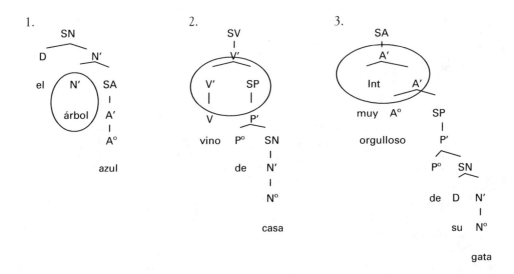

1. Falta N° sobre el sustantivo *árbol*.
2. *de casa* es complemento del verbo y no adjunto, por lo que no hace falta tener dos niveles de V'.
3. El intensificador es hijo de SA y no de A'.

Actividad 13

El objetivo de esta actividad es que el estudiante reflexione acerca de las estructuras sintácticas. A partir de un conjunto de reglas de una lengua inventada, debe decidir si las oraciones que se plantean pueden generarse solo con esas RES. De no ser así, deberá modificar las RES para poder generarlas.

Soluciones

Actividad 13. Imagina una lengua que posea las siguientes RES.

→ significa "se compone de"
() indica opcionalidad

O → SN SV
SN → Det N (SA)
SV → V (SN) (SP) (SAdv)
SA → A
SAdv → Adv
SP → P SN

✍ **Decide ahora si estas RES son suficientes para generar las siguientes oraciones. Si alguna de ellas no se puede generar, modifica las RES para que funcionen.**

1. **Los jugadores del Mánchester ganan siempre.**
2. **El delantero avanza muy rápidamente.**
3. **El portero nervioso tapó el tiro.**

4. El final del partido fue apasionante.
5. Vi el partido en la tele.

1. Los jugadores del Mánchester ganan siempre.
Con la RES de SN no se puede generar el sujeto "Los jugadores del Mánchester".
La nueva regla sería: SN → D N (SA) (SP)

2. El delantero avanza muy rápidamente.
La RES de SAdv no acepta intensificadores.
La nueva regla sería: SAdv → (Int) Adv

3. El portero rojiblanco paró el tiro.
Se puede generar.

4. El final del partido fue apasionante.
La RES de SV no permite un SA. Además, la RES de SN no permite SP.
Las nuevas reglas serían: SV → V (SN) (SP) (SAdv) (SA).
SN → Det N (SA) (SP).

5. Vi el partido en la tele.
Las RES de la oración no permite una oración sin sujeto.
O aceptamos *pro*, o cambiamos la regla a: O → (SN) SV

Actividad 14

El objetivo de esta actividad es que el estudiante reflexione de nuevo sobre los análisis propuestos y pueda encontrar el error, o simplemente aquello que no respeta las RES del español.

Soluciones

Actividad 14. Dos de los siguientes diagramas arbóreos son incorrectos según las RES del español. Identifica cuáles son y explica por qué.

Se indican las incorrecciones en negrita.

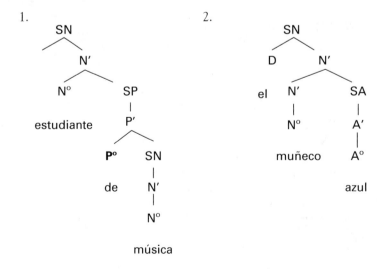

1. En este caso es "un estudiante que estudia música", por lo que, si fuera el verbo *estudia*, *música* sería su OD. Por lo tanto el diagrama es incorrecto. Aquí *de* no es preposición sino marcador de caso. Va insertado en la estructura.

2. Es correcta. *Azul* es un adjetivo, por lo que es adjunto del sustantivo, es decir, hijo de N' y hermano de N'.

3.

4.

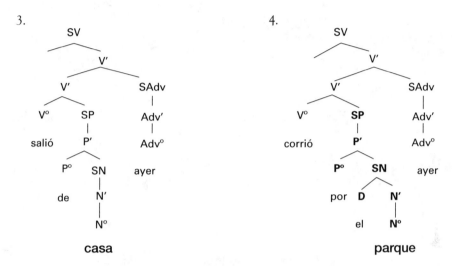

3. Es correcta. El verbo *salir* requiere un complemento que diga hacia dónde o de dónde se sale, por lo que el SP *de casa* es complemento, es decir, hermano de V°.

4. No es correcta. El verbo *correr* no requiere ningún complemento; "por dónde corre" es información extra, por lo que el SP *por el parque* no puede ser complemento, es decir, es un adjunto hermano e hijo de V'.

▶ *Actividad de ampliación*

Como actividad complementaria, se puede pedir a los alumnos que modifiquen los diagramas arbóreos para respetar las RES del español.

Actividad 15

En esta actividad el estudiante debe identificar los nexos de las oraciones coordinadas y decidir así el tipo de oraciones compuestas al que pertenecen. Es importante identificar los tipos de oraciones correctamente para poder dibujar las estructuras de oraciones compuestas.

Soluciones

Actividad 15. Identifica los nexos coordinantes de las siguientes oraciones y explica de qué tipo son.

Modelo: *José pidió un chuletón*, pero *Luis prefirió corvina*. (adversativo)

1. ¿Daniel fue al cine **o** fue al teatro? (disyuntivo)
2. A Patricia le gustan los libros de aventuras, **aunque** se ha comprado uno de poesía. (adversativo)
3. Juan no llegó a tiempo, **de ahí que** perdiera el tren. (explicativo)
4. Ni tengo frío, **ni** tengo tiempo de encender la chimenea. (copulativo)
5. Quiero que me toque la lotería, **es decir**, quiero ser millonaria. (explicativo)
6. **O bien** termina pronto de arreglarse, **o bien** no llegamos a la fiesta. (distributivo)
7. ¿Quieres carne **o** prefieres pescado? (disyuntivo)
8. Pablo quiere ser médico, **antes bien**, tendrá que esforzarse más en sus estudios. (adversativo)
9. **Unas veces** quieres té, **otras** quieres café. (disyuntivo)
10. **No solo** tiene un problema, **sino que** se niega a admitirlo. (copulativo)

✎ **Prepara oraciones para ilustrar algunos de los nexos coordinantes que aparecen en la tabla 4.5. Al menos una ha de corresponder a cada categoría.**

Actividad libre.
El estudiante ha de crear sus propias oraciones demostrando sus conocimientos sobre cómo utilizar los nexos coordinantes.

Actividad 16

En esta actividad el alumno debe identificar en primer lugar el tipo de nexo, si es coordinante o subordinante, y a continuación indicar qué tipo de nexo es. De este modo, el estudiante practicará para ser capaz de identificar los nexos y dibujar la estructura sintáctica de las oraciones.

Soluciones

Actividad 16. Decide cuáles de las siguientes oraciones son coordinadas o subordinadas. Identifica a qué categoría pertenecen y explica por qué.

Modelo: *José pidió un chuletón y Luis prefirió corvina.* → oración coordinada
Explicación: → Ambas cláusulas están unidas por el nexo y. No dependen la una de la otra, sino que ambas contribuyen al significado global.

1. Creo **que** Federico debería decirle a Pepe **que** se diera prisa. Subordinadas → sustantivas
2. Alicia fue a la peluquería **y** Edith la esperó en un café. Coordinada → copulativa
3. Laura llegó a la hora, **pero** Marta ya se había ido. Coordinada → adversativa
4. Me gusta **que** Lucía sonría siempre. Subordinada → sustantiva
5. No hizo nada **hasta que** ya fue demasiado tarde. Subordinada → temporal
6. **Ni** Raúl bebe café, **ni** Ramón toma té. Coordinada → distributiva
7. **Como** no ganamos, no pudimos celebrarlo. Subordinada → causal
8. José esperó pacientemente **porque** estaba cansado. Subordinada → causal
9. No sé **si** mañana será un buen día. Subordinada → sustantiva
10. **Después de** salir de la ducha, se dio cuenta de **que** no había comprado toallas.
Subordinada → temporal   Subordinada → sustantiva

▶ *Actividad de ampliación*

Como actividad complementaria, se puede pedir a los estudiantes que en parejas o grupos expliquen cómo llegaron a la conclusión de si el nexo era coordinante o subordinante, y qué tipo de oración introduce. Por ejemplo, *que* es un nexo subordinante en la oración 1 porque las cláusulas que une no son independientes, no puede existir la una sin la otra. Además, son oraciones subordinadas sustantivas porque la primera funciona como el OD del verbo *creer* y la segunda como el OD del verbo *decir*.

Actividad 17

En esta actividad se ofrece al alumno una serie de oraciones subordinadas para que decida a qué tipo de subordinada corresponde cada una. El objetivo es que el estudiante reflexione sobre el lenguaje desde una perspectiva sintáctica, y que pueda visualizar los elementos clave de la estructura de una oración.

Soluciones

Actividad 17. Subraya las oraciones subordinadas que aparecen a continuación y clasifícalas según sean sustantivas, adjetivas o adverbiales.

Modelo: *Lucía dice que quiere un gato.* → Oración subordinada sustantiva.

1. La verdad es que nunca tengo suerte.   sustantiva
2. Elena llegó a casa después de que hubiera empezado a nevar.   adverbial
3. Necesito que me toque la lotería.   sustantiva
4. La historia que Esther nos contó anoche no me dejó dormir.   adjetiva
5. Hace demasiado calor para ir a la playa.   adverbial
6. Nunca vamos a la playa que me gusta.   adjetiva
7. No irá a la reunión aunque su presencia sea necesaria.   adverbial
8. No soporto que siempre tengas razón.   sustantiva
9. Compraré azúcar porque quiero hacer un bizcocho.   adverbial
10. A Maite le gustó el chico que entró tarde. → adjetiva

Actividad 18

En esta actividad se proporciona una lista de oraciones subordinadas adverbiales y el alumno ha de clasificarlas según el tipo de nexo adverbial que presentan.

Soluciones

Actividad 18. Fíjate en el nexo de las siguientes oraciones subordinadas adverbiales y clasifícalas según su función.

Modelo: *Si quieres, puedes hacerlo.* → Nexo: *si*; oración condicional.

1. No comenzaremos **hasta que** esté aquí todo el mundo. → temporal
2. **Dado que** siempre tienes razón, mejor lo haces tú. → causal
3. **A menos que** llegue en una hora, perderemos el tren. → condicional
4. Nuestro perro es muy miedoso, **hasta el punto de** no parecer un perro. → consecutiva
5. **Como** nunca llega a tiempo, siempre se encuentra la puerta cerrada. → causal
6. Nunca llega a la hora **porque** no lleva reloj. → causal
7. **Desde que** es rico, ya no viene por el barrio. → temporal
8. Dejó una nota **a fin de que** su jefe supiera que no podía ir a la reunión. → final

Actividad 19

Actividad libre.

Esta actividad propone dibujar diagramas arbóreos completos, con las nuevas categorías funcionales introducidas en la sección, SC y ST. Ahora el estudiante debe tener cuidado con el lugar donde se genera el SN sujeto, la posición de especificador de ST. Además, el verbo es solamente la raíz, puesto que la desinencia verbal es T°, y que en español V° sube a T°. Por otro lado, es importante recordar que los argumentos como *un oso* son hermanos del núcleo, mientras que los adjuntos son hermanos de V'.

Soluciones

Actividad 19. Dibuja los diagramas arbóreos de las siguientes oraciones. No olvides usar la estructura de X' y las nuevas categorías funcionales SC y ST.

1. Pepe vio un oso en el bosque.

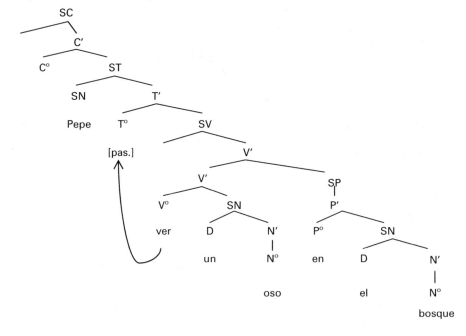

2. Necesito que vengas ya.

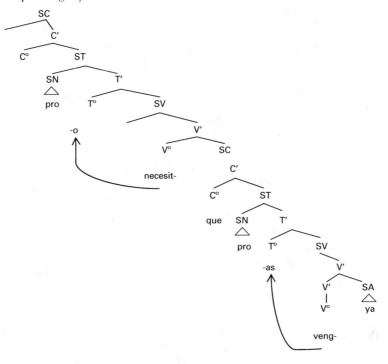

3. Creo que Roberto ha comprado bombones.

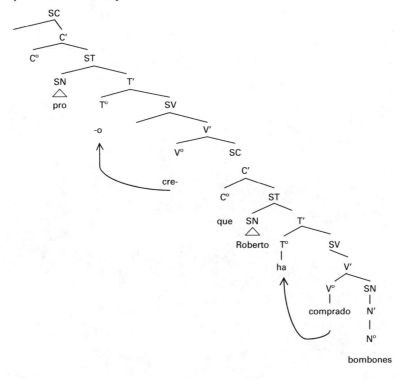

4. Lucía dice que quiere un gato.

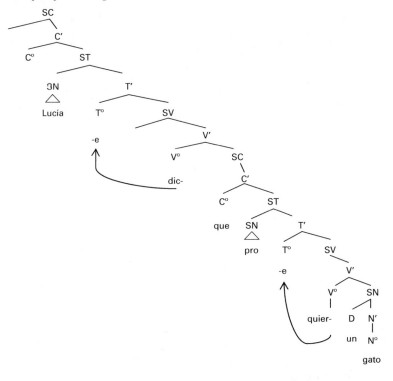

5. Fui a un concierto el viernes.

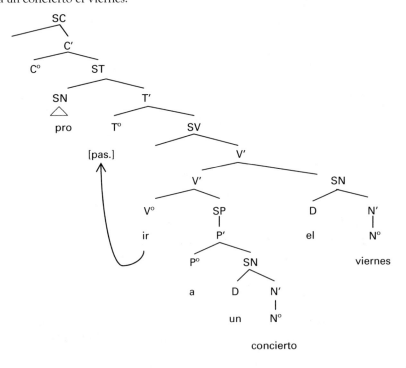

► *Actividad de ampliación*

Se les puede pedir a los estudiantes que en parejas o grupos se expliquen entre ellos el razonamiento que les ha llevado a dibujar una estructura determinada.

Actividad 20

Esta actividad sugiere que el estudiante compare varias lenguas y explique en qué difieren, sintácticamente hablando. Esta es una forma de acercar al alumno al análisis lingüístico y provocar inquietud por ver cómo las diferentes lenguas funcionan.

Soluciones

Actividad 20. Hemos visto cómo se mueve tanto el verbo como la palabra-Q en las oraciones interrogativas directas. ¿Qué sucede en las interrogativas indirectas? Fíjate en los ejemplos de abajo. Aporta ejemplos propios que apoyen tu hipótesis.

Si tenemos un ejemplo como *Pedro preguntó qué ha hecho Juan*, vemos que sucede lo mismo que en las interrogativas directas. El verbo ha subido de T a C, por eso tenemos la inversión *qué **ha hecho Juan***. Como extensión de esta actividad, podemos pedir a los estudiantes que comparen esta estructura en español y en inglés, y que expliquen la diferencia entre ambas lenguas.

► *Actividad de ampliación*

A partir de la anterior introducción a la tipología lingüística, se pueden presentar a los estudiantes otros fenómenos para que vean cómo funcionan las diferentes lenguas. Por ejemplo, se podría usar el ejemplo de las subordinadas de relativo con lenguas que difieran del español, como el japonés, y hacer que los estudiantes expliquen con sus propias palabras qué sucede en cada una de ellas. A continuación, podría pedirse a los estudiantes que dibujasen a grandes rasgos las estructuras de los ejemplos en ambas lenguas.

Actividad 21

Esta actividad busca que el estudiante dibuje ahora los árboles completos de oraciones en las que existe desplazamiento de palabras-Q. Es importante asegurarse de que los alumnos entienden cómo funcionan estos desplazamientos, dado que serán clave para futuros análisis. Esto ayudará a comprender mejor los mecanismos que permiten construir las oraciones y los textos en la lengua.

Soluciones

Actividad 21. Dibuja los diagramas arbóreos de las siguientes oraciones.

Se han realizado dos árboles para cada oración. En la primera versión vemos cómo se produce el movimiento de los elementos por medio de flechas. En la segunda se han colocado huellas con su subíndice correspondiente.

1. ¿Dónde has ido esta mañana?

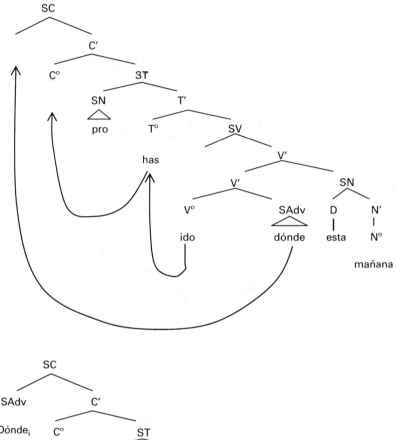

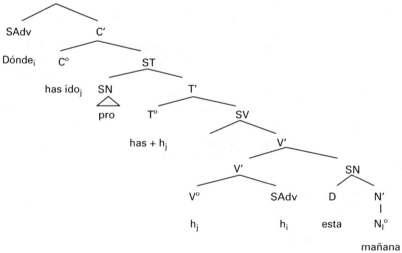

2. ¿Qué dijo Lucas en el restaurante ayer?

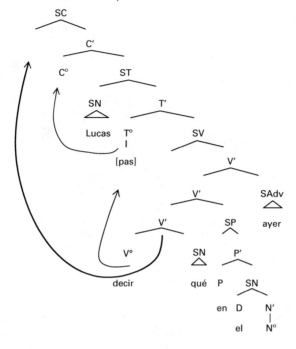

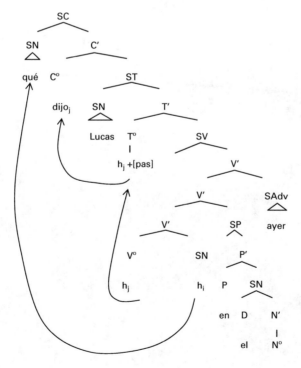

3. Pepe cree que Ana ha terminado el libro.

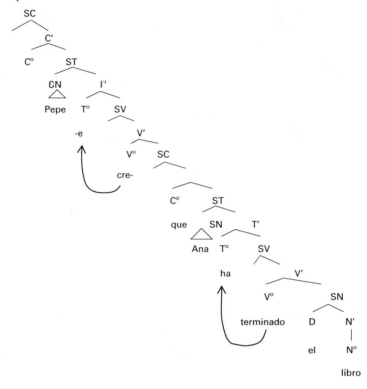

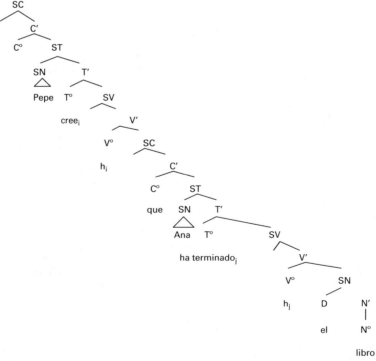

4. ¿Cómo has hecho la sopa?

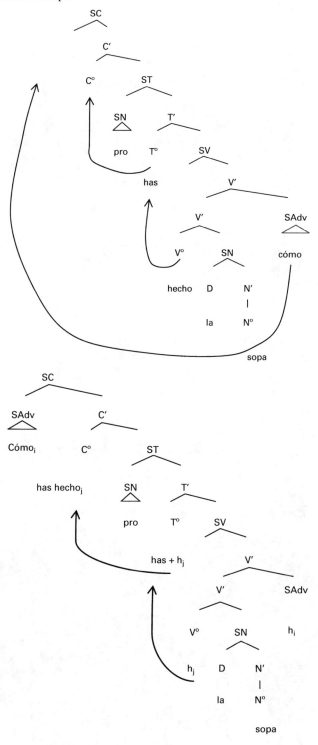

5. ¿Qué camisa llevaba Ana ayer?

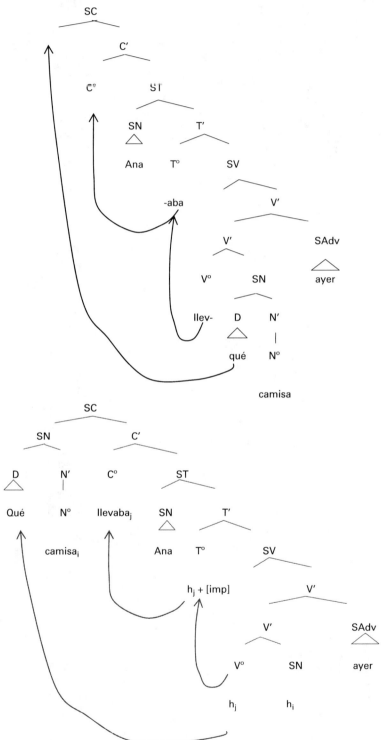

3. Proyectos de investigación

1. Compara varias oraciones en inglés y en español que difieran en su sintaxis. Puedes contrastar la posición de los elementos verbales, de los adjetivos, el uso de las preposiciones, de los adverbios, de los pronombres posesivos, etc. Después utiliza la información de manera que te sirva para explicar las diferencias sintácticas que existen entre las dos lenguas, por ejemplo, en el número y tipo de constituyentes, y para elaborar reglas que indiquen el comportamiento habitual de estos elementos en una lengua u otra.

Recursos:

Corpus paralelo de las Naciones Unidas

https://conferences.unite.un.org/UNCorpus/es

OPUS corpus paralelo para comparar lenguas

http://opus.lingfil.uu.se/

2. Selecciona diferentes ejemplos en los que el pronombre personal de sujeto en español, como lengua *pro-drop*, se puede omitir y representa cada oración con un diagrama arbóreo. Haz lo mismo con otros casos en los que el uso del pronombre resulte imprescindible. Una vez que hayas contrastado todos los ejemplos, utiliza la información y los diagramas para determinar cómo influye el contexto de la comunicación en el uso de este tipo de pronombres.

Recursos:

Isabelli, C. 2004. "The Acquisition of Null Subject Parameter Properties in SLA: Some Effects of Positive Evidence in a Natural Learning Context". *Hispania* 87: 150-162.

Lubbers Quesada, M y S. E. Blackwell. 2009. "The L2 Acquisition of Null and Overt Spanish Subject Pronouns: A Pragmatic Approach". En *Selected Proceedings of the 11th Hispanic Linguistic Symposium*, eds. J. Collentine, M. García, B. Lafford y F. Marcos, 117-130. Somerville, MA: Cascadilla.

3. Escribe ejemplos claros para los diferentes tipos de oraciones coordinadas y subordinadas que existen en español. Después indica cuáles de estos tipos de oraciones pueden ir acompañados del modo indicativo o subjuntivo. Una vez que tengas toda la información, prepara un esquema visual en el que muestres cómo presentarías esta información en una clase de español como segunda lengua de nivel avanzado. Explica además qué términos lingüísticos te ayudarían al principio de tu presentación para introducir este aspecto de la sintaxis del español.

Recursos:

Ruiz Campillo, J. P. 2004. "El concepto de no-declaración como valor del subjuntivo. Protocolo de instrucción operativa de la selección modal en español". *Actas del programa de formación para profesorado de ELE del Instituto Cervantes de Múnich*.

Koenig, R. E. 2016. "La selección modal del subjuntivo/indicativo en el Corpus sociolingüístico Preseea-Medellín". *Boletín de Filología* 51 (2): 89-120.

4. La voz pasiva es uno de los casos del español en los que más cambia la sintaxis de la oración. Busca textos periodísticos e identifica seis ejemplos auténticos en los que se haga uso de la voz pasiva. Transforma los ejemplos que hayas seleccionado a la voz activa, de manera que se pueda apreciar las diferentes posibilidades sintácticas que existen en la lengua. Explica cómo ha cambiado la sintaxis y analiza las funciones sintácticas de los diferentes elementos de la oración.

Recursos:

Fernández, S. S. 2002. "La voz pasiva en español: hacia un análisis discursivo". *Romansk Forum XV Skandinaviske romanistkongress* 16 (2): 75-85.

Querol Bataller, M. 2016. "Los sustantivos deverbales en los textos periodísticos: una alternativa a las oraciones pasivas". *Dialogía. Revista de Lingüística, Literatura y Cultura* 2: 3-34.

4. Preguntas de ensayo

Las siguientes preguntas pueden servir como temas de ensayo una vez que se hayan abordado los contenidos del capítulo.

1. Indica qué prueba o pruebas para determinar la gramaticalidad de un constituyente (sustitución, permutación, coordinación y elipsis) pueden resultar más útiles para la enseñanza o el aprendizaje del español.

2. ¿Cuáles son las principales características de los distintos tipos de sintagma que se presentan en el capítulo?

3. Explica con tus propias palabras en qué consiste el concepto de "jerarquía de las relaciones sintácticas" y su efecto en las funciones que cada sintagma puede ejercer.

4. ¿Qué significa la noción de "orden canónico del español"? ¿Por qué se indica en el capítulo que este orden es menos rígido o estricto que en otras lenguas, como el inglés? Incluye ejemplos en tu respuesta.

5. ¿Qué nos indica la clasificación de oraciones coordinadas y subordinadas sobre la estructura de la lengua?

6. ¿Hasta qué punto se puede considerar flexible la sintaxis del español? Justifica tu respuesta con ejemplos concretos. Puedes contrastar el español con ejemplos de otra lengua que conozcas.

5. Glosario bilingüe de términos de sintaxis

A

a personal (*personal a*). Partícula gramatical que sirve de marcador de persona. Aparece cuando el objeto directo es una persona, un grupo de personas o un ser animado, p. ej., *Vi a Juan, Vi a todos, No vi a nadie.*

adjunto (*adjunct*). Constituyente que añade el hablante para proporcionar más información, pero que no es participante del verbo, p. ej., *el estudiante de pelo negro*. En este ejemplo, *de pelo negro* es un sintagma preposicional que es adjunto del nombre *estudiante*.

argumento (*argument*). Elemento participante del núcleo. Es obligatorio y necesario, aunque puede, en algunos casos, estar implícito, p. ej. *Ana está leyendo poesía*, donde tanto *Ana* como *poesía* son argumentos del verbo, o *Ana está leyendo*, en la cual *Ana* es un argumento, pero el OD está implícito.

atributo (*attribute*). Complemento de un verbo copulativo, p. ej., el adjetivo *cansada* en una oración como *Ana está cansada*. Concuerda en género y número con el sujeto.

árbol sintáctico (*tree diagram or syntactic tree*). También llamado *diagrama arbóreo*, es la representación gráfica de la jerarquía existente entre los diferentes elementos de una oración.

C

complementante o **complementador** (*complementizer*). Nexo o conjunción que introduce la oración subordinada, generalmente *que* o *si*, por ejemplo en *Martin dice que Marina duerme*.

complemento (*complement*). Término que se utiliza de manera casi indistinta con el de *argumento*. Todos los complementos son argumentos, pero el argumento incluye el sujeto mientras que el complemento no. Véase **argumento**.

complemento circunstancial (*adjunct*). Constituyente que añade el hablante para proporcionar más información, pero que no es participante del verbo, p. ej., *el estudiante de pelo negro*.

complemento del verbo (*verbal complements*). Sintagma preposicional que actúa como complemento obligatorio de algunos verbos, sin los cuales el verbo carece de sentido, p. ej., *Mañana iré al cine.*

complemento (u objeto) directo (*direct object*). Sintagma nominal que funciona como complemento de un verbo transitivo que puede sustituirse por un pronombre personal de objeto directo, p. ej., *Anoche rompí el jarrón* (*anoche lo rompí*).

complemento (u objeto) indirecto (*indirect object*). Complemento de un verbo transitivo que puede sustituirse por un pronombre personal de objeto indirecto. Es un sintagma preposicional encabezado por la preposición *a*, p. ej., *Juana le regaló flores a Laura*.

constituyente (*constituent*). Véase **sintagma**.

coordinación (*coordination*). Procedimiento que sirve para expresar la relación gramatical de igualdad entre dos elementos de modo que ninguno de ellos está subordinado al otro, p. ej., *Mario envió una carta y una botella de vino*.

coordinación adversativa (*adversative coordination*). Procedimiento que sirve para expresar contrariedad entre dos oraciones, excluyendo o restringiendo en la segunda lo que se expresa en la primera. Se emplean para ello nexos como *pero, mas, antes bien, por el contrario, sino, sino que*.

coordinación copulativa (*copulative coordination*). Procedimiento que expresa suma, adición o combinación mediante las conjunciones *y* y *ni*.

coordinación distributiva (*distributive coordination*). Procedimiento que relaciona oraciones que se contraponen pero no se excluyen. Los nexos que se emplean para expresar este tipo de coordinación tienen dos partes: *ya . . . ya, ora . . . ora, bien . . . bien, ni . . . ni*, etc.

coordinación disyuntiva (*disjunctive coordination*). Procedimiento que indica desunión o separación. Une dos oraciones que se excluyen mutuamente, las dos no pueden ser verdaderas. Para expresar esta disyunción utilizamos la conjunción *o, o bien*.

coordinación explicativa (*explicative coordination*). Procedimiento que aclara el significado o indica la consecuencia de la cláusula anterior. Los nexos que expresan este tipo de coordinación son *esto es, es decir, o sea, luego, por lo tanto, por consiguiente,* etc.

D

diagrama arbóreo (*tree diagram or syntactic tree*). También llamado *árbol sintáctico,* es la representación gráfica de la jerarquía existente entre los diferentes elementos de una oración.

E

elipsis (*ellipsis or omission*). Prueba para detectar un constituyente que consiste en eliminar la palabra o grupo de palabras que se cree que lo forman. Si después la oración continúa siendo gramatical, entonces se trata de un constituyente. Véase **sintagma**.

especificador (*specifier*). Elemento que cierra el sintagma por arriba, por la izquierda, en la teoría de X-barra.

H

huella (*trace*). Elemento silente que permanece en la posición original cuando el elemento explícito se ha movido a otra posición en la oración, bien por motivos de énfasis o para obedecer a la estructura de una oración interrogativa, p. ej., "¿Qué$_i$ dijo$_j$ Lucas $_{hj}$ $_{hi}$ en el restaurante ayer?".

I

indicador sintagmático (*tree diagram or syntactic tree*). Véase **diagrama arbóreo**.

L

lengua *non-pro-drop* (*non-pro-drop language*). Lengua en la que los sujetos siempre han de ser explícitos, p. ej., el inglés, *I go, you are, she is.*

lengua *pro-drop* (*pro-drop language*). Lengua en la que los sujetos se pueden omitir, p. ej., el español, *(yo) voy, (tú) eres, (ella) es.*

M

marcador de caso (*case marker*). Partícula que precede a un sintagma nominal. Un ejemplo es la *a personal* utilizada cuando el objeto directo es un ser animado, y que nos ayuda a distinguir cuándo un SN es un objeto directo y cuándo es un sujeto, como en *Pablo vio a Raúl en la playa.*

N

núcleo (*head*). Elemento con la información relevante dentro del constituyente y el único imprescindible en un sintagma. Todo constituyente tiene un núcleo y solamente uno, p. ej., el sustantivo *niño* en el sintagma nominal *un niño.*

O

objeto directo (*direct object*). Véase **complemento directo**.

objeto indirecto (*indirect object*). Véase **complemento indirecto**.

oración atributiva (*attributive clause*). Oración cuyo predicado expresa una cualidad del sujeto. *Ser, estar* y *parecer* son los verbos que tradicionalmente aparecen en las oraciones atributivas, como en *Paco y Ramón están cansados* o *Ana parece contenta*.

oración compuesta (*complex sentence*). Oración con más de un predicado. Las oraciones compuestas pueden ser coordinadas, subordinadas o yuxtapuestas.

oración coordinada (*coordinate sentence*). Oración compuesta que consiste en dos o más oraciones simples que son oraciones principales, sintácticamente independientes, unidas por un nexo coordinante como y, p. ej., *Jaime se fue de compras y José se quedó en casa leyendo*.

oración predicativa (*predicative clause*). Oración cuyo predicado expresa una acción o un estado del sujeto, p. ej., *Raúl corre todas las tardes por el lago*.

oración simple (*simple sentence*). Oración que se compone de un único predicado, p. ej., *Maite fue de compras*.

oración subordinada (*subordinate clause*). Oración compuesta que se compone de una oración principal que tiene mayor jerarquía sobre una o más no principales. Sus significados están interrelacionados, por lo que no pueden separarse. Ambas cláusulas están conectadas por un nexo, también llamado *complementante*, como *que*, p. ej., *Quiero que Papá Noel me traiga muchos regalos*.

oración subordinada adjetiva (*adjectival clause*). Oración que sustituye a un adjetivo, por lo tanto modifica a un sustantivo, p. ej., *El chico que mide dos metros hizo ruido*.

oración subordinada adverbial (*adverbial clause*). Oración que puede sustituirse por un adverbio, por lo que modifica al verbo. Hay nueve tipos de oraciones adverbiales: *de modo* o *modales, de tiempo* o *temporales, de lugar* o *locativas, comparativas, consecutivas, condicionales, concesivas, causales* y *finales*.

oración subordinada sustantiva (*noun clause*). Oración subordinada que cumple las mismas funciones sintácticas que los sustantivos; es decir, puede aparecer como sujeto, como objeto directo o como objeto de preposición, p. ej., *Tiene miedo de que no le llegue el dinero*.

oración yuxtapuesta (*juxtaposed clause*). Oración que consiste en dos o más oraciones simples que son oraciones principales, sintácticamente independientes, separadas entre sí por signos de puntuación y no por un nexo, p. ej., *Llegué, vi, vencí*.

P

permutación (*permutation or movement*). También llamada *movimiento*, consiste en mover los elementos dentro de la oración. Sirve como prueba para comprobar si un grupo de palabras conforman un constituyente. Por ejemplo, de la oración *Paco bebió café con leche en el aeropuerto*, podemos obtener *En el aeropuerto, Paco bebió café con leche*, lo que demuestra que *en el aeropuerto* es un constituyente, pero no sucede lo mismo con *el aeropuerto*, como vemos en **El aeropuerto, Paco bebió café con leche en*.

pro (*pro*). Sujeto silente o implícito de un verbo conjugado.

proforma (*proform*). Palabra utilizada para sustituir un grupo de palabras que forman un constituyente, p. ej., los pronombres que sirven para sustituir SN.

R

reglas de estructura sintagmática (RES) (*phrase structure rules*). Representación de los sintagmas de una oración o frase, por ejemplo, O → SN SV nos informa de que la oración, O, está conformada por un sintagma nominal, SN, y un sintagma verbal, SV.

S

sintagma (*phrase or constituent*). Palabra o grupo de palabras con una función sintáctica determinada dentro de la oración. Cada sintagma se llama como su núcleo: el nombre o sustantivo es el núcleo del sintagma nominal (SN), el verbo, el del sintagma verbal (SV), el adjetivo, el del sintagma adjetival (SA), etc. Se pueden realizar varias pruebas para comprobar si determinadas palabras conforman un sintagma o constituyente: sustitución, permutación, coordinación y elipsis.

sintagma adjetival (*adjectival phrase*). Sintagma cuyo núcleo es un adjetivo, p. ej., *Nicolás es* [$_{SA}$ *alto*].

sintagma adverbial (*adverbial phrase*). Sintagma cuyo núcleo es un adverbio, p. ej., *Está* [$_{Sadv}$ *lejos*].

sintagma nominal (*noun phrase*). Sintagma cuyo núcleo es un nombre o sustantivo, p. ej., *Come* [$_{SN}$ *empanadas*].

sintagma preposicional (*prepositional phrase*). Sintagma cuyo núcleo es una preposición, p. ej., *Está* [$_{Sp}$ *en* [$_{SN}$ *Bilbao*]]. Único sintagma en el que solamente el núcleo no es suficiente para formar un sintagma, p. ej., **Está* [$_{Sp}$ *en*].

sintagma verbal (*verbal phrase*). Sintagma cuyo núcleo es un verbo, p. ej., *Irene* [$_{Sv}$ *baila*].

sujeto (*subject*). Elemento que concuerda en número y persona con el verbo, y que no puede estar precedido ni de una preposición ni de un marcador de caso. Se puede sustituir por un pronombre personal de sujeto. Las gramáticas tradicionales lo definen como el elemento que realiza la acción del verbo, p. ej., <u>Mi hermano</u> *tiró una piedra*, pero no siempre es el caso, como p. ej., <u>Rosa</u> *teme a Luis*, donde *Rosa* experimenta miedo, o en *Me gustan* <u>las manzanas</u>, donde *las manzanas* es el sujeto de *gustar*, con el que concuerdan en número.

sustitución (*substitution or replacement*). Capacidad de algunas palabras individuales de sustituir a grupos de palabras. Si un grupo puede sustituirse por una única palabra, llamada *proforma*, entonces este grupo se considera un constituyente, p. ej., *El pájaro canta armoniosamente* <u>sobre la rama</u>. → *El pájaro canta armoniosamente* <u>allí</u>.

Capítulo 5

Semántica y pragmática: del significado al uso del lenguaje

1. Objetivos del capítulo

- Presentar la semántica como el área de la lingüística que se ocupa del estudio del significado o contenido de las palabras, y la pragmática como la disciplina que presta especial atención al significado en relación con el contexto de la comunicación.
- Describir las relaciones semánticas entre los constituyentes de la oración o papel semántico de los participantes en relación con lo que expresa el verbo.
- Enumerar las principales relaciones semánticas entre palabras: la homofonía, la homonimia, la polisemia, la sinonimia, la antonimia, la hiponimia y la metonimia.
- Explicar la distinción entre el significado conceptual o denotativo y el significado asociativo o connotativo, así como la diferencia entre el significado literal y el significado figurado a partir de las metáforas y del lenguaje idiomático.
- Estudiar algunos de los principales modelos de análisis pragmático: la teoría de los actos de habla de Austin y Searle; el principio de cooperación de Grice y sus máximas; y la teoría de la relevancia de Sperber y Wilson.
- Analizar cómo se desarrolla el intercambio comunicativo entre el hablante y su interlocutor, y los factores específicos que pueden influir en la comunicación.
- Iniciarse en el estudio de algunas áreas de especial interés para la pragmática como son la cortesía lingüística, la ironía y el humor.

2. Actividades, soluciones y actividades de ampliación

Actividad 1

Esta primera actividad es una toma de contacto con el significado de las palabras y con las asociaciones que para los hablantes poseen las unidades léxicas de la lengua. Se pretende que los estudiantes reflexionen sobre el valor semántico de las palabras y sobre las conexiones semánticas que se pueden establecer entre las unidades léxicas. Mediante la búsqueda de las palabras en el diccionario, el estudiante constatará que muchas poseen más de un significado que no tiene por qué estar relacionado con otras acepciones. Seguramente no estarán familiarizados con todas ellas. Es una buena manera de explicar que en la semántica se analiza el significado de una palabra sin tener en cuenta el contexto, aspecto relevante para la parte del capítulo sobre pragmática.

Soluciones

Actividad 1. Describe con tus propias palabras el significado conceptual y asociativo de cada uno de los siguientes términos.

Modelo: *gato* → Significado conceptual: animal doméstico mamífero.

Significado asociativo: animal que araña y suelta pelo.

copa → significado conceptual: bebida alcohólica / trofeo.

carrera → significado conceptual: carrera universitaria / carrera de coches, maratón, etc.

falda → significado conceptual: prenda de vestir / parte baja o inferior de una montaña.

hoja → significado conceptual: de libro / de árbol.

manzana → significado conceptual: fruta / espacio urbano delimitado por calles, conocido también como *cuadra* en muchos países latinoamericanos.

El significado asociativo puede variar de una persona a otra y estar relacionado con las experiencias lingüísticas que haya tenido cada cual.

✎ **Busca ahora cada palabra en un diccionario monolingüe. ¿Coincide el significado conceptual del diccionario con tu definición?**

Los estudiantes pueden consultar el *Diccionario de la lengua española* (DRAE) (http://dle.rae.es/) y también el *Diccionario de americanismos* (DA) (http://lema.rae.es/damer/). Verán que las definiciones y el uso del vocabulario difieren por la variación dialectal. Todas las palabras mencionadas poseen más de un significado. Se puede aprovechar para incidir en los diferentes tipos de significado como, por ejemplo, en los términos que poseen un valor metonímico o metafórico. Este tema se analizará más adelante en el capítulo.

✎ **Compara tus respuestas con otra persona y determina el significado conceptual y el significado asociativo de cada término.**

En esta actividad lo importante es que los alumnos noten que la información se procesa de manera distinta de un hablante a otro.

▶ *Actividad de ampliación*

Se puede pedir a los estudiantes que comenten cuál es la primera idea o representación mental que les viene a la cabeza al oír una determinada palabra. Será conveniente que escriban un adjetivo, un sustantivo o un breve enunciado que asocien a la palabra en cuestión. Por ejemplo, si el profesor dice en voz alta "manzana", habrá estudiantes que escriban "rojo", "verde", "sano", "saludable", etc. Esta es una buena manera de aprender cómo incide el significado en el cerebro de manera instantánea al oír una secuencia de sonidos que conforman una palabra. El profesor puede llevar a cabo esta actividad mediante la selección de palabras con significados concretos (*árbol, manzana, río*) o abstractos (*amor, felicidad, hogar*). Después toda la clase puede comparar y comentar las respuestas.

Actividad 2

En línea con las explicaciones del capítulo, esta actividad sugiere que los estudiantes se fijen en las relaciones semánticas producidas en cada una de las oraciones que se presentan.

Soluciones

Actividad 2. Identifica los papeles temáticos subrayados en las siguientes oraciones. En algunos casos puede haber más de una posibilidad.

Modelo: <u>*Ramón*</u> *tiró* <u>*una piedra*</u>.
     AG   T

1. <u>Tomás</u> envió <u>la nota a Paloma</u>.
Tomás: AGENTE o FUENTE; la nota: TEMA; Paloma: RECEPTOR o META

2. <u>Beatriz</u> regresará <u>a California</u> en verano.
Beatriz: AGENTE; a California: META

3. <u>Manuel</u> rompió <u>la ventana con un martillo</u>.
Manuel: AGENTE; la ventana: TEMA; con un martillo: INSTRUMENTO

4. <u>La piedra</u> rompió <u>la ventana</u>.
La piedra: AGENTE, pero también puede ser INSTRUMENTO; la ventana: TEMA

5. <u>Carolina</u> se siente contenta.
Carolina: EXPERIMENTADOR

6. <u>En el desierto de Atacama</u> hace calor.
El desierto de Atacama: LOCACIÓN

7. <u>Paco</u> recibió <u>amenazas de su vecino</u>.
Paco: RECEPTOR; amenazas: TEMA; de su vecino: FUENTE

8. <u>La secretaria</u> llamó <u>a Ramón por ti</u>.
La secretaria: AGENTE; a Ramón: TEMA y RECEPTOR; por ti: BENEFICIARIO

9. <u>Daniel</u> puso <u>el jarrón en la ventana</u>.
Daniel: AGENTE; el jarrón: TEMA; en la ventana: LOCACIÓN

10. <u>Carlos</u> tiene miedo.
Carlos: EXPERIMENTADOR

Actividad 3

Esta actividad sugiere que los estudiantes se familiaricen con el fenómeno de la homofonía. Para ello, se han seleccionado una serie de palabras que suenan igual pero tienen significados distintos.

Soluciones

Actividad 3. Escribe el término homófono de las siguientes palabras. Identifica su categoría gramatical y explica la diferencia de significado.

basto (adjetivo; grosero, tosco) – *vasto* (adjetivo; extenso).
habría (primera persona del singular del condicional simple del verbo *haber*) – *abría* (primera persona del singular del condicional simple del verbo *abrir*).

haremos (primera persona del plural del futuro de indicativo del verbo *hacer*) – *aremos* (primera persona del plural del imperativo del verbo *arar*).
hay (forma impersonal del presente de indicativo del verbo *haber*) – ¡*ay*! (interjección; expresa estados de ánimo y también "dolor").

tubo (cilindro) – *tuvo* (tercera persona del singular del pretérito indefinido del verbo *tener*).
vacilo (primera persona del singular del presente de indicativo del verbo *vacilar*) – *bacilo* (sustantivo; bacteria con forma de bastoncillo).
varón (sustantivo; hombre) – *barón* (sustantivo; título nobiliario).
vaya (primera y tercera persona del singular del presente de subjuntivo del verbo *ir*) o ¡*vaya*! (interjección para algo que satisface o que decepciona o disgusta) – *baya* (sustantivo; fruto carnoso con semillas rodeado de pulpa).

✎ **¿En cuál de los ejemplos hay tres palabras homófonas en lugar de dos?**
vaya (verbo *ir*) o ¡*vaya*! (interjección para algo que satisface o que decepciona o disgusta) – *baya* (sustantivo, fruto carnoso con semillas rodeado de pulpa).

✎ **Piensa ahora en dos ejemplos más de palabras homófonas para añadir a esta lista. Uno de ellos tiene que ser homógrafo.**

ala (sustantivo, extremidad de las aves) – ¡*hala*! (interjección; para indicar sorpresa).
hierba (sustantivo; planta pequeña) – *hierva* (primera o tercera persona del singular del presente de subjuntivo del verbo *hervir*).
Un ejemplo homógrafo es *aro* (sustantivo; pieza metálica o de otro material circular) – *aro* (primera persona del singular del presente de indicativo del verbo *arar*).

✎ **¿Recuerdas cuántos fonemas vocálicos y consonánticos existen en español? ¿Por qué crees que se produce el fenómeno de la homofonía en la lengua?**

Como se vio en el capítulo 2 (fonología y fonética), el español cuenta con 5 fonemas vocálicos y 19 fonemas consonánticos. Las lenguas poseen un inventario limitado de sonidos y, por ello, configuran palabras en las que su composición fonológica y morfológica coincide, dando lugar a más de un significado.

▶ *Actividad de ampliación*

Otro ejemplo que puede emplearse a modo de actividad rápida es: *has* (verbo haber, segunda persona del singular del presente de indicativo) – *as* (sustantivo; persona que destaca de manera notable; en la baraja, figura de gran valor). También cabe comentar aquí que a causa del fenómeno del seseo, *has* y *haz* (verbo *haber*, forma del imperativo de la segunda persona del singular del presente de indicativo) se pronunciarían igual en la mayor parte del mundo hispanohablante.

Actividad 4

La homonimia se refiere a dos términos que se escriben de la misma manera pero tienen dos o más significados sin ninguna relación entre sí. La polisemia designa un mismo término con varios significados relacionados entre sí de alguna manera. Es importante que los estudiantes vean estos dos fenómenos también como una manera de identificar el vocabulario o los matices de significado entre las palabras.

Soluciones

Actividad 4. Indica cuáles de las siguientes palabras son homónimas o polisémicas y explica cómo se establece la relación de significado entre las polisémicas.

Modelo: *sobre* → preposición que significa *encima de*; envoltorio de papel donde se mete una carta

> (*homonimia*)

    ojo → parte de la anatomía humana; agujero por el que se introduce el hilo en una aguja. Relación de significado: la forma de ambos elementos es similar.
    (*polisemia*)

1. *alianza*: polisemia
-unión
-anillo
Relación de significado: hace referencia a la acción de unir o unirse y también al objeto que denota dicha unión.

2. *cura*: homonimia (son palabras no relacionadas desde el punto de vista de su significado)
-sacerdote
-remedio

3. *fallar*: homonimia (son palabras no relacionadas desde el punto de vista de su significado)
-verbo "no acertar"
-verbo "sentenciar, resolver, decidir" (lenguaje jurídico)

4. *sierra*: polisemia
-herramienta para cortar madera o metal
-cordillera de montañas
Relación de significado: la forma común que posee la herramienta y que se asemeja a la forma que se ve en el horizonte de las montañas.

5. *traje*: homonimia (son palabras no relacionadas desde el punto de vista de su significado)
-vestimenta con la que se va arreglado, traje de chaqueta
-tercera persona del singular del pretérito indefinido del verbo *traer*

6. *violeta*: polisemia
-flor
-color

Relación de significado: hay una correspondencia entre el color de la flor y el color.

✎ **Explica ahora la diferencia polisémica de significado en las siguientes oraciones.**

1. No nos gustó nada. Fue una actuación bastante *sosa*.
Significado: poco entretenida.

2. ¡Qué *soso* es tu primo! La verdad es que no se parece nada a ti.
Significado: aburrido.

3. Esta sopa está realmente *sosa*.
Significado: insípida.

4. No pintaría la habitación de este color. Es un tanto *soso*.
Significado: poco vivo.

5. Te voy a contar un chiste, pero te advierto que es un poco *soso*.
Significado: no tiene gracia.

Actividad 5

Se trabajan otra vez las diferencias de significado entre las palabras. Aquí puede mencionarse que uno de los factores que impulsa a los hablantes a optar por un término u otro depende del registro y el contexto. Mediante la comparación de esos términos aparentemente sinónimos, los estudiantes descubrirán que los hablantes son conscientes de su verdadero valor semántico.

Soluciones

Actividad 5. Explica la diferencia de significado en los siguientes pares de sinónimos. Piensa en el contexto en el que los utilizarías.

Modelo: *casa – hogar*
    casa → lugar donde vive una persona (lugar físico y estructura)
    hogar → lugar donde vive una persona (como concepto abstracto)

1. *flaco* se utiliza en un contexto más informal que *delgado* (*flaco* posee un significado más negativo que delgado, aunque este uso puede estar sujeto a variación dialectal).

2. *madre* es más formal que *mamá* (*mamá* funciona a modo de apelativo y, por lo tanto, resulta más cariñoso; sin embargo, en algunos países hispanohablantes se emplea en ambos registros).

3. *meter* es más informal que *introducir* (*introducir* es más común, por ejemplo, en un manual de instrucciones).

4. *valor* es lo que mueve a una persona a enfrentarse a un peligro mientras que *coraje* resulta más poético e indica un ímpetu, una decisión y un esfuerzo del ánimo.

5. *cuarto* es de uso más doméstico; *habitación* se emplea también en situaciones más formales como, por ejemplo, en un hotel. Sobre todo en palabras de uso doméstico, la variación entre un término u otro puede depender de la variación diatópica y, por tanto, de los rasgos dialectales propios de un hablante.

✎ **Busca la definición en un diccionario de los verbos *contestar* y *responder* y compara sus significados. ¿Se podría hablar de sinonimia absoluta o relativa?**

He aquí las definiciones que aparecen en el *DRAE*:

✍ *Diccionario de la lengua española*: http://lema.rae.es/drae/

Contestar: tr. (*DRAE* 2014, 617)
1. Decir o escribir algo para resolver lo que se pregunta o para atender una comunicación.
5. Adoptar una actitud polémica y a veces de oposición o protesta violenta contra lo establecido, por ejemplo las autoridades y sus actos, formas de vida, posiciones ideológicas, etc.

Responder: tr. (*DRAE* 2014, 1909)
1. Contestar algo para resolver lo que se pregunta o para atender una comunicación.
4. Contestar como protesta ante una orden.

Como se puede apreciar, estos términos se emplean como sinónimos, ya que en la definición principal de *responder* aparece *contestar*. Sin embargo, en la definición de *contestar* se especifica una serie de situaciones comunicativas relacionadas con este verbo, por lo que podemos comprobar ciertos matices en su significado que los distinguen pese a funcionar como sinónimos. Para muchos hablantes se podrían considerar sinónimos absolutos, porque se utilizan de manera intercambiable en un gran número de contextos. No obstante, cabría hablar aquí de sinonimia parcial si se considera la combinación de estos dos verbos con otros elementos. Se puede consultar el siguiente artículo:

Berná Sicilia, C. 2011. "*Contestar* versus *responder*: análisis contrastivo de su combinatoria sintáctico-semántica". *Círculo de Lingüística Aplicada a la Comunicación* 48: 3-40.

Enlace del artículo: https://revistas.ucm.es/index.php/CLAC/article/viewFile/39029/37653

Actividad 6

Esta actividad propone reforzar los conocimientos presentados sobre los varios tipos de antónimos (graduales, complementarios y recíprocos). De esta manera, pueden apreciarse otras relaciones de significado que se establecen entre las palabras. Pese a ser antónimos, existen matices de significado en relación con la oposición entre ambos términos.

Soluciones

Actividad 6. Decide a qué tipo de antónimos pertenece cada par de la siguiente lista.

Modelo: *alto – bajo* → antónimos graduales

1. rápido – despacio (gradual) → No presentan una oposición absoluta sino gradual.
2. suegra – nuera (recíproco) → Los dos términos opuestos se necesitan mutuamente para definirse.
3. meter – sacar (complementario) → Los dos términos son mutuamente excluyentes.
4. fuerte – débil (gradual) → No presentan una oposición absoluta sino gradual
5. arriba – abajo (gradual) → No presentan una oposición absoluta sino gradual.
6. abrochar – desabrochar (recíproco) → Los dos términos opuestos se necesitan mutuamente para definirse.
7. ligero – pesado (gradual) → No presentan una oposición absoluta sino gradual.
8. culpable – inocente (complementario) → Los dos términos son mutuamente excluyentes.
9. nieto – abuelo (recíproco) → Los dos términos opuestos se necesitan mutuamente para definirse.
10. poner – quitar (complementario) → Los dos términos son mutuamente excluyentes.

En algunos casos, podría considerarse la relación *abrochar – desabrochar* igualmente como una relación de "antonimia complementaria" si se interpreta los dos términos como mutuamente excluyentes: "algo no puede estar abrochado y desabrochado a la vez". Sin embargo, en la actividad se ha clasificado la oposición semántica como "recíproca" por el uso del prefijo *des–*, el cual indicaría que ambos términos se necesitan para definirse: *abrochado* "algo que no está desabrochado", *desabrochado* "algo que no está abrochado".

▶ *Actividad de ampliación*

Se puede pedir a los estudiantes que añadan una pareja de antónimos de cada tipo a la lista.

Actividad 7

Los alumnos deben discutir sobre cómo este ejemplo sirve para alcanzar la gramaticalidad en la lengua aunque falte coherencia semántica. Una vez que hayan analizado y discutido el ejemplo, los estudiantes pueden formular algunas oraciones gramaticales que no funcionarían bajo una perspectiva semántica. Pueden seguir el modelo de Chomsky en el que se recurre a la antonimia. Por ejemplo, *Opacas blancas hojas transparentes se traspapelan sin piedad.*

Soluciones

Actividad 7. Colorless green ideas sleep furiously *("Las ideas verdes incoloras duermen furiosamente") es un ejemplo que utilizó Noam Chomsky (1957) para argumentar que una oración puede ser gramatical pero carecer de sentido a la vez. Teniendo en cuenta toda la información que has aprendido en el libro explica cómo le pudo servir este ejemplo.*

Colorless green ideas sleep furiously (ideas verdes incoloras duermen furiosamente)

Chomsky utiliza antónimos para describir las ideas, que no pueden ser "verdes" e "incoloras" a la vez. Además, las *ideas* son un concepto abstracto, por lo que no tienen color. *Dormir* es un verbo que requiere un experimentador como sujeto, pero una idea no puede ser experimentador. Por último, el verbo *dormir* no puede realizarse de un modo "furioso". Otra posible explicación es que el lenguaje poético permite transgredir las normas de la incoherencia semántica, pues lo que se quiere es evocar una serie de significados, lo cual se puede conseguir mediante la inclusión de unidades con contenido léxico (sustantivos, adjetivos, verbos y adverbios).

✍ **Ahora lee la siguiente oración y responde a las preguntas:**

Opacas blancas hojas transparentes se traspapelan sin piedad

a) Argumenta por qué carece de sentido la oración y explica qué elementos muestran su gramaticalidad.

Este ejemplo muestra que las hojas de papel, por lo general "blancas", no pueden ser "opacas" y "transparentes" a la vez. Si el término hoja hiciera referencia a las hojas de un árbol, estas no se podrían traspapelar. Y no pueden hacer algo "sin piedad" porque no experimentan dicha acción. Los elementos que establecen la concordancia, por ejemplo, en femenino y plural, contribuyen a la gramaticalidad. También la concordancia verbal en la tercera persona del plural, el uso del verbo pronominal y el uso de la preposición seguida de un sustantivo.

b) ¿Qué podría evocar esta oración desde un punto de vista poético? Elabora una posible interpretación teniendo en cuenta todos los componentes semánticos que aparecen.

En el lenguaje poético esta oración podría tener sentido, por lo que los estudiantes pueden elaborar diferentes interpretaciones. Como respuesta, una de las posibles explicaciones es que "las hojas blancas" no hacen referencia a las hojas de un libro, sino a las hojas de un árbol con nieve. Algunas son "opacas" porque las cubre la nieve y otras son "transparentes" porque están cubiertas de hielo. La acción de "traspapelarse" evoca el sonido del viento sobre las hojas que se asemeja a un libro abierto del que rápidamente se pasan sus páginas. Esta acción se realiza "sin piedad" porque tiene lugar de manera rápida y sin importar lo que sucede alrededor.

Actividad 8

Esta actividad presenta otra relación semántica entre las palabras a partir del concepto de *campo semántico*. Así, los alumnos deberán identificar los *hipónimos* para cada uno de los *hiperónimos*. Una vez resuelta la actividad, pueden contrastarse las respuestas a fin de completar la lista de posibles hipónimos. Se puede aprovechar el ejemplo ("bota, chancleta, sandalia, zapatilla, zapato") para pedir a los estudiantes que expliquen las diferencias de significado entre estas palabras. Todos los términos son tipos de calzado, pero la representación mental obtenida al oír cada una de estas palabras y los significados asociativos son distintos.

Soluciones

Actividad 8. Identifica al menos cinco hipónimos para cada uno de los hiperónimos.

Modelo: *fruta* → cereza, manzana, naranja, pera, uva, etc.

1. *árbol* → castaño, higuera, limonero, naranjo, olmo, roble
2. *mamífero* → perro, gato, ballena, jirafa, elefante, vaca

3. *mueble* → silla, mesa, estantería, sillón, sofá, cama
4. *cereal* → arroz, cebada, centeno, maíz, trigo
5. *calzado* → bota, chancleta, sandalia, zapatilla, zapato

✎ ¿Cuál de los términos has tardado más tiempo en resolver? ¿Por qué crees que ha sucedido?

Con bastante probabilidad habrá estudiantes que tarden más en recordar diferentes tipos de "árboles", "cereales" o "calzados". Una de las razones tiene que ver con la pertenencia de estas unidades léxicas al vocabulario activo o pasivo. Si están en su vocabulario activo, las habrán podido recuperar más fácilmente. En cambio, si se encuentran en el vocabulario pasivo, habrán tenido que hacer un mayor esfuerzo para recuperarlas, incluso si conocían los términos.

✎ ¿Qué indica la hiponimia sobre la relación semántica de las palabras en una lengua?

Esta pregunta funciona a modo de reflexión. Una posible respuesta es que la hiponimia nos muestra que las palabras están relacionadas entre sí a modo de redes de significado. Es como si los hiperónimos fueran "contenedores" de los hipónimos, y por lo tanto contienen parte de la misma información léxica que le correspondería a cada hipónimo. Puede aprovecharse esta idea para representarla en la pizarra con un mapa mental o conceptual.

► *Actividad de ampliación*

Se puede anunciar a los estudiantes que, en parejas o grupos, activarán el vocabulario que ya conocen pero que posiblemente hace tiempo que no emplean. De esta forma, el profesor dirá un hiperónimo en voz alta, por ejemplo "herbívoro", y los estudiantes tendrán que escribir el mayor número de hipónimos que puedan recordar en 1 minuto (*cabra, canguro, cebra, ciervo, conejo, koala*, etc.). Ganará el equipo que mayor número de hipónimos haya sabido encontrar. Los estudiantes notarán que no resulta sencillo recuperar una gran cantidad de unidades léxicas en poco tiempo, y que no lo habrán hecho en el mismo orden ni serán posiblemente las mismas. Esta es una buena oportunidad para explicar que aquellas unidades léxicas que han sabido identificar rápidamente forman parte del vocabulario activo, es decir, recuperables de manera más rápida. Otras en las que no hayan pensado automáticamente pueden pertenecer a su vocabulario pasivo, a no ser que al oír otras palabras argumenten que las usan de manera habitual. Lo interesante es entender que hay diferencias en el uso del vocabulario porque este se va acumulando y almacenando, un proceso vinculado a las experiencias lingüísticas del hablante a lo largo de su vida.

Actividad 9

Con esta actividad el estudiante observará cómo se establecen relaciones de significado en la lengua. Aunque el contenido lingüístico no se corresponde exactamente con lo expresado, el oyente puede entender la relación semántica que se desarrolla en la oración. Este es un buen preludio antes de abordar la diferencia entre el significado literal y el figurado o metafórico en el apartado siguiente.

Soluciones

Actividad 9. Localiza las metonimias en las siguientes oraciones y explica la relación de significado que se establece.

Modelo: *Desde que era pequeñito* leyó a Mistral *y comenzó a memorizar sus poemas.*
Relación de significado: "la autora" por "la obra". Es decir, leyó la obra poética de Gabriela Mistral.

1. Todos celebraron efusivamente el momento en el que el balón entró en la red.
→ Relación de significado: la parte por el todo. Es decir, la red hace referencia a la portería.

2. Han dicho que los atracadores planeaban robar un Picasso a primera hora de la mañana.
→ Relación de significado: la obra artística por su autor. Es decir, han robado un cuadro pintado por Picasso.

3. ¡Haz el favor de cepillarte la boca, Pablito! Ya es hora de que te vayas a la cama.
→ Relación de significado: el todo por la parte. Es decir, cepillarse los dientes.

4. La cantante saludó a las gradas durante unos minutos antes de que diera comienzo el concierto.
→ Relación de significado: contenido por el continente. Es decir, saludó al público que estaba en las gradas.

5. ¿Por qué no vamos a cenar a un kebab esta noche? Esta vez pago yo la cuenta.
→ Relación de significado: producto para designar un lugar. Es decir, a un lugar en el que tienen este tipo de comida que se llama *kebab*.

6. Las batas blancas desfilaron ante el Ministerio de Sanidad para reclamar un aumento de sueldo.
→ Relación de significado: una prenda de vestir y su portador. Es decir, los médicos fácilmente identificables por sus batas blancas.

7. No lo entiendo, se comió tres platos enteros y decía que todavía tenía el estómago vacío.
→ Relación de significado: el continente por el contenido. Es decir, se ha comido el contenido de los platos.

8. Ha sido la mejor batuta de la última década y continúa triunfando con orquestas de todo el mundo.
→ Relación de significado: el instrumento (pero no de música) por el artista. Es decir, el mejor director de orquesta.

✎ **Explica el valor metonímico que poseen los términos *cuello*, *patilla* y *puño* teniendo en cuenta sus posibles significados.**

Estos tres ejemplos sirven para mostrar por qué una cosa puede designar de la misma manera que otra cosa con la que se encuentra en contacto, proximidad o cercanía. El *cuello* es una parte de la anatomía humana pero también es "el cuello de la camisa". Del mismo modo, el *puño* corresponde a la parte de la anatomía y "al puño de la camisa". Por último, la *patilla*, la parte del cabello que nace a los lados de la cara, justo delante de las orejas, se emplea de manera metonímica para referirse a "la patilla de unas gafas o lentes", ya que este objeto, al ponérselo, queda superpuesto sobre esta parte de la cara.

Actividad 10

Esta actividad plantea que los estudiantes se fijen en la relación entre muchas de las expresiones que poseen un sentido figurado por contener información relacionada con una misma asociación de carácter metafórico. Como se observa en los ejemplos, en estas expresiones se hacen extensiones metafóricas útiles para configurar significados concretos.

Soluciones

Actividad 10. A continuación aparecen tres asociaciones metafóricas tomadas de G. Lakoff y M. Johnson (1980) que se utilizan en la lengua cotidiana y varias expresiones metafóricas relacionadas. Decide qué expresiones corresponden a cada asociación.

Modelo: *Ser un buen perdedor* (la vida como juego de azar)

el tiempo como dinero	las ideas y la comida	la vida como juego de azar
costar dos horas	devorar un libro	guardarse un as en la manga
malgastar el tiempo	dejar reposar una idea	poner las cartas sobre la mesa
invertir mucho tiempo	dejar buen/mal sabor de boca	cantar las cuarenta
administrar el tiempo	tragarse las propias palabras	echar algo a cara o cruz

✎ **Ahora elige dos expresiones y úsalas en una misma oración. Después tradúcela al inglés o a otra lengua. ¿Es posible mantener el significado metafórico? ¿Por qué?**

Lo interesante es que los alumnos combinen una expresión que sí se puede traducir y otra no traducible desde el punto de vista literal. Por ejemplo, "Al menos te costará dos horas devorar ese libro". En inglés, *It will take you at least two hours to devour that book*. Que no haya una traducibilidad directa a otra lengua quiere decir que la metáfora y representación no es equivalente. La metáfora se relaciona con componentes lingüísticos, conceptuales y culturales, de ahí que estos no tengan por qué ser los mismos en una lengua que en otra. Como se ha mencionado en el capítulo, los conceptos abstractos se comprenden también a partir de experiencias concretas relacionadas con el cuerpo humano, el mundo y su entorno.

✎ **Hemos visto el valor metafórico de la palabra "músculo" desde el punto de vista etimológico. Investiga qué partes del cuerpo son el "bocado de Adán" o la "tabaquera anatómica", y explica la relación metafórica entre estas denominaciones y su significado.**

El "bocado de Adán" o "nuez de Adán" designa la prominencia abultada que se halla en la parte delantera del cuello. Una de las explicaciones es que tiene que ver con un trozo del fruto prohibido que comió Adán en la Biblia.

La "tabaquera anatómica" es la parte triangular de la mano que une el dedo pulgar con el índice. Su nombre procede de la antigua costumbre de poner tabaco o rapé en esa parte de la mano para esnifarlo por la nariz.

Actividad 11

Con esta actividad se pretende familiarizar al estudiante con la cotidianidad del lenguaje idiomático entre los hablantes, por ejemplo, mediante fórmulas rutinarias, *¡Buen provecho!* ("Espero que te guste la comida"); locuciones, *en un pis pas* ("rápidamente"); expresiones propiamente idiomáticas, *ahogarse en un vaso de agua* (exagerar sobre la seriedad de un asunto), o refranes y proverbios, *En boca cerrada no entran moscas* ("La prudencia es una virtud y evita problemas"), que se pueden emplear durante un intercambio comunicativo a modo de explicación o de argumentación.

Soluciones

Actividad 11. Reconstruye las siguientes secuencias idiomáticas y responde a las preguntas que aparecen a continuación.

1. Se ha puesto tan nervioso por el examen que *estaba hecho un flan.*
2. Siempre está estudiando. *Es un ratón de biblioteca.*
3. Cuando voy a casa de mis tíos se ponen a hablar y *me aburro como una ostra.*
4. *No te desanimes y tires la toalla.* Ya verás como al final se soluciona todo.
5. Antes de tomar una decisión voy a *consultarlo con la almohada.*
6. No le hagas caso. *Está como una cabra* y siempre dice cosas sin sentido.

✎ **Ahora responde a las siguientes preguntas sobre las anteriores secuencias idiomáticas:**

1. Busca una lógica compositiva entre el significado literal y el figurado de cada expresión.

Modelo: *Ponerse rojo como un tomate* → Ruborizarse por vergüenza; el tomate es de color rojo.

1. Estar muy nervioso. El flan se caracteriza por tener poca consistencia. Si se mueve el plato sobre el que está el flan, este se mueve como si temblara.
2. Ser una persona estudiosa. En las bibliotecas antiguas había ratones que siempre estaban entre los libros.
3. Aburrirse. Las ostras no se suelen mover mucho y por eso dan la idea de que no hacen nada.
4. Darse por vencido. Es lo que hace un entrenador cuando su boxeador está perdiendo un combate y el entrenador quiere detenerlo.
5. Meditar algo. La almohada es el lugar sobre el que se sitúa la cabeza y la parte de la cama que más cerca está del cerebro y, por lo tanto, de los pensamientos.
6. Estar loco. Las cabras son animales que no tienen miedo a saltar de un lugar a otro, o a caminar por la ladera de una montaña, aunque esto suponga peligro. Una persona seguramente no saltaría por ninguno de estos lugares.

2. Busca las expresiones equivalentes en inglés. Explica cómo se ha constituido cada una de ellas en esta lengua desde el punto de vista de su especificidad lingüística y cultural.

1. Temblar como un flan → *to shake like a jelly* or *a leaf*
→ En inglés se establece la comparación entre el verbo temblar (*to shake*) y "un trozo de gelatina" (*jelly*) o "una hoja de un árbol" (*a leaf*) que se mueve por acción del aire o del viento.

2. Ser un ratón de biblioteca → *to be a bookworm*
→ En inglés se hace referencia a un insecto como las polillas, etc., aunque genéricamente se use el término "gusano de libros" (*bookworm*). Antiguamente era común encontrar insectos en los libros que hacía tiempo que no se usaban.

3. Aburrirse como una ostra → *to be bored to death*
→ En este caso en inglés se utiliza el sustantivo "muerte" (*death*) como intensificador, es decir, "muy aburrido".

4. Tirar la toalla → *to throw in the towel*
→ La etimología en inglés es muy similar, pero llama la atención el uso de la preposición como parte del verbo (*to throw in*).

5. Consultarlo con la almohada → *to sleep on it*
→ Se conecta literalmente en inglés con la idea de "dormir sobre el asunto o el problema", es decir, "meditarlo mientras uno duerme".

6. Estar como una cabra → *to be off one's head*; *to be as mad as a hatter*
→ En inglés se relaciona con tener las ideas fuera de la cabeza (*to be off*), similar a "ideas descabelladas" en español, o con la figura de un "sombrerero" (*a hatter*).

3. Ahora compara las expresiones en ambas lenguas. ¿En cuál de ellas existe una mayor equivalencia lingüística y cultural? ¿Cuáles son las que más difieren?

La expresión más similar desde el punto de vista lingüístico y cultural es "4. tirar la toalla/ *to throw in the towel*". La estructura sintáctica es similar y el significado también. Asimismo existen conexiones semánticas entre las expresiones "1. Temblar como un flan / *to shake like a jelly or a leaf*", "5. Consultarlo con la almohada / *to sleep on it*", ya que las dos expresiones hacen referencia a la actividad de "dormir", y "2. Ser un ratón de biblioteca / *to be a bookworm*", puesto que ambas hacen referencia a los libros de manera indirecta o directa. Las expresiones que más difieren son la "3. Aburrirse como una ostra / *to be bored to death*" donde no se hace una comparación en inglés y la "6. Estar como una cabra / *to be off one's head*; *to be as mad as a hatter*" donde la configuración lingüística y cultural es distinta en ambas lenguas.

Actividad 12

Además de prestar atención a cómo funciona el lenguaje idiomático, esta actividad muestra que este tipo de lenguaje, tal y como ocurre con el léxico habitual, puede variar de un país hispanohablante a otro desde una perspectiva lingüística o cultural. Los ejemplos

seleccionados muestran precisamente la idea de que la cultura desempeña un papel importante en la configuración de este tipo de expresiones. Muchas expresiones idiomáticas
tienen sentido figurado o metafórico, como en *llover a cántaros*. Aunque con frecuencia este
tipo de expresiones no se pueden traducir de manera literal, es cierto que en otras lenguas
pueden existir expresiones idiomáticas con una representación metafórica similar. En inglés
encontramos *it's raining cats and dogs*, cuya traducción literal, y que pierde su idiomaticidad,
sería *está lloviendo gatos y perros*, mientras que en alemán encontramos una expresión
más parecida a la del español, *es regnet wie aus Eimern*, literalmente *está lloviendo como de
baldes*, similar a *llover a cántaros*, ya que también implica la idea de que el agua cae de un
recipiente.

Sobre el lenguaje idiomático en español, se puede consultar el siguiente libro:

Muñoz-Basols, J., Y. Pérez Sinusía y M. David. 2014. *Spanish Idioms in Practice: Understanding
Language and Culture*. Londres y Nueva York: Routledge.

Soluciones

*Actividad 12. Investiga el origen etimológico de las siguientes secuencias idiomáticas
y responde a las preguntas que aparecen a continuación.*

He aquí algunas explicaciones sobre la etimología de las expresiones:

1. *Estar sin un mango* (Argentina)
Según el *Diccionario de americanismos* (DA) el sustantivo "mango" equivale a "dinero" en
Paraguay, Bolivia y Argentina. Se emplea con el significado del nombre de la moneda,
"peso", como coloquialismo. De ahí la expresión "estar sin un mango", es decir, "estar sin
un peso".

2. *Estar limpio* (Venezuela)
En realidad, la expresión "estar limpio" es un acortamiento de la expresión comparativa
"estar más limpio que talón de lavandera". Esta expresión se refiere a los tiempos en los que
las lavanderas lavaban la ropa arrodilladas o metidas en el río, y de ahí a la limpieza de los
talones de sus pies.

Se puede consultar el siguiente artículo:
http://www.scielo.org.ve/scielo.php?script=sci_arttext&pid=S0459-12832013000100004
Ramírez Álvarez, M. A. y A. M. del V. Ramírez Díaz. 2013. "El reforzamiento metafórico en
expresiones comparativas del habla cotidiana venezolana". *Letras* 55 (88): 90-109.

3. *Estar sin un duro* (España)
Antes de que la moneda en España fuera el euro, se utilizaba la "peseta". A la moneda de
"cinco pesetas" se la llamaba "duro". La expresión "estar sin un duro" se sigue empleando
con el sentido de "estar sin dinero" pese a haber cambiado de moneda en el país.

✎ Preguntas:

**1. ¿En qué expresión se ha simplificado la estructura morfosintáctica? ¿Por qué crees que
ha sucedido esto?**

"Estar limpio" es un acortamiento de la expresión comparativa "estar más limpio que el talón de lavandera". Una de las posibles razones deriva del principio de economía lingüística, y otra que "estar limpio" es ya de por sí una composición semántica habitual en la lengua, por ejemplo, con el significado de "haberse lavado".

2. ¿En cuál de las tres expresiones se nota más que ha habido cambios a nivel social? ¿Crees que esta expresión puede desaparecer con el paso del tiempo?

"Estar sin un duro" refleja de manera más clara cambios a nivel social. En la sociedad española ya no existe la moneda de un "duro", es decir, de "cinco pesetas". En la actualidad se utiliza el "euro", el cual se fracciona en "céntimos". Por lo tanto, pese a que la expresión "estar sin un duro" se halla lexicalizada y, por lo tanto, constituida en el idioma como tal, es poco probable que los hablantes la sustituyan por una expresión como "estar sin un euro". No obstante, con el paso del tiempo, resultará más difícil que las nuevas generaciones establezcan una conexión inmediata con el verdadero significado etimológico de la expresión.

3. Ahora busca la etimología de una expresión relacionada con algún hecho histórico o anecdótico. Preséntala al resto de la clase y explica cómo opera su especificidad lingüística y cultural.

Una expresión histórica ya mencionada en el capítulo y bastante común en España es *armarse la marimorena*. Se dice que en el siglo XVI existía en Madrid una tabernera llamada "Mari Morena", que un día se negó a servir vino a unos clientes. Unas versiones dicen que eran soldados, y otras que eran clientes que estaban ya muy bebidos. Comenzó una pelea en la que no quedó en pie ni una silla en la taberna. Desde entonces se emplea la expresión *armarse la marimorena* para referirse a "una gran confusión o un malentendido".

En el siguiente enlace se incluyen más ejemplos de expresiones idiomáticas: http://www.sm-ele.com/ver_galeria_enlaces.aspx?id=17694

▶ *Actividad de ampliación*

Los alumnos pueden investigar expresiones idiomáticas que se caracterizan por su especificidad o contenido cultural. Lo importante es mostrar que en muchos ejemplos esta información ya no es recuperable por los hablantes, sino que estos automatizan dichas expresiones y hacen uso de ellas sin tener en cuenta su significado etimológico. En parejas o grupos, los estudiantes pueden identificar tres expresiones idiomáticas con contenido cultural que requieran una explicación detallada. Para ello, deberán investigar cómo se han originado dichas expresiones. Algunos ejemplos son las que se refieren a la literatura o a alguna tradición cultural, por ejemplo, *Abrir (o destapar) la caja de Pandora*; *Estar bajo la espada de Damocles*; *Ser más viejo que Matusalén*, *Tener más paciencia que Job*, o a lugares concretos, *Ir de Guatemala a Guatepeor*, *Irse por los cerros de Úbeda*, *No se conquistó (se ganó) Zamora en una hora*, *Poner (o colocar) una pica en Flandes*, etc. Para saber más sobre la etimología de algunas de estas expresiones se puede consultar el siguiente libro:

Iribarren, J. M. 2013. *El porqué de los dichos*. Barcelona: Ariel.

Actividad 13

Esta actividad muestra que los hablantes emplean la deíxis en el discurso de manera habitual. Como se narra en el vídeo, se produce un malentendido entre el significado de la palabra *ahorita* en una variante de español (español mexicano) y en otra (español caribeño, específicamente, español de Puerto Rico). Esta es la primera actividad en la sección del capítulo que trata sobre pragmática. Por esta razón, conviene explicar que el contexto constituye un factor determinante al interpretar un mensaje. Asimismo, esta actividad es una buena oportunidad para despertar el interés del estudiante por la variación lingüística del mundo hispanohablante, tema del capítulo 7.

Soluciones

Actividad 13. Escucha el siguiente texto. Después lee la transcripción y responde a las preguntas.

◎ Vídeo: https://www.youtube.com/watch?v=kelMJeEcn5A
▶ Título del vídeo en YouTube: "Habla Leslie".

Transcripción:
So my husband is Puerto Rican, and I am half-Mexican and half-Guatemalan. And a lot of times, words vary, specifically with the word *ahorita*. Our very first fight had to do with the word *ahorita*. We were together about two weeks, we were in love, all enamored, googly eyes, butterflies, the whole works.

And, you know, we were talking like two teenagers: *Ay, sí, pues no sé qué*. And he tells me: *Bueno, te llamo ahorita*. And of course, I hung up and I sat by the phone and I waited and I was so happy he was going to call me back, and ... you know, five minutes passed, ten minutes passed, I thought maybe he is trying to find a payphone or something, I don't know. *Al fin*, two hours passed and I was pissed, I was livid, so I left. I went out, I hung out with my friends, and I came back home around 8 o'clock, and then around 10 o'clock the phone rang. It was him.

I answered: *hello*. And he's like: *hey*. And I'm like: *m-hmmm, what. -Hey, how you doing'? This and that*. And I'm like: *fine*. And he's like: *Pero nena, ¿qué es tu problema?* And I'm like: *You know what? My problem is that you told me you were going to call me 'ahorita,' all right? And I waited by that phone for two hours, and you never called me and you call me now, at 10 o'clock at night?* And he's like: *No, pero yo te dije que te llamaba 'ahorita'*. And I'm like: *yeah, you said 'ahorita'*. And he's like: *ya pues, te dije que te iba a llamar ahorita*. And I'm like: *exactly! You said 'ahorita' and I waited*. And he's like: *wait a minute, wait a minute, wait. Yo te llamo ahorita y te llamé ahorita. A esa fue a esa hora y ahora es ahorita*. And I'm like: *no, no, no, no. To me 'ahorita' is right now, right this second. Ahoritita mismo, like it should have happened already*. And he's like: *No pues, para mí ahorita es a la horita, later on*.

See the whole difference between me being Mexican and him being Puerto Rican. To us *ahorita* means to stress the importance of the fact that it's 'now.' But to them, it means the hour that you can't see, the small hour, the *–ita*, the *ahorita*. So you see *ahorita* for Mexicans, it means one thing, and for Puerto Ricans, it means something completely different, so don't mess them up.

✎ **Preguntas:**

1. Identifica de qué tipo de deíxis se habla en el vídeo y proporciona otros ejemplos.

Es la "deíxis temporal", por la referencia a la función que tiene la palabra "ahorita" para un hablante u otro en relación con el discurso desde la perspectiva del tiempo. Según el *Diccionario de términos clave de ELE* del Instituto Cervantes, "La deíxis temporal, realizada mediante adverbios, locuciones y sintagmas adverbiales de presente ([*hoy, ahora*]), pasado ([*ayer, el mes pasado, hace poco*]) o futuro ([*el mes próximo, dentro de poco,...*]) y mediante morfemas de tiempo ([*Llegó*], [*Llegas*])". Véase: http://cvc.cervantes.es/ensenanza/biblioteca_ele/diccio_ele/diccionario/deixis.htm

2. Explica el malentendido cultural que se produce. ¿Cuál es el valor semántico de la palabra *ahorita* para un hablante y para otro? ¿Qué elemento de la morfología de la palabra crees que ha podido contribuir a marcar una diferencia de significado entre las variedades del español que se mencionan?

Para la hablante de español mexicano, "ahorita" significa en poco tiempo o en un periodo de tiempo de breve duración. En el español de Puerto Rico, esta expresión posee el significado de "luego, más tarde, cuando sea", es decir, en un periodo de tiempo futuro pero indeterminado. El diminutivo afectivo –ita, ahora, ahorita, ha podido contribuir a que el diminutivo se haya lexicalizado con significados distintos en ambas variedades.

3. Investiga desde el punto de vista dialectal las diferencias entre los adverbios deícticos *ahorita, ahoritita* y *ahoritica*. Identifica su significado y las áreas geográficas en las que se utilizan.

✍ Definiciones adaptadas del *Diccionario de americanismos*: http://lema.rae.es/damer/
ahorita
Es la forma más extendida, pero aun así puede poseer significados distintos según la deíxis temporal, p. ej., "en un rato, más tarde", "hace un rato, como algo ya pasado", "ahora mismo, en este momento".
1. Dentro de un momento, más tarde. También como *horita* y *orita* (Estados Unidos, México, Guatemala, Honduras, El Salvador, Nicaragua, Costa Rica, Panamá, Cuba, República Dominicana, Colombia, Venezuela, Ecuador, Perú, Bolivia).
2. Hace un rato (Cuba, República Dominicana, Puerto Rico, Colombia, Estados Unidos).
3. En este momento, ya (Venezuela, Ecuador, Bolivia).

ahoritita
Se utiliza en un menor número de zonas y con un significado deíctico más específico, es decir, "de inmediato".
1. Ahora mismo. También *ahorititita* (México, Guatemala, Honduras, El Salvador, Nicaragua, Ecuador, Perú, Bolivia).

ahoritica
Es la forma más marcada desde el punto de vista dialectal. Su uso deíctico puede variar en función del contexto. Posee significados de "inmediatez", "futuro cercano" o "dentro de un momento".

1. Ahora mismo, enseguida (Cuba, Colombia, Venezuela, Ecuador).
2. En un futuro muy próximo (Costa Rica, Cuba, Colombia, Venezuela).
3. También puede significar dentro de un momento (Colombia, Venezuela).

✤ **¿Cuál de los adverbios es el más consistente en su uso desde el punto de vista de la deíxis?**

El adverbio deíctico más consistente es "ahoritita", ya que según el diccionario se emplea con el significado de "ahora mismo o de inmediato" en un mayor número de lugares. Es decir, su valor deíctico temporal o referencial es más consistente.

4. Compara a grandes rasgos los siguientes tipos de deíxis en español y en inglés a partir de las muestras de lengua que aparecen. Comenta algunas de las principales diferencias que observes.

Si cambia dentro de la misma lengua, también puede variar de una cultura a otra.

a) deíxis personal: *tú, usted, vosotros, vosotras, ustedes*

La deíxis personal difiere en las formas de tratamiento como, por ejemplo, el uso de "usted". En inglés no hay una forma equivalente a "usted", y la distancia entre los hablantes se marca con otros formulismos, *Please*, el uso del condicional o de estructuras con "would", *Would you mind . . .*, vocativos "Sir / Madam" o la entonación.

b) deíxis espacial: *aquí, ahí, allí* y *este, ese, aquel*

La deíxis espacial se diferencia en el uso de los deícticos de lugar "aquí", "ahí" y "allí", en tres grados, mientras que en inglés se usan dos principalmente, *here* y *there*.

c) deíxis temporal: *anteayer* y *pasado mañana*

La deíxis temporal es quizás la más similar, por existir equivalencias para la mayor parte de los deícticos. Aun así hay expresiones como *anteayer* y *pasado mañana* que en inglés, pese a que existan como tales, *the day before yesterday* o *the day after tomorrow* no se suelen emplear tanto, quizás por su complejidad y tratarse de estructuras que no favorecen la economía lingüística.

Actividad 14

En esta actividad se trabajan los tipos de actos de habla de Searle para que los alumnos reconozcan cómo se pueden etiquetar en función del significado y del contexto de la comunicación. La actividad supone una buena oportunidad para comprender que el componente lingüístico de los enunciados viene codificado de una manera concreta, por ejemplo, mediante el uso de un verbo o de una expresión que indica un significado específico o una intención por parte del hablante. Del mismo modo, el contexto determinará la validez de cómo se usa la lengua. Así, si alguien dice "Yo te nombro representante de la clase" y no tiene la potestad para ello, dicho acto no tendrá validez.

Soluciones

Actividad 14. Decide a qué tipo de acto de habla (asertivo, directivo, comisivo, expresivo o declarativo) corresponden los siguientes enunciados. Hay dos para cada categoría.

Asertivos
4, Te digo que Juan va a llegar tarde.
3. Tengo veinte años.

Directivos
10. Te pido que llegues a tiempo.
6. Debes invitar a tu jefe a la fiesta de Navidad.

Comisivos
2. Te prometo que limpiaré mi habitación.
9. Estaré encantado de acompañarte.

Expresivos
7. Te doy la enhorabuena por tu ascenso.
5. ¡Qué bien que hayas venido!

Declarativos
8. Declaro al acusado inocente.
1. Te nombro presidente del comité.

✎ **Ahora crea tú un enunciado para cada tipo de acto de habla.**

Me encuentro cansado (asertivo); Tráigame un plato de calamares, por favor (directivo); Te aseguro que llegaré a tiempo (comisivo); Espero que mañana haga sol (expresivo); Está usted arrestado (declarativo).

✎ **Todos los siguientes actos son asertivos. ¿Qué pone de manifiesto la diferencia de cada enunciado desde el punto de vista del hablante?**

Los diferentes enunciados expresan cómo va aumentado el grado de compromiso con la verdad o con la creencia del hablante sobre un hecho.

1. <u>Creo que</u> Juan va a llegar tarde.
2. <u>Te digo que</u> Juan va a llegar tarde.
3. <u>Te aseguro que</u> Juan va a llegar tarde.
4. <u>Estoy convencido de que</u> Juan va a llegar tarde.

Es decir, la estructura va manifestando un mayor grado de creencia sobre el hecho de que "Juan va a llegar tarde". Este ejemplo muestra que los hablantes constantemente ajustamos dicho grado en función de la creencia, del hablante y del contexto comunicativo.

Se les puede pedir a los alumnos que decidan dónde ubicarían un enunciado como "Te apuesto lo que quieras a que Juan va a llegar tarde". Este enunciado podría ir en último lugar de la gradación, ya que aquí el enunciado mostraría también cierta "irritación" con respecto a lo expresado, y el enunciado "asertivo" pasaría a tener también un matiz "expresivo".

Actividad 15

Actividad 15. En "A Classification of Illocutionary Acts", Searle (1976) propuso sus cinco tipos de actos de habla a partir de lo postulado anteriormente por Austin (1962a). Consulta el documento y explica qué le impulsó a ampliar la investigación anterior.

Actividad libre.
A modo de exploración, los alumnos deberían hacer primero las siguientes lecturas:
Austin, J. L. 1962a. *How to Do Things with Words*. Oxford: Clarendon Press.
Searle, J. R. 1976. "A Classification of Illocutionary Acts". *Language in Society* 5 (1): 1-23.

Los postulados de Searle son una ampliación de los de Austin. Sin embargo, puede haber algunas diferencias en la terminología ya que estas teorías se han formulado en inglés. Se recomienda que los estudiantes recuerden este aspecto durante su lectura, y también que expliquen cómo justifica Searle la conveniencia de ampliar los actos de habla de 3 (locutivo, ilocutivo y perlocutivo) a 5 (asertivo, directivo, comisivo, expresivo o declarativo).

Actividad 16

A partir de la información sobre las máximas de Grice, esta actividad sugiere que el alumno preste atención al desarrollo del principio de cooperación entre los hablantes. Se detallan una serie de situaciones comunicativas en las que el oyente tiene que inferir una implicatura conversacional y, por lo tanto, deducir la intencionalidad del mensaje. Hay que recordar que los hablantes realizan este proceso de manera automática. Con la práctica de esta actividad, los estudiantes desarrollarán una mayor percepción hacia cómo se comunican los hablantes.

Soluciones

Actividad 16. Deduce las implicaturas conversacionales que se pueden inferir de los siguientes enunciados.

Modelo: Hoy no puedo ir al cine, no cobro hasta el jueves. → *¿Me invitas al cine?*

1. (A una amiga en un probador que te pregunta qué tal te queda un vestido) ¿Te has probado el otro vestido? → Este vestido no te queda bien.
2. (A tu pareja que te sugiere ir a cenar a un restaurante al que ninguno de los ha ido antes) No hay mucha gente en ese restaurante, ¿no? → Vamos a otro, que este no parece bueno.
3. (A tu madre que te acaba de decir que vayas andando a trabajar porque ella necesita el coche) ¡Cómo voy a ir andando al trabajo con esta lluvia! → ¡Llévame en coche!
4. (A una amiga que conoce a Martín y que te acaba de preguntar si sale con alguien) Anoche vi a Martín cenando con la vecina del quinto. → Puede ser que haya algo entre ellos más allá de una amistad.

5. (A un amigo que te ha invitado a cenar a su casa) Hace mucho frío en esta casa. → Pon la calefacción.

▶ *Actividad de ampliación*

Se les puede pedir a los alumnos que en parejas o grupos creen diferentes situaciones comunicativas. Deberían a) escoger un contexto, y b) escribir un minidiálogo para representar ante la clase. El resto de los estudiantes tendrá que adivinar cuál es la implicatura que se desea transmitir. Si hay más de una implicatura válida, el profesor explicará que el contexto real de la comunicación determinará la intención del hablante.

Actividad 17

Esta actividad presenta nuevas situaciones a modo de diálogo para identificar cuáles son las máximas de Grice que se transgreden. Es importante explicar que estas máximas sirven para comprender el funcionamiento de los intercambios comunicativos, ya que se espera un comportamiento concreto por parte del interlocutor. Las máximas son una serie de condiciones que de algún modo gobiernan la comunicación pero que los hablantes no siempre respetan.

Soluciones

Actividad 17. Explica cuál es la principal máxima que se incumple en las siguientes situaciones. Justifica tu respuesta.

Modelo: A: ¿En qué parte de Francia está Marsella?
　　　　B: En algún punto al sur del país.
　　→ Se incumple la máxima de cantidad. La contribución que hace el hablante no es lo suficientemente informativa.

1. A: Estoy sin gasolina.
　 B: Hay una gasolinera por aquí.
→ Se incumple la "máxima de cantidad" o la "máxima de manera", ya que la contribución no es lo informativa que requiere el contexto y la información es breve y poco clara. Para cumplir con la máxima de cantidad, el hablante podría haber ofrecido un poco más de información sobre la ubicación exacta de la gasolinera.

2. A: ¿Qué hora es?
　 B: Están dando *Modern Family* en la televisión.
→ Se incumple la "máxima de cantidad". No se responde a la pregunta formulada y la respuesta no resulta informativa. También se dan más detalles de los que requiere la respuesta.

3. A: Igual me pongo a leer un rato.
　 B: Ha sonado el teléfono dos veces.
→ Se incumple la "máxima de relación". No se contribuye con información relevante, dado que no hay una conexión entre lo que dice un hablante y otro.

4. A: ¿Me queda bien este vestido?

    B: Bueno … ¿y si te pruebas ese?

→ Se incumple la "máxima de cualidad" porque se dice algo que, en realidad, no es cierto. El interlocutor da a entender que "no le queda mal el vestido". También prefiere que se pruebe otro porque probablemente "no le gusta" el vestido en sí.

5. La señorita Marta emitió una serie de sonidos parecidos a una partitura de las que compuso el compositor italiano Giuseppe Verdi.

→ Se transgrede la "máxima de manera". Se trata de un mensaje poco claro y ambiguo.

6. A: – ¡Qué guapo es David!

    B: – Sí… es muy simpático.

→ Se transgrede la "máxima de cualidad", ya que en la respuesta se desvía el tema para no pronunciarse sobre si "es guapo o no".

Actividad 18

Esta actividad analiza diferentes situaciones comunicativas según la teoría de la relevancia. Los estudiantes deberán determinar cómo se presenta el coste y beneficio del que depende el concepto de relevancia y que supone el acto comunicativo. Así, es conveniente enfatizar que en el intercambio conversacional están involucrados tanto el efecto cognoscitivo como el efecto de procesamiento que conlleva comprender los significados derivados de la interacción oral.

Soluciones

Actividad 18. Explica las siguientes situaciones desde la óptica de la teoría de la relevancia.

Modelo: A: Estoy sin gasolina.

              B: Hay una gasolinera a dos manzanas.

    → La repuesta es pertinente porque el interlocutor, con poco esfuerzo cognoscitivo, puede deducir que hay una gasolinera cerca y que está abierta.

1. —¡Qué breve ha sido la película! (dicho por alguien que acaba de despertarse al final de una película de tres horas).

→ Es relevante porque el interlocutor deduce con poco esfuerzo cognoscitivo que al hablante la película le ha parecido larga y aburrida.

2. —El señor Martínez escribió toda una tesis doctoral en una servilleta.

→ Es relevante porque el interlocutor puede saber con poco esfuerzo cognoscitivo que el señor Martínez ha escrito algo breve y de poca calidad.

3. A: ¿Vamos al cine?

    B: Mañana tengo un examen.

→ Es relevante porque el interlocutor entiende con poco esfuerzo cognoscitivo que el hablante no tiene tiempo de ir al cine porque debe estudiar.

4. —¿No tienes frío? (dicho por una persona que está sentada en el sofá de casa de un amigo).
→ Es relevante porque el interlocutor advierte con poco esfuerzo cognoscitivo que el hablante le está pidiendo que cierre la ventana.

5. A: El automóvil no arranca. Se ha quedado sin batería.
   B: ¡Llevas los cables en el maletero?
→ Es relevante porque el interlocutor da a entender con poco esfuerzo cognoscitivo que le ofrece su coche para recargar la batería.

6. A: ¿Vamos de compras?
   B: Cobro el viernes.
→ Es relevante porque el interlocutor puede deducir con poco esfuerzo cognoscitivo que su amigo no tiene dinero ahora.

▶ *Actividad de ampliación*

Se les puede pedir a los estudiantes que transformen las situaciones comunicativas para provocar un mayor esfuerzo de procesamiento o de interpretación. Bastaría con que añadieran más detalles contextuales con los que los interlocutores no estén familiarizados. Luego pueden explicar cómo se sentirían durante el intercambio comunicativo. Es decir, qué sucede si no poseen un contexto común y cómo los enunciados dejan de tener relevancia, puesto que el interlocutor no será capaz de comprender la verdadera intención del hablante.

Actividad 19

Esta primera actividad sobre la cortesía verbal plantea cómo a veces el hablante se ve obligado a reformular y complementar el mensaje que acaba de emitir mediante la adición de información y la matización de la misma. Esto sucede, por ejemplo, cuando se produce un malentendido en la comunicación y la cortesía verbal nos ayuda a mitigar sus posibles efectos.

Soluciones

Actividad 19. En la siguiente situación comunicativa la persona A ha de salvaguardar la imagen pública de B y la suya propia. ¿Qué podría decir para conseguirlo?

Situación comunicativa A (Dos amigas se encuentran por la calle después de mucho tiempo):

A: ¡Paula! ¡No sabía que estabas embarazada!
B: No, no lo estoy.

→ He aquí tres opciones de mensajes que podría emitirse al ocasionarse el malentendido:
1. "¡Huy, es que esa blusa te queda un poco grande! ¿no?".
2. "Es que llevas muchas capas de ropa".
3. "Igual es que te veo que has ganado algo de peso, pero estás muy bien así".

Se puede preguntar a los estudiantes cuál de las tres opciones resulta más conveniente para que el interlocutor supere el malentendido. La tercera opción contribuye a salvaguardar la imagen pública de ambos al referirse tanto al hablante como al oyente, mientras que las dos primeras opciones solamente apuntan al hablante.

Situación comunicativa B (Dos antiguos compañeros de trabajo coinciden en un restaurante):

A- ¡Paco! ¿Eres tú?
B- ¡Qué tal, Miguel!
A- ¡Muy bien! ¿Aún sigues trabajando en el mismo banco y ganando tanto dinero?
B- No, la verdad es que despidieron a toda la plantilla por la crisis.

→ He aquí tres opciones posibles:
1. "¡Vaya, cuánto lo siento! ¡No tenía ni idea!"
2. "¡No me lo puedo creer! ¡Ellos se lo pierden! Porque tú eres un excelente trabajador".
3. "Pues no había oído nada. Si te puedo ayudar en algo, no dudes en decírmelo".

Al igual que en la situación comunicativa anterior, se puede preguntar a los alumnos cuál es la diferencia entre cada una de las opciones propuestas y cuál de las tres les parece mejor para superar el malentendido. En este caso, en las opciones 2 y 3 el hablante intenta reconfortar a su interlocutor.

Actividad 20

Esta actividad amplia la reflexión sobre cómo una mala interpretación del hecho pragmático puede conducir a un malentendido cultural. Esto puede suceder en una misma lengua, pero es más común en una L2. Una de las razones es el desconocimiento del funcionamiento pragmático del código lingüístico en la L2. Si un hablante no está familiarizado con esos parámetros pragmáticos, probablemente los querrá equiparar a los de su L1, y con ello creará un malentendido intercultural.

Soluciones

Actividad 20. En los siguientes intercambios comunicativos entre un anglohablante y un hispanohablante se produce un malentendido cultural por un error en el uso de la cortesía. Explícalos con tus propias palabras.

Situación comunicativa A (Al final de una conversación telefónica):

A: *OK, see you later.* ("Te veo luego")
B: Bueno, ¿a qué hora?
A: !?!?!?!?

→ El hispanohablante entiende *OK, see you later.* ("Te veo luego"), es decir, de manera literal, desconoce que se trata de una fórmula de cortesía que simplemente significa "adiós".

Situación comunicativa B (Dos colegas en el pasillo de la oficina minutos antes de una reunión):

A: *How are you?*
B: Eh, más o menos. Mi esposa sigue enfadada conmigo, mi hijo mayor se va todas las noches de juerga hasta las tantas y el pequeño parece que no va a pasar de curso.
A: !?!?!?!?
→ El hablante B no se da cuenta de que, en este contexto, el hablante A no espera con su pregunta una respuesta detallada sobre su familia, sino solamente otra fórmula de cortesía en respuesta a su saludo, como "Bien, gracias" u otro formulismo típico de la cortesía verbal.

▶ *Actividad de ampliación*

En parejas o grupos, los alumnos pueden pensar en malentendidos personales que han experimentado alguna vez o que podrían ocurrir en una situación concreta. Por ejemplo, un estudiante hispanohablante de inglés que llega tarde a clase y le da una excusa poco creíble a su profesor. Con cierta incredulidad e ironía, el profesor dice *Get out of here!* con el significado de "¿en serio?" o "¿estás de broma?". Acto seguido, el alumno se levanta y se va de la clase. Se les puede dar este escenario para que expliquen cómo se podría haber formulado una disculpa en esa situación y por qué el estudiante no ha comprendido el valor pragmático de dicha expresión. Los estudiantes pueden pensar en otras situaciones análogas y en otras expresiones en inglés en las que no exista correspondencia entre el contenido lingüístico y el valor pragmático o intención comunicativa desconocidos por un hablante de otra lengua o cultura.

Actividad 21

Una vez que los estudiantes hayan visto el vídeo y leído la transcripción, se les puede animar a que intenten incorporar toda la información que han aprendido sobre las principales teorías pragmáticas en las respuestas a las preguntas.

Soluciones

Actividad 21. Escucha el siguiente texto. Después lee la transcripción y responde a las preguntas.

◉ Vídeo: https://www.youtube.com/watch?v=m8x85PWw0Ic

▶ Título del vídeo en YouTube: "Habla Inma".

Transcripción:
La primera vez que llegué a América pues yo traducía *How are you?* como "¿Cómo estás?". Entonces qué pasaba… que la gente, *How are you?* y yo que tenía un montón de problemas en aquella época, pues me paraba a contarle mi vida a todo el mundo: *I miss my family, I miss home, Oh, I am feeling depressed! This place is not for me! I can't cope with this! I am really stressed!* Total que… me daba cuenta que la gente me ponía unas caras muy raras como esta mujer está loca o qué le pasa… Total, que después de ya unos meses me di cuenta que *How are you?* esperaba la respuesta *Good!* que no es más que un saludo como *Hi!* que es nuestro ¡Hola!; voy con prisa; déjeme; no quiero intervenir en tu vida; porque no me importa; porque solo pienso en mí; porque solo me importa el dinero… Eh… me di cuenta que *How are you?* requería *Good!*, que no es ni siquiera correcta en inglés porque sería *Fine, thank you!* no *Good!*, que es un nombre

en vez de un adverbio y perdonen que les cuente este rollo, pero creo que es importante que ustedes se enteren. Si acaban de venir a América, que no se les ocurra a ustedes explicarle su vida a alguien que les pregunte *How are you?*, porque realmente les aseguro que no les interesa.

✍ **Preguntas:**

1. Resume con tus propias palabras el malentendido cultural que se describe desde el punto de vista de la cortesía verbal.

Se explica un malentendido cultural de una hispanohablante (español de Andalucía) en los Estados Unidos en relación con la fórmula de cortesía *How are you?* y que ella traduce literalmente como *¿Cómo estás?* La hablante desconoce el valor pragmático y de cortesía verbal que ese mensaje posee en inglés, de ahí que diga que lo "traducía" al español. Posiblemente la hablante busca dicha equivalencia por el significado literal de ambas fórmulas y estructuras, verbo *to be* y verbo *estar*, o los pronombres interrogativos *how* y *cómo*. Sin embargo, como se describe desde el punto de vista pragmático, dichas fórmulas no son del todo equivalentes. La estructura silábica similar en ambas preguntas ha podido contribuir a reforzar también esta idea de aparente equivalencia.

2. Según lo que se dice, explica el funcionamiento de la fórmula de cortesía *¿Cómo estás?* y las expectativas del hablante y del oyente en las culturas hispánicas.

La fórmula de cortesía *¿Cómo estás?* responde en español a un uso entre los hablantes que, por lo general, puede requerir detenerse a conversar brevemente para responder a dicha pregunta. La protagonista del vídeo explica que un equivalente más directo de *How are you?* es *¡Hola!* que sería simplemente saludo. Sin embargo, cabe destacar que algunos rasgos suprasegmentales como la entonación podrían contribuir en inglés a que *How are you?* tuviera un valor más equivalente al español, es decir, mostrando con dichos rasgos suprasegmentales (entonación) un interés por el estado de ánimo del interlocutor.

3. La persona que habla hace un comentario sobre gramática. ¿Estás de acuerdo con lo que dice? ¿Por qué crees que la gente responde de esta forma en inglés ante tal pregunta?

La protagonista del vídeo hace una observación gramatical sobre el funcionamiento en inglés de la relación gramatical de pregunta y respuesta entre *How are you? Good!* en lugar de *Fine, thank you!* Le llama la atención la falta de correspondencia gramatical con "good" como sustantivo, aunque también sea adjetivo, en la respuesta en lugar de "well" como adverbio. Sin embargo, una de las explicaciones de por qué se ha constituido este uso deriva del hecho de que se trata de un uso "institucionalizado" del lenguaje propio de la cortesía verbal y de la idiomaticidad de la lengua.

4. ¿Se te ocurren otros ejemplos de falta de equivalencia en las fórmulas rutinarias de la cortesía verbal en inglés y en español? ¿Cómo se marca la distancia entre los hablantes en una lengua u otra?

Por ejemplo, decir en inglés *Don't mention it* (*No hay de qué*) y *De nada* (*You're welcome*) en español. En inglés no hay una forma equivalente como "usted" y la distancia entre los hablantes se marca con otros formulismos, *Please*, el uso del condicional o de estructuras con "would", *Would you mind. . .*, vocativos "Sir / Madam" o la entonación.

5. Ahora busca dos fórmulas rutinarias que sean distintas en dos países hispanohablantes. Explica su estructura y función comunicativa desde el punto de vista pragmático.

Existen diferencias en el mundo hispanohablante en el uso de formulismos o expresiones propias de la cortesía verbal. Por ejemplo, en Bogotá (Colombia) es habitual escuchar las expresiones *¡Qué pena!* o *¡Me da pena con usted!* para llamar la atención de alguien en la calle y preguntarle la hora, o cómo se llega a un lugar. Pese a su significado literal, en un contexto de este tipo, estas fórmulas de cortesía no se usan propiamente para disculparse. Este ejemplo muestra que hay diferencias pragmáticas en la cortesía verbal dentro del mundo hispanohablante.

Actividad 22

Esta actividad muestra que la ironía es una práctica comunicativa habitual entre los hablantes. Como se pueden apreciar en los ejemplos, es necesario el contexto para entender el mensaje correctamente, ya que la ironía a menudo da a entender una información distinta u opuesta a lo expresado en términos verbales.

Soluciones

Actividad 22. En cada una de las siguientes situaciones hay al menos un comentario irónico. Decide cuáles de los comentarios son corteses a la vez que irónicos. Aquellos que no lo sean, ¿podrían cambiarse de modo que lo fueran?

1. En clase, el profesor hace una pregunta general y nadie levanta la mano para responder. Al cabo de unos segundos, el profesor exclama: "¡Todos a la vez, no, por favor! No les entiendo cuando hablan todos a la vez".
→ Por un lado se podría argumentar que no es cortés. En lugar de afirmar lo contrario a lo que sucede, podría simplemente preguntar si alguien puede contestar, pedir un voluntario o escoger él mismo a un estudiante. Por otro lado, se podría decir que es cortés y que se expresa con la ironía para romper el hielo.

2. Después de comerte el postre en menos de dos minutos, tu anfitrión te dice: "Veo que no te gustó nada".
→ Es cortés, y el anfitrión espera un comentario positivo lleno de halagos por parte de su interlocutor.

3. Reservaste un vuelo por teléfono y el agente de viajes te dicta el número de reserva muy rápidamente. En ese momento le dices: "¿Me lo podría repetir un poco más deprisa, por favor?".
→ No es cortés. Para resultar cortés debería decir algo como "Perdone, no me ha dado tiempo a tomar nota, ¿podría repetirlo?".

4. Entras en el banco y el empleado de la ventanilla te ignora. Como ves que no te hace caso le dices: "¡Buenos días tenga usted también! Me gustaría depositar este cheque".

→ No es cortés. Debería comenzar diciendo simplemente *Buenos días*, sin agregar el "a usted también".

✎ **Ahora transforma las situaciones comunicativas anteriores para que haya ausencia de ironía. Fíjate en el ejemplo.**

1. En clase el profesor hace una pregunta general y nadie levanta la mano para responder. Después de unos segundos, el profesor exclama: "¡Todos a la vez, no, por favor! No les entiendo cuando hablan todos a la vez".
→ "Agradecería que hubiera un voluntario o voluntaria".

Soluciones:
2. Después de comerte el postre en menos de dos minutos, tu anfitrión te dice: "Veo que no te gustó nada".
→ "Si quieres un poco más, puedes repetir".

3. Reservaste un vuelo por teléfono y el agente de viajes te dicta el número de reserva muy rápidamente. En ese momento le dices: "¿Me lo podría repetir un poco más deprisa, por favor?".
→ "No me ha dado tiempo a apuntar el número. ¿Me lo podría repetir, por favor?".

4. Entras en el banco y el empleado de la ventanilla te ignora. Como ves que no te hace caso le dices: "¡Buenos días tenga usted también! Me gustaría depositar este cheque".
→ "Disculpe, ¿me podría ayudar? Me gustaría depositar este cheque. Gracias".

✎ **¿Qué situaciones parecen indicar mayor irritabilidad por parte del hablante? Justifica tu respuesta.**

Desde el punto de vista de la intención del hablante, se puede argumentar que el contenido irónico muestra en algunos casos "irritabilidad", como en los ejemplos 1, 3 y 4. El ejemplo 1 puede ser además una manera humorística a través de la ironía de romper el hielo para que los estudiantes participen. En el ejemplo 2 se podría decir que se trata de una especie de confirmación de que "la comida estaba buena".

Actividad 23

Esta actividad sugiere que los estudiantes exploren algunas de las publicaciones relacionadas con la ironía y el humor desde el punto de vista pragmático. En la página web del grupo GRIALE (Grupo de Investigación sobre Ironía y Humor en Español) se podrá encontrar más información sobre la investigación en curso.

Soluciones

Actividad 23. El grupo de investigación GRIALE de la Universidad de Alicante (España) estudia la ironía y el humor desde el punto de vista lingüístico. Consulta su página web y prepara una presentación oral sobre un artículo de uno de los miembros del grupo investigador.

Actividad libre.
⚥ Grupo de investigación GRIALE: http://dfelg.ua.es/griale

✎ **Pautas:**

1. Explica qué aspecto lingüístico relacionado con la ironía o el humor se analiza en el artículo.

2. Resume cuáles son las principales hipótesis de partida del estudio.

3. Identifica los marcos teóricos pragmáticos, o de otro tipo, con los que se trabaja.

4. Enumera cuáles son algunas de las aportaciones o conclusiones del estudio que contribuyen a entender la ironía o el humor.

Una interesante línea de investigación de la que se ocupa el grupo GRIALE es la aplicabilidad de la ironía y del humor a la enseñanza de lenguas. Se recomienda consultar asimismo algunas de las referencias en el capítulo sobre las principales teorías del humor (Morreall 1983; Attardo 2008), teorías del alivio de tensiones del humor (Freud 1905/1960; Gruner 1997), teorías de la superioridad del humor (Gruner 1978), y teorías de la incongruencia del humor (Raskin 1985; Attardo 1994).

Actividad 24

En esta actividad final se pretende que los alumnos empleen todos los conocimientos de semántica y pragmática que han ido adquiriendo a lo largo del capítulo. Pueden trabajar en parejas o grupos y luego contrastar lo que hayan encontrado. Será necesario visionar el vídeo varias veces y también hacer una lectura detallada del diálogo, ya que puede haber elementos del humor (juegos de palabras, dobles significados, etc.) que no se aprecien de manera directa en una primera lectura. Después se puede organizar una puesta en común con el profesor sobre aquellos aspectos de la lengua que hayan parecido más ingeniosos y que contribuyen al humor.

Soluciones

Actividad 24. Mira el vídeo del grupo humorístico argentino Les Luthiers. *Después lee la transcripción, analiza el diálogo y responde a las preguntas teniendo en cuenta los conocimientos que has aprendido en el capítulo.*

👁 Vídeo: http://www.youtube.com/watch?v=tlzNGCBp1TE

▶ Título del vídeo en YouTube: "Lo importante que es saber idiomas".

Transcripción:

"Lo importante que es saber idiomas". Les Luthiers, Radio Tertulia (Gusty Morgan)

MM: Ah, ¿tenemos esa comunicación? Ah, bueno, menos mal. Vamos a terminar el programa con algo muy lindo para nuestros oyentes, una sorpresa realmente. Sí, estamos en comunicación con Londres, vamos a conversar con los integrantes de London Inspection. Bueno, digamos, antes que nada, que no fue nada fácil conseguir esta entrevista, ellos no le dan entrevistas a nadie …

DR: ¿Son muy famosos?

MM: No, nadie se las pide. Eh… *Hello!*

DR: *Hello!*

MM: *Hello!*

DR: *Hello*, ¡sí!

MM: Ah, ¿era usted? Eh… ¿Podrían decirnos para Argentina y América Latina…? Eh… Y ¿qué les pregunto?

DR: Algo interesante para nuestra tertulia.

MM: ¿Podrían decirnos qué hora es en Londres en este momento?

JM: *Eleven forty.*

MM: ¡Traducí!

DR: ¡No sé!

MM: ¡Ah, está bien! "Eleven".

DR: ¿Qué es eso?

MM: Se ve que no escuchan bien, que eleven la voz.

DR: "Forty"… más fuerte. ¡Ahora le vamos a hablar más "forty"! Por favor, ¿podrían presentarse para el público de Radio Tertulia?

CL: *Oh, yes! We are the group …*

DR: Somos el grupo …

CL: *London Inspection.*

DR: En lo hondo del pecho. ¿Podría decirnos cada uno su nombre?

CN: *I'm Oscar Bird.*

DR: Hay moscas verdes.

CL: *Terry Bill Wells.*

DR: Huele terrible.

JM: *Stan Commodore.*

DR: Están cómodos.

MM: Ahora, ¡qué tipos raros! ¡Huele terrible, hay moscas verdes pero ellos están cómodos!

DR: Eh… ¿Hace mucho que se conocen?

JM: *Seven years.*

MM: Que se venían, dice.

DR: ¿Hace mucho que se conocen?, les pregunté.

MM: Ah, "seven".

DR: ¿Qué es eso?

MM: Que hace mucho que se ven.

DR: ¡Ah, «se ven»! Lo pronuncian mal, no se les entiende. Qué inglés cerrado, ¿no? Sí, deben ser de algún suburbio.

MM: Sí, me parece que estos son de Temperley, no más. Eh… ¿Podrían contarnos cómo fue su debut como grupo musical?

CN: *It was in a Christmas party.*

MM: Les partieron la crisma.

CL: *At that party, we met the great manager Buster Lyndon.*

MM: Que va a estar lindo.

CL: *We didn't know him, but somebody told us: "this person is the manager".*

MM: El manager… este… estaba disperso.

CN: *He liked our music very much.*

DR: Era muy macho.

JM: *And the manager said …*

DR: El manager tenía sed.

JM: *Come on! Trust me!*

MM· Eh… "continueishon".

CN: *He was… He was a wonderful son of a bitch.*

DR: Magnífica zona de bichos.

CL: *Then I said: I want you!*

DR: ¿Tiene sed? ¡Aguante!

CL: *I believe you!*

MM: ¡A Bolivia!

DR: ¿Qué es eso?

MM: Ah, no, la primera gira.

DR: ¿Londres-Bolivia?

MM: Está bien, no, no, el único peligro es que si vienen a Bolivia después vengan acá. Eh… Bueno, y ahora ya, para ir… este… "redondieiting", ¿podrían decirnos para Argentina, América Latina…?

DR: Y el cono urbano, también.

MM: ¿Podrían decirnos cuál es su mayor deseo?

JM: *We want… peace!*

MM: No, no, está bien, está bien, pero digo, pero… ¿los tres a la vez?

JM: London Inspection: *Yes, peace!*

MM: Ah, bueno, eh… no queremos seguir reteniéndolos… Ni que ellos sigan reteniendo… ¡Qué bárbaro nos salió!

DR: ¡Es fantástico! Estos reportajes así, qué importante es saber idiomas. Bueno, ya son las diez de la mañana, vamos a ir terminando el programa. Esto ha sido todo por hoy, queridos oyentes. Hasta mañana, querido Murena.

MM: Hasta mañana Ramírez, aquí finaliza otro programa de …

LI: Tanto tiempo que …

DR y MM: Finaliza el programa… finaliza el programa …

LI: Radio tertulia …

MM: Nuestra opinión y la tuya.

LI: Que ahora va a comenzar …

Integrantes del grupo argentino de humor *Les Luthiers*: CL (Carlos López Puccio); CN (Carlos Núñez Cortés); DR (Daniel Rabinovich); EA (Ernesto Acher); JM (Jorge Maronna); MM (Marcos Mundstock).

☝ **Preguntas sobre el diálogo:**

1. ¿Qué mecanismos lingüísticos utilizan *Les Luthiers* para crear mensajes humorísticos? ¿Se trata de ambigüedad semántica, juegos de palabras, homofonía, semejanzas fonéticas, ironía, etc.?

Ambigüedad, ironía y semejanzas fonéticas.

2. Escoge tres ejemplos de enunciados humorísticos del diálogo y explica con tus propias palabras cómo funcionan desde el punto de vista semántico y pragmático.

Ambigüedad → MM: Ah, bueno, eh... no queremos seguir reteniéndolos... Ni que ellos sigan reteniendo... Juegan con el significado de la palabra "retener", que puede significar o bien "sujetar" o "entretener a alguien", o bien "retener líquidos". En este caso se da a entender que se trata de "retener las ganas de ir al baño" por el contexto anterior del diálogo.
Ambigüedad → JM: Eleven forty. MM: ¡Traducí! DR: ¡No sé! MM: ¡Ah, está bien! 'Eleven'. DR: ¿Qué es eso? MM: Se ve que no escuchan bien, que eleven la voz.
Ambigüedad → MM: Ah, 'seven'. DR: ¿Qué es eso? MM: Que hace mucho que se ven.

Semejanzas fonéticas → La traducción de los tres nombres propios juega con la fonética del inglés y su percepción por parte de un hablante nativo español. CN: *I'm Oscar Bird*, DR: Hay moscas verdes. / CL: *Terry Bill Wells.*, DR: Huele terrible. / JM: *Stan Commodore.*, DR: Están cómodos.
Semejanzas fonéticas → CL: *I believe you!* MM: ¡A Bolivia!
MM: ¿Podrían decirnos cuál es su mayor deseo?
Semejanzas fonéticas → JM: *We want... peace!* MM: No, no, está bien, está bien, pero digo, pero... ¿los tres a la vez? London Inspection: *Yes, peace!*

Ironía → DR: ¡Ah, «se ven»! Lo pronuncian mal, no se les entiende. Qué inglés cerrado, ¿no? Deben ser de algún suburbio.
Ironía → MM: Sí, me parece que estos son de Temperley, no más. Eh... (Temperley es un barrio de Buenos Aires pero suena como si fuera un lugar de Inglaterra).
Ironía → MM: Hasta mañana Ramírez, aquí finaliza otro programa de... LI: Tanto tiempo que.... DR y MM: Finaliza el programa... finaliza el programa... LI: Radio tertulia.... MM: Nuestra opinión y la tuya. LI: Que ahora va a comenzar ...

3. Teniendo en cuenta el contexto de la comunicación del diálogo, explica el enunciado: *¡Es fantástico! Estos reportajes así, qué importante es saber idiomas.*

Ironía positiva, el hablante trata de salvar tanto su imagen como la de su interlocutor.

4. ¿Se te ocurren otros enunciados para crear humor que funcionen de manera similar a los que han aparecido en el diálogo en tu propia lengua o en otra que conozcas? Justifica tu respuesta.

Aquí el estudiante puede comparar los mecanismos encontrados en el texto para ver si podrían funcionar en inglés o en otra lengua.

5. ¿Qué habría que hacer si se quisiera traducir este diálogo humorístico al inglés y preservar el humor? ¿Cuáles serían algunas de las dificultades desde el punto de vista semántico y pragmático?

Habría que reconstruir de alguna forma la especificidad lingüística y cultural en el inglés. Para ello quizás habría que cambiar el contexto cultural y que los hablantes, en lugar de llamar al Reino Unido, lo hicieran a Argentina. Resultaría complicado pero se podrían buscar mecanismos lingüísticos que, sin ser equivalentes desde el punto de vista semántico, podrían contribuir a mantener el humor desde una perspectiva pragmática.

Sobre la traducción del humor, se pueden consultar los siguientes volúmenes:

Chiaro, D., ed. 2010. *Translation, Humour and Literature*. Vol. 1. Londres: Continuum.
Chiaro, D., ed. 2010. *Translation, Humour and the Media*. Vol. 2. Londres: Continuum.

▶ *Actividad de ampliación*

Se puede escribir el siguiente chiste en la pizarra y pedirles a los estudiantes que interpreten cómo se crea el humor:

Era una adivina tan buena, tan buena, tan buena que no solo adivinaba el futuro, sino también el pretérito pluscuamperfecto de subjuntivo.

Se trata de una situación de incongruencia debido a la ambigüedad de la palabra "futuro", que hace referencia al "porvenir" y al tiempo verbal de "futuro". Se añade "pluscuamperfecto de subjuntivo", que es algo que no se puede adivinar y que tampoco resulta ambiguo. Otra posible actividad de ampliación puede ser buscar mensajes publicitarios en español (prensa, vídeos, etc.) que jueguen con el lenguaje y que hagan uso del humor. Los estudiantes deberán hacer un análisis lingüístico del mensaje para explicar a) su composición formal según la selección de muestras de lengua realizada, b) la intencionalidad del mensaje y c) la creación del humor de cara al receptor del texto. Después se puede generar un pequeño debate sobre si este tipo de mensaje humorístico podría funcionar en otra cultura.

3. Proyectos de investigación

1. Cuando se acude a un diccionario se debe escoger el término más adecuado según el contexto de la comunicación. A partir de los diferentes tipos de diccionarios que existen, monolingüe, bilingüe, de sinónimos y antónimos, combinatorio, etc., y bases de datos con muestras auténticas de la lengua, *CREA*, *CORPES XXI*, *Corpus del español*, etc., diseña dos actividades que le podrían ayudar a un estudiante de español como L2 a hacer mejor uso de estas herramientas de aprendizaje.

Recursos:

Corpus del español

http://www.corpusdelespanol.org/

Corpus de Referencia del Español Actual (CREA)

http://corpus.rae.es/creanet.html

Corpus del Español del Siglo XXI (CORPES XXI)

http://web.frl.es/CORPES/view/inicioExterno.view;jsessionid=31FD245E0DF89902BC013
7ED32712E60

Parodi, G. 2015. "Corpus de aprendices de español (CAES)". *Journal of Spanish Language Teaching* 2 (2): 194-200.

http://www.tandfonline.com/doi/full/10.1080/23247797.2015.1084685

Lozano, C. 2015. "Learner Corpora as a Research Tool for the Investigation of Lexical Competence in L2 Spanish". *Journal of Spanish Language Teaching* 2 (2): 180-193.

http://www.tandfonline.com/doi/full/10.1080/23247797.2015.1104035

2. Busca cinco titulares de periódicos en los que se pueda apreciar cómo se condensa la información, en los que se utilicen palabras o expresiones con varios significados o que formen parte del lenguaje idiomático. Después explica cuál es, por un lado, el significado conceptual o denotativo, es decir, la información léxica directa y, por otro, cuál es el significado asociativo o connotativo y, por lo tanto, algunas de las posibles asociaciones semánticas de dichos titulares.

Recursos:

Buscador de prensa y medios de comunicación en español

http://www.prensaescrita.com/

Hall, S. 2004. "Codificación y descodificación en el discurso televisivo". *CIC Cuadernos de Información y Comunicación* 0 (9): 215-236.

3. Investiga algunas de las diferencias que existen en relación con la cortesía verbal en los diferentes países hispanohablantes. Puedes analizar aspectos como el uso de los pronombres personales de sujeto, del imperativo, de formulismos que se utilizan para saludarse, disculparse, llamar la atención de un desconocido, etc. Una vez que hayas contrastado esta información, prepara una presentación oral en la que expongas las muestras de lengua que has recogido y en la que expliques las diferencias lingüísticas que has observado.

Recursos:

Bravo, D. ed. 2014. "Nuevos avances en el estudio de la cortesía y la descortesía en Latinoamérica". *Signo y Seña* 26.

Félix-Brasdefer, J. C. 2010. "Intra-Lingual Pragmatic Variation in Mexico City and San José, Costa Rica: A Focus on Regional Differences in Female Requests". *Journal of Pragmatics* 42 (11): 2992-3011.

4. Como hemos visto en el capítulo, la ironía y el humor son dos aspectos complejos de la lengua, puesto que para producirlos los hablantes transgreden a menudo las máximas conversacionales y requieren un mayor esfuerzo cognitivo a la hora de inferir el significado. Busca un texto humorístico auténtico, como el que ha aparecido en el capítulo, en el que se pueda apreciar estos componentes de la lengua. Selecciona algunas muestras y analiza diferentes aspectos semánticos y pragmáticos del texto que te ayuden a comprenderlo mejor. Después presenta tus resultados al resto de la clase.

Recursos:

Attardo, S. y V. Raskin. 1991. "Script Theory Revis(it)ed: Joke Similarity and Joke Representation Model". *Humor – International Journal of Humor Research* 4 (3-4): 293-348.

Monográfico "Humor y comunicación". *Espéculo* 50.

4. Preguntas de ensayo

Las siguientes preguntas pueden servir como temas de ensayo una vez que se hayan abordado los contenidos del capítulo.

1. Explica en qué medida nos pueden servir las relaciones semánticas entre palabras para comprender cómo se configura el léxico en una lengua y los papeles temáticos para entender las relaciones semánticas que se establecen entre los elementos de una oración.

2. Explica cuál o cuáles son las posibles funciones de la metáfora en el uso de la lengua en la vida cotidiana.

3. ¿Cuáles son algunas de las posibles ventajas y limitaciones de la teoría de los actos de habla, el principio de cooperación y la teoría de la relevancia?

4. Explica e ilustra con tus propias palabras algunas de las posibles conexiones y diferencias entre la cortesía verbal, la ironía y el humor en la comunicación humana.

5. Analiza el concepto de imagen pública (*face*) y determina si crees que dicho concepto es estático o si se relaciona con los cambios que se producen en la sociedad.

6. ¿Qué funciones cumple la deíxis en la lengua? Explica cómo se manifiesta este fenómeno en el discurso habitual de un hablante.

5. Glosario bilingüe de términos de semántica y pragmática

A

acto cortés (*polite act*). Acto propio de la cortesía lingüística como dar las gracias o disculparse.

acto de habla asertivo (*assertive speech act*). También llamado constatativo, es el acto de habla que nos dice cómo son las cosas, se limita a describir el mundo. Por ejemplo, *Hace frío en Montreal.*

acto de habla comisivo (*commisive speech act*). Acto de habla que dirige la conducta del propio hablante, p. ej., prometer algo, *Te prometo que llegaré a tiempo.*

acto de habla declarativo (*declarative speech act*). Acto de habla que cambia el mundo en virtud del poder del hablante, p. ej., un juez puede casar, declarar a alguien culpable o absolverlo, *Yo os declaro marido y mujer.*

acto de habla directivo (*directive speech act*). Acto de habla que dirige la conducta del oyente, p. ej., *Pásame el pan.*

acto de habla expresivo (*expressive speech act*). Acto de habla que nos informa sobre el estado de ánimo del hablante, p. ej., *temo que*, *ojalá*, *me alegro de que*, etc.

acto de habla ilocutivo o **ilocucionario** (*ilocutionary speech act*). Acto de habla que se realiza al decir algo y tiene que ver con la intención comunicativa. Por ejemplo, el verbo *aconsejar* no posee la misma intención o función comunicativa que el verbo *ordenar*. Para que la comunicación se desarrolle con éxito, el hablante debe saber interpretar dicha función. Cada vez que emitimos un enunciado se activan las tres dimensiones de manera simultánea: *acto locutivo*, *acto ilocutivo* y *acto perlocutivo*.

acto de habla indirecto (*indirect speech act*). Acto en el cual el hablante se comunica por medio de un enunciado distinto a lo que expresa. Por ejemplo, cuando le preguntamos a alguien si "puede pasarnos la sal", no le estamos preguntando sobre su capacidad física para realizar tal acción, sino que le estamos pidiendo "que nos pase la sal".

acto de habla locutivo o **locucionario** (*locutionary speech act*). Acto de habla que se realiza por el mero hecho de decir algo. Corresponde a la propia emisión de sonidos y palabras con un sentido prefijado por el hablante; designa algo y hace referencia a un estado de cosas en el mundo. Cada vez que emitimos un enunciado se activan las tres dimensiones de manera simultánea: *acto locutivo, acto ilocutivo* y *acto perlocutivo.*

acto de habla perlocutivo o **perlocucionario** (*perlocutionary speech act*). Acto de habla que se realiza por haber dicho algo, es decir, se refiere a las consecuencias que puede tener la emisión de un acto de habla de pensamientos, sentimientos y acciones y, por lo tanto, los efectos producidos en el interlocutor. Cada vez que emitimos un enunciado se activan las tres dimensiones de manera simultánea: *acto locutivo, acto ilocutivo* y *acto perlocutivo.*

acto descortés (*impolite act*). Actos tales como *amenazar* o *insultar.*

acto no cortés (*non-polite act*). Actos neutros, tales como *aserciones* o *indicaciones.*

agente (*agent*). Papel temático que describe al iniciador o actor de la acción, p. ej., *Beatriz golpeó la pelota.*

antonimia (*antonymity*). Relación semántica entre palabras cuyos significados se consideran opuestos. Existen "antónimos graduales", p. ej., *alto / bajo*, "antónimos complementarios", p. ej., *vivo/muerto*, y "antónimos recíprocos", p. ej., *padre/hijo*. Véase **sinonimia**.

antónimos complementarios (*complementary antonyms*). Los dos términos son mutuamente excluyentes, como los adjetivos *casado* y *soltero*, ya que no existe gradación posible. Un sujeto A no puede estar más *casado* que uno B, ni uno B más *soltero* que uno A. O "está casado" o "está soltero". Otros ejemplos son: *legal – ilegal* o *verdadero – falso*. Esto no impide que en la lengua se puedan utilizar intensificadores con un valor irónico o con significados lexicalizados como, por ejemplo, *Juan no vendrá al partido, ahora está muy casado*. En esta oración "muy casado" podría equivaler a que "no tiene mucho tiempo", "no sale de casa tanto como antes", etc.

antónimos graduales (*gradual antonyms*). No presentan una oposición absoluta, sino gradual. Por ejemplo, los adjetivos *rico* y *pobre* son antónimos graduales porque un sujeto A puede ser más *rico* o más *pobre* que otro sujeto B. La oposición, por lo tanto, no es absoluta. Otros pares de antónimos graduales son *bonito – feo* o *lleno – vacío.*

antónimos recíprocos (*recyprocal antonyms*). Los dos términos opuestos se necesitan mutuamente para definirse. Un ejemplo de este tipo de antonimia es *comprar* y *vender*. Para *comprar* algo, alguien lo tiene que *vender*. Por este motivo decimos que son antónimos recíprocos, porque no pueden existir el uno sin el otro. Otros ejemplos de este tipo son *dar – recibir* o *enseñar – aprender.*

autoironía (*autoirony*). Ironía que el hablante emplea para salvar su imagen pública ante posibles amenazas durante el acto comunicativo.

B

beneficiario (*beneficiary*). Papel temático que describe a quien recibe el beneficio de la acción, p. ej., *Compro los bombones para Clara.*

C

categorización (*categorization*). Clasificación de cada palabra según su clase gramatical (sustantivo, adjetivo, verbo, preposición, etc.). Por ejemplo, la categorización de la palabra *comer* nos informa de que es un verbo, y la de la palabra *comida* de que es un sustantivo.

codificación-descodificación (*codification-decodification*). Mecanismo que según la teoría de la relevancia (Sperber y Wilson 1986/1995) se activa en la comunicación y que implica conocer el código y el sistema de una lengua. Por ejemplo, si un hablante dice *Tengo hambre*, en la codificación "el hablante pone de manifiesto un contenido en un código lingüístico o lengua determinada", y en la descodificación "el oyente que conoce la lengua recupera el contenido lingüístico del mensaje". Véase **ostensión-inferencia** y **teoría de la relevancia**.

código (*code*). Lengua usada para comunicar un mensaje, la cual ha de ser compartida al menos parcialmente por el emisor y el receptor.

conclusión (*conclusion*). Supuesto que acabamos aceptando tras inferir su significado.

contexto común (*mutual knowledge*). Información compartida por el emisor y el receptor durante un acto comunicativo. Véase **teoría de la relevancia**.

cortesía de categorías formales (*formal politeness*). Tipo de cortesía que opera a un nivel pragmalingüístico y se basa en un análisis de los actos de habla, como pueden ser el tono de voz, el uso de diminutivos, la elección de pronombres personales o el uso de actos de habla indirectos.

cortesía de categorías funcionales (*functional politeness*). Tipo de cortesía que posee un carácter sociocultural, como puede ser "hablar para evitar el silencio en un ascensor" o "no interrumpir a una persona mientras habla".

cortesía lingüística (*linguistic politeness*). Estrategia conversacional capaz de evitar conflictos y mantener buenas relaciones durante los intercambios comunicativos entre los hablantes.

cortesía no verbal (*non-communicative politeness*). Cortesía no comunicativa que corresponde a modales y etiqueta, como "abrir la puerta" o "dejar pasar primero a las personas mayores".

creencia (*belief*). Enunciado o supuesto que constituye un hecho que creemos verdadero.

D

deferencia (*deference*). Regla de cortesía (R. Lakoff 1990) que ofrece opciones al interlocutor y que, de algún modo, muestra indecisión. Véanse **camaradería** y **distancia**.

deíctico (*deictic*). Término de diferentes categorías gramaticales (pronombres, demostrativos, adverbios, etc.) cuyo significado depende del contexto de la comunicación. Véase **deíxis**.

deíxis (*deixis*). Conjunto de referencias a elementos del contexto de la comunicación que se llevan a cabo mediante diferentes categorías gramaticales (pronombres, demostrativos, adverbios, etc.). Estas categorías codifican en la lengua aspectos personales, espaciales, temporales, etc., del contexto, y su interpretación depende del momento específico de la enunciación. Véase **deíctico**.

deíxis espacial (*spatial deixis*). Deíxis que se refiere a un lugar o espacio determinado con el uso de deícticos como *aquí* o *allí*.

deíxis personal (*personal deixis*). Deíxis en la que los deícticos hacen referencia a una persona, p. ej., los pronombres *yo*, *tú*, *ella*, etc.

deíxis social (*social deixis*). Deíxis que sitúa el lenguaje en su contexto de uso inmediato mediante el uso de expresiones que denotan distancia social o formas de respeto, p. ej., el contraste entre *tú/vos* y *usted*.

deíxis temporal (*time deixis*). Deíxis que hace referencia a un punto determinado en el tiempo con el uso de deícticos como *ayer* o *esta tarde*.

distancia (*distance*). Regla de cortesía (R. Lakoff 1990), planteada desde el punto de vista físico en relación con la proxémica (Hall 1963). Comportamiento cortés que generalmente se basa en el uso de expresiones impersonales y no impositivas. Véase **camaradería** y **deferencia**.

ditransitividad (*ditransitivity*). Propiedad por la cual un verbo toma dos complementos, p. ej., *Le dio el regalo a su amigo*, donde *el regalo* es el complemento directo y *a su amigo* es el complemento indirecto

E

enunciado (*proposition*). Unidad comunicativa que equivale a la contribución de un hablante a la comunicación.

enunciado relevante (*relevant proposition*). Enunciado que produce efectos cognoscitivos y conlleva poco esfuerzo de procesamiento o interpretación.

experimentador (*experiencer*). Papel temático que describe a quien siente o percibe las acciones, p. ej., *Rosa vio el eclipse*.

F

fraseología (*phraseology or idiomatic language*). Véase **lenguaje idiomático**.

fuente (*source*). Papel temático contrario a la meta que describe el lugar en el que comienza el movimiento, p. ej., *Julia le dio el lápiz a Jorge*.

fuerza ilocutiva (*ilocutionary force*). Intención comunicativa del acto ilocutivo. Por ejemplo, al decir *¿Me puedes pasar el pan?* la intención es comunicar una petición cortés, mientras que *¡El pan!* constituye un mandato.

H

hiponimia (*hyponymy*). Relación semántica que se da entre palabras cuando el significado de un término está incluido en el de otro. Hablamos de *hiperónimo* cuando se trata de una palabra con contenido semántico amplio, *flor*, *ropa*, *vivienda*, y de *hipónimo* cuando el significado es más específico, ya que posee características semánticas diferenciadoras con respecto a su hiperónimo, *flor* (*clavel*, *margarita*, *rosa*), *ropa* (*camisa*, *falda*, *pantalón*), *vivienda* (*apartamento*, *casa*, *edificio*). Los hipónimos conforman en su conjunto un *campo semántico*. Por ejemplo, *autobús*, *automóvil*, *avión*, *metro*, *tranvía*, *tren*, conforman el campo semántico de medios de transporte.

homofonía (*homophony*). Relación que se produce entre las palabras cuando dos palabras se pronuncian igual, se escriben de forma diferente y se refieren a conceptos distintos. Ejemplos de palabras homófonas son: *baca – vaca*, *hasta – asta*, *sabia – savia*, etc. Cuando los dos términos homófonos se escriben de manera idéntica se denominan *homógrafos*, por ejemplo, *¿Cuánto vale?*, verbo *valer*; *No llevo el vale de descuento*, es decir, con el significado de "bono o tarjeta"; *Vale, te ayudare con el proyecto*, como interjección para mostrar acuerdo.

homonimia (*homonymy*). Relación semántica que identifica dos términos que presentan la misma forma, pero dos o más significados sin ninguna relación entre sí. Las palabras homónimas poseen etimologías distintas que, de manera casual, han llegado a coincidir en sus significantes pero presentan diferentes significados. Por ejemplo, *banco*, "entidad financiera", "lugar donde sentarse en un parque" y "grupo de peces que nadan juntos".

I

idiomaticidad (*idiomaticity*). "Conjunto de rasgos lingüísticos (composición morfosintáctica específica), semánticos (denotativos y connotativos), pragmáticos y culturales propios de una lengua, compartidos por emisor y receptor, que permiten que la comunicación se lleve a cabo con éxito" (Muñoz-Basols 2016, 442).

imagen negativa (*negative face*). Dentro del ámbito de la pragmática es el deseo de cada individuo de que su imagen pública no se vea dañada.

imagen positiva (*positive face*). Dentro del ámbito de la pragmática es la imagen pública que cada individuo tiene de sí mismo y que aspira a que respeten los demás.

imagen pública (*face*). Dentro del ámbito de la pragmática es un término de la cortesía lingüística desarrollado por Brown y Levinson (1987). Fue introducido previamente por Erving Goffman (1956, 1959, 1967) en la sociología a partir de la existencia de principios universales en relación con el comportamiento social de los seres humanos. Cada individuo posee una serie de creencias sobre la *imagen pública* que ostenta como parte de la sociedad, la cual puede ser positiva o negativa. La cortesía es una forma de proteger dicha imagen.

implicatura (*implicature*). Información que el hablante manifiesta hacia su interlocutor, que "da a entender" y que, por lo tanto, no expresa de manera explícita. Grice (1968, 1975, 1989) distingue entre *implicaturas convencionales*, que expresan el significado convencional o previamente establecido y en el que están de acuerdo las partes, o sea, "lo que dicen las palabras", e *implicaturas no convencionales o conversacionales*, que expresan "el significado intencional", esto es, el significado transmitido de manera indirecta a través de los enunciados convencionales.

inferencia (*inference*). Proceso que hace posible interpretar la intención del hablante en un contexto determinado.

institucionalización (*institutionalization*). Proceso por el cual algunas fórmulas gramaticales se han constituido en la lengua con un valor semántico determinado. La expresión *¿Puedes. . .?*, p. ej., funciona como una fórmula lexicalizada para realizar una petición.

instrumento (*instrument*). Papel temático que describe el objeto utilizado para llevar a cabo la acción, p. ej., *Están hechos a mano*.

intransitividad (*intransitivity*). Propiedad por la cual un verbo carece de complemento, p. ej., el verbo *estornudar*.

ironía (*irony*). Figura retórica con la cual se expresa algo distinto u opuesto de lo que verdaderamente se quiere manifestar y que tiene carácter valorativo.

ironía de efecto negativo (*negative irony*). Tipo de ironía que se da en un enunciado cuando hay presencia de burla hacia el oyente, hacia una persona ausente o hacia una situación. Así, podemos ironizar sobre una prenda de vestir que se ha comprado nuestro interlocutor, *Con lo morena que estás, te sienta fenomenal esa blusa verde pastel*, o podríamos hacerlo sobre alguien más a quien conocemos tanto nuestro interlocutor como nosotros, diciendo algo como *Con lo pálida que es Marisa, los colores pastel le sientan de maravilla.*

ironía de efecto positivo (*positive irony*). Ironía que se da cuando hay ausencia de burla en el enunciado, y se relaciona con la cortesía verbal. Puede ser "de imagen negativa" cuando se centra en el propio hablante, autoironía a través de la cual el hablante quiere conservar su imagen pública. También puede ser "de imagen positiva", que indica que el hablante desea integrarse en el grupo conversacional y la ironía puede producirse hacia su oyente, hacia una persona ausente o hacia una situación.

L

lenguaje idiomático (*idiomatic language or phraseology*). Lenguaje formulaico o idiomático, a menudo con un sentido metafórico o figurado, que puede incluir expresiones hechas de diversa índole: fórmulas rutinarias, locuciones, expresiones idiomáticas, refranes, etc.

lexicón (*lexicon*). Diccionario mental que posee un hablante de una lengua. Cada entrada del lexicón incluye: el significado de la palabra, su categoría sintáctica, su realización fonológica, la información especial asociada a la palabra y su estructura gramatical.

locación (*location*). Papel temático que describe el lugar donde ocurre la acción, p. ej., *Estamos en una fiesta.*

M

máxima (*maxim*). Cada una de las cuatro categorías en las que se divide el principio de cooperación formulado por Grice (1975, 45-47): *cantidad, cualidad, relación* y *manera.*

meta (*goal*). Papel temático que describe la entidad hacia la que va el movimiento, p. ej., *Juan va a Zaragoza.*

metáfora (*metaphor*). 1. Recurso, procedimiento o estrategia de los hablantes cuya consecuencia es el cambio de significado, en definitiva, "una operación cognitiva que proyecta un dominio conceptual sobre otro" (Escandell Vidal 2007, 114). Constituye un elemento presente en la vida cotidiana que no pertenece exclusivamente al ámbito del lenguaje, sino también al del pensamiento y al de la acción (G. Lakoff y Johnson 1980). 2. En la literatura, figura retórica que en los textos literarios cumple una función poética. En la metáfora literaria confluyen dos términos distintos entre los que se establece una relación estética de significado, "La *guitarra* es un *pozo* con viento en vez de agua" (Gerardo Diego).

metonimia (*metonymy*). Tipo de relación semántica entre palabras que se establece cuando una palabra adquiere un significado por la proximidad o cercanía entre conceptos. El hablante hace uso de la metonimia para designar una entidad o idea del mundo que le rodea con el nombre de otra. Por ejemplo, *botella* y *agua* mantienen una relación de continente y de contenido. El hablante puede aprovechar esta relación y producir un enunciado como *Se bebió una botella entera,* en el que *una botella* se refiere, en realidad, a su contenido, *el agua.* Por lo tanto, cuando oímos un enunciado de este tipo comprendemos que se trata de "su contenido" y no literalmente "del envase de la botella".

multimodalidad (*multimodality*). Uso de diferentes modos semióticos (lingüísticos, orales, visuales, espaciales, etc.) que inciden en la producción e interpretación del sentido. Por ejemplo, en un texto gráfico, el tipo de imágenes, el trazo de los dibujos, la tipografía de las letras, la distribución del espacio en la página, la inclusión de onomatopeyas o elementos que proceden de la oralidad, etc.

O

ostensión-inferencia (*ostension-inference*). Proceso que según la teoría de la relevancia (Sperber y Wilson 1986/1995) subyace a toda comunicación y que consta de dos niveles de intencionalidad: la intención del hablante de informar de algo (intención informativa) y la intención del hablante de comunicar su intención informativa (intención comunicativa). La comunicación ocurre cuando la intención comunicativa se cumple y la audiencia reconoce la intención informativa del hablante. Para ello, el hablante utiliza un estímulo ostensivo cuyo fin es el de captar la atención de la audiencia y generar unas expectativas de relevancia para que la audiencia llegue a inferir la intención comunicativa del hablante. Véanse **codificación-descodificación** y **teoría de la relevancia**.

P

papel temático (*thematic role*). Asignación de relaciones temáticas entre los elementos del enunciado, p. ej., *agente, experimentador, tema, meta, receptor, fuente, locación, instrumento* y *beneficiario*.

polisemia (*polisemy*). Relación semántica entre palabras que indica que un mismo término posee varios significados relacionados entre sí de alguna manera. Por ejemplo, para la palabra *pie* podemos hablar del *pie* como "parte del cuerpo humano", del *pie* "de un árbol", del *pie* "de una montaña" o del *pie* "de una lámpara". En todas sus acepciones, el significado señala "la parte baja en la que se apoya algo", pero todos los ejemplos son diferentes entre sí, ya que la representación mental al oír cada una de estas palabras es distinta.

pragmática (*pragmatics*). Rama de la lingüística que se ocupa del significado contextual y de cómo los elementos extralingüísticos y el contexto pueden incidir directamente sobre la interpretación del significado.

premisa (*premise*). Supuestos previos y conscientes que nos permiten llegar a una conclusión.

principio de cooperación (*cooperative principle*). Condición de racionalidad básica que se establece entre hablante y oyente para que el discurso sea inteligible y tenga sentido. Este principio subyace a todo intercambio comunicativo y regula las intervenciones tanto del hablante como del oyente.

principio de cortesía (*politeness principle*). Principio según el cual los hablantes minimizan la expresión de actos descorteses y maximizan la de actos corteses.

R

receptor (*recipient*). 1. Quien recibe el mensaje durante el acto comunicativo. 2. Papel temático que describe a la entidad que padece la acción, que la experimenta o la percibe y aparece con verbos que denotan cambio de posesión, p. ej., *Julia le dio el lápiz a Jorge*.

registro (*register*). Adecuación del hablante al uso de la lengua que requiere una situación o un contexto determinado.

S

selección-c (*c-selection*). La selección de categorías sintácticas por el verbo de una oración.

selección-s (*s-selection*). La selección del contenido semántico o relaciones temáticas del argumento con respecto al predicado, p. ej., el papel temático de agente, experimentador, etc.

significado (*signified* or *meaning*). Concepto mental, representación u objeto en que piensa un hablante cuando oye un significante o conjunto de sonidos en concreto.

significado asociativo (*associative meaning*). Significado creado por las diferentes connotaciones o asociaciones específicas para una persona relacionadas con experiencias anteriores. Por ejemplo, la palabra *gato* puede tener los siguientes significados asociativos: "animal que araña", "animal que suelta pelo", "animal cariñoso", etc.

significado conceptual (*conceptual meaning*). Significado literal de la palabra que es común a los hablantes de una misma lengua. Por ejemplo, la definición que encontramos en un diccionario. Así, la palabra *gato* podría definirse como "animal doméstico mamífero".

significado connotativo (*connotative meaning*). Véase **significado asociativo**.

significado convencional (*conventional meaning*). Significado previamente establecido y en el que están de acuerdo los participantes de la comunicación.

significado denotativo (*denotative meaning*). Véase **significado conceptual**.

significado no convencional (*unconventional meaning*). Significado vehiculado de manera indirecta por enunciados convencionales. Por ejemplo, A: *No encuentro el chocolate que compré ayer*, B: *Juan ha estado aquí*. Se da a entender que posiblemente "Juan se ha comido el chocolate".

sinonimia (*synonymy*). Relación semántica que pone de manifiesto la semejanza de significado entre dos o más palabras, aunque puedan existir algunas diferencias semánticas. Cuando dos palabras son prácticamente equivalentes en términos de significado, hablamos de "sinónimos absolutos" como, por ejemplo, *alegría – felicidad* o *perseverante – tenaz*. Una de las principales características de este tipo de sinónimos es que son intercambiables en cualquier contexto. Cuando se trata de términos que se parecen en su significado pero no son intercambiables en un mismo contexto, hablamos de "sinónimos relativos", por ejemplo, *dolor de cabeza* (registro común) – *cefalea* (registro técnico), *veraniego* (registro común) – *estival* (registro poético), *autobús* (español peninsular) – *guagua* (español canario y caribeño), *amigo* (registro común) – *chamo* (registro coloquial; español venezolano). Véase **antonimia**.

T

tautología (*tautology*). Fórmula verdadera en todos los mundos posibles, pero que constituye una transgresión de la máxima de cantidad por no resultar informativa, p. ej., si alguien dice *un premio es un premio*, con el objetivo de animar a una persona que no está satisfecha con lo que ha recibido.

tema (*theme*). 1. Papel temático que describe a la entidad que padece la acción, que la experimenta o la percibe, p. ej., *Elisa compró el libro de gramática*; 2. Estructura morfológica de un verbo compuesta por la raíz verbal + la vocal temática pero que no incluye las desinencias, p. ej., *habla–, bebe–, escribí– / escribe–*.

teoría de la incongruencia del humor (*incongruity theory of humor*). Teoría desarrollada principalmente por Raskin (1985) y que describe el humor como un texto en el que coexisten dos interpretaciones o mundos incompatibles (al menos hasta cierto punto) y que el hablante tiene que reconciliar encontrando una explicación pseudológica y que puede ser distinta para cada hablante. Esto se puede observar, por ejemplo, en el siguiente chiste: *Un padre le dice a su hijo: "Hijo mío, la felicidad está hecha de pequeñas cosas: un pequeño yate, una pequeña mansión. . .".*

teoría de la relevancia (*relevance theory*). Teoría desarrollada por Dan Sperber y Deirdre Wilson (1986/1995) que propone explicar los factores que operan en la comunicación a partir de componentes extralingüísticos o cognitivos que, además, tienen en cuenta el contexto común o mutuo de los hablantes respecto a la "relevancia" de un enunciado, hecho pragmático que esta teoría considera esencial para la comunicación. Concedemos atención al hablante porque presuponemos que su enunciación es relevante. Sin embargo, gran parte del éxito del acto comunicativo depende del oyente y del conocimiento previo que este tenga del contexto. De ahí que esta teoría también preste especial atención al *contexto común* o información compartida por emisor y receptor.

teoría de la superioridad del humor (*superiority theory of humor*). Teoría por la cual el uso del humor es un mecanismo que le permite a un hablante mostrar superioridad hacia una persona o un colectivo. Por ejemplo, una persona que cuenta un chiste sobre abogados o políticos y que no pertenece a ninguna de estas profesiones.

teoría de los actos de habla (*speech act theory*). Teoría propugnada por John Langshaw Austin, y publicada póstumamente en 1962, que estipula que cuando usamos el lenguaje no solo describimos el mundo que nos rodea, sino que también lo empleamos para realizar actos concretos de acuerdo con una serie de principios pragmáticos que reflejan funciones comunicativas. Dicha teoría fue ampliada por John Searle en 1969.

teoría del alivio de tensiones del humor (*relief theory of humor*). Teoría que considera el humor como un medio psicológico para lidiar con situaciones de tensión entre los hablantes, por ejemplo, en un espacio reducido como puede ser un ascensor.

transitividad (*transitivity*). Propiedad por la cual un verbo toma un complemento, p. ej., *comer algo.*

Capítulo 6

Historia de la lengua: la evolución del idioma

1. Objetivos del capítulo

- Ofrecer un recorrido histórico de la lengua española a partir del estudio de las principales etapas lingüísticas de la Península.
- Estudiar la evolución de la lengua desde el punto de vista sincrónico e histórico, es decir, en momentos concretos de su evolución.
- Describir la situación de la Península antes de la llegada del Imperio romano y examinar algunos de los restos de las lenguas habladas en aquella época.
- Analizar el impacto del latín como lengua vehicular en la Península y su influencia en el desarrollo del español primitivo.
- Repasar los principales procesos fonológicos que sufrieron algunas palabras latinas, que pasaron por el latín tardío y el castellano medieval, hasta llegar al español moderno.
- Trazar la influencia de las lenguas visigodas, del árabe y del galorromance, y presentar algunos rasgos del judeoespañol.
- Describir la evolución de los sonidos sibilantes como indicadores de los cambios fonológicos que se produjeron en el español del centro-norte peninsular y en el resto de las variedades del español.

2. Actividades, soluciones y actividades de ampliación

Actividad 1

Esta primera actividad propone que los estudiantes reflexionen sobre dos de los enfoques que tradicionalmente se han utilizado para explicar la evolución del idioma. Por un lado, la teoría de los neogramáticos, ya en desuso, y por otro, la teoría de la difusión léxica, que es una de las más extendidas en la actualidad.

Soluciones

Actividad 1. Identifica cuáles de las siguientes afirmaciones sintetizan la teoría de los neogramáticos y cuál es la posición de la lingüística histórica moderna en relación con la teoría de la difusión léxica.

Los puntos que corresponden con la teoría de los neogramáticos (siglo XIX) son:
2. El cambio fonético se produce al mismo tiempo en una comunidad de hablantes.
3. El cambio fonético es siempre regular.

Esta es la posición mantenida por los neogramáticos, quienes opinan que el cambio fonético se da a la vez y al mismo tiempo en todas las palabras en una misma comunidad de hablantes.

Los puntos que corresponden con la teoría de la difusión léxica (lingüística histórica moderna) son:

1. El cambio fonético se produce en un grupo de palabras o se propaga de unas palabras a otras.
4. El cambio fonético se va extendiendo de manera gradual por el lexicón.

Esta es la posición mantenida por la lingüística histórica moderna, como, por ejemplo, Wang (1969), desde la que se postula que el cambio fonético no se da al mismo tiempo en todas las palabras, sino que se va extendiendo de manera gradual de unas palabras a otras. Este proceso gradual hace que dicho cambio se vaya extendiendo por el lexicón de una lengua.

▶ *Actividad de ampliación*

Se puede pedir a los estudiantes que busquen información adicional sobre ambas corrientes de pensamiento y que generen una tabla contrastiva con ideas de una u otra teoría. Cada columna contendrá las características principales de los dos enfoques.

Sobre los neogramáticos se pueden consultar:
http://www.ecured.cu/Neogramatismo

http://eprints.ucm.es/5968/1/DE_LOS_NEOGRAMATICOS_AL_TRADICIONALISMO.pdf

Sobre la teoría de la difusión léxica:

http://grammar.about.com/od/il/g/Lexical-Diffusion.htm

https://www.kul.pl/files/165/monograf/L6.pdf

Rodríguez Molina, J. 2004. "Difusión léxica, cambio semántico y gramaticalización el caso de 'haber' + participio en español antiguo". *Revista de Filología Española* 84 (1):169-209.

http://revistadefilologiaespañola.revistas.csic.es/index.php/rfe/article/viewFile/102/101

Actividad 2

El objetivo de esta actividad consiste en mostrar algunos aspectos del legado de las lenguas prerromanas que llegan hasta la actualidad. Este hecho se puede advertir, por ejemplo, en algunos topónimos o nombres geográficos. La toponimia o estudio de los nombres de lugares es una parte de la onomástica, disciplina dedicada al estudio de los nombres propios en general. La toponimia también tiene como objeto estudiar el proceso de denominación de los lugares, es decir, cómo se forman los nombres y cuál es el motivo principal para dar un nombre concreto a determinado lugar.

Soluciones

Actividad 2. Relaciona los siguientes topónimos o nombres de lugares derivados de lenguas prerromanas.

Origen griego: Rosas (*Rhodas*) y Alicante (*Akra Leuka*).
Origen fenicio: Cádiz (*Gadir*), Málaga (*Malaca*).
Origen cartaginés: Ibiza (*Eivissa*), Cartagena (*Qart Hadasht*).

Origen celta: Segovia y Aranda de Duero.
Origen vasco: Lekeitio y Basauri.

✍ **Ahora busca los topónimos en un mapa actual de la península ibérica. ¿Qué conclusiones puedes extraer sobre su ubicación?**

Puedes utilizar el siguiente recurso:
⌖ *Instituto Geográfico Nacional*: http://www.ign.es/ign/main/index.do

Los topónimos coinciden con la distribución geográfica que se muestra en el mapa de la Figura 6.1. Los topónimos evolucionan por el contacto con otras lenguas, pero de todos modos sirven para informarnos de manera geográfica del paso de diferentes pueblos y culturas que dejaron su propia impronta en la historia de la península ibérica.

Actividad 3

En esta actividad, los alumnos deberán investigar el origen de cada una de las lenguas en la lista y decidir si su origen es indoeuropeo o no. Esto les llevará a familiarizarse más con las familias de lenguas indoeuropeas, y a la vez descubrir cuáles de las lenguas mencionadas no pertenecen a ninguna de esas familias lingüísticas.

Soluciones

Actividad 3. Investiga sobre las siguientes lenguas a partir de las pautas que aparecen a continuación.

✍ **Preguntas:**

⌖ Puedes consultar *Ethnologue*: https://www.ethnologue.com/

1. **¿A qué familia lingüística pertenece cada una de ellas?**
2. **¿Qué tipo de alfabeto emplea?**
3. **¿Cuál ha sido la evolución histórica desde el punto de vista geográfico?**
4. **¿Cómo ha evolucionado el número de hablantes hasta la actualidad? ¿Ha aumentado o ha disminuido?**
5. **¿Cuál es su estatus actual? ¿Se trata de una lengua oficial en algún territorio?**

danés: 1. Dentro de la familia indoeuropea, pertenece al grupo de lenguas germánicas. 2. Emplea el alfabeto latino, con tres letras adicionales (æ, ø, å). Los ejemplos más antiguos de la escritura danesa proceden de la Edad de Hierro y de la era vikinga. 3. Como los demás idiomas nórdicos, el danés tiene sus orígenes en el germánico hablado en la zona de Escandinavia (norte de Europa), que se dividía en dos grandes grupos, el nórdico occidental y el oriental, este último común en Suecia y Dinamarca. 4. El número de hablantes del danés es de aproximadamente 6 millones y ha crecido gracias a la expansión a otras áreas geográficas como las Islas Feroe y Groenlandia. 5. El danés es la lengua oficial en Dinamarca y cooficial en las Islas Feroe. Aunque se habla también en Groenlandia, el danés no es oficial en ese territorio (la única lengua oficial desde 2009 es el groenlandés o esquimo-groenlandés).

finlandés: 1. El finlandés o finés es una lengua fino-úgrica y pertenece a una rama de las lenguas urálicas. 2. Emplea el alfabeto latino, con 29 letras. La mayor parte de los fonemas del finlandés corresponden a un grafema, es decir, el sistema de escritura puede considerarse bastante fonemático. 3. El origen del finlandés parece estar relacionado con un grupo étnico que ocupó el norte de Escandinavia hasta los Urales y que hablaba lenguas con características similares. Sin embargo, en la actualidad se habla solamente en el espacio geográfico correspondiente a Finlandia. 4. Hay unos 5,3 millones de hablantes en Finlandia y, a causa de la emigración, medio millón de personas en Suecia y, en menor medida, otros países como Noruega, Estonia o Rusia. 5. El finlandés es la lengua oficial, junto al sueco, de Finlandia.

macedonio: 1. El macedonio moderno pertenece al grupo oriental de las lenguas eslavas, parte de la familia indoeuropea. 2. El macedonio se escribe con los caracteres del alfabeto cirílico, y tiene similitudes con el serbio y especialmente con el búlgaro. 3. El macedonio se hablaba en la región actual de Macedonia ya en los siglos V y IV antes de Cristo, y después de un período crítico provocado por la conquista de los Balcanes por el Imperio otomano en los siglos XIV y XV, el macedonio recuperó terreno político y cultural hasta ocupar las fronteras políticas actuales. 4. Se habla en la Antigua República Yugoslava de Macedonia (ARYM), Former Yugoslav Republic of Macedonia (FYROM) en inglés, y cuenta con unos 2 millones de hablantes. También hay pequeños grupos de hablantes en Serbia y Grecia. 5. El macedonio es lengua oficial en la República de Macedonia y recibe reconocimiento oficial en un distrito de Albania denominado Korçë.

náhuatl: 1. Es considerada como parte de la rama uto-azteca de la familia azteca-tanoana. 2. Originalmente se trataba de una escritura pictográfica, hasta que los españoles introdujeron el alfabeto latino. En la actualidad, existen dos convenciones diferentes: la ortografía tradicional y la ortografía práctica regulada por la Secretaría de Educación Pública de México. 3. Los hablantes de náhuatl llegaron al valle de México a mediados del primer milenio después de Cristo, y la lengua se extendió por gran parte del centro y el sur de la actual república mexicana debido al impulso de los aztecas o mexicas, hablantes de náhuatl. Hoy día su ámbito de uso es más reducido, y se habla en México central, región que comprende varios estados como Colima, Durango, Hidalgo, Puebla, Oaxaca y Veracruz, entre otros. 4. El náhuatl es hablado por un millón y medio de hablantes, ubicados sobre todo en México. Este número de hablantes ha decrecido debido a la hegemonía del español, lengua oficial en los territorios donde antes predominaba el náhuatl. En los últimos tiempos se ha apreciado un mayor interés por mantener y promover la lengua entre las comunidades indígenas. 5. A pesar de ser la lengua indígena más hablada en México, no disfruta de estatus como lengua cooficial sino como "lengua nacional".

japonés: 1. Es un idioma de la familia de lenguas japónicas, que incluye varios idiomas de las islas Ryükyü. 2. La escritura japonesa está basada en dos sistemas ortográficos, el primero compuesto por los ideogramas chinos o *kanji*, y el segundo, *kana*, se desarrolló 500 años después y consta de dos formas de escritura que son silabarios propios, el *hiragana* y el *katakana*. 3. La historia del japonés consta de varias etapas. La primera sugiere que el japonés llegó al territorio actual por colonos procedentes de islas del Pacífico, pero no se tiene evidencia directa porque el sistema escrito llegó más tarde desde China. En siglos posteriores el japonés sufrió una serie de profundos cambios lingüísticos hasta llegar al japonés moderno, desde el siglo XVII en adelante. 4. El número de hablantes es de unos 127 millones de personas en las islas, aunque también hay grandes colonias de inmigrantes japoneses repartidas entre las islas Hawái, Estados Unidos, Brasil, Perú, etc. 5. Es lengua oficial en Japón.

tagalo: 1. El tagalo pertenece a la rama occidental de la familia malayo-polinesia, como la mayoría de las 170 lenguas que se hablan en Filipinas. 2. Emplea el alfabeto latino, con 31 letras, 26 procedentes del alfabeto inglés más los caracteres españoles "ñ", "ll", "rr" y "ch", junto con "ng" característico del tagalo. 3. El tagalo se habló al principio en la parte meridional de la isla de Luzón, y después se extendió al resto de las islas que componen Filipinas. En la actualidad, un 90% de la población del país (unos 102 millones de personas) habla o entiende el tagalo, mientras que su comunidad nativa consta de unos 23-25 millones de hablantes. 4. El número de hablantes creció a medida que su espacio geográfico se extendió desde la isla de Luzón al conjunto de islas que forman el país. 5. Junto con el inglés, el tagalo es una de las lenguas oficiales en Filipinas.

vasco: 1. También llamado vascuence o euskera, el vasco se considera como una lengua "aislada", es decir, no se ha podido establecer ninguna relación genérica concreta entre ella y ninguna otra lengua del mundo. 2. El vasco adoptó el alfabeto latino cuando comenzó a desarrollarse como lengua escrita en el siglo XVI, y en 1968 la Academia de la Lengua Vasca estableció una normativa unificada. 3. En una fase inicial se considera que el vasco ocupaba un área mayor que la actual. Con la llegada de las lenguas indoeuropeas a la Península, su espacio geográfico fue reduciéndose, un proceso que se mantuvo por la presión del castellano, única lengua oficial de España durante mucho tiempo. 4. El número de hablantes de la lengua vasca ha presentado altibajos durante su historia, aunque ahora parece haber alcanzado cierta estabilidad. En concreto, el número de hablantes supera el medio millón de personas, número que no incluye unas 300.000 personas vascoparlantes bilingües pasivos. 5. Hoy día el vasco es lengua cooficial en el País Vasco y en algunas zonas vascoparlantes de Navarra. En el caso del País Vasco francés, la Constitución de la República Francesa establece que la única lengua oficial del país es el francés, por lo que ni el vasco ni el resto de las lenguas habladas en territorio galo tienen carácter de lengua oficial.

✎ **¿Cuáles de las lenguas anteriores son las más cercanas al búlgaro, al chamorro y al estonio? Justifica tu respuesta.**

Las lenguas más cercanas son: macedonio (búlgaro), tagalo (chamorro) y finlandés (estonio). Pertenecen a la misma familia lingüística y se parecen en determinados aspectos. Por ejemplo, el búlgaro y el macedonio son muy similares a nivel fonético-fonológico, morfosintáctico y léxico. En cambio, el estonio y el finlandés poseen aspectos en común pero se diferencian más.

Actividad 4

Con esta actividad se desea plantear una transición hacia los cambios lingüísticos descritos en las secciones posteriores. La actividad se basa en un documento de gran importancia para el estudio de la evolución del latín clásico al latín vulgar.

Soluciones

Actividad 4. Revisa los contrastes en esta selección del Appendix Probi *(s. II a. C.), una lista de correcciones que el gramático Valerius Probus elaboró sobre errores gramaticales comunes en el latín escrito de la época.*

✍ **Preguntas:**

1. Según esta información, ¿cuáles son las formas que el gramático Probus consideraba correctas?

Las formas que el gramático Probus consideraba correctas aparecen a la izquierda de cada pareja de términos o vocablos.

2. ¿Cuáles son las formas que se parecen más a su versión actual en español, las que aparecen antes o después del vocablo *non*? Justifica tu respuesta con ejemplos del español moderno.

Las formas que se parecen más a su versión actual en español son precisamente las que aparecen a la derecha de cada pareja, como por ejemplo "espejo", "tabla" o "establo".

3. ¿Cuál crees que fue la motivación principal que llevó al gramático Probus a elaborar esta lista?

Su motivación principal fue la de intentar conservar el latín normativo o considerado correcto para que no se viera afectado por el uso de la lengua. Esto demuestra que no se empleaba el mismo latín en las instituciones y en los textos escritos que en la modalidad oral hablada en la calle.

4. ¿Qué crees que sucedió desde el punto de vista de la evolución de la lengua con la mayoría de esos cambios que en la época se consideraban incorrecciones del idioma?

Lo que sucedió es que muchos de esos errores que el gramático Probus quería evitar acabaron por convertirse en formas habituales de varios idiomas romances hasta llegar a incorporarse en la versión estándar de la lengua.

Actividad 5

Esta actividad es la primera de varias en que los alumnos tendrán la oportunidad de repasar y aplicar los diferentes procesos fonológicos durante la historia del idioma, desde el latín hasta llegar al español actual. Para ello, los estudiantes han de consultar los procesos vistos hasta este punto y transcribir los cambios fonémicamente. El profesor debe enfatizar que los alumnos sigan las pautas del modelo y que indiquen con claridad qué proceso aplican en cada paso. Asimismo, deberá explicar que habrá casos en los que no se utilice cada uno de los procesos explicados en el texto. Los estudiantes deberán usar el sentido común para decidir qué procesos son aplicables y qué procesos no formaron parte de la evolución de la palabra en cuestión.

Soluciones

Actividad 5. Detalla la evolución del latín al español de estas palabras latinas e identifica qué procesos fonológicos aparecen.

Modelo: ACTUM → *acto*   ACTUM
                                   P2: red. nasal   /áktu/
                                                  acto

1. TAURUM → toro
                  /táurum/
P1: monop.   /tó:rum/
P2: red. nasal   /tó:ru/
                  "toro"

2. NOMINE → nombre
                  /nómine/
P3: síncopa   /nómne/
P4: –mn–   /nombre/
                  "nombre"

3. FAMINE → hambre
                  /fámine/
P3: síncopa   /fámne/
P4: –mn–   /fámbre/
P5: /f–/ latina   /ámbre/
                  "hambre"

4. AURUM → oro
                  /áurum/
P1: monop.   /ó:rum/
P2: red. nasal   /ó:ru/
                  "oro"

5. LAICUM → laico
                  /láikum/
P2: red. nasal   /laiku/
                  "laico"

6. CAUSAM → cosa
                  /káusam/
P1: monop.   /kó:sam/
P2: red. nasal   /kósa/
                  "cosa"

✍ **En el P1, la monoptongación, hemos visto que el diptongo latino /au̯/ se transformó en la vocal /o:/ en castellano. En esta evolución hubo un paso intermedio, el diptongo /ou̯/, dando lugar a términos como *ouro* "oro". ¿En qué lenguas romances se ha mantenido la palabra *ouro*? ¿Por qué crees que ha sucedido de manera distinta al español?**

Esta actividad propone que el estudiante investigue de manera independiente. El profesor puede ayudar ofreciendo algunos ejemplos de gallego y portugués, que son las lenguas romances en las que el P1 monoptongación no llegó a completarse. Son lenguas más conservadoras que el castellano, de ahí que hayan evolucionado menos. Otros ejemplos son: *touro* "toro" u *outeiro* "otero".

Actividad 6

En esta actividad se amplían los procesos con los que trabajar para describir la evolución fonológica de las palabras. Estos se centran en el proceso fonológico relacionado con fenómenos vocálicos como la reducción vocálica y la diptongación, ambos clave en la evolución de las palabras del latín al español.

Soluciones

Actividad 6. Detalla la evolución del latín al español de estas palabras latinas e identifica qué procesos fonológicos aparecen.

Modelo: ACTUM → *acto*

	ACTUM
P2: red. nasal	/áktu/
	acto

1. SCRIBĒRE > escribir
	/skribére/
P10: epéntesis.	/iskribére/
P11: elis. /–e/	/iskribér/
P12: red. voc.	/eskribér/
	"escribir"

2. NŎVEM > nueve (Ĕ y Ŏ tónica diptongan)
	/nóvem/
P2: red. nasal	/nóve/
P13: diptong.	/nueve/
	"nueve"

3. ŎVUM > huevo (Ĕ y Ŏ tónica diptongan)
	/óvum/
P2: red. nasal	/óvu/
P12: red. voc.	/óvo/
P13: diptong.	/wévo/
	"huevo"

4. PĚTRAM > piedra (Ě y Ŏ tónica diptongan)

	/pétram/
P2: red. nasal	/pétra/
P6: sonor.	/pédra/
P13: diptong.	/pjédra/
	"piedra"

5. FOETĬDUM> fétido

	/foétidum/
P1: monop.	/fé:tidum/
P2: red. nasal	/fé:tidu/
P12: red. voc.	/fé:tido/
	"fétido"

6. TĚMPUM > tiempo (Ě y Ŏ tónica diptongan)

	/témpum/
P2: red. nasal	/témpu/
P12: red. voc.	/témpo/
P11: diptong.	/tjémpo/
	"tiempo"

7. SĚPTEM > siete (Ě y Ŏ tónica diptongan)

	/séptem/
P2: red. nas.	/sépte/
P9: asimil.	/sétte/
P13: diptong.	/sjétte/
P23: degemización	/sjéte/.
	"siete"

8. INFĚRNUM > infierno (Ě y Ŏ tónica diptongan)

	/inférnum/
P2: red. nas.	/inférnu/
P12: red. voc.	/inférno/
P13: diptong.	/infjérno/
	"infierno"

✍ **Fíjate ahora en las palabras OCŬLUM "ojo" y SĚPTEM "siete". Busca al menos dos términos del español que no hayan sufrido los mismos procesos fonológicos y mantengan sus raíces latinas.**

Modelo: PĚTRAM → *pétreo, petrificado*

Esta actividad de ampliación propone reflexionar sobre los diferentes términos del idioma y sobre las familias léxicas. Interesa que el alumno vea que no todos los términos pertenecientes a una misma familia léxica sufrieron los mismos procesos fonológicos. La actividad sirve además como preámbulo a la sección 3.1.2 del capítulo, que presenta los cultismos y las palabras patrimoniales.

OCŬLUM → *oculista, ocular*
SĔPTEM → *séptimo, septuagenario*

Actividad 7

Esta actividad tiene como objetivo que los estudiantes continúen familiarizándose con algunos de los procesos fonológicos que nos sirven para explicar cómo las palabras del latín evolucionaron hasta llegar a su forma actual en el castellano. En este grupo de ejercicios, los procesos empiezan a ser un poco más complejos, dado que algunos de ellos constan de dos partes.

Soluciones

Actividad 7. Detalla la evolución del latín al español de estas palabras latinas e identifica qué procesos fonológicos aparecen.

1. PŎRCUM > puerco
	/pórkum/
P2: red. nas.	/pórku/
P12: red. voc.	/pórko/
P13: diptong.	/pwérko/
	"puerco"

2. CAUSAM > cosa
	/káusam/
P1: monopt.	/kósam/
P2: red. nasal	/kósa/
	"cosa"

3. FABULĀRE >hablar
	/fabuláre/
P3: síncopa	/fabláre/
P5: /f–/ latina	/abláre/
P9: elis. /–e/	/ablár/
	"hablar"

4. FRĪGIDUM >frío
	/frígidum/
P2: red. nas.	/frígidu/
P12: red. voc.	/frígido/
P20: fricat.	/fríɣido/
P21: elis. /βðɣ/	/frío/
	"frío"

5. HŎRTUM>huerto
	/hórtum/
P2: red. nas.	/hórtu/
P12: red. voc.	/hórto/

P13: diptong. /hwérto/
"huerto"

6. MAGISTRUM >maestro
/magístrum/
P2: red. nas. /magístru/
P12: red. voc. /magéstro/
P20: fricat. /maɣéstro/
P21: elis. /βðɣ/ /maéstro/
"maestro"

7. CRĒDERE >creer
/krédere/
P11: elis. /–e/ /kredér/
P20: fricat. /kreðér/
P21: elis. /βðɣ/ /kreér/
"creer"

8. LĔPOREM >liebre
/léporem/
P2: red. nas. /lépore/
P3: síncopa /lépre/
P6: sonor. /lébre/
P13: diptong. /ljébre/
"liebre"

9. CLĀVEM > llave
/klávem/
P2: red. nas. /kláve/
P16: palat. /kl/ /ʎáve/
"llave"

10. PŌPŬLUM > pueblo
/pópulum/
P2: red. nas. /pópulu/
P3: síncopa /póplu/
P12: red. voc. /póplo/
P13: diptong. /pwéplo/
P22: sonor. /pwéblo/
"pueblo"

Actividad 8

Con esta actividad los alumnos podrán contrastar la información que se ha visto hasta ahora. Se les pide que creen una tabla de resumen para trazar los procesos vocálicos y consonánticos examinados en esta sección. El profesor debe mencionar que recojan solamente la información principal. Tras completar la tabla, los estudiantes podrán comprender mejor y repasar los procesos fonológicos que aparecieron en la evolución del latín al español actual.

Soluciones

Actividad 8. Completa la tabla con los distintos procesos que hemos estudiado, según afecten a las vocales o a las consonantes.

Vocálicos	Consonánticos
P1 Monoptongación ĀŪ/au̯/ → /o:/ ĀĒ/ai̯/ → /e/ ŎĒ /oi̯/ → /e:/	P2 Reducción de nasales a) /m/# → $\begin{cases} \text{n / __# en monosilábicas} \\ \varnothing \text{ / en los demás contextos} \end{cases}$ b) Vns → V: s
P3 Síncopa V → ∅ / V́C _ CV(C) / C _ CV́CV	P4 Grupo consonántico –mn– /–mn–/ → /–mr–/ → /–mbr–/ (epéntesis)
P10 Epéntesis #sC → isC	P5 /f–/ latina /f–/ → /h–/ > ∅
P11 Elisión de /–e/ (apócope) /–e/ → ∅	P6: Sonorización por asimilación regresiva C₁ C₂ → C₁ C₂ [–son] [+son] [+son] [+son]

P12 Reducción vocálica
 	
                        POENAM
P1: monoptongación   /pé:nam/
P2: red. nasal   /pé:na/
P12: red. vocálica   /péna/
                     pena
	P7
	Palatalización y posterior velarización de /–gl–/
	/–gl–/ → /–ʒ–/ → /–x–/

P13 Diptongación
/ɔ/ → /we/
/ɛ/ → /je/
/ɔ/ corresponde a /o:/ larga y /ɛ/ a /e:/
larga procedentes respectivamente de Ŏ y Ĕ
tónicas.
	P8
	Espirantización
	$\binom{k}{g} \rightarrow \binom{x}{\gamma} \big/ \_ - C$
	
	                        AURĪCŬLAM
	P1: monoptongación /o:ríkulam/
	P2: red. nasal /o:ríkula/
	P3: síncopa /o:ríkla/
	P4: –mn– —
	P5: /f–/ latina —
	P6: sonorización /o:rígla/
	P7: pal. /–gl–/ —
	P8: espirantización /o:ríɣla/
	                     oreja

	P9 Asimilación total l, r → s / __s p → t / __t

	P14. Vocalización de /ɣ/
	/ɣ/→/i̯// __ –C#
	                        LIGNAM
	P2: red. nasal /lígna/
	P8: espirantización /líɣna/
	P12: red. vocálica /léɣna/
	P14: vocalización /ɣ/ /léi̯na/
	                     leña

	P15 Palatalización de líquidas y nasales $lj \rightarrow /\Lambda/$ $nj \dashrightarrow /\text{ɲ}/$
	P16 La palatalización de los grupos consonánticos /fl–, kl–, pl–/ en posición inicial de palabra $/\text{fl–}/ \rightarrow /\Lambda/$ $/\text{kl–}/ \rightarrow /\Lambda/$ $/\text{pl–}/ \rightarrow /\Lambda/$
	P17. Geminación $\begin{pmatrix} t \\ k \end{pmatrix} jV \rightarrow \begin{pmatrix} tt \\ kk \end{pmatrix} \; jV$ PUTEU P12: red. vocálica /pótjo/ P17: geminación /póttjo/ pozo
	P18 Palatalización/africación $t, k + e/i \rightarrow$ [ts, dz] VITIUM > vicio
	P19 Desafricación y ensordecimiento En este proceso [dz] sonoro y [ts] sordo pierden el elemento oclusivo y se convierten en fricativos. En el español del centro-norte peninsular se interdentalizan dando lugar a/θ/. Asimismo, la dorsodental sonora se ensordece, por lo que se produce la neutralización entre [dz], DICĔRE /dídze/ > /díže/ > díšе/ >/díθe/ > dice, y [ts], BRACHĬUM /brátso/ > /brášo/ >/bráθo/ brazo. Como vemos, en la evolución de DICĔRE > dice hay un paso más, el del ensordecimiento (Pharies 2007, 153).
	P20 Fricativización $V \begin{pmatrix} b \\ d \\ g \end{pmatrix} \rightarrow V \begin{pmatrix} \beta \\ \delta \\ \gamma \end{pmatrix}$
	P21 Elisión de /β δ γ/ $V \begin{pmatrix} \beta \\ \delta \\ \gamma \end{pmatrix} \rightarrow V \varnothing V$
	P22 Sonorización En la sonorización una consonante sorda se sonoriza en posición intervocálica. $VC_{[-son]}V \rightarrow VC_{[+son]}V$
	P23 Degeminación $C_1 C_2 \rightarrow C_1$ donde $C_1=C_2$, excepto ll, rr, nn

Actividad 9

El objetivo de esta actividad es ahondar en los conceptos de cultismo y palabra patrimonial. Además, para poder completar la columna "Palabra patrimonial", los estudiantes deberán aplicar los procesos fonológicos que se presentaron en el texto. El profesor puede animar a sus estudiantes a emplear diversos materiales como el diccionario de la RAE para encontrar cultismos.

Soluciones

Actividad 9. Completa los dobletes que aparecen en la tabla. Ayúdate de los términos latinos.

Término latino	Cultismo	Palabra patrimonial
COLLUM	*collar*	*cuello*
LĪMITEM	**límite**	linde
ATTONITUM	**atónito**	tonto
FŎRMAM	forma	**horma**
CLĀVEM	clave	**llave**
STRICTUM	estricto	**estrecho**
OPERARIUM	**operario**	obrero
COLLOCĀRE	colocar	**colgar**
CATHEDRAM	**cátedra**	cadera

✤ **Fíjate en la última palabra de la lista, CATHEDRAM → *cadera*. En portugués existe la palabra *cadeira*. ¿Qué significa? ¿Puedes explicar la relación semántica entre *cadera*, su cultismo y esa palabra portuguesa?**

La palabra *cadeira* significa *silla* en portugués. La relación semántica es que, en español, la *cadera* es la parte del cuerpo que se pone sobre una silla al sentarse. Por otro lado, una *cátedra* en la universidad es desde el punto de vista conceptual la silla o espacio que ocupa un especialista en una materia concreta, por ejemplo, *Ese profesor ocupa la cátedra de economía.*

Actividad 10

Esta actividad recoge tres asuntos importantes del presente capítulo, pues hace que los estudiantes tengan que identificar un cultismo de la palabra indicada, además de identificar una palabra patrimonial y describir los procesos fonológicos que motivaron la evolución desde el latín hasta su forma actual en español moderno.

Soluciones

Actividad 10. Revisa las palabras en latín de la primera columna y escribe el cultismo correspondiente. Incluye la palabra patrimonial y el número de los procesos evolutivos.

Latín	Cultismo	Palabra patrimonial
Modelo: COLLUM	*collar*	*P2, P11 = cuello*
LUPUM	lupanar	P2, P10, P22 = lobo
OPERAM	ópera	P2, P3, P7 = obra

PLĒNUM	pleno	P2, P10, P14 = lleno
CLĀMĀRE	clamar	P9, P14 = llamar
CALĬDUM	cálido	P2, P3, P10 = caldo
FABŬLAM	fábula	P2, P3, P5 = habla
VITAM	vital	P2, P22 = vida
PŎRTAM	portal	P2, P11 = puerta

Actividad 11

Con esta actividad se podrán repasar los conceptos de cultismo y palabra patrimonial. Además, servirá a los estudiantes para reflexionar sobre el origen de palabras comunes en español.

Soluciones

Actividad 11. Decide de qué palabras latinas proceden los términos en español que aparecen debajo. Escribe junto a ellas una P o una C según si son palabras patrimoniales o cultismos/ semicultismos.

INTĔGRUM	entero P	íntegro C
PĔDEM	pie P	pedal C
MĒNSEM	mes P	mensual C
LACTE	leche P	lácteo C
RECITĀRE	rezar P	recitar C
INSŬLAM	isla P	ínsula C
ANNUM	año P	anual C
COMPARĀRE	comprar P	comparar C
VĪTAM	vida P	vital C
CAPILLUM	cabello P	capilar C
FABRĬCAM	fragua P	fábrica C
RAPĬDUM	raudo P	rápido C
APICŬLAM	abeja P	apicultor C
EXĀMEN	enjambre P	examen C

Actividad 12

Esta actividad propone que los estudiantes identifiquen palabras procedentes del árabe, así como el origen de otras palabras que, pese a su morfología, poseen otra etimología distinta. Para ello, deben usar la versión electrónica del *Diccionario de la lengua española* (DRAE).

Soluciones

Actividad 12. Identifica el origen de las siguientes palabras de uso común en el español con la ayuda de un diccionario monolingüe. Indica cuál de ellas no proviene del árabe.

alberca ● alacena ● alba ● ajedrez ● arsenal ● azahar ● alfajor ● aceituna

Puedes utilizar el siguiente recurso:

🖰 *Diccionario de la lengua española*: http://lema.rae.es/drae/

Todas las palabras proceden del árabe a excepción de "alba", que procede del latín (*albus*) y que significa, entre otras opciones, "la primera luz del día antes de salir el sol".

✎ **¿Que conclusiones puedes extraer de esta búsqueda etimológica con respecto a las palabras del español que comienzan por *a*– o *al*–?**

La conclusión es que aunque un gran número de palabras que comienzan con *a*– y con el artículo del árabe *al*– provienen de esta lengua, también hay bastantes que poseen otras etimologías como, por ejemplo, *ala* o *alabar*, que proceden del latín.

Actividad 13

Esta actividad sugiere que los estudiantes identifiquen algunas de las estructuras características del mozárabe presentadas en la sección. Para ello, se proporcionan ejemplos de las jarchas o cancioncillas escritas en romance, y se pide al alumno que encuentre en ellas determinados rasgos.

Soluciones

Actividad 13. Fíjate en los siguientes ejemplos de jarchas, poemas mozárabes de los siglos XI-XII.

Vayse meu corachón de mib. *Ya Rab, ¿si me tornarád?* *¡Tan mal meu doler li-l-habib!* *Enfermo yed, ¿cuánd sanarád?* Se va mi corazón de mí. Oh Dios, ¿acaso volverá a mí? ¡Tan fuerte mi dolor por el amigo! Enfermo está, ¿cuándo sanará?	*¿Qué faré mamma?* *Meu-l-habibest' ad yana.* ¿Qué haré, madre? Mi amigo está en la puerta.

Fuente: http://www.palabravirtual.com/index.php?ir=critz.php&wid=396&show=poemas&p=Jarchas+moz%E1rabes

Otros ejemplos de jarchas mozárabes: http://www.jarchas.net/

📷🎧 Ejemplo audiovisual de jarcha: https://www.youtube.com/watch?v=zDq-8BbLykc

▶ Título del vídeo en YouTube: "Jarcha mozárabe".

✎ **En la primera jarcha aparece una de las características sintácticas del mozárabe presentadas en la sección. Identifícala.**

Uno de los rasgos sintácticos típicos del mozárabe es el orden de palabras verbo – sujeto – complementos. En el primer verso de la jarcha, vemos este orden reproducido exactamente como indica la regla, *vayse* "se va" *meu corachón* "mi corazón" *de mib* "de mí".

✎ **Fíjate ahora en la segunda jarcha. ¿Qué dos fenómenos no habituales en español observas en la oración afirmativa?**

En esta ocasión vemos que el verbo está unido al sustantivo del SN sujeto, como si fuera un sufijo más, *meu-l-habibest*. Por otro lado, vemos cómo el artículo definido *l* aparece como un afijo entre el posesivo y el sustantivo.

▶ *Actividad de ampliación*

Se puede pedir a los estudiantes que busquen otros ejemplos de jarchas o ejemplos del mozárabe y que identifiquen en ellos los rasgos descritos en la sección. Para ello pueden emplear diferentes fuentes, como: http://hispanismo.org/literatura/595-jarcha-mozarabe. html

Se puede encontrar más información sobre las jarchas así como los textos y su transliteración en el siguiente enlace: http://www.jarchas.net/breve-historia.html

Actividad 14

Actividad 14. Observa la siguiente imagen de un texto escrito en latín.

Puedes consultar el siguiente recurso:
✍ Fundación San Millán de la Cogolla: http://www.fsanmillan.es/estudio-del-espanol

✎ **Localiza en la imagen dónde se encuentran las glosas anotadas en romance primitivo. ¿De qué manera crees que estas anotaciones facilitaban la lectura?**

Esta actividad ofrece a los estudiantes la oportunidad de familiarizarse con imágenes de textos escritos en latín y romance primitivo en la Edad Media. En concreto, la imagen que aparece en la web procede de las Glosas Emilianenses, en concreto la página 72 del *Códice Emilianense 60*, que se halla hoy día en la biblioteca de la Real Academia de la Historia.

La glosa se encuentra muchas veces en la parte inferior del margen derecho de la página, aunque también hay anotaciones más breves en la parte superior de ese mismo margen.

✎ **¿Conoces otros textos antiguos similares en tu lengua materna o en otras lenguas?**

Actividad libre.

Actividad 15

El objetivo principal de esta actividad es plantear al estudiante una idea general sobre el contexto cultural y literario que define la situación lingüística de la Península durante el período de formación de las variedades romances entre los siglos IX y XV, con especial atención al caso del castellano.

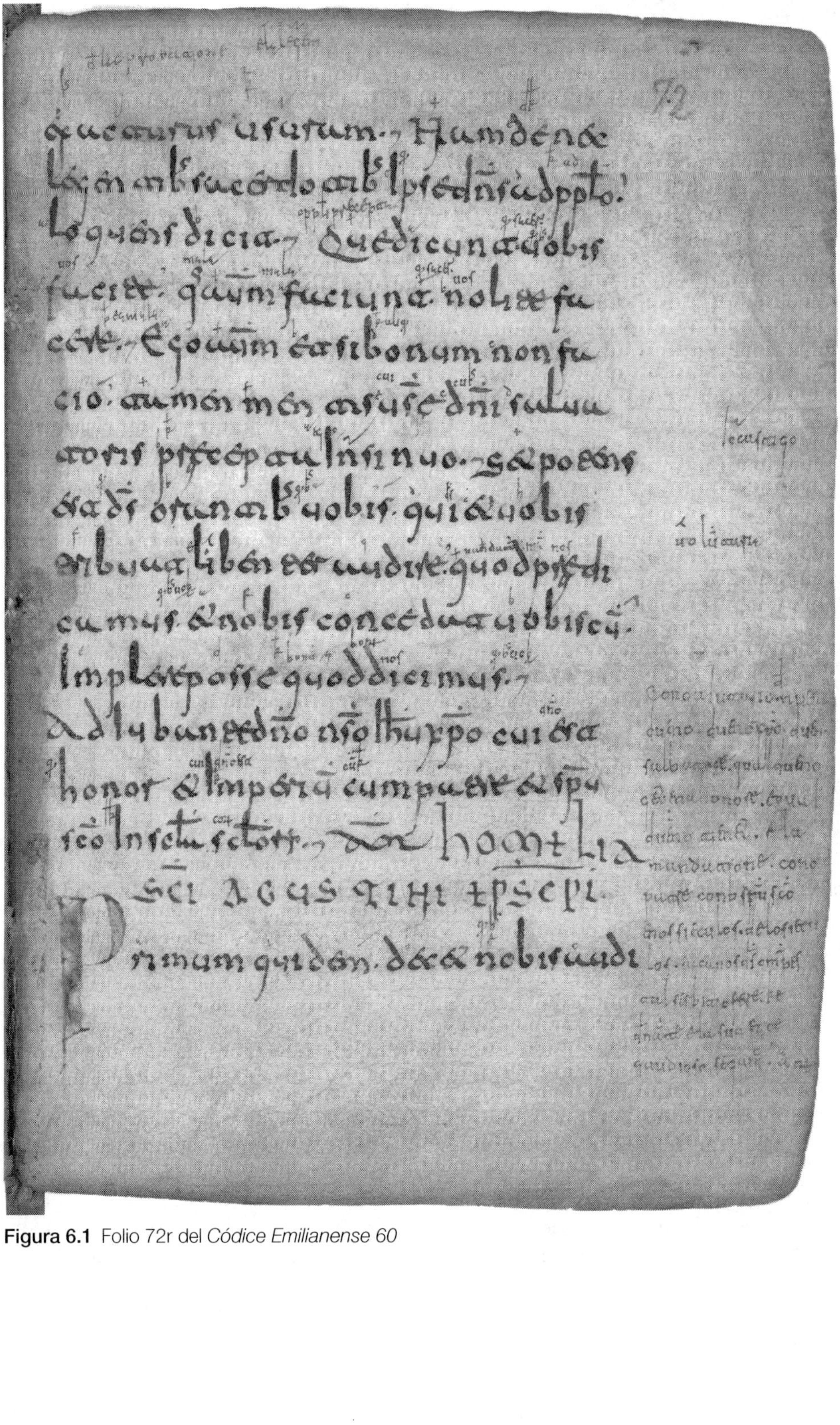

Figura 6.1 Folio 72r del *Códice Emilianense 60*

Soluciones

Actividad 15. Lee las descripciones sobre distintos tipos de textos medievales de los siglos IX-XV e identifica sus nombres genéricos.

1. Glosas
2. Jarchas
3. Fueros y documentos notariales
4. Cantares de gesta
5. Cuaderna vía
6. Textos históricos y doctrinales
7. Textos literarios de carácter moralizante

✎ **Todos estos textos contrastan por pertenecer a diferentes tipologías. ¿Por qué crees que ha sido importante hallar estas manifestaciones textuales diferentes entre sí en la evolución de la lengua? ¿Qué nos indican desde el punto de vista de su uso?**

Estas manifestaciones escritas en diversas formas del romance castellano comprenden tanto textos religiosos (doctrinales) como seglares, y ponen de manifiesto distintos aspectos de la organización social (textos notariales) y la vida cultural de una comunidad que ya prefería expresarse de un modo alternativo al latín clásico en espacios más populares (jarchas o cantares de gestas) y ámbitos más cultos (cuaderna vía y obras históricas y doctrinales).

Actividad 16

Los estudiantes identificarán las semejanzas entre el judeoespañol y el español, y tendrán que deducir el significado de los refranes de la actividad. Para ello, deberán usar no solo las semejanzas, sino también el contexto de los diferentes elementos en la oración y el de cada uno de los refranes; es decir, no solo el contexto sintáctico, sino también el semántico.

Soluciones

Actividad 16. He aquí una serie de refranes en judeoespañol. Transcríbelos al español moderno e intenta explicar su significado según la asociación que se establece.

1. El amigo ke no ayuda y el kuçiyo que no korta, ke se piedran poco emporta.
El amigo que no ayuda y el cuchillo que no corta, que se pierdan poco importa.
Significado: No hay que dar valor a las personas y cosas que no nos sirven.

2. Kada uno konose las koles de su guerta.
Cada uno conoce las coles de su huerta.
Significado: Cada uno conoce bien a las personas más allegadas.

3. Pan ke ayga en el sesto, ke sea blanko, ke sea preto.
Mientras haya pan el cesto, que sea blanco, que sea negro.
Significado: Debemos contentarnos con lo que tenemos, sin fijarnos en los detalles.

4. Nadie sabe lo ke ay dentro de la oia, sino la kutchara ke la menea.
Nadie sabe lo que hay dentro de la olla, sino la cuchara que la mueve.
Significado: No se puede saber desde afuera lo que atormenta a alguien por dentro.

5. Ken de mama te kita, kon palabras te enganya.
Quien de tu madre te saca, con palabras te engaña.
Significado: Censura al que con habladurías trata de enemistar a la madre con su hijo.

Adaptado de: http://yadbeyad.wordpress.com/2011/02/16/refranes-sefardies/

✍ **¿Cuál crees que es la importancia de los refranes como transmisores de información desde el punto de vista lingüístico y cultural?**

Las respuestas a estas preguntas pueden variar en función del conocimiento y experiencia individual de los estudiantes. En general, los refranes se originan en la cultura popular y se han transmitido de manera oral. Muchas veces plantean temas de carácter universal y relacionados con aspectos que afectan al individuo en su vida diaria: el amor, la amistad, el dinero, el trabajo, la familia, etc. Por esta razón, se basan en situaciones que se suelen repetir en la sociedad y que también están relacionadas con el comportamiento humano y con las relaciones entre personas. Existe un componente generacional asociado a los proverbios y a los refranes, puesto que estos estaban más presentes en el habla popular que en la actualidad. Este hecho tiene que ver con la importancia de la oralidad durante siglos en la transmisión de conocimientos. Resulta por lo tanto lógico que el texto seleccionado se haga eco de la figura de la "abuela", porque los abuelos y abuelas, por toda la experiencia de vida acumulada, suelen ser las figuras más relacionadas con la transmisión de este tipo de conocimientos en la forma de refranes y proverbios.

✍ **El judeoespañol es una lengua viva. El siguiente texto está sacado de una revista sefardita. Compara el texto original con su transcripción y responde a las preguntas.**

Grasias a ti, mersi a ti Nona, a kada nona muestra ke me akoxiste de la mano y me amostraste un mundo que los libros, los meldados, el ombre. . . no puede.
    La Nona sefardita nasió konosièndo su mazal, llevó el peso de su familia y kumplió komo muyer en kada momento de su vida: fiyika, ermana, desposada, madre, suegra. . . y Nona afrentándose a un mundo de estrechuras en akeyos tiempos tanto difíciles en Gresia.

Transcripción:

Gracias a ti, gracias a ti Abuela, a cada abuela nuestra que me cogiste de la mano y me mostraste un mundo que los libros, las oraciones, el hombre. . . no puede.
    La abuela sefardita nació conociendo su suerte, llevó el peso de su familia y cumplió como mujer en cada momento de su vida: hija, hermana, esposa, madre, suegra. . . y Abuela enfrentándose a un mundo de estrechuras en aquellos tiempos tan difíciles en Grecia.

Adaptado de: http://www.sefarad.org/lm/LMOW1/LosMuestrosOnWeb1Kore83.pdf

✎ **Preguntas:**

1. Explica qué cambios ortográficos se presentan entre los dos textos.

Se observan distintos cambios ortográficos, entre ellos el contraste entre "s" y "c" en la palabra *gracias*, "k", "q" y "c" (*kada* "cada", *ke* "que"), "x" y "g" (*acoxiste* "acogiste"), ausencia de "h" en *ombre* "hombre", "y" y "j" (*muyer* "mujer"), "y" y "ll" (*aqueyos* "aquellos" es un ejemplo de yeísmo), etc. Como rasgo fonético-fonológico se puede comentar el seseo en palabras como "Grasias", "nasió" o "Gresia".

2. ¿Qué sucede en judeoespañol con las palabras que comienzan con *h* en español? Fíjate en *hombre, hija, hermana*.

En el caso de *fiyika* se mantiene la *f* latina, no se produce el proceso fonológico por el cual la *f* se debilita y acaba desapareciendo. Por otro lado, en el caso de *ombre* y *ermana* vemos simplemente que la *h* no existe en judeoespañol. Estas palabras en latín no comenzaban con *f*.

3. ¿Con qué otra lengua romance se relaciona la palabra "abuela" en judeoespañol?

El término para "abuela" es *nona*. Cabe mencionar aquí que este término de origen italiano aparece, por ejemplo, en el dialecto rioplatense, el cual se encuentra influenciado por el italiano debido a la inmigración que se produjo desde Italia desde el siglo XIX.

4. Enumera algunos ejemplos de sibilantes propias del judeoespañol.

La sección incluye varias sibilantes como características del judeoespañol, de las cuales encontramos varios ejemplos en el texto:

- /s/ s: *sefardita, desposada, suegra. . .* y ejemplos de seseo (*grasias, nasió, konosiendo, Gresia*)
- /z/ z: *mazal*
- /ʃ/ x: *akoxiste*
- /ʒ/ y: *muyer*

5. A partir de tu experiencia con esta actividad, ¿cómo catalogarías el nivel de inteligibilidad del judeoespañol (bajo, medio, alto) para un hablante de español moderno? ¿Por qué?

El nivel de inteligibilidad puede ser medio o alto debido a los vínculos históricos entre el judeoespañol (al menos en su forma más actual) y el español moderno.

▶ *Actividad de ampliación*

Se puede pedir a los estudiantes que comparen las características de la lengua de los refranes y la del texto de la segunda parte de la actividad, para así reflexionar sobre las diferencias. Es importante notar que la lengua de los refranes es más antigua que la del texto, procedente de un artículo publicado en diciembre de 2015. También los alumnos pueden fijarse en el título de la revista *Los Muestros* y explicar qué significa. Se puede aprovechar para indicar que en judeoespañol, el diptongo [wé] precedido por la nasal [n], se convierte en [mwé]: "los nuestros".

Actividad 17

En esta actividad los estudiantes deberán identificar uno de los dos procesos que se acaban de presentar en la sección en términos reales, la influencia de la yod. La segunda actividad propone que los estudiantes vuelvan rápidamente a los procesos estudiados en el capítulo e identifiquen el que está relacionado con el efecto de la yod, proceso estudiado aparte de la lista presentada.

Soluciones

Actividad 17. Vuelve a la tabla que creaste en la "Actividad 7". Marca ahora cuáles de los procesos que hemos estudiado están relacionados o producidos por la yod.

1. Del latín FILIAM. En español hemos visto que los procesos que sigue son, primero el P2: red. nasal, que da /fília/ y a continuación el P12: pal. líquidas que tiene como resultado /fíʎa/. La yod afecta la secuencia /l/+/j/ y la transforma en /x/. En lenguas como el gallego, la palabra quedó en /fíʎa/, pero en castellano sufrió ese último proceso y se transformó en /íxa/. El hecho de que en judeoespañol la palabra resultante sea *fiya* (en el texto encontramos *fiyika,* diminutivo de *fiya*), demuestra que se ha mantenido la sibilante prepalatal fricativa sonora, como en español medieval, procedente de la palatalización *lj* o *l* + yod del latín FILIAM. En este ejemplo también cabe destacar el mantenimiento de la /f/ inicial latina, un rasgo conservador propio del español medieval.

Actividad 18

En esta actividad los estudiantes compararán diferentes lenguas romances para, de esta manera, apreciar cómo diferentes factores afectan a la evolución de la lengua como, por ejemplo, el contacto con el vasco como lengua de sustrato en la península ibérica, que hace que el término *ezkerra* "izquierda" acabe imponiéndose al término latino SINISTRAM.

Soluciones

Actividad 18. Fíjate en la tabla donde se comparan diferentes términos de origen latino. En todas las lenguas romances habladas en la península ibérica, la palabra izquierda comparte la raíz, pero no es la latina. ¿A qué crees que se puede deber?

El término *izquierda* procede del vasco *eskerra.* Solo el italiano mantiene la raíz latina. En todas las lenguas habladas en la península ibérica este término desciende del vasco, y da como resultado *esquerda* en portugués, *ezquerda* en gallego y *esquerra* en catalán. La palabra latina SINISTRA adquirió connotaciones negativas, como se puede percibir en las palabras *siniestro* o *siniestralidad.*

✍ **Ahora presta atención a las diferentes formas de decir *lleno*. Algo similar sucede con otras palabras en español que comienzan con la grafía *ll*, como vemos a continuación.**

Tabla. Términos de diferentes lenguas romances de origen latino

latín	español	portugués	gallego	francés	catalán	italiano	rumano
NIGRUM	negro	preto	negro	noir	negre	nero	negru
SINISTRAM	izquierda	esquerda	ezquerda	gauche	esquerra	sinistra	stânga
CANIS	perro	cão	can	chien	gos	cane	câine
CUNICULUM	conejo	coelho	coello	lapin	conill	coniglio	lepure
SCHOLAM	escuela	escola	escola	école	escola	escuola	scoala
LIBRUM	libro	libro	libro	libre	llibre	libro	cartea
MANUM	mano	mão	man	main	mà	mano	mână
PLĒNUM	lleno	cheio	cheo	plein	ple	pieno	complet
VALLIS	valle	vale	val	vallée	vall	valle	valea
COGNOSCERE	conocer	conhecer	coñecer	connaître	conèixer	conoscere	cunoaşte
CANTARE	cantar	cantar	cantar	chanter	cantar	cantare	cântând
VIVERE	vivir	viver	vivir	vivre	viure	vivere	trâi

latín	español	portugués	gallego	francés	catalán	italiano
PLORĀRE	llorar	chorar	chorar	pleurer	plorar	piangere
PLOVĔRE	llover	chover	chover	pleuvoir	ploure	piovere

¿Puedes explicar el cambio que ha sucedido en cada una de las lenguas?

El proceso 16, palatalización de los grupos consonánticos /kl–/ y /pl–/, explica cómo el grupo consonántico pl- se palataliza en posición inicial de palabra en español. En gallego y portugués, estos sonidos se african.

✋En español, como hemos visto en la tabla, existe la palabra *lleno,* pero también existe *pleno.* Busca en el diccionario el significado de ambos términos, y explica la evolución de ambas formas del latín al español y su diferencia de significado en caso de que la haya.

✍ Puedes consultar el *Diccionario de la lengua española*: http://lema.rae.es/drae/

Según P16, el grupo *p–* en posición inicial de palabra se palataliza. *Pleno* y *lleno* proceden del latín PLENUM. Forman un doblete, siendo *lleno* la palabra patrimonial y *pleno* el cultismo. Según el *DRAE*, *lleno* es un adjetivo que significa ocupado o henchido de otra cosa. Mientras que *pleno* es también un adjetivo, y significa "completo, lleno", pero también puede ser dicho de un momento: "culminante o central". La diferencia semántica parece consistir en que *lleno* tiene un significado más físico que *pleno*.

Actividad 19

En la misma tónica de la actividad anterior, ahora se pide a los alumnos que comparen los términos para *conejo* en diversas lenguas romances y que, con la ayuda de diccionarios, deduzcan de qué otro término latino provienen los dos que son diferentes, el francés y el rumano.

Soluciones

Actividad 19. Fíjate en cómo se dice conejo en las diferentes lenguas romances que hemos visto en la tabla anterior.

latín	español	portugués	gallego	francés	catalán	italiano	rumano
CŬNICULUM	conejo	coelho	coello	lapin	conill	coniglio	lepure

Todos estos términos proceden del latín, pero no de la misma raíz. En español, portugués, gallego, catalán e italiano derivan de CŬNICULUM. Sin embargo, en francés y en rumano proceden de otra palabra latina, que también existe en español con un significado similar. ¿Cuál es la palabra española que procede de esta nueva raíz?

Tanto el francés *lapin* como el rumano *lepure* descienden del latín *LEPUS, LEPORIS*, que en español dio *liebre*.

✎ **Ahora busca tú los equivalentes de las siguientes palabras del español en otras lenguas romances.**

⌨ Puedes consultar el diccionario multilingüe en línea *WordReference*: http://www.wordreference.com/

NOCTEM: noche (español), noite (portugués), nuit (francés), nit (catalán), notte (italiano), noapte (rumano)
CONSILIUM: consejo (español), conselho (portugués), conseil (francés), consell (catalán), consiglio (italiano), consultanţă (rumano)
VICĪNUS: vecino (español), vizinho (portugués), voisin (francés), vei (catalán), vicino (italiano), vecin (rumano)
CAELUM: cielo (español), céu (portugués), ciel (francés), cel (catalán), cielo (italiano), cer (rumano)

▶ *Actividad de ampliación*

Como actividad de ampliación, los estudiantes pueden trazar los diferentes procesos que ha sufrido LEPUS, LEPORIS hasta dar *liebre* en español. También se les puede pedir que ellos mismos propongan otras palabras con evolución distinta en las lenguas que se mencionan y que se encuentran emparentadas entre sí.

Actividad 20

En esta actividad los estudiantes deberán deducir el origen de las palabras propuestas a partir de su morfología. El alumno podría usar sus conocimientos de inglés para relacionar también esas palabras con otro idioma. De este modo, se pretende una vez más potenciar la reflexión sobre la complejidad de las lenguas, la gran cantidad de influencias que sufre una lengua a lo largo su evolución y cómo estas llegan hasta nuestros días en palabras de uso común.

Soluciones

Actividad 20. Observa la estructura de los siguientes préstamos e intenta adivinar su etimología a partir de lo aprendido en el capítulo. Ayúdate de tus conocimientos de inglés.

celtismos	vasquismos	helenismos	germanismos	arabismos	galicismos	voces amerindias
losa	zurdo	olivo	guardia	alcalde	deán	pampa
alondra	akelarre	clérigo	arpa	limón	fraile	banana

✎ **Si comparamos la influencia del árabe, del alemán o del francés en el inventario léxico del inglés moderno, ¿cuál de estas tradiciones ha dejado un mayor legado léxico? Identifica el número de entradas en el diccionario y proporciona una breve explicación histórica.**

Actividad libre.
Los préstamos del árabe son los más numerosos. Esto se debe a la permanencia de las comunidades lingüísticas que se comunicaban en esta lengua durante muchos siglos (711-1492), y también por las aportaciones de esta lengua a determinados ámbitos del saber. Por ejemplo, la introducción del sistema métrico y el vocabulario referente a ciertos oficios, *albañil*, y a herramientas, *alfiler* o *alicates*. Poseen también este origen términos del ámbito de la jardinería y herboristería, *albahaca*, *azahar*, así como numerosos vocablos relacionados con la alimentación, ya que algunos de estos productos fueron introducidos por los árabes en la Península, *albaricoque*, *alcachofa*, *berenjena* o *limón*. Como se puede apreciar, algunos de estos productos también entraron en otras lenguas a través del español, portugués o francés, como en el caso del inglés, aunque con adaptaciones: *apricot*, *artichoke*, *aubergine* (inglés británico; *eggplant*, inglés norteamericano), *lemon*.

▶ *Actividad de ampliación*

Como actividad de ampliación, los alumnos pueden buscar otras palabras que compartan origen con las de la actividad. Después ellos determinarían cuál de estos orígenes etimológicos es el más habitual en el español. Seguramente observarán que encuentran un mayor número de galicismos, arabismos y de voces amerindias. Como se explica en el capítulo 7 sobre variación lingüística, la presencia de voces amerindias es una constante en las diferentes variedades de la lengua que se hablan en el español de América.

Actividad 21

Esta actividad propone familiarizarse con textos antiguos que los alumnos probablemente hayan leído o de los que hayan oído hablar en las clases de literatura. A partir de los procesos presentados en el capítulo, el estudiante realiza la transliteración al español moderno. Por un lado, es un modo de que los estudiantes se familiaricen con textos antiguos. Por otro, podrán poner en práctica lo aprendido en el capítulo al completar la actividad.

Soluciones

Actividad 21. A continuación se presenta un texto en castellano medieval. Léelo y tradúcelo al español moderno. Revisa los veintitrés procesos que has estudiado en este capítulo, así como la reducción de las sibilantes y la palatización provocada por la yod.

Texto 1

Con o aiutorio de nuestro
Con la ayuda de nuestro

dueno Christo, dueño
dueño Don Cristo dueño

salbatore, qual dueño
Salvador, cual dueño

get ena honore et qual
que está en el honor y

duenno tienet ela
dueño tiene el

mandatione con o
mandato con el

patre con o spiritu sancto
Padre con el Espíritu Santo

en os sieculos de lo siecu
en los siglos de los siglos.

los.   Facanos Deus Omnipotes
        Háganos Dios omnipotente

tal serbitio fere ke
hacer tal servicio que

denante ela sua face
delante de su faz

gaudioso segamus. Amen.
gozosos seamos. Amén.

Fragmento de las *Glosas Emilianenses* (s. XII)

Texto 2

Nunqua trobé en sieglo logar tan deleitoso,
Nunca trové (encontré) en siglo lugar tan delicioso,

nin sombra tan temprada [nin] olor tan sabroso;
ni sombra tan templada ni olor tan sabroso;

descargué mi ropiella por yazer más viçioso,
descargué mi ropa (ropeja) por yacer más vicioso

poséme a la sombra de un árbor fermoso.
me posé a la sombra de un árbol hermoso.

Yaziendo a la sombra perdí todos cuidados,
Yaciendo a la sombra perdí todos los cuidados,

odí sonos de aves, dulces e modulados:
oí sonidos de aves, dulces y modulados:

nunqua udieron omnes órganos más temprados,
nunca oyeron hombres órganos más templados,

nin que formar pudiessen sones más acordados.
ni que formar pudiesen sones más acordados.

Milagros de Nuestra Señora, Gonzalo de Berceo (s. XIV)

3. Proyectos de investigación

1. Muchos estudiantes de español se preguntan por qué existe una diferencia entre la pronunciación de la /θ/ del centro norte peninsular y del resto de las variedades del español. Después de la explicación de la evolución de la *s* sibilante y de la información que has aprendido en el capítulo de fonología y fonética, prepara una presentación en la que expongas a qué se debe esta diferencia.

Recursos:

Por qué en América Latina no pronunciamos la Z y la C como en España, *BBC Mundo*

http://www.bbc.com/mundo/noticias-36896631

Aproximación a la historia de la lengua española, Santiago de la Torre Moral, University of Jyväskylä

http://users.jyu.fi/~torremor/cursos/hist-lengua/hist-lengua/00000.html

2. Escoge una de las lenguas romances que se hablan en la península ibérica en la actualidad. Investiga sobre la historia de esa lengua en relación con su extensión geográfica, número de hablantes, etc., y compara su situación con el español. Identifica al

menos dos diferencias de carácter fonológico, morfológico y sintáctico, y compara algunas palabras en el léxico de ambas lenguas que difieran considerablemente en su estructura o significado.

Recursos:

Evolución lingüística de la península ibérica – Vídeo: "Mapa histórico de España y Portugal 3000 años"

https://www.youtube.com/watch?v=92y1zwF8NF8

Grupo romances

http://www.proel.org/index.php?pagina=mundo/indoeuro/italico/romance

3. Busca al menos diez cultismos, semicultismos y palabras patrimoniales e investiga cómo y dónde se utilizan estos términos en el español moderno. Te puedes fijar en la tipología textual de los textos en los que aparecen, si están relacionadas con la noción de registro, cuál es la frecuencia de su uso, etc. Consulta alguna de las siguientes bases de datos y fíjate en los periodos históricos que abarcan.

Recursos:

Atlas Lingüístico de la Península Ibérica (ALPI)

http://alpi.csic.es/es/alpi/presentacion

Corpus de Referencia del Español Actual (CREA)

http://corpus.rae.es/creanet.html

Corpus Diacrónico del Español (CORDE)

http://corpus.rae.es/cordenet.html

4. En este capítulo hemos visto el origen y el significado de la palabra *ojalá*. ¿Crees que, si se tiene en cuenta el significado literal de esta expresión, tiene sentido el uso obligatorio del subjuntivo? ¿Cómo integrarías los conocimientos sobre la influencia de la lengua y la cultura árabes en una clase de español como L2? Elabora una presentación oral en la que expliques diferentes ejemplos que demuestran el legado lingüístico de esta cultura en el español.

Recursos:

Millar, M. A. 1998-1999. "Los arabismos en la lengua española". *Boletín de filología* 37: 781-801.

Diccionario etimológico – *Etimologías de Chile*, Valentín Anders *et al.*

http://etimologias.dechile.net/

4. Preguntas de ensayo

Las siguientes preguntas pueden servir como temas de ensayo una vez que se hayan abordado los contenidos del capítulo.

1. ¿En qué consiste principalmente el legado de las lenguas prerromanas en la península ibérica? ¿Cómo contrasta ese legado con el del latín?

2. Explica las diferencias y semejanzas entre los conceptos de *latín clásico* y *latín vulgar*. ¿Cuál de los dos llegó a convertirse en la "lengua vernácula" de los hablantes de Castilla? ¿Por qué?

3. ¿Por qué se plantea en el capítulo que la evolución de las sibilantes y la yod constituyen dos procesos fonológicos esenciales en el desarrollo del castellano medieval al español moderno? ¿Crees que estos procesos se han extendido a todas las variedades del español en el mundo hispanohablante actual?

4. Explica cómo han influido los préstamos lingüísticos en el inventario léxico de la lengua española a lo largo de la historia.

5. ¿Por qué crees que los cultismos y las palabras patrimoniales se han constituido en la lengua? Justifica tu respuesta con ejemplos concretos.

6. Traza la historia del judeoespañol y determina si se podría considerar una variedad del español o una modalidad independiente.

5. Glosario bilingüe de términos de historia de la lengua

A

arabismo (*Arabism*). Término léxico que procede del árabe, p. ej., *albañil*, del mozárabe *albanní*, procedente a su vez del árabe *bannā*, "construir".

asimilación regresiva (*regressive assimilation*). Proceso por el cual un sonido adopta algún rasgo del sonido que lo sigue, p. ej., la consonante nasal /n/ se dentaliza por la influencia de la consolante dental /t/, *antes* /án.tes/ → [án̪.tes].

asimilación total (*total assimilation*). Cambio fonético en el que un sonido adopta todos los rasgos del sonido que lo precede, p. ej., cuando p → t / __t, en uno de los pasos de la evolución de la palabra *siete*, /sépte/ → /sétte/.

C

cultismo (*literary or learned word*). Palabra latina que se ha incorporado al léxico castellano y no ha seguido los procesos fonológicos correspondientes, p. ej., FEMINA → *fémina*.

D

degeminación (*degemination*). Proceso fonético por el cual una consonante geminada pierde uno de sus componentes y se hace simple, p. ej. SEPTEM → sette → siete.

desafricación (*deaffrication*). Proceso fonético por el cual un sonido africado se reduce a la palatal fricativa /ʝ/, p. ej., en el último paso de la evolución de *leer* desde el latín LEGERE. /legé:re/ → /legére/ → /ledʒére/ → /lejére/.

diglosia (*diglossia*). Situación lingüística en la que el uso de una lengua o variedad se considera de mayor prestigio que la otra y goza de mayores privilegios.

diptongación (*diphthongization*). Cambio fonético en el que un sonido vocálico se alarga convirtiéndose en un diptongo. Por ejemplo, algunas vocales abiertas tónicas del latín tardío se transformaron en diptongos en español, como en /kɔ́rpo/ → /kwérpo/.

doblete (*doublet or etymological pair*). Par formado por dos palabras que derivan del mismo término latino, la palabra patrimonial y el cultismo, p. ej., FEMINA > *hembra* (término patrimonial) / *fémina* (cultismo).

E

epéntesis (*epenthesis*). Proceso fonético por el cual aparece un sonido en una palabra que antes no existía, p. ej., una palabra que comienza con /s–/ y va seguida de una consonante en latín, y en castellano antiguo aparece una /e–/ epentética, STUDIARE /studiáre/ → /estudiár/, *estudiar*. Cuando la adición se produce en posición inicial se denomina *prótesis*.

espirantización (*spirantization*). Proceso por el cual un sonido oclusivo velar cambia su modo de articulación a fricativo, p. ej., [k] → [x]. Véase **lenición**.

F

fricativización (*fricativization*). Proceso fonético por el cual los sonidos oclusivos sonoros cambian su modo de articulación a fricativo, [p, t, k] → [β, ð, γ].

G

galicismo (*Gallicism*). Término léxico procedente del galorromance, es decir, del francés primitivo que se hablaba en Francia, p. ej., *fraire*, el cual dio lugar en español a *fraile*. También vocablo o giro del francés usado en otra lengua.

geminación (*gemination*). Proceso fonético por el cual un sonido se duplica, p. ej., [t] → [tt] ante j + vocal como en /pótjo/ → /póttjo/, que dio lugar al castellano *pozo*.

germanismo (*Germanic borrowing*). Término léxico procedente de las lenguas germánicas. Penny (2006) distingue dos estadios principales. En primer lugar, términos que entraron en la Península con los romanos, alrededor del siglo III, y que son términos que existen en varias lenguas romances, p. ej., *banco* o *guerra*. Por otro lado, con la llegada de los visigodos en el siglo V entraron otros términos nuevos en el idioma como *banda*, *estaca* o *ropa*.

glosa (*gloss*). Anotación que se hace en un texto para ayudar a la comprensión del mismo.

H

helenismo (*Hellenism*). Término léxico procedente del griego. Se encuentran en algunos topónimos como *Ampurias*, *Rosas*, así como en vocablos que hacen referencia a objetos pertenecientes a la vida cotidiana, *cesta*; a la vivienda y la construcción, *bodega*; a la botánica y a los animales, *cáñamo*; y al ámbito religioso, puesto que el griego fue originariamente el idioma eclesiástico, *bautismo* o *monasterio*.

J

judeoespañol (*Judeo-Spanish*). Modalidad lingüística cercana al castellano antiguo hablada por las comunidades sefardíes de la Península y por sus descendientes después de la expulsión de 1492. El judeoespañol ha continuado evolucionando de manera interna y por el contacto con las lenguas de los territorios en los que se habla (Israel, Asia Menor, norte de África y los Balcanes). Es importante no confundir el judeoespañol con el *ladino*. El ladino no era una lengua propiamente hablada, sino la variante utilizada en las traducciones y adaptaciones de los textos religiosos de los sefardíes. Dicha variante se utilizaba a modo de calco de la sintaxis y del vocabulario de los textos hebreos y arameos, y se escribía con letras latinas o con caracteres rasíes (Alvar 2000, 31; Attig 2012, 838).

L

lengua vernácula (*vernacular language*). Lengua autóctona de una comunidad en particular.

lenición (*lenition*). Proceso fonético de debilitamiento, p. ej., cuando una consonante oclusiva se transforma en su versión débil, fricativa, o una consonante oclusiva sorda se convierte en oclusiva sonora (ver sonorización), como es el caso de [p, t, k] → [b, d, g] si ocurre entre vocales (en posición intervocálica), como sucedió en el proceso de la evolución del latín VITAM a *vida* en español.

M

monoptongación (*monophthongization*). Reducción de un diptongo a un único sonido vocálico, como ocurrió con los diptongos latinos AU /au̯/, AE /ai̯/ y OE /oi̯/, que dieron lugar a veces a vocales largas representadas con dos puntos, /o:/ o /e:/.

mozárabe (*Mozarabic*). Habla vernácula que surgió como resultado del contacto de un conjunto de variedades romances derivadas del latín y el árabe en la península ibérica.

P

palabra patrimonial (*etymological word*). Palabra que ha sufrido todos los cambios y procesos naturales en su evolución del latín al español, como en el caso del sustantivo FILIUM > *hijo*.

palatalización (*palatalization*). Proceso fonético por el cual un sonido cambia su punto de articulación a palatal, p. ej., los sonidos líquidos alveolares como los nasales alveolares, /l/ y /n/ se palatalizan cuando van precedidos de la vocal /i/ y seguidos por la semiconsonante /j/, y se convierten en /ʎ/ y /ɲ/ respectivamente.

prótesis (*prosthesis*). Tipo de epéntesis que sucede en posición inicial de palabra. Así, observamos que cuando una palabra comienza con /s–/ y va seguida de una consonante en latín, en castellano antiguo aparece una /e–/ epentética, p. ej., STUDIARE → /studiár/ → /estudiar/.

protoindoeuropeo (*Protoindoeuropean*). Lengua original de la cual descendería la mayor parte de las lenguas que surgieron en Europa y parte de Asia y de África. Se utiliza como hipótesis para explicar la relación de parentesco entre las lenguas y sus distintas familias.

S

semicultismo (*semi-literary or semi-learned word*). Palabra patrimonial cuya evolución se detuvo antes de completarse, p. ej., SAECULUM → seculu → seclu → seglo → sieglo → *siglo*, que de haber seguido su evolución natural, habría dado lugar a **sejo*.

síncopa (*syncope*). Pérdida de un sonido o grupo de sonidos en el interior de una palabra. Por ejemplo, las vocales breves que desaparecen entre consonantes átonas en la evolución del latín al español moderno, AURĪCULAM → /o:ríkulam/ → /o:ríkula/ → /o:ríkla/, que dio lugar a *oreja*.

sonorización (*voicing*). Proceso fonético por el cual un sonido sordo se convierte en sonoro, p. ej., la evolución del latín de TOTUM al español *todo* /tóto/ → /tódo/.

V

velarización (*velarization*). Proceso fonético por el cual un sonido cambia su punto de articulación a velar, p. ej., /–gl–/ → /–ʒ–/ → /–x–/.

visigodos (*Visigoths*). Pueblos germánicos que llegaron a la península ibérica en el siglo V. Aunque los visigodos permanecieron en la Península durante casi trescientos años, su paso no se dejó notar tanto como el de otras civilizaciones. Durante el siglo VII se produjo la romanización de la élite visigoda, lo cual debilitó su cultura el uso de sus lenguas de origen germánico y, por lo tanto condujo a su declive.

vocalización (*vocalization*). Proceso fonético por el cual un sonido consonántico adopta rasgos vocálicos y se transforma en una semiconsonante o en una semivocal, p. ej., /ɣ/→/i̯/.

voz amerindia (*Amerindianism*). Término léxico procedente de diversas lenguas autóctonas americanas, como el náhuatl o el quechua.

Y

yod (*yod*). Término que se aplica tanto a la semiconsonante /j/ como a la semivocal /i̯/, que influyó en la evolución del sistema vocálico del español.

Capítulo 7

Variación: diversidad lingüística y dialectal en el mundo hispanohablante

1. Objetivos del capítulo

- Explicar algunos conceptos básicos para estudiar la variación lingüística desde el punto de vista diacrónico (temporal), diastrático (social), diafásico (contextual) y diatópico (geográfico).
- Analizar la presencia del español en algunos territorios donde no es lengua oficial.
- Proporcionar datos sobre el español como lengua global.
- Exponer la diversidad lingüística y dialectal en el dominio panhispánico mediante la descripción de los principales rasgos fonético-fonológicos, morfosintácticos y léxicos.
- Examinar las principales variedades dialectales de España (castellano, andaluz y canario) y de Latinoamérica (caribeño, mexicano-centroamericano, andino, austral y chileno).
- Constatar la importancia demográfica y lingüística de los hispanohablantes en los Estados Unidos y explicar algunos aspectos y características del español estadounidense.

2. Actividades, soluciones y actividades de ampliación

Actividad 1

Esta actividad propone una primera incursión en algunas de las diferentes variables sociolingüísticas que se van a analizar en el capítulo. La interpretación de las imágenes es una toma de contacto con posibles malentendidos entre hablantes que no comparten las mismas variables sociolingüísticas desde el punto de vista temporal (diacrónico), dialectal (diatópico) o estilístico / contextual (diafásico). En la última parte de la actividad, los estudiantes deberán crear situaciones comunicativas similares que reflejen los principales tipos de variación (diacrónica, diastrática, diafásica y diatópica). Es importante basar estas situaciones en experiencias propias, con el fin de activar conocimientos sobre la percepción de la lengua que serán útiles para el resto de las actividades y los contenidos del capítulo.

Soluciones

Actividad 1. Explica a qué tipo de variación se hace referencia en las siguientes situaciones y por qué se producen malentendidos en la comunicación.

Viñeta 1 – Se produce variación diacrónica de carácter histórico, porque se trata de una variedad de castellano antiguo. El hablante más joven no comprende el mensaje del hablante que pertenece a otra época. La sensación es un tanto similar a la de un hablante contemporáneo cuando lee un texto escrito en castellano medieval y no llega a comprender todo lo que se dice.

   Viñeta 2 – Se produce variación diatópica o geográfica. Uno de los dos hablantes utiliza rasgos propios de la variante austral, más concretamente, del español rioplatense. Esto se advierte en el uso de la forma verbal del voseo (*escondé*) y de un léxico característico de esta variedad (*la guita* por *el dinero* o *la plata*, *la cana* por *la policía*).

Figura 7.1 Situación comunicativa 1

Figura 7.2 Situación comunicativa 2

Figura 7.3 Situación comunicativa 3

Viñeta 3 – Se produce variación diacrónica, más en concreto generacional. La reacción del hablante mayor sugiere que no le resulta adecuado cómo la hablante más joven hace uso de la cortesía verbal para preguntarle la hora. También se produce variación diafásica o estilística, puesto que la manera directa de comunicarse no cumple las expectativas del interlocutor, que esperaría una manera de preguntar la hora más amable.

↳ **Transforma los diálogos anteriores para que la comunicación se pueda llevar a cabo con éxito. ¿A qué variedad dialectal alude la viñeta 2? ¿Qué rasgos destacan de esta variedad?**

Viñeta 1 – *Carlos dos fijas ha*: Carlos tiene dos hijas.
Viñeta 2 – *Escondé la guita que llegó la cana*: Esconde el dinero que llega (viene) la policía. Aquí se puede insistir en otras transformaciones dialectales, como el uso de la palabra *plata* por *dinero*. Por lo que se dice, *escondé* (forma voseante del imperativo) y *la guita* (dinero o plata) *la cana* (la policía), podemos suponer que se trata de la variante rioplatense (Argentina y Uruguay).
Viñeta 3 – La manera en la que la chica joven se dirige a la persona mayor resulta demasiado directa. Algunas opciones para la adecuación comunicativa podrían ser: – *¿Lleva usted hora?* (sería más apropiado dado el contexto de la comunicación) / *¿Llevas hora?* / – *Disculpe, ¿qué hora es?* / – *Por favor, ¿me podría decir qué hora es?*

↳ **Proporciona un ejemplo para cada tipo de variación (diacrónica, diastrática, diafásica y diatópica) a partir de tus propias experiencias lingüísticas. Puedes utilizar ejemplos de tu lengua materna o del español.**

Actividad libre.
Se debería promover un intercambio de información sobre diferentes experiencias lingüísticas para que los estudiantes expusiesen luego algunos ejemplos ante el resto de la clase.

▶ *Actividad de ampliación*

Los estudiantes pueden formar grupos e investigar una de las cuatro variables con muestras auténticas de lengua, ya sea en audio, vídeo o en textos escritos en español (p. ej., prensa, publicidad, etc.). Esta es una buena manera de mostrar que este capítulo incide en la idea de "investigar" determinados fenómenos y "verificarlos", tal y como hace un dialectólogo o un sociolingüista.

Actividad 2

Esta actividad puede funcionar como ampliación del capítulo anterior sobre historia de la lengua. El objetivo es concienciar al alumno de que una de las pruebas del contacto y de la influencia de otras lenguas reside en el léxico. Los estudiantes también aprenderán a reconocer distintas maneras de integrar el léxico de otras lenguas en la propia, tal y como se aprecia en los "calcos lingüísticos", los "préstamos con adaptaciones" y los "préstamos sin adaptaciones". Vale la pena incidir en la idea de que los hablantes incorporan dichas palabras a su repertorio sin ser conscientes del origen o etimología de dichas palabras.

Soluciones

Actividad 2. El español ha ido incorporando a su inventario léxico palabras de otras lenguas. Identifica el origen de las siguientes con la ayuda de un diccionario.

Puedes utilizar los siguientes recursos:

⌀ *Diccionario de la lengua española:* http://lema.rae.es/drae/

⌀ *Diccionario de americanismos:* http://lema.rae.es/damer/

	Palabra	Origen	Palabra original
	albañil	*mozárabe*	*albanní*
1.	baloncesto	inglés	basketball
2.	aguacate	náhuatl	ahuacatl
3.	jonrón	inglés	home run
4.	carpa	quechua	karpa
5.	coñac	francés	cognac
6.	izquierda	euskera	ezkerra
7.	alioli	catalán	allioli
8.	chamanto	mapudungun o mapuche	chamanto

✎ **Determina si en las palabras anteriores hay algún calco lingüístico y comenta breve-mente cómo se han adaptado el resto.**

calco lingüístico (*baloncesto*); préstamos integrados que se han adaptado de una forma u otra (*aguacate, jonrón, carpa, coñac, izquierda, alioli*); préstamo que se ha mantenido tal cual (*chamanto*).

▶ *Actividad de ampliación*

Se puede pedir a los estudiantes que busquen algunas de estas palabras con un gran número de hablantes en el mundo (chino, hindú, árabe, ruso, francés, alemán, italiano, etc.). Para el inglés, se puede consultar el *Oxford English Dictionary* http://www.oed.com/ y el *Merriam-Webster Dictionary* http://www.merriam-webster.com/. Para el español se pueden consultar el *Diccionario de la lengua española* http://dle.rae.es/ y el *Diccionario de americanismos* http://www.asale.org/recursos/diccionarios/damer.

Actividad 3

El estudiante debe fijarse en la constante evolución de la lengua mediante la observación de algunos parámetros lingüísticos relacionados con la variación diacrónica o temporal desde el punto de vista generacional. Para ello, se han seleccionado una serie de expresiones coloquiales del español peninsular que reflejan también componentes culturales. Se puede preguntar a los estudiantes si creen que la cultura de masas, la cultura popular, la televisión, las redes sociales, etc., van a tener cada vez un papel más importante en el uso de la lengua.

Soluciones

Actividad 3. Las siguientes expresiones se han popularizado en España como parte de la jerga juvenil. Fíjate en su estructura y significado y responde a las preguntas.

Expresión	Significado de la expresión
1. *Ser un observer*	Persona que, mientras todo el mundo habla y se relaciona, suele estar callada contemplando el ambiente. No habla, solamente observa.
2. *Marcarse un triple*	Frase tomada de la canasta de tres puntos en el juego del baloncesto. Los adolescentes la utilizan cuando alguien exagera o alardea de algo de lo que realmente no sabe.
3. *Random*	Término que proviene de los reproductores de música, que en castellano se traduce por aleatorio. Son miles las situaciones en las que se puede emplear esta palabra. Una de las más frecuentes es denominar *random* a gente que va a una fiesta y nadie la ha invitado, por ejemplo, "Estos tíos son gente *random*".
4. *Okey, oki, okis, okeler*	Este es un ejemplo de cómo se transforman las palabras. El *OK* de toda la vida, abreviación de *0 Killed* que empleaba el ejército americano para informar de que no había ninguna baja entre sus filas, se ha adaptado por medio de diminutivos y otras combinaciones.
5. *Worth*	La juventud habla hoy en día varios idiomas. Por ejemplo, una persona propone coger el metro para ir a una discoteca. Los demás valoran la situación, asienten y dicen: "Es worth". La palabra proviene del inglés (*to be worth*), que significa "merecer la pena".
6. *¡Zas en toda la boca!*	Se trata de una de las frases más famosas de Peter Griffin, personaje de la serie de animación *Padre de familia* (*Family Guy*). Se le dice a alguien que se ha equivocado o ha metido la pata.
7. *Mordor*	Procede de *El señor de los anillos*. Mordor hace referencia a un lugar perdido donde se escondían orcos y humanos. Se utiliza para referirse a un sitio muy lejano. O sea, si alguien está en el centro de la ciudad y debe ir a las afueras, entonces dice: "Me voy a *Mordor*".
8. *Holi*	Una variante tierna y simpática de "hola".
9. *KMK*	Significa: "qué me cuentas". La *q* y la *c* se sustituyen por la *k*.
10. *Estar de jajás*	Risa que se puede interpretar como "estar pasándolo bien", o como marcador de ironía, para situaciones "que no tienen ninguna gracia". Por ejemplo, una persona se levanta a las 6:00 de la mañana para ir a la universidad y se encuentra a un vecino en el ascensor. "¿Qué tal?", le pregunta él, y la otra persona le responde "Pues nada, aquí, de jajás".

Adaptado de *El País*: http://elpais.com/elpais/2015/06/01/icon/1433161650_187368.html

✎ **Preguntas:**

1. Explica algunos de los diferentes aspectos morfosintácticos que se pueden apreciar en la configuración de las expresiones anteriores.

Actividad libre.
Algunos de los aspectos que se pueden comentar son: la mezcla de lenguas (*ser un observer*)

y la simplificación del lenguaje por el principio de economía lingüística o los acortamientos, el lenguaje de los mensajes de texto (KMK, *qué me cuentas*), etc.

2. Reflexiona sobre la etimología de las expresiones y comenta qué factores sociolingüísticos en tu opinión han podido influir en su creación.

Algunos factores que han podido influir en la creación de estas expresiones desde la perspectiva sociolingüística son la influencia de a) el inglés en el habla de los jóvenes (1, 3, 4, 5); b) los medios de comunicación, cine y televisión (6, 7); c) la tecnología en el caso de los mensajes de texto (9); d) la cultura popular (2), y e) interjecciones u onomatopeyas (6, 10).

Sobre el doblaje (*Zas en toda la boca*), se puede consultar el siguiente documento: http://blogs.20minutos.es/solo-un-capitulo-mas-series/2014/06/30/del-bazinga-al-zas-en-toda-la-boca-por-que-el-doblaje-puede-matar-una-serie/

3. Enumera al menos tres expresiones coloquiales que utilizas habitualmente en tu primera lengua (L1) o en una segunda lengua (L2) pero que difieren desde el punto de vista de la variación diacrónica con otros hablantes.

Actividad libre.

► *Actividad de ampliación*

Se puede generar un pequeño debate sobre la influencia de la cultura popular y de los medios de comunicación en el uso del idioma. Para ello, los estudiantes podrían buscar palabras o expresiones recientemente incorporadas a la lengua y procedentes de estos medios. También es importante que los alumnos expliquen qué les impulsa a hacer uso de estas nuevas expresiones canalizadas a través de los medios de comunicación.

Actividad 4

Esta actividad presenta un extracto literario con un cambio repentino en la variación diafásica. De este modo, se desea mostrar que los hablantes adecúan su manera de hablar en relación con los interlocutores y el contexto de la comunicación. En este caso concreto, también se quiere provocar un efecto determinado en el lector, además de relacionar dicho modo de hablar con la protagonista de la narración: el cambio de registro convierte a la segunda parte en un discurso mucho más directo y que funciona a modo de reproche.

Soluciones

Actividad 4. El siguiente extracto literario muestra la variación diafásica mediante el cambio de registro. Identifica dónde se produce y explica qué elementos lingüísticos lo marcan.

"Di a la sabiduría: tú eres mi hermana y llama a la inteligencia tu pariente. Para que te preserven de la mujer ajena, de la extraña de lúbricas palabras. . . No dejes ir tu corazón por sus caminos, no yerres por sus sendas, por más que, conociendo como conozco a los hombres,

Mario, estoy segurísima de que me la has pegado más de una vez y más de dos, me juego la cabeza. No hay más que ver cómo se presentó Encarna ayer, menuda escenita, yo no sabía ni dónde meterme, que Valen decía, «si parece ella la viuda, mujer», y es cierto, chico, que me puso en ridículo, ¡qué alaridos!" *Cinco horas con Mario*, Miguel Delibes (citado en Borrego Nieto, 2008, 94-95).

Se comienza el extracto con un registro culto o literario y, a partir de "por más que", se produce un cambio de tono y de estilo en el texto mediante elementos como: 1) la primera persona "conociendo como conozco"; 2) vocativos para apelar "Mario"; 3) superlativos "estoy segurísima"; 4) la segunda persona como registro directo "me la has pegado más de una vez y más de dos"; 5) lenguaje idiomático a modo de expresión familiar "me juego la cabeza"; 6) uso del adjetivo antepuesto menudo/a para añadir énfasis "menuda escenita"; 7) uso de expresiones coloquiales "y es cierto, chico", y 8) uso de exclamaciones "¡qué alaridos!".

Documento de donde procede el extracto literario (páginas 94-95):
http://campus.usal.es/gabinete/comunicacion/Leccion_Inaugural_2008.pdf

Actividad 5

Los estudiantes deberán crear diferentes contextos comunicativos para así prestar atención a las diferencias estilísticas que gobiernan la creación y producción de diferentes variedades textuales. También es una buena oportunidad para apreciar las diferencias de registro entre el lenguaje escrito y el lenguaje oral.

Soluciones

Actividad 5. Crea diferentes contextos comunicativos o minidiálogos en los que se pueda apreciar el contraste de la variación diafásica en los siguientes ámbitos de uso.

1. lenguaje público ≠ lenguaje familiar

Me gustaría darles las gracias por su asistencia a esta charla. . . (lenguaje público; en una conferencia) *Oye, que muchas gracias por venir.* . . (lenguaje familiar; a un conocido)

2. lenguaje oral ≠ lenguaje escrito

El problema está en. . . (lenguaje oral; una explicación) / *¿Qué pasa?* (oral)
El quid de la cuestión radica en. . . (lenguaje formal oral o escrito; una conferencia o un artículo de investigación) / *Estimados señores:* (lenguaje escrito; una carta formal)

3. lenguaje común ≠ lenguaje técnico

Últimamente tiene muchos dolores de cabeza. (lenguaje común; un diálogo entre amigos)
Últimamente padece muchas cefaleas. (lenguaje técnico; un diálogo entre médicos)

✍ **Ahora compáralos con otra persona de la clase y analiza cuáles son los componentes lingüísticos que determinan la correspondencia con cada ámbito.**

Actividad libre.

► *Actividad de ampliación*

Los estudiantes pueden buscar otras muestras de lengua auténticas entre el lenguaje oral y el escrito, y que se fijen en los marcadores discursivos en cada tipo de lenguaje.

Actividad 6

Actividad 6. Busca información sobre el español en uno de los territorios con presencia histórica de este idioma (norte de África, Filipinas, Guam, etc.). Identifica algunos topónimos procedentes del español que todavía se pueden localizar en un mapa. Después prepara una presentación visual en la que expongas los resultados de tu investigación.

 Puedes encontrar información en el proyecto Ethnologue: https://www.ethnologue.com/

Actividad libre.
Esta actividad muestra cómo los topónimos aportan datos sobre la influencia que una tradición lingüística y cultural ha podido ejercer históricamente en un territorio. Los alumnos pueden incluir datos sobre la situación geográfica y lingüística actual de estos lugares, lengua o lenguas oficiales, número de hablantes, etc., así como algunas palabras procedentes del español que hayan pasado como préstamos lingüísticos a otras lenguas de estos países como, por ejemplo, en el caso del tagalo.

Actividad 7

El estudiante comprobará que el español ha aumentado su presencia en Internet de manera considerable. Por su estatus de idioma global, el español es la segunda lengua más utilizada en este medio según el Instituto Cervantes (*Anuario* 2015). Se puede contrastar la presencia del español con otras lenguas internacionales (chino, hindú, árabe, ruso, etc.) y comentar por qué nuestro idioma se emplea más. Una de las razones es que se trata de una lengua con un mayor grado de inteligibilidad, es decir, posee un alfabeto compartido por un mayor número de lenguas (el alfabeto latino) y también una fonética menos compleja que la de otras lenguas como, por ejemplo, las tonales.

Soluciones

Actividad 7. El español es una lengua global pero, ¿cuál es su presencia en Internet y en las redes sociales? ¿Ha ido en aumento o ha disminuido? Busca datos que expliquen la tendencia del español en el ciberespacio en los últimos cinco años.

 Puedes utilizar el siguiente recurso:

Anuarios del Instituto Cervantes: http://cvc.cervantes.es/Lengua/anuario/default.htm

Se puede recomendar a los estudiantes que busquen algunas "capturas de pantalla" de Twitter para ver cómo los hispanohablantes usan la lengua en las redes sociales.

✍ **¿Qué desafíos crees que plantea el uso del español en el contexto de Internet y en las redes sociales?**

Actividad libre.

Se pueden comentar aspectos relacionados con la inmediatez de la información, el mantenimiento de la ortografía (escritura de las palabras y normas de acentuación), el uso de acortamientos, el lenguaje de los mensajes de texto, el uso de anglicismos, etc., todos ellos mecanismos cuya función primaria es hacer que la comunicación se produzca de manera rápida y eficiente.

Actividad 8

Los estudiantes deberán fijarse en la morfología de los pronombres del palenquero. Como paso previo, se les puede pedir que busquen los pronombres equivalentes en estas lenguas. Más que acertar al identificar la influencia de una lengua u otra, lo interesante es apreciar el contacto entre lenguas en un aspecto tan fundamental como la morfosintaxis.

Soluciones

Actividad 8. La influencia de varias lenguas (bantú, español, inglés y portugués) en el palenquero se puede apreciar en su sistema pronominal. Fíjate en la morfología de los pronombres e identifica la influencia de estas lenguas.

palenquero	español	influencia
i	yo	inglés
enú	vosotros	bantú
ané	ellos	
bo	tú	portugués
ele	él/ella	
suto	nosotros	español
utere	ustedes	

Actividad 9

Esta actividad conciencia al alumno sobre la importancia de la diversidad lingüística de un territorio y sobre las influencias del contacto entre lenguas, como se comentará al abordar las influencias de lenguas autóctonas en el español de América. El proyecto Ethnologue (https://www.ethnologue.com/) es un buen recurso para explorar la diversidad lingüística en cada uno de los países hispanohablantes.

Soluciones

Actividad 9. Consulta la tabla 7.2 sobre el número de hablantes de español e identifica los siete países con el menor porcentaje de hablantes nativos. Localiza su ubicación en un mapa e investiga cuáles son algunas de las lenguas que conforman su diversidad lingüística.

Tabla 7.2 Países hispanohablantes y hablantes nativos de español (Instituto Cervantes 2015, 6-7)

País donde el español es lengua oficial	Población	Porcentaje de hablantes nativos
México	121.005.815	96,80%
Colombia	48.014.693	99,20%
España	46.771.341	91,90%
Argentina	42.202.935	99,10%
Perú	31.151.643	86,70%
Venezuela	30.620.404	97,30%
Chile	18.006.407	95,90%
Ecuador	15.943.741	95,70%
Guatemala	15.806.675	78,30%
Bolivia	11.410.651	83,00%
Cuba	11.210.064	99,70%
República Dominicana	9.980.243	97,60%
Honduras	8.378.000	98,70%
Paraguay	6.893.727	67,90%
El Salvador	6.405.000	99,70%
Nicaragua	6.236.000	97,10%
Costa Rica	4.832.234	99,30%
Panamá	3.801.000	91,90%
Puerto Rico	3.548.397	99,00%
Uruguay	3.430.000	98,40%
Guinea Ecuatorial	757.014	74,00%

⊙ Puedes encontrar información en el proyecto Ethnologue: https://www.ethnologue.com/

He aquí los 7 países con menor número de hablantes nativos y las principales lenguas que se hablan:

- Paraguay 67,90% (guaraní)
- Guinea Ecuatorial 74,00% (el bubi, el benga y el fang)
- Guatemala 78,30% (lenguas mayas: quekchí, kaqchikel, mam y garífuna)
- Bolivia 83,00% (aimara, quechua y guaraní), Perú 86,70% (quechua y aimara)
- España 91,90% (catalán, euskera, gallego)
- Panamá 91,90% (ngäbere, inglés [afroantillano], kuna)

Actividad 10

Esta actividad recalca la presencia de otras lenguas oficiales en España, pese a ser un territorio relativamente pequeño en comparación con Latinoamérica. Del mismo modo, el fenómeno natural del contacto entre lenguas hace que el español adquiera características e influencias de otros idiomas que los hablantes incorporan a su manera de expresarse.

Soluciones

Actividad 10. La siguiente figura representa cinco rasgos dialectales de hablantes de español de la península ibérica.

✎ **Explica qué rasgo destaca en función de la ubicación geográfica de cada hablante.**

- *¿Y por qué esa cara, Pabliño?* (uso del diminutivo *–iño* por influencia del mismo diminutivo en gallego).
- *Ese libro ya he leído* (omisión del complemento objeto en lugar de *Ese libro ya lo he leído*, por influencia del euskera).
- *¿Que has leído ya este libro?* (Uso de "que" al comienzo de una oración por influencia del catalán).
- *Eh que hase mucha caló* (representación ortográfica de la pronunciación del andaluz; uso del sustantivo como femenino "mucha calor" en lugar de masculino "el calor"). También podría ocurrir en este dialecto la lenición del sonido africado /tʃ/ en el que el fonema africado del español pierde su elemento oclusivo en algunas variedades del andaluz, /tʃ/ > [ʃ], resultando así *ocho* [ó.ʃo] en vez de [ó.tʃo] o *muchacha* [mu.ʃá.ʃa] en lugar de [mu.tʃá.tʃa]. En relación con este rasgo puede existir variación diafásica, en tanto que el contexto puede determinar su uso, y diastrática, ya que no se suele dar en el acrolecto o variedad hablada por la clase social con mayores recursos.
- *Pero, ¿qué decís?* (uso de *vosotros* como segunda persona del plural, informal, y su correspondiente conjugación verbal; forma de tratamiento presente en el castellano y en el andaluz, y ausente en la mayor parte de áreas donde se habla el español canario). En el caso de Madrid se puede comentar brevemente el *laísmo*, *La dio un regalo* en vez de *Le dio. . .*, rasgo que se explicará al hablar del castellano.

✎ **¿Cuál de las variedades te parece más distintiva? Justifica tu respuesta.**

La más distintiva es la del hablante de andaluz, como se aprecia en la alteración de la ortografía para reflejar, por ejemplo, las diferencias a nivel fonético-fonológico. También hay diferencias en el uso del género de algunos sustantivos. Esto sirve para mostrar dónde se ubica la zona de transición entre las dos principales variedades dialectales peninsulares que se van a estudiar a continuación: castellano (centro-norte peninsular) y andaluz (mitad sur peninsular).

✎ **Teniendo en cuenta que se trata de un mismo territorio, ¿qué puedes comentar sobre la diversidad lingüística de la Península?**

Los rasgos de variación demuestran la influencia del catalán, euskera y gallego en el castellano y el contacto con otras lenguas en la Península. Pese a tratarse del mismo país, no hay un uso uniforme de la lengua, sino que hay numerosos rasgos relacionados con las zonas geográficas donde se encuentran el resto de lenguas oficiales. Esta influencia es un fenómeno natural como parte del contacto histórico y geográfico entre lenguas y es recíproca, ya que el resto de los idiomas también se ven influidos por el castellano.

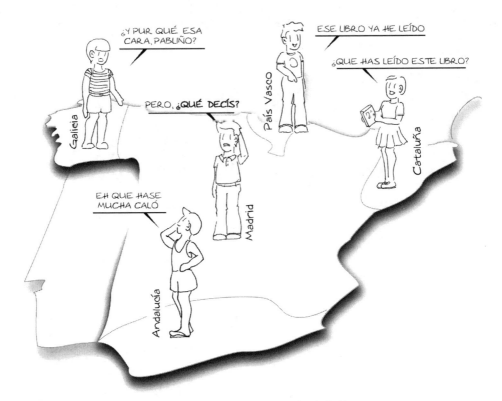

Figura 7.4 Representación de rasgos dialectales de la península ibérica

Actividad 11

Esta actividad pide al estudiante que se fije en determinados rasgos fonético-fonológicos del castellano, porque es una de las variedades con más elementos diferenciadores. Previamente, deberá repasar los rasgos principales mencionados. En la segunda parte de la actividad, el alumno ha de observar los fenómenos de *leísmo*, *laísmo* y *loísmo*. Este es uno de los rasgos que se abordará en relación con la mayor parte de variedades del español. Por un lado, puede ser un rasgo común dentro de una variedad y, por otro, muestra que el uso etimológico o antietimológico (*leísmo*, *laísmo* y *loísmo*) de los pronombres no es algo que se dé siempre de manera fija o regular. Existen además distintas peculiaridades vinculadas al contexto de uso. Por ejemplo, el *leísmo de cortesía* es un fenómeno ampliamente extendido en la mayor parte de las variedades del español, *Le acompaño hasta la puerta* por *Lo/La acompaño hasta la puerta*. Del mismo modo, en algunas variedades del español de América la presencia de las lenguas de sustrato como, por ejemplo, el quechua, puede dar pie a casos de *leísmo*, *laísmo* y *loísmo*.

Soluciones

Actividad 11. Escucha el siguiente texto de dialecto castellano. Después lee la transcripción y responde a las preguntas.

Audio: http://www.audio-lingua.eu/spip.php?article4662

Figura 7.5 Principales variedades dialectales de España

Transcripción:

A ver, estamos en el Bosque de la Herrería, en El Escorial. Es una zona verde de Madrid, eh. . . es una zona de naturaleza muy bonita. Está llena de fresnos, de pájaros que se oye el canto y. . . Vamos camino de ver la Silla de Felipe II, y bueno. . . a ver, es como una especie de monumento, digamos, que es donde dicen que Felipe II se sentaba desde ahí a dirigir las obras de El Escorial, a ver cómo iban.

✍ **Preguntas:**

1. Fíjate en los fonemas que aparecen e indica si se puede hablar de yeísmo.

Pese a que solamente hay unas cuantas muestras, *llena*, *oye* y *silla*, sabemos que el yeísmo es una característica propia del dialecto castellano, como se observa en la hablante.

Yeísmo generalizado. Este fenómeno no distingue la pronunciación entre los fonemas /ʎ/, grafema "ll", y /j/, grafema "y", por lo que ambos fonemas equivalen a un mismo sonido [j]. Algunos hablantes aún articulan esta distinción en regiones en que el castellano está en contacto con el catalán, *pollo* [pó.ʎo] y *poyo* [pó.jo], o en algunas zonas rurales de Castilla y

León y Castilla-La Mancha, aunque la situación parece estar cambiando entre las generaciones más jóvenes por la influencia de la variedad yeísta urbana desde la región de Madrid (Molina 2008; Díaz Campos 2014, 105-106).

2. Localiza ejemplos en los que se pueda apreciar la distinción entre los fonemas /s/ y /θ/.

Por ejemplo, *zona, naturaleza, especie* y *dicen.*
Distinción entre los fonemas /s/ y /θ/. Por ejemplo, *casa* [ká.sa] y *caza* [ká.θa].

3. ¿Observas alguna diferencia en la pronunciación del fonema /x/?

No se observa ninguna diferencia. En ambos casos la pronunciación es tensa. Por ejemplo, *pájaros* o *dirigir.*
    Pronunciación tensa de /x/. El fonema fricativo velar sordo /x/, que corresponde a la grafía *j* y a las combinaciones "ge" y "gi", se pronuncia de manera tensa [x], [mé.xi.ko] *México.* Esto contrasta con la mayor parte de variedades en que se articula de manera suave o relajada, convirtiéndose en la fricativa laríngea sorda [h], [mé.hi.ko] *México.*

4. Analiza la pronunciación de las consonantes finales. ¿Qué se puede comentar en relación con esta variedad dialectal?

En el castellano se suelen conservar las consonantes finales. Por ejemplo, *ver, estamos, Escorial, dicen* o *iban.*
    Conservación de consonantes finales. Por ejemplo, de –*r,* –*l,* y –*n, beber* [be.βér] en lugar de *bebé* [be.βé], *mantel* [maɲt.tél] en vez de *manté* [maɲt.té].

5. Describe la realización del sonido /s/ teniendo en cuenta que se trata del dialecto castellano.

Se trata de la pronunciación apicoalveolar de /s̺/. En su realización intervienen el ápice de la lengua como articulador activo y los alveolos superiores como pasivos. Esta pronunciación es muy característica del castellano.

6. Presta atención a la pronunciación de la palabra "Madrid". ¿Cuál de las siguientes realizaciones se corresponde con la que aparece en la grabación? ¿Crees que las otras dos pronunciaciones son posibles en español? Justifica tu respuesta.

a) [ma.ðríð]
b) [ma.ðríθ]
c) [ma.ðrí]

Se mencionó antes que el castellano mantiene las consonantes finales. Sin embargo, la pronunciación de este topónimo contrasta con la realización de otras palabras que terminan en –*d* como consonante final. Aquí, la realización del audio parece indicar que se trata de la "opción b", es decir, el alófono [θ] y, por lo tanto, *Madrid* como [ma.ðríθ]. Tras haber estudiado el capítulo 2 sobre fonología y fonética, el alumno debería saber transcribir el topónimo *Madrid* como [ma.ðríð]. Esta sería la realización para una gran parte de los hablantes.

Sin embargo, la elisión o eliminación de la /d/ final hace que algunos hablantes pronuncien *Madrid* como [ma.ðrí]. Esta pregunta potencia la reflexión sobre las diferentes maneras con que se puede articular una palabra a veces dentro de una misma variedad, en especial, con una palabra tan común como el topónimo *Madrid*.

Con respecto a la letra "d", el *Diccionario panhispánico de dudas* (*DPD*) indica: "También es extremadamente débil la pronunciación de la /d/ final de palabra, que en el habla poco esmerada de algunas zonas de España tiende a perderse: [madrí, usté, berdá], por *Madrid, usted, verdad*; en realidad, en la pronunciación normal se articula una /d/ final muy relajada, apenas perceptible. En zonas del centro de España, algunos hablantes cambian por /z/ el sonido /d/ en final de sílaba o de palabra, pronunciación que debe evitarse en el habla esmerada: [azkirír] por *adquirir*, [birtúz] por *virtud*. Entre hablantes catalanes es frecuente pronunciar la /d/ final como una /t/, por influjo del catalán: [ber.dát] por *verdad*".

⌐ *Diccionario panhispánico de dudas*: http://www.rae.es/recursos/diccionarios/dpd

✎ **El dialecto castellano es la variedad con más casos de *leísmo*, *laísmo* y *loísmo*. Explica en cuáles de las siguientes oraciones no se hace un uso etimológico de los pronombres.**

1. Lo vi en el parque y más tarde lo volví a ver con sus amigos.
2. En cuanto llegué a casa las mostré todo lo que me había comprado.
3. A María le consideran con poca experiencia para el cargo.
4. Llamó varias veces pero no me di cuenta y no lo abrí la puerta.
5. Lo di un poco del pastel pero parece que no tenía mucha hambre.
6. Ya le he explicado que no podría ir a su fiesta, pero sigue sin creerme.
7. La dije que me esperara pero no me hizo caso y se fue sin avisar.
8. Les han otorgado numerosos premios por la última película.
9. En cuanto me hizo entrega del maletín, le di los documentos.
10. El regalo que compramos le habíamos visto más barato en otra tienda.

1. Uso etimologico de "lo" como objeto directo
2. Laismo (uso etimologico: *les mostre*)
3. Leismo (uso etimologico: *la consideran*)
4. Loismo (uso etimologico: *le abri*)
5. Loismo (uso etimologico: *le di*)
6. Uso etimologico de "le" como objeto indirecto
7. Laismo (uso etimologico: *le dije*)
8. Uso etimologico de "les" como objeto indirecto
9. Uso etimologico de "le" como objeto indirecto
10. Leismo (uso etimologico: *lo habiamos visto*)

✎ **Ahora explica en qué partes de la Península se podrían escuchar estos tres fenómenos.**
Actividad libre.

Actividad 12

Esta actividad centra la atención del estudiante sobre algunos de los rasgos más característicos del andaluz en contraste con los del castellano. Además, la actividad sirve como preliminar de la siguiente, que presenta un vídeo sobre la articulación de los sonidos en español andaluz.

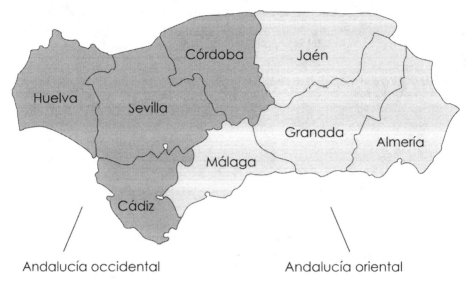

Andalucía occidental   Andalucía oriental

Figura 7.6 Andalucía occidental y Andalucía oriental

Soluciones

Actividad 12. Lee la transcripción y deduce cuáles de las siguientes realizaciones son más propias de un hablante de castellano o de andaluz. Justifica tu respuesta.

Los estudiantes deberán justificar el porqué de su elección. Podrán plantear ellos mismos las transcripciones de otras palabras para que sus compañeros puedan reconocer un fenómeno concreto típico de estas variedades. Los estudiantes deberían estar familiarizados con la transcripción fonética, un tema ya abordado en el capítulo 2.

Palabra	Transcripción	castellano	andaluz	Justificación
ajo	[á.ho]		X	Aspiración de la /x/ intervocálica como en *ejemplo* [e.hém.plo].
castillo	[kaṣ.tí.jo]	X		Contiene la *s* apicoalveolar es /ṣ/ típica del castellano.
cansado	[kan.sáu̯]	X		Diptongación. Tendencia a reducir los hiatos y a transformarlos en diptongos, [pen.sáu̯] *pensao* en lugar de *pensado*.
caza	[ká.sa]		X	Seseo. Es el fenómeno más extendido y se da entre hablantes de la zona de Sevilla, Córdoba y zonas centrales de Andalucía. Los hablantes que sesean articulan una pronunciación predorsal de la /s/ (rozando el dorso de la lengua en los alveolos) para los grafemas *s, z, ce* y *ci*: *sol* [sól], *zapato* [sa.pá.to], *cero* [sé.ro] y *cielo* [sjé.lo]. La no distinción entre los fonemas /θ/ y /s/, *caza* [ká.sa] y *casa* [ká.sa], se exceptúa en Jaén, Almería, parte oriental de Granada, y las zonas fronterizas castellano-andaluzas del norte de Córdoba y de Huelva.
cenizas	[θe.ní.θaṣ]	X		Distinción entre los fonemas /θ/ y /s/. Por ejemplo, *caza* [ká.θa] y *casa* [ká.sa].

Actividad 13

Esta actividad sirve para reconocer diferentes rasgos del andaluz. En concreto, se presenta un vídeo y su transcripción para que los estudiantes respondan a continuación a las preguntas sobre esta variedad dialectal. Los aspectos más destacados son principalmente fonético-fonológicos, aunque también se incluye alguna pregunta sobre rasgos morfosintácticos. Esta actividad muestra también cómo dentro de un mismo territorio, como es la península ibérica, hay realizaciones de sonidos que difieren considerablemente del español que se habla en otras zonas.

Soluciones

Actividad 13. Escucha el siguiente texto de dialecto andaluz. Después lee la transcripción y responde a las preguntas.

Vídeo: https://www.youtube.com/watch?v=-se54Vk_kTs

▶ Título del vídeo en YouTube: "Habla Inma Again".

Transcripción:

Las gorditas tenemos derecho a estar en el mundo. ¿Ustedes han visto lo guapa que yo estoy y lo contenta que estoy? Pues todo eso es gracias a que me harto de comer.

¿Usted cree que yo voy a ir a una fiesta y me voy a poner ensalada o me voy a poner fruta, habiendo cosas tan buenas? ¡Hombre, es que tendría que estar tonta!

Usted va a una tienda, *Oh, sorry we don't have your size*, pero ¿qué se creen? ¿Que las mujeres con curvas no somos sexis? ¿Por qué los hombres entonces pueden comer lo que les dé la gana y las mujeres nos tenemos que matar en el gimnasio?

¡Coman, coman y coman y sean felices! ¡Las gordas tenemos derecho a estar en el mundo! Más bien las gorditas. Pues sigan mi consejo: carnes y felicidad, y ¡viva la celulitis!

✎ **Preguntas:**

1. Fíjate en la pronunciación de las siguientes palabras y explica qué aspectos generales del andaluz se pueden comentar desde el punto de vista fonético-fonológico.

a) "tenemos", "Ustedes han visto", "cosas tan buenas".

Debilitamiento de /–s/ final de sílaba. Aspiración, asimilación y pérdida del fonema /–s/ en posición final de sílaba (Moreno-Fernández 2010, 75). Al aspirarse, /–s/ se transforma en [h], obteniendo así [éh.tah.ká.sah] *estas casas*. También los hablantes tienden a omitir el fonema y se alarga la vocal como medida compensatoria [é:.ta:.ká.sa:] *estas casas*. Hay otros efectos que se pueden derivar de este debilitamiento en el caso del andaluz (véase Hualde 1989, 187).

b) "estar", "comer", "ir", "poner", "matar"

Debilitamiento o pérdida de /–ɾ/ en posición final de sílaba. En el habla popular, tendencia a la pérdida de /–ɾ/, "estar", "comer", "ir", "poner", "matar". En la pronunciación de palabras como *carne* hay variaciones en la pronunciación entre dialectos, [káɾ.ne], [kál.ne], [káh.ne], [kán:.e], pero incluso entre hablantes de una misma variedad (Hualde 2014, 189). En el vídeo se pronuncia como [kán:.e], con la geminación de la consonante nasal /n/. Otro rasgo del habla popular es la neutralización de /–ɾ, l/, que encontramos en la pronunciación de *er mundo* (*el mundo*).

c) "gracias", "entonces", "felicidad", "celulitis"

Seseo. Es el fenómeno más extendido y ocurre principalmente entre hablantes de la zona de Sevilla, Córdoba y zonas centrales de Andalucía. La mayoría de los hablantes que sesean, como la mujer que habla en el vídeo, articula una pronunciación predorsal de la /s/ (rozando el dorso de la lengua en los alveolos) para los grafemas s, z, ce y ci, *gracias* [grá.sja], *entonces*, *felices* [fe.lí.se] y *felicidad* [fe.li.si.ðá] (excepto en Jaén, Almería, la parte oriental de Granada y las zonas fronterizas castellano-andaluzas del norte de Córdoba y de Huelva) (Pountain 2003, 145).

d) "mujeres", "gimnasio", "consejo"

Aspiración de /x/. La fricativa velar sorda /x/ se suaviza o se relaja hasta convertirse en la fricativa laríngea sorda [h], como en *mujeres* [mu.hé.reh], *ginmasio* [hin:.á.sjo] o *consejo* [kon.sé.ho].

e) "Usted", "felicidad"

Pérdida de /–d/ final de sílaba en ambos ejemplos, *usted* → *usté* [uh.té], *felicidad* → *felicidá* [fe.li.si.ðá]. En *usted* se da también debilitamiento de /s/ en final de sílaba. Al aspirarse, /s/ se transforma en [h], como en *estas casas* [éh.tah.ká.sah].

2. ¿Qué fenómeno se aprecia en la pronunciación de "sexys" que es común al dialecto castellano? Transcribe la pronunciación y explica qué se puede decir desde el punto de vista sociolingüístico.

Elisión del elemento oclusivo en la combinación /ks/ para el grafema x en áreas rurales, con realizaciones como *seso* [sé.so] por *sexo* [sék.so] o *tasi* [tá.si] por *taxi* [ták.si]. En el vídeo se escucha [sé.si:] en lugar de [sék.si]. Como en este ejemplo, una gran parte de los hablantes del dialecto andaluz alargan la vocal cuando omiten el fonema /s/ como medida compensatoria, por ejemplo, [é:.ta:.ká.sa:] *estas casas*.

3. Transcribe la pronunciación de "carnes". ¿Qué puedes comentar sobre la articulación de esta palabra? ¿Qué otras posibilidades crees que podrían aparecer en el andaluz para ella?

En la pronunciación de palabras como *carne* hay variaciones en la pronunciación entre dialectos, [kár.ne], [kál.ne], [káh.ne], [kán:.e], incluso entre hablantes de una misma variedad (Hualde 2014, 189).

4. Fíjate en el contexto fónico de estas palabras y determina qué rasgo del andaluz destaca: "han", "creen", "coman", "bien", "sigan".

Velarización de las consonantes nasales. Tendencia a la velarización de este tipo de consonantes, de modo que se debilitan en posición final de sílaba: *creen* [kré.ēŋ], *coman* [kó.mãŋ].

5. Comenta cómo funcionan en el texto las formas de tratamiento. ¿Qué se puede comentar sobre este rasgo en relación con el dialecto andaluz?

Se emplea el pronombre *ustedes* con la forma verbal correspondiente, "ustedes creen". También la forma de este pronombre aparece con la forma de imperativo "coman". Existe alternancia entre el uso de *vosotros* y *ustedes* en el sistema de tratamiento. Los pronombres sujeto *vosotros* y *ustedes* coexisten en el dialecto andaluz para expresar afinidad entre los hablantes. También los posesivos *tu, tuyo, tuya, tus, tuyos, tuyas* y *su, suyo, suya, sus, suyos, suyas*. Con el pronombre *ustedes* podemos encontrar la forma verbal correspondiente (*ustedes son, ustedes comen*) o la de *vosotros* (*ustedes sois, ustedes coméis*), siendo esta última la más extendida en la Andalucía occidental, sobre todo en el ámbito familiar y entre amigos, pero no tan común en el acrolecto o clase social con mayores recursos.

Actividad 14

Esta actividad presenta una muestra de español canario. En concreto, el audio y su transcripción sirven para que los estudiantes respondan varias preguntas sobre esta variedad dialectal. Los rasgos a los que se debe prestar atención son principalmente fonético-fonológicos, aunque también se incluye alguna pregunta sobre rasgos morfosintácticos. A diferencia de la actividad sobre el andaluz, aquí se potencia el aprendizaje "deductivo", porque el alumno debe identificar algunos aspectos del texto. Esta actividad de audio indica también cómo, dentro de un mismo país, podemos encontrar rasgos que difieren considerablemente. También es conveniente explicar que las hablas canarias se encuentran muy fragmentadas entre sí debido a su geografía repartida en distintas islas.

Soluciones

🎧 *Actividad 14. Escucha el siguiente texto de dialecto canario. Después lee la transcripción y responde a las preguntas.*

🔊 Audio: http:// www.audio-lingua.eu/spip.php?article2129

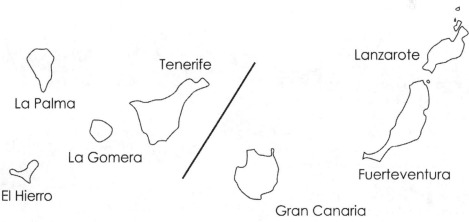

Figura 7.7 Islas Canarias

Transcripción:

Vale, eh. . . el más conocido es el de Tenerife, pero en todas las islas se celebra el carnaval. En mi isla lo, lo que tenemos, que es más diferente, es la gala "Drag Queen". Hay muchísimos hombres que se disfrazan de drags queen, de drag queens, y hay un, un concurso, y gana el más original, el más espectacular, es muy divertido. Todos nos reímos muchísimo con los disfraces y la purpurina, la música, los movimientos. . . Es súper interesante.

Luego, tenemos muchísimas cabalgatas. . . Tenemos eh. . . lo que llamamos el "mogollón", que es una reunión de amigos donde gente bebe, escucha música, baila. . . Va todo el mundo disfrazado de lo más original que puedan pensar. Y luego tenemos la gala de "La Reina" que, bueno, se presentan muchísimas chicas representando a los diferentes municipios o zonas de la isla, y llevan trajes muy elaborados y el más original, el más diferente, es el que gana el premio.

✏ Preguntas:

1. Enumera todos los ejemplos de seseo que encuentres en el texto. ¿Contienen algunos de estos ejemplos grafemas distintos?

Seseo (*conocido, celebra, disfrazan, disfraces, disfrazado, municipios, zonas*). Sí, por ejemplo el grafema "c" en "conocido" y el grafema "z" en "zonas".

2. Proporciona dos ejemplos de aspiración de /x/ que contengan grafemas distintos entre sí.

Aspiración de /x/ (*original, gente, trajes*). Las palabras "gente" y "trajes" poseen grafemas distintos.

3. ¿Qué otro fenómeno fonético-fonológico general de este dialecto destaca en la grabación?

Se produce un debilitamiento de /s/ en final de sílaba. En algunos casos se llega a aspirar y hasta desaparece. Hay numerosos ejemplos (*más, todas las islas, los movimientos, muchísimas chicas*).

4. ¿Qué forma de tratamiento aparece en el texto? ¿Existe alguna variación en cuanto a su uso en algunas de las islas?

Hay un momento en el texto en que se aprecia un uso implícito de la forma ustedes "más original que puedan pensar", que es la forma habitual de tratamiento. Uso del pronombre *ustedes* para la segunda persona del plural, en vez de *vosotros*, y de los posesivos *su, suyo, suya, sus, suyos, suyas*. En La Gomera, El Hierro y La Palma el uso de *vosotros* se alterna con *ustedes* en el trato de confianza (Calderón Campos 2010, 229).

5. Busca el significado de la palabra "mogollón". Relaciona el uso que se le da en el Carnaval de Gran Canaria con su significado principal. ¿En qué otras variedades del español de América se utiliza este término?

Puedes utilizar los siguientes recursos:

📖 *Diccionario de la lengua española:* http://lema.rae.es/drae/

⌀ *Diccionario de americanismos*: http://lema.rae.es/damer/

Según el *DRAE*, el término "mogollón" procede del italiano *moccobello* o del catalán *mogobells* "propina", y estos a su vez lo habrían tomado prestado del árabe *muq bil* "compensación". Hay cinco acepciones sobre este término y todas ellas lo conectan como un coloquialismo:

1. adj. p. us. holgazán.
2. adj. p. us. gorrón (que vive a costa ajena).
3. m. coloq. Gran cantidad o gran número. *Se lo he dicho un mogollón de veces.* U. t. sin artículo. *Tiene mogollón de problemas.*
4. m. coloq. Lío, jaleo.
5. adv. coloq. mucho. *Le interesa mogollón la biología. Los fines de semana duerme mogollón.*

De todas ellas, la más relacionada con el significado que se le da en el Carnaval de Gran Canaria es el de "gran cantidad", es decir, "gran cantidad de gente" y también el de "lío" o "jaleo".

En el español de América encontramos dos acepciones según el *DA*, en República Dominicana como "hombre grande y gordo" utilizado de manera espontánea y también coloquial, y en Paraguay con el significado de "la última pieza musical que se toca en un baile típico". La conexión con estas acepciones no resulta tan evidente. En el caso de "hombre gordo" sí que se puede apreciar una relación con el significado de "tamaño" o "cantidad". En el caso del significado en el español de Paraguay, se trataría quizás de que al ser "la última pieza musical", todo el mundo se animaría a bailar, con lo cual también podría estar relacionado con el sentido de "cantidad", "jaleo" o "bullicio".

6. Las hablas canarias se caracterizan por encontrarse bastante fragmentadas entre sí. ¿Cómo explicarías este hecho teniendo en cuenta la geografía del archipiélago?

Las hablas canarias se encuentran fragmentadas. Además existen diferencias entre las hablas rurales y las urbanas. Por esta razón puede resultar difícil sistematizar dicho dialecto desde un punto de vista global (Morgenthaler García 2008, 204-208). Los estudiantes pueden buscar información sobre Canarias, por ejemplo, la distancia de las islas al continente africano y europeo, así como la distancia entre las islas o entre las dos zonas administrativas principales. Al oeste se encuentra la provincia de Santa Cruz de Tenerife (Tenerife, La Palma, La Gomera y El Hierro), y al este la provincia de Las Palmas (Gran Canaria, Lanzarote y Fuerteventura). Las ciudades con mayor número de habitantes son Santa Cruz de Tenerife y Las Palmas de Gran Canaria.

Actividad 15

El objetivo de esta actividad consiste en mostrar que es posible obtener datos sociolingüísticos al analizar la etimología y el uso de una palabra.

Soluciones

Actividad 15. Lee el siguiente texto sobre el origen etimológico de la palabra guagua *que se utiliza tanto en el español caribeño como en el canario. Resume los principales datos que aprendemos desde el punto de vista sociolingüístico y dialectal.*

La palabra *guagua* se usa como equivalente a "autobús" en gran parte del Caribe y en Canarias. El cubano Esteban Pichardo fue el primero en registrarla en 1836 y, según el filólogo y etimólogo español Joan Corominas, dicho término puede ser una adaptación del inglés *wagon*, "carruaje". Los norteamericanos denominaban así a los carruajes de transporte militar y a los automóviles medianos empleados para el transporte gratuito de personas. Es probable que estuvieran en uso tales vehículos tras la guerra por la independencia de Cuba (1898), la inmediata ocupación americana y la posterior etapa de dependencia económica.

En Canarias, el término guagua "autobús" no se registra en vocabularios de las dos primeras décadas del siglo XX. Luis y Agustín Millares hablan del término en el *Léxico de Gran Canaria* (1924) y *Cómo hablan los canarios* (1932). Según ellos, las guaguas eran entonces "los ómnibus, hoy automóviles, que explotan el servicio de transportes entre los dos puntos extremos de la población: el Puerto de la Luz y el barrio de San José" de la isla de Gran Canaria. En Tenerife, según testimonio de personas mayores, todavía en los primeros años de la década de los cuarenta se empleaba la voz *jardinera* para designar al vehículo de transporte público, y fue por esos años cuando se extendió rápidamente, a partir de la capital, la voz *guagua* en lugar de *jardinera* y no "autobús", término que nunca se había usado. Por todo ello, parece bastante probable que dicha voz viajara desde Cuba hasta Canarias, como un elemento más del equipaje que, a su regreso, llevaban los emigrantes.

Adaptado de: http://www.academiacanarialengua.org/consultas/2010/04/guagua/

Desde el punto de vista sociolingüístico, observamos la influencia del inglés en la zona al poder ser *guagua* una adaptación del inglés *wagon*. Esta influencia se empezó a notar sobre todo a partir de la independencia de Cuba, Puerto Rico, Filipinas y Guam de 1898. Desde una perspectiva dialectal, el español caribeño y el español canario, pese a su distancia geográfica, poseen muchos rasgos en común debido al constante contacto entre ambas variedades por la emigración. También observamos que el uso de la palabra *guagua* se popularizó primero en Gran Canaria y luego en la isla de Tenerife, lo cual indica que estos cambios se realizaron gradualmente en las ciudades como principales focos difusores.

▶ *Actividad de ampliación*

Los alumnos pueden investigar las palabras que corresponden a un mismo concepto en diferentes variedades. Así, un posible ejemplo son las palabras: *alubia, judía, frijol* o *fríjol, poroto*, etc.

Según el *DRAE*:
alubia
Del ár. hisp. allúbya, este del ár. clás. lúbiyā', y este del persa lubeyā.

judía
Quizá de judío.
1. f. Planta herbácea anual, de la familia de las papilionáceas, con tallos endebles, volubles, de tres a cuatro metros de longitud, hojas grandes, compuestas de tres hojuelas acorazonadas unidas por la base, flores blancas en grupos axilares, y fruto en vainas aplastadas, terminadas

en dos puntas, y con varias semillas de forma de riñón. Se cultiva en las huertas por su fruto, comestible, así seco como verde, y hay muchas especies, que se diferencian por el tamaño de la planta y el volumen, color y forma de las vainas y semillas.

Según el *DA*:
frijol o *fríjol*
1. m. Mx, Gu, Ho, ES, Ni, CR, Pa, Cu, RD:N, PR, Co, Ec, Pe, Bo. Fruto de la planta de frijol, en forma de vainas con varias semillas comestibles de color rojo, negro o blanco.
2. Mx, Gu, Ho, ES, Ni, CR, Pa, Cu, RD:N, Co, Ec, Pe, Bo. Planta leguminosa anual con tallos endebles, volubles, de hasta 4 m de altura, hojas grandes, compuestas de tres hojuelas acorazonadas unidas por la base, flores blancas en grupos axilares. (Fabaceae; Phaseolus vulgaris). (frejol; fríjol; frisol).
3. Mx, Gu, Ni, CR, Pa, Cu, RD:N, Co, Ec, Pe, Bo. Semilla del frijol, generalmente en forma de riñón. (frejol; fríjol; frisol).

poroto (Del quech. purutu).
1. m. Pa, Co:SO, Ec, Bo, Ch, Py, Ar, Ur. frijol, planta.
2. Pa, Co:SO, Ec, Ch, Ar, Ur. frijol, fruto.
3. Ec, Pe, Bo, Ch, Py, Ar, Ur. frijol, semilla.

Actividad 16

Aquí el estudiante tiene la oportunidad de reflexionar sobre todo lo que ha aprendido acerca de las tres primeras variedades de español (castellano, andaluz y canario). La segunda parte de la actividad incluye una pregunta para reflexionar sobre contrastes y similitudes de las variedades peninsulares.

Soluciones

Actividad 16. Decide cuáles de los siguientes rasgos son característicos de las principales variedades dialectales de España.

Rasgos	castellano	andaluz	canario
Yeísmo	√	√	√
Seseo		√	√
Ceceo		√	
Heheo		√	
Debilitamiento de /s/ final de sílaba		√	√
Aspiración de /x/		√	√
Elisión de /d/ intervocálica	√	√	√
Conservación de consonantes finales	√		
Pérdida de consonantes finales		√	√

Rasgos	castellano	andaluz	canario
Tuteo	√	√	√
Uso de *vosotros*	√	√	
Uso de *ustedes*		√	√
Uso preferente del pretérito indefinido			√
Uso etimológico de los pronombres *le*, *la* y *lo*		√	√
Leísmo	√		
Laísmo	√		
Loísmo	√		

✎ **Describe con tus propias palabras las particularidades del uso de los pronombres *vosotros* y *ustedes* en los tres dialectos anteriores. ¿Cómo explicarías la diferencia entre el sistema de tratamiento del castellano y del canario desde el punto de vista histórico?**

El capítulo habla sobre los flujos migratorios hacia las Islas Canarias desde Andalucía y, por esta razón, los dialectos canario y andaluz poseen rasgos en común. Por ejemplo, en Andalucía coexisten en el sistema de tratamiento los pronombres *vosotros* y *ustedes*, así como los posesivos *tu*, *tuyo*, *tuya*, *tus*, *tuyos*, *tuyas* y *su*, *sus*, *suyo*, *suya*, *suyos*, *suyas*. Con el pronombre *ustedes*, se presenta tanto la forma verbal correspondiente (*ustedes son*, *ustedes comen*) o la de *vosotros* (*ustedes sois*, *ustedes coméis*), siendo esta última la más extendida en la Andalucía occidental. Como la variedad principal que llegó a las Islas Canarias fue la variedad meridional o sur de la Península, esto habría favorecido la difusión de la forma *ustedes* en lugar de *vosotros*, ya que en el andaluz todavía existe alternancia en el uso. Por último, los flujos migratorios desde las Islas Canarias habrían favorecido la gradual diseminación de la forma *ustedes* en el español de América.

▶ *Actividad de ampliación*

Los alumnos pueden enumerar algunos rasgos más o particularidades propias de estas variedades que no aparecen recogidas en la tabla.

Actividad 17

Esta actividad centrada en el léxico propone no solamente contrastar el español que se habla a un lado y otro del Atlántico, sino también incidir en la importancia de la variedad de vocabulario en el español para denominar elementos del entorno doméstico.

Soluciones

Actividad 17. Conecta las palabras comunes en el español peninsular del recuadro con su equivalente más próximo del español americano.

español de América	español peninsular	español de América	español peninsular
el alfombrado	la moqueta	el gancho	la percha
la arveja	el guisante	el maní	el cacahuete
la bata de baño	el albornoz	la media (para hombre)	el calcetín
el boleto	el billete (medio de transporte)	la papa	la patata
el camarón	la gamba	la computadora	el ordenador
la cartera	el bolso (de mujer)	el piso	el suelo
el carro	el coche	la plata	el dinero
el chancho	el cerdo	el saco	la americana (chaqueta)
el claxon	la bocina	el suéter	el jersey
el elevador	el ascensor	la estampilla	el sello
el fuete	el látigo	la vitrina	el escaparate
el foco	la bombilla	el jugo	el zumo

Se puede comentar que existe variación en el uso de algunas de estas palabras. Por ejemplo, en México y Honduras se emplea *cacahuate*, en lugar de *cacahuete* o *maní*. También se alterna en el uso de las palabras *computadora* y *computador*, así como *bombillo* y *foco* en el español de América.

✤ **Revisa las columnas de nuevo. ¿En qué campos semánticos crees que existe a grandes rasgos mayor variación entre el léxico del español de América y peninsular?**

Aparecen muchas palabras del ámbito doméstico (objetos, aparatos, utensilios, ropa, etc.) y gastronómico (comidas).

▶ *Actividad de ampliación*

Los estudiantes pueden buscar otros ejemplos que pertenezcan a diferentes ámbitos léxicos además de los que ya han aparecido.

Actividad 18

Esta actividad muestra que en el propio continente americano se pueden hallar diferencias realmente significativas, por ejemplo, en cuanto al uso del léxico.

Soluciones

Actividad 18. Analiza los contrastes dialectales que se dan en el continente americano para una misma situación comunicativa. Fíjate en la posición geográfica de cada hablante y explica qué rasgos lingüísticos destacan.

Se observa una gran variación léxica entre las distintas variedades de español. Por ejemplo, para decir *niño* aparecen palabras como *chavo* (Mx, Bo. Muchacho, niño que aún no es adolescente), *guagua* (Ec, Bo, Ch. Niño de corta edad), *pibe* (m. y f. PR, Bo, Ar, Ur; m. PR; Py, muchacho, joven, uso espontáneo y/o afectivo), *guagua* (f. Ch. Hijo menor).

Por otro lado, para decir *autobús* también hay una variedad de términos: *camión* (m. Mx. Autobús, vehículo automóvil de transporte público), *guagua* (1. f. Mx:NO, Gu:O, Cu, RD, PR. Autobús), *bus* (acortamiento de autobús, uso generalizado), *micro* (1. f. Mx, CR, Ch, Py; m. Mx, ES, Cu, Pe. Microbús. 2. m-f. Ar. Transporte colectivo de mayor tamaño que el usual), *colectivo* (Ve, Py, Ar. Autobús.; m. Mx, Ho, CR, Co, Pe, Ch. Taxi con ruta fija que recoge varios pasajeros a los que va dejando en su recorrido).

✎ **¿Qué fenómeno lingüístico de coincidencia fonética y gráfica se observa en el sustantivo *guagua*? Enumera otros tres ejemplos que reflejen este mismo fenómeno.**

En el sustantivo *guagua* se observa un caso de homografía. La palabra posee dos significados distintos pero se pronuncia igual. En unas variedades se utiliza con un significado y en otras con otro. Otros ejemplos son: *mango* (fruta), *mango* (asa de un objeto), *metro* (medida), *metro* (medio de transporte), *vela* (en un barco), *vela* (que se enciende). Se puede comentar que aunque son ejemplos de homógrafos, a diferencia de *guagua*, se emplean en una misma variedad con ambos significados.

✎ **Si consideramos que todas las situaciones comunicativas hacen referencia al español de América, ¿qué se puede comentar desde el punto de vista léxico?**

Pese a tratarse de algo común como es un medio de transporte, se debe poder distinguir entre las numerosas variaciones desde el punto de vista léxico.

Actividad 19

Esta actividad de reflexión permite observar cómo a veces los hablantes de una misma lengua emitimos juicios sobre variedades de la lengua que no tienen por qué corresponderse con la realidad.

Soluciones

Actividad 19. Explica a qué fenómeno concreto se alude en el siguiente extracto desde el punto de vista de los rasgos fonético-fonológicos del español caribeño.

"[. . .] yo creo que la erre, la erre de principio de sílaba sí la podemos pronunciar. Entonces me da coraje cuando me dicen: "Ay, eres de Puelto Lico". Y yo le digo, "Bueno, de Puelto Jico o de Puelto Rico, pero no de Puelto Lico". (Silva-Corvalán 2001, 67)

El comentario del hablante hace referencia al lambdacismo o pronunciación [l] de "–r" en *puerto* → *puelto* [pwél.to] y la velarización de la vibrante múltiple, *Puerto Rico* [pwél.to.ʁí. ko]. Esta /r/ velarizada se asemeja en su pronunciación a la /r/ francesa (Silva-Corvalán 2001, 67).

✎ **¿Cómo explicarías la reacción del hablante al decir "me da coraje. . ." sobre la percepción del habla de Puerto Rico por parte de otros hispanohablantes?**

Figura 7.8 Representación de rasgos dialectales en el continente americano

El hablante dice que "le da coraje", es decir, "le molesta" que haya hablantes con una especie de "estereotipo lingüístico" o percepción concreta sobre la pronunciación de Puerto Rico que no se corresponde con la realidad, ya que dice que la erre al principio de sílaba sí que la pronuncian.

Actividad 20

Esta breve actividad plantea que el estudiante reflexione y aplique lo que acaba de aprender a la pronunciación de una palabra concreta. Se quiere además activar los conocimientos que deberán ponerse en práctica en la siguiente actividad sobre diferentes aspectos del español caribeño.

Soluciones

Actividad 20. Describe el cambio de pronunciación de la palabra disgusto *[di.xúh. to] > [di.húh.to] teniendo en cuenta los rasgos fonético-fonológicos del español caribeño.*

Cuando la /–s/ va seguida de una consonante sonora, la aspiración hace que esta última se ensordezca, así, *disgusto* [diz.ɣús.to] > [dih.ɣúh.to] > [di.xúh.to]. El fonema fricativo velar sordo /x/ en el dialecto caribeño suele suavizarse o relajarse, como se aprecia en el contraste [di.xúh.to] > [di.húh.to]. De esta manera, se produce la aspiración de la fricativa velar sorda /x/ hasta convertirse en la fricativa laríngea sorda [h], como en [e.hém.plo] *ejemplo*, [ka.hón] *cajón*, [mé.hi.ko] *México* o [he.rá.njo] *geranio*.

✎ **¿Con qué variedades de las que han aparecido hasta ahora (castellano, andaluz, canario) se comparte este rasgo? ¿Cómo explicarías esta coincidencia?**

La aspiración de /x/ se comparte con el andaluz y con el canario. La relación entre el español caribeño con el andaluz y el canario deriva del contacto migratorio, económico y cultural que las islas del Caribe han mantenido con los hablantes de estas variedades a lo largo de la historia.

▶ *Actividad de ampliación*

Se puede dividir a los estudiantes en grupos para que ellos mismos planteen diferencias o contrastes entre las variedades de español que ya han aparecido. Primero, pueden plantear el problema en parejas y luego exponerlo al resto de la clase para entre todos plantear posibles soluciones.

Actividad 21

Esta actividad de audio ofrece la oportunidad de explorar los rasgos del español caribeño ya presentadas. Para ello, se formulan una serie de preguntas concretas que el alumno deberá responder a partir de lo aprendido en esta sección. Si el estudiante no recuerda el significado de algún término en concreto, se le puede remitir al glosario del libro.

Soluciones

Actividad 21. Escucha el siguiente texto de español caribeño. Después lee la transcripción y responde a las preguntas.

🔲 Vídeo: https://www.youtube.com/watch?v=x1eBolPmWss

▶ Título del vídeo en YouTube: "habla (fe)".

Transcripción:
Una de las cosas que yo me traje de mi país era la devoción a los santos y a la religión a pesar de que la he adaptado y ha evolucionado, ¿no? Tengo ahora tengo imágenes de Buda, tengo a Sai Baba, la Virgen María, la Virgen de Milagrosa, la Virgen del Valle, la Virgen de Coromoto, la Divina Pastora, por supuesto, José Gregorio, que duerme al lado mío, José Gregorio el Santo, José Gregorio Hernández. San Francisco de Asís, San Benito porque era el santo negro, y entonces mira mai que San Benito, San Benito, y San Benito lo tengo. Tengo imágenes religiosas, entes, este, plegarias y todas esas bromas y todos los días que pueda rezo y le pido a Dios, y le pido, y le pido, y le pido, y creo fervientemente en Dios a pesar de que jamás voy a misa y no creo en la Iglesia.

Soy supersticiosa con lo de la sal, no paso la sal de mano a mano, ni a palos. Los gringos se me quedan mirando con cara de *Don't! Don't give it to me! Don't! Put it on the table and I'll grab it!* Entonces claro, juran que soy una loca pero así es. O sea, mi papá no me pasa la sal ni a palos, entonces bueno, ya yo, ya yo caí en la misma vaina.

En mi país va para misa un domingo y el lunes tienes cita con una bruja en Altamira, incluso hay un amigo mío que su mamá fue y la bruja le dijo que el chamo este tenía monte debajo del colchón y la mamá fue y lo encontró, ahora no me preguntes cómo fue eso pero así es, eso es un cuento verídico. Creo que los fantasmas, o sea los espíritus existen completamente. A mí me visitan los muertos. Se sientan en mi cama, me tocan, me. . . . A mí me pasa, o sea, yo no le cuento eso a nadie porque de bolas que no me van a creer, pero . . .

🖐 **Preguntas:**

1. Identifica tres rasgos generales del español caribeño desde el punto de vista fonético-fonológico. Indica ejemplos concretos en los que se aprecian estos rasgos.

- Seseo. Empleo de la /s/ predorsal, *zapato* [sa.pá.to].
Por ejemplo, "devoción", "evolucionado", "entonces", "supersticiosa", "cita".
- Debilitamiento de /s/ final de sílaba. Aspiración, asimilación y pérdida del fonema /s/ en posición final de sílaba, como veíamos en el caso del andaluz, *pies* [pjéh] y *dios* [djóh].
Por ejemplo, "las cosas", "santos", "imágenes", "fantasmas", "espíritus".
- Aspiración de /x/. La fricativa velar sorda /x/ se suaviza o se relaja hasta convertirse en la fricativa laríngea sorda [h]. Por ejemplo, "traje", "Virgen", "José", "jamás", "bruja", "juran", "dijo". Otros ejemplos, aunque no son del texto de la actividad son, *ejemplo* [e.hém.plo], *cajón* [ka.hón], *México* [mé.hi.ko] o *geranio* [he.rá.njo]. Se pueden utilizar estos ejemplos como modelo.
- Elisión de /d/ intervocálica. Por ejemplo, "adaptado", "evolucionado", "lado". Otros ejemplos, aunque no son del texto, son [pwé.o] *puedo*, [mjé.o] *miedo*, [a.re.ɣlá.o] *arreglado*. Se pueden emplear estos ejemplos como modelo.

Figura 7.9 Zona de influencia del español caribeño

- Yeísmo generalizado. Los fonemas palatales /ʎ/ *pollo* y /j/ *poyo* se pronuncian igual, [j]. Por ejemplo, "Valle", "ya yo".

2. ¿Qué forma de tratamiento se usa en el texto? ¿Se hace un uso etimológico de los pronombres átonos (*le, la, lo*)? Localiza ejemplos concretos de estos dos rasgos morfosintácticos.

- Tuteo. Uso de la forma del pronombre *tú* para mostrar cercanía y familiaridad entre los hablantes. Por ejemplo, "ahora no me preguntes cómo fue eso".
- Uso etimológico de los pronombres *le, la* y *lo*. Por lo tanto, el uso de *le* para el objeto indirecto y de *lo* y *la* para el objeto directo. Vale la pena comentar que en esta variedad algunos hablantes pueden mostrar "leísmo de cortesía", *¿Le acompaño?* en lugar de *¿La/Lo acompaño?*

Los siguientes ejemplos muestran un uso etimológico de los pronombres: "a la religión a pesar de que la he adaptado"; "San Benito, San Benito, y San Benito lo tengo"; "la mamá fue y lo encontró"; "la bruja le dijo que el chamo este tenía monte debajo del colchón"; "yo no le cuento eso a nadie".

3. ¿Qué coloquialismo aparece en el texto con el significado de "madre"? ¿Qué se puede comentar desde el punto de vista morfológico?

"mira <u>mai</u> que San Benito, San Benito"
   Según el *Diccionario de americanismos*:

mai.

f. RD, PR. Madre, uso espontáneo y/o afectivo.

Según el *DA* significa "madre" y por el contexto se puede deducir que se trata de un "acortamiento" con este significado y un coloquialismo que pertenece al ámbito familiar. Aunque el *DA* solamente indica este uso propio en la República Dominicana y Puerto Rico, su uso está quizás más extendido dado que la hablante es venezolana. Esto muestra que los diccionarios no siempre pueden ofrecer información dialectal que sea fiable en su totalidad.

4. Deduce por el contexto el significado de las locuciones "a palos" y "de bolas".

"no paso la sal de mano a mano, ni <u>a palos</u>".
Significa "ni aunque me obliguen", literalmente, "ni aunque me peguen con un palo".

"no le cuento eso a nadie porque <u>de bolas</u> que no me van a creer".
Significa en el lenguaje espontáneo y coloquial "ciertamente", "de veras".
Según el *Diccionario de americanismos*:
1. loc. adv. RD, Ve. Completa o íntegramente. Vulgar; popular + culto → espontáneo.
2. Ve. Con toda seguridad, popular + culto → espontáneo.

5. ¿Qué significa la palabra "vaina" en el texto? ¿Qué se puede comentar desde el punto de vista de la variación diafásica o estilística? ¿Cuál podría ser una alternativa en este contexto?

"yo caí en la misma <u>vaina</u>".
Desde la óptica de la variación diafásica se puede comentar que se trata de una especie de palabra comodín coloquial en muchos contextos con el significado de "cosa" y con muchos usos idiomáticos. En este contexto se podría sustituir por "yo caí en la misma <u>costumbre</u>".

Recogemos algunos significados del *DA*:
1. f. Ho, ES, Ni, Pa, Cu:E, RD, Ec, Pe, Bo, Ch; CR, Co, popular; Ve; vulgar. Cosa o asunto cuyo nombre se desconoce, no se recuerda o no se quiere mencionar. Su uso no solamente se localiza en el español caribeño, sino que también está presente en otras variedades con un matiz coloquial.
a. ¡ah ~! loc. interj. Ve. Expresa disgusto o contrariedad.
b. de a ~. Pa. de vaina, por casualidad.
c. de ~.
2. loc. adv. RD, Ve. Por casualidad, de forma inesperada; vulgar, popular + culto → espontáneo (de a vaina).
3. Ve. Apenas; popular + culto → espontáneo.
e. ni de ~(s). loc. adv. Pa, Co, Pe; Ve, Ec; vulgar. De ninguna manera.
f. toda ~. loc. pron. Ve. juvenil. Todo.

6. Consulta el *Diccionario de americanismos* y explica el origen etimológico de la palabra "chamo". ¿Cuál es su significado en el texto? Localiza en qué variedades del español se utilizan los términos equivalentes "cuate", "chochera" y "pana". ¿Cuál de ellos posee un uso más generalizado?

🔗 *Diccionario de americanismos*: http://lema.rae.es/damer/

"la bruja le dijo que el <u>chamo</u> ese". Según el *DA* procede del término coloquial inglés *chum*. Es un coloquialismo con el significado de "chico" o "amigo". Se trata de una adaptación del inglés *chum* que significa "amiguete". Según el *DA*:

chamo, –a. (Del ingl. *chum*).
I. 1. m. y f. ES, Cu, Ve. Niño o adolescente.
2. Ve. juvenil. Amigo o compañero.
3. ES. Persona, individuo.

"chochera" se emplea principalmente en Perú con el significado de amigo.
"cuate" se utiliza sobre todo en el español de México, aunque también se puede escuchar en otras variedades cercanas.
"pana" es el término más generalizado y según el *DA* se puede escuchar en EE.UU., Mx, Pa, RD, PR, Ve, Ec, Bo:O; Ho, ES, Ni. juv. Amigo íntimo, compañero inseparable; popular + culto → espontáneo.

7. ¿Cuál es el significado de la palabra "monte" en el texto? ¿En qué otros países se utiliza con este mismo significado?

"<u>monte</u> debajo del colchón".
Según el *DA*, se usa con el significado de "marihuana" en Guatemala, Honduras, El Salvador, Nicaragua, Costa Rica y Venezuela.

8. ¿En qué variedad del español caribeño crees que se ubica el hablante del texto? Seguramente habrás encontrado la clave en el léxico.

Aunque algunos de los rasgos léxicos se comparten con otras variedades, podemos concluir que se trata de la variedad venezolana de español caribeño. Los términos léxicos más significativos son la locución "de bolas" o el sustantivo "chamo".

Actividad 22

El uso de expresiones hechas o de interjecciones puede funcionar también como un rasgo concreto de una variedad dialectal. Aquí se le plantea al estudiante investigar el significado de estas expresiones rutinarias que, como parte del lenguaje idiomático de una lengua, carecen de una traducción directa. Además, no resulta posible deducir su significado por su contenido léxico o estructura morfológica, al ser expresiones que se han lexicalizado.

Soluciones

Actividad 22. Con la ayuda del Diccionario de americanismos, *investiga las diferencias de significado entre las siguientes interjecciones típicas del español de México. Después busca un ejemplo auténtico en el que se haga uso de cada una de estas expresiones.*

✑ Corpus Diacrónico y Diatópico del Español de América (CORDIAM): http://www.academia.org.mx/Cordiam

✑ *Diccionario de americanismos*: http://lema.rae.es/damer/

1. *¡ándale!*
interj. Mx, Gu. Expresa ánimo o incitación vehementes con que se urge a alguien a ejecutar una determinada acción, popular + culto → espontáneo (¡ándale!).
Mx. Expresa asentimiento y acuerdo por parte del emisor ante un hecho u opinión, uso coloquial.
Mx. Expresa sorpresa ante un hecho consumado.
Mx. Expresa exhortación para actuar de cierta manera.

2. *¡échale!*
interj. Mx, RD. Expresa la petición de que algo se realice con celeridad, uso coloquial.

3. *¡híjole!*
interj. Mx, Gu, Ho, ES, Ni, Ec, Bo. Expresa asombro o sorpresa. También *¡jíjole!*

4. *¡órale!*
interj. Mx, Gu, Ho, ES. Expresa acuerdo, entendimiento o aceptación, uso coloquial, también *¡ora!*
Mx, Gu, Ho, ES. Expresa exhortación para hacer algo.
Mx, Gu, Ho, ES. Expresa asombro o sorpresa.

✎ **¿Cuál de las interjecciones es la más habitual para expresar "asombro o sorpresa"?**

De las expresiones anteriores, la más común para expresar asombro o sorpresa es *¡híjole!*

Actividad 23

Esta es una actividad de reflexión sobre algunos de los rasgos fonético-fonológicos del español mexicano-centroamericano. Resulta conveniente insistir en que el libro de texto presenta esta variedad de manera conjunta por motivos de espacio pero, en realidad, hay diferencias ya sea entre los hablantes de la ciudad de México y de la costa, variedad que se relaciona más con el español caribeño, o ya sea entre México y Centroamérica, como se observa, por ejemplo, el uso del diminutivo *–tico, –tica*, en Costa Rica, o el uso de las formas de tratamiento (*voseo, tuteo* o *ustedeo*).

Soluciones

Actividad 23. Responde a las siguientes preguntas sobre algunos rasgos fonético-fonológicos.

a) Explica qué fenómeno se observa en [prez.ðép̮.te] *presidente.* **¿Se trata de un rasgo más propio del español mexicano, del centroamericano, o de los dos?**

Se trata del debilitamiento de una vocal átona en *presidente* [prez.ðép̮.te]. Otros ejemplos son *oficina* [of.sí.na], *nosotros* [no.sótrs] o *entonces* [ntóns]. En muchos casos las vocales se debilitan y llegan a perderse durante la realización. Este fenómeno ocurre tanto en el español mexicano (altiplano mexicano, sur de México) como en el centroamericano (Guatemala).

b) Explica qué fenómeno se observa en [rjál] *real* **y [kjú.βo.le]** *¿qué húbole?* **¿En qué contexto fónico se suele presentar? ¿Aparece en otras variedades del español de América?**

Se trata del fenómeno de diptongación de hiatos compuestos por las vocales *e* y *o* seguidas de vocal fuerte, *peor* [pjór] o *poeta* [pwé.ta]. Pese a indicarse aquí en el español de México, se trata de un fenómeno oral en la mayor parte de las variedades geolectales y sociolectales del español de América, es decir, también incluye a hablantes cultos (Aleza Izquierdo 2010, 88). Para Lope Blanch (1995, 32-33), se encuentra ampliamente aceptado, aunque no generalizado, en el habla culta mexicana.

Actividad 24

Con esta actividad, los alumnos se familiarizarán con algunos rasgos fonético-fonológicos, morfosintácticos y léxicos propios del español de la ciudad de México.

Soluciones

Actividad 24. Escucha el siguiente texto de español mexicano. Después lee la transcripción y responde a las preguntas.

🖸 Vídeo: http://www.youtube.com/watch?v=BcXaKCwOGU4

▶ Título del vídeo en YouTube: "el baile".

Figura 7.10 Zona de influencia del español mexicano-centroamericano

Transcripción:

Yo con tantos <u>chorrocientos</u> años que tengo arriba, a mí me encanta bailar. Bueno, me gusta de toda la música que sea. Desde la escuela yo bailaba vals, bailaba <u>corriditas</u> así como el jarabe tapatío, bailaba pasodoble con castañuelas y toda la cosa. Claro, <u>danzón</u> o <u>pegadito</u> si hay pareja, pero pues como <u>ahora están los hombres reescasos</u>, por eso me gusta la cumbia porque así <u>sueltecito</u>, pues bailo <u>sueltecito</u> así <u>solita</u>.

De toda música no digo que no, solo el que no me gusta <u>ahorita</u> es el requesón, el pasito duranguense ese y ya choca que la <u>quebradita</u> y que la perreada y qué sé qué, le hacen refeo, eso no me gusta. Y menos la quebradita porque si me quiebran ya no me levanto, pero si me enseñan a bailar pues me arranco, órale, donde está el caballo para ir en caballo. Que no se me peguen los pies en el piso y ya y hay que sacudir la polilla porque luego si estoy na' más viendo televisión y viendo radio y <u>sentadota</u> no, hay que hacer ejercicio.

✎ Preguntas:

1. ¿Qué coloquialismo aparece en el texto con el significado de "mucho"? ¿Cuál es su equivalente general en otras variedades de español?

chorrocientos (México y Centroamérica); *tropecientos* (España).

2. Identifica todos los aumentativos y diminutivos que aparecen y fíjate en su uso. Explica cuál es su significado y a qué categorías gramaticales pertenecen estas palabras.

aumentativos: *danzón* (adjetivo aumentativo, pero que aquí se refiere a un tipo de música) "que danza o baila mucho"; *sentadota* (adjetivo) "que está sentada durante mucho tiempo"; diminutivos: *corriditas* (sustantivo) "tipo de baile"; *pegadito* (adjetivo) "junto a otra persona"; *sueltecito* (adverbio) "bailar sin acompañante"; *solita* (adjetivo) "sin compañía; que baila sola"; *ahorita* (adverbio) "ahora, hoy en día"; *quebradita* (sustantivo) "tipo de baile".

3. ¿Qué expresión típica de la modalidad mexicana se utiliza con el significado de "solamente"? ¿Qué otras expresiones siguen una estructura similar?

nomás significa "solamente". Por ejemplo en expresiones con *más*, como en *más nada*, *más nadie* o *más nunca*.

4. ¿Qué aspecto puedes comentar desde el punto de vista dialectal en la estructura de las oraciones "Ahora están los hombres reescasos" y "De toda música no digo que no"?

El uso del prefijo *re–* con valor intensificador (*muy*) y la inversión de la sintaxis. Se invierten las palabras en algunas oraciones "De toda música no digo que no" (*No digo que no a toda música*). También se podría comentar este aspecto en la oración (*Ahora están los hombres reescasos*) en lugar de (*Ahora los hombres están reescasos*).

5. ¿Se observa en algún momento debilitamiento de vocales átonas? Fíjate en aquellos instantes en los que la dicción no resulta tan clara.

"órale donde está el caballo para ir en caballo" / "el pasito duranguense ese y ya choca que la quebradita"

↳ **¿Qué crees que quiere decir la persona que habla con "De toda música no digo que no, solo el que no me gusta ahorita es el requesón"? ¿Qué se puede comentar desde el punto de vista generacional?**

La persona que habla parece confundir "el requesón" (un tipo común de queso que se añade a otros alimentos) con "el reguetón o reggaeton" (un tipo de baile y de música). Aunque es difícil saberlo con certeza, tal vez la persona no conozca bien el término por ser propio de otra generación de hablantes. En cualquier caso, la señora usa una palabra dentro del inventario léxico de la lengua.

Actividad 25

Esta es una breve actividad sobre cómo se pueden reconocer características dialectales desde un punto de vista morfosintáctico.

Soluciones

Actividad 25. Explica qué dos rasgos propios del español andino se pueden comentar en la oración: "No quería que le castiguen".

En primer lugar, la reducción en el sistema de tiempos verbales. La secuencia "No quería que le castiguen" se ubica en el pasado, como indica el uso del pretérito imperfecto "quería". Por esta razón, la correlación verbal con el modo subjuntivo debería haberse producido dentro del mismo marco temporal y, por lo tanto: "No quería que le castigaran/ castigasen" (con pretérito imperfecto de subjuntivo en lugar de presente de subjuntivo). El segundo rasgo es un caso de leísmo o uso antietimológico del pronombre *le* en lugar de *lo/la*. A diferencia de otros dialectos, el leísmo andino se caracteriza por su empleo con referentes animados e inanimados, e incluso en el caso de objetos directos femeninos. Así, la oración en otras variedades sería "No quería que lo/la castigaran/casti-gasen".

↳ **¿Cuál de las dos características se comparte con el castellano? ¿Cómo crees que habría producido esta oración un hablante de español caribeño?**

Un hablante de español caribeño, con bastante probabilidad, habría utilizado la oración de esta manera: con la correspondencia verbal y con un uso etimológico del pronombre.

▶ *Actividad de ampliación*

Se puede dividir a los alumnos en grupos para que ellos mismos planteen diferencias o contrastes entre las variedades de español ya descritas. Primero pueden plantear el problema en parejas y luego presentarlo al resto de la clase para intentar dar con la solución entre todos.

Actividad 26

Esta actividad sirve para exponer a los estudiantes a otra de las variedades del español. En este caso se trata de un hablante de español andino, más concretamente, español colombiano, de la ciudad de Medellín. Un aspecto interesante es lo que sucede en el vídeo en relación con la alternancia de las fórmulas de tratamiento y que lleva al hablante a emplear la forma *vos* y *usted*.

Soluciones

Actividad 26. Escucha el siguiente texto de español colombiano. Después lee la transcripción y responde a las preguntas.

🎦 Vídeo: https://www.youtube.com/watch?v=3WyRqrICSgQ

▶ Título del vídeo en YouTube: "Colombianos en USA".

Transcripción:

Supuestamente en Colombia uno se conoce y sabe que esta gente es de la costa, esta gente es de Bogotá, sabes que <u>allí</u> comen esto, <u>allá</u> en esta región comen lo otro y hablan así, pero cuando llegas acá abres los ojos y dices qué pasó, yo no los conocía de verdad. Somos colombianos, pero todos de diferentes regiones, somos totalmente distintos. Nos vestimos distinto, bailamos distinto, escuchamos música distinta.

Los de Medellín son paisas, los de Cali son caleños, los de Bogotá son rolos. Los pastusos, que son como los gallegos, no se la pillan <u>fácil</u>, no cogen el chiste <u>fácil</u>. Los de la costa, que es Cartagena, Barranquilla, Santa Marta, son los costeños.

Figura 7.11 Zona de influencia del español andino

En Colombia yo pensaba que los paisas y los rolos siempre eran enemigos. Tienen una rivalidad absurda, no sé ni por qué, de dónde salió. Ay, los rolos son tan aburridos, a toda hora cachaquitos, y todo es súper recto y no les gusta nada, y el frío de esa ciudad y la gente es mala clase. Los rolos igual de los paisas, que los paisas tan, tan, tan cuenteros, que inventan historias, que tan mentirosos. . . Que los paisas son habladores, yo soy paisa. . . que son puros negociantes que solo piensan en el negocio, en ganar platica allí, en ganar. . . Y allá yo decía los rolos y los paisas nada que ver no, no, no se llevan bien. Acá me di cuenta que no.

Tengo mi mejor amiga es rola, yo le digo a ella, ay es que usted es rola, y ella me dice, ay esta paisa exagerada, porque nosotros somos súper exagerados. Entonces aquí es muy chistoso, yo ya no pienso igual de los rolos, ya para mí los rolos me caen bien, si son recticos, no les gusta esto, no les gusta aquello, pero tienen otras cosas interesantes.

Cuando tú te encuentras con un colombiano la primera pregunta es, ay y de dónde sos, vos sos colombiano cierto, ay sí vos también, ay qué delicia, de qué parte, no que yo soy de Santa Marta y uno ay y cómo así, y qué tal es el Carnaval de Barranquilla y qué tal la feria de las flores, ven te invito a mi casa en Medellín. Todos bailamos igual, vamos a buscar la misma comidita, la misma arepita, el mismo pandebono, el cafecito.

Aquí somos uno solo, somos colombianos y nos encanta conocer un colombiano de donde sea, de la parte que sea, aquí no hay rivalidades, aquí no hay nada. Aquí en Estados Unidos todos todos somos colombianos, de la manito todos como luchando por lo mismo.

✎ **Preguntas:**

1. Identifica los adverbios de lugar que se mencionan. ¿Qué puedes comentar sobre su uso desde el punto de vista dialectal?

Se alterna el uso de los adverbios *aquí, acá, allá* en lugar de la oposición de *aquí* y *allí*.

2. Explica si en algún momento se emplea algún adjetivo con valor adverbial.

"no se la pillan fácil, no cogen el chiste fácil" en lugar de "fácilmente".

3. Describe el uso de los diminutivos. ¿A qué campos semánticos pertenecen principalmente? ¿A qué crees que responde su empleo teniendo en cuenta el contexto de la comunicación?

Aparecen diminutivos para referirse a objetos "platica", describir individuos "recticos" y hablar de comida o costumbres "comidita", "arepita", "cafecito".

4. Consulta la palabra "mano" en el *DPD* y explica cómo establecerías a grandes rasgos una diferencia dialectal en el uso de los diminutivos "la manita" y "la manito".

 Diccionario panhispánico de dudas: http://www.rae.es/recursos/diccionarios/dpd

mano. 1. 'Parte del cuerpo que comprende desde la muñeca hasta la punta de los dedos'. Es femenino: *la mano*. Para el diminutivo son válidas las formas *manito* y *manita*. Lo habitual en la formación de los diminutivos de nombres que acaban en −*a* o en −*o* es que el sufijo conserve la misma vocal final del sustantivo, independientemente de cuál sea el género gramatical de este: *la casa > la casita, el mapa > el mapita, el cuadro > el cuadrito, la moto > la motito*. En el caso de *mano*, excepcionalmente, se han generado ambas formas; así, *manito*, que mantiene la –*o* final del sustantivo, es la forma habitual en la mayor parte de América: «*Saluda a Cámara con la manito*» (Cuzzani *Zorro* [Arg. 1988]); y *manita*, que se ha generado atendiendo al género gramatical del sustantivo *mano*, y no a su vocal final, es la forma más habitual en España y en México: «*Nomás se despidió con la manita*» (Monsiváis *Ofensiva* [Méx. 1979]). Menos frecuente es el diminutivo *manecita*, también correcto: «*Él, enamorado, apretaba más la tierna manecita*» (Derbez *Usos* [Méx. 1988]). 2. En México, *mano* (dim. *manito*) es acortamiento de *hermano*, usado, aunque cada vez con menos frecuencia, como tratamiento de confianza entre hombres: «*¡Cálmate, mano, ya se te subió!*» (Medina *Cosas* [Méx. 1990]); «*Nos han descosido todos los inventarios de los cuarteles, hermano, manito del alma*» (Paso *Palinuro* [Méx. 1977]).

Explica la variación para las formas de tratamiento que se produce en el texto a partir de la modalidad dialectal a la que pertenece.

Se alternan el voseo y el ustedeo: "ay es que usted es rola" (para hablarle a su amiga), y "de dónde sos, vos sos colombiano cierto" (para entablar comunicación con una persona desconocida).

✎ **¿Qué dos rasgos fonético-fonológicos de los que se mencionan en el capítulo son los más sobresalientes en relación con el fonema fricativo alveolar sordo? Proporciona algunos ejemplos del texto.**

Los dos rasgos más sobresalientes son:
- Seseo. Empleo de la /s/ predorsal. Por ejemplo, cuando dice "fácil".
- Conservación de /s/ en posición final de sílaba. A diferencia de otros dialectos, hay una tendencia a sonorizar este fonema en posición final de palabra. Por ejemplo, cuando dice "paisas", "rolos", "costeños", etc.

▶ *Actividad de ampliación*

Hay diferentes teorías sobre la etimología de la palabra "pandebono". Los estudiantes pueden buscar información sobre este tipo de panecillo e investigar algunas de esas teorías.

El pandebono es un pan a base de almidón de yuca, que se prepara con harina de maíz, leche, huevos y queso rallado. Hay varias explicaciones sobre este tipo de pan pero algunas de ellas apuntan a que procedería del italiano "pan del buono" (pandebono). 1. Una de las teorías dice que un panadero italiano residente en Cali vendía sus panecillos en la calle al tiempo que gritaba "pan del bono (o buono)", cuya pronunciación italiana habría podido influir. 2. Otra teoría es la documentada por Edouard André en "América Equinoccial" publicado en *América Pintoresca* (Barcelona: Montaner y Simon, 1884) tomo 3, p. 704. En el camino entre Dagua y Cali, había un lugar llamado "El Bono" donde se preparó por primera vez este producto que vino a ser identificado, por consiguiente, con el nombre de su lugar de origen.

Definición adaptada de: http://www.elclubdelpan.com/libro_maestro/historia-del-pande bono-colombiano

Teorías adaptadas de: https://es.wikipedia.org/wiki/Pandebono

Sobre la segunda teoría, véase: http://www.elpais.com.co/elpais/opinion/columna/german-patino/pan-bono

Actividad 27

Con esta actividad de recapitulación sobre algunos de los principales rasgos de las tres primeras variedades del español de América (caribeño, mexicano-centroamericano, andino), se quiere repasar y consolidar lo aprendido en estas secciones.

Soluciones

Actividad 27. Con la información de las secciones previas, decide cuáles de los siguientes rasgos son característicos de cada modalidad.

Rasgos	caribeño	mexicano-centroamericano	andino
Yeísmo	√	√	
Seseo	√	√	√
Debilitamiento de /s/ final de sílaba	√	√	
Conservación de /s/ final de sílaba			√
Lenición o pronunciación fricativa de la africada /tʃ/	√		
Alargamiento vocálico	√	√	
Velarización de las consonantes nasales	√		√
Aspiración de /x/	√	√	
Pronunciación del grupo *tl* en la misma sílaba		√	
Lambdacismo o pronunciación [l] de –*r*	√		
Asibilación de la vibrante /r̃/		√	√
Tuteo		√	
Voseo		√	√
Uso de *ustedes*	√	√	√
Pronombre *le* enclítico intensificador		√	
Queísmo	√		
Uso etimológico de los pronombres *le, la* y *lo*	√	√	
Leísmo			√
Loísmo			√

▶ *Actividad de ampliación*

Los rasgos incluidos son una selección, por lo que se puede pedir a los estudiantes que enumeren otras particularidades propias de estas variedades no recogidas en la tabla.

Actividad 28

Esta actividad presenta a un hablante de español austral, en concreto de la modalidad rioplatense (bonaerense). Tras escuchar el audio, los estudiantes deberán responder a las preguntas.

Soluciones

Actividad 28. Escucha el siguiente texto de español austral. Después lee la transcripción y responde a las preguntas.

🎧 Audio: http://www.audio-lingua.eu/spip.php?article4538

Transcripción:

Bueno ahí, tengo una serie de actores preferidos, tengo varios, de hecho, pero bueno, voy a mencionar solamente algunos. Eh. . . en Argentina hay un actor muy famoso que es Ricardo Darín. Eh. . . sus películas eh. . . ganaron eh. . . dos o tres óscars, así que es muy conocido.

Después hay otro que se llama Guillermo Francella, que es un comediante que, bueno, hace unos diálogos y unas parodias, este. . . alucinantes. La verdad que son para despanzarse de la risa. Eh. . . después bueno. . . me gusta mucho Gael García Bernal, que es de México, me gusta Javier Bardem, que es de España, me gusta mucho también, bueno, Salma Hayek, que es de México y. . . Bueno, después de Norteamérica, que, bueno, son la mayoría de los actores vienen de ahí. Eh. . . me gustan mucho los actores de edad media y. . . como, por ejemplo, bueno, Al Pacino. . . o Robert de Niro. . . gustan mucho porque ellos tienen mucha relación con lo que es la cultura italiana. Entonces sus papeles a veces policiales o de películas de suspenso siempre tienen que ver con dramas interesantes. Por ejemplo, bueno, Al Pacino hizo *Cara cortada* o eh. . . *Carlito's Way*, que no sé cómo se dice en español, y. . . también esos papeles muy interesantes y. . . me gusta cuando hablan inglés con acento italiano. Eh. . . son muy, muy divertidos.

Y. . . bueno, después, eh. . . sí tengo muchos actores más que quizás están un poco más de moda, eh. . . me gusta mucho, bueno, Brad Pitt o Leonardo di Caprio o no sé, Matt Damon, George Clooney y bueno, algunos otros.

🖎 **Preguntas:**

1. Señala todos los casos de rehilamiento que se pueden escuchar en la grabación.

Hay 4 ejemplos de rehilamiento en los que el sonido de la "ll" se pronuncia como la fricativa postalveolar sonora, [ʒ]: llama, Guillermo, mayoría y ellos. Todos ellos son bastante marcados.

2. Identifica al menos cuatro ejemplos en los que se pueda apreciar el seseo con diferentes grafemas.

Seseo, por ejemplo: *mencionar, conocido, despanzarse, entonces, veces, policiales, hizo, dice, acento, quizás.*

Figura 7.12 Zona de influencia del español austral

3. Analiza los sonidos /s/ y /x/ en la grabación. ¿Cómo los describirías a grandes rasgos en relación con esta variedad dialectal?

Debilitamiento de la /s/ final en general; aspiración faríngea más evidente en unos ejemplos que en otros (Javier, México, ejemplo, Hayek)

4. ¿Qué rasgo se puede apreciar en las vocales tónicas de las palabras "interesante", "México", "España" y "cortada"? Transcribe al menos una de estas palabras donde se muestre el fenómeno.

Se aprecia algún ejemplo de alargamiento vocálico en las vocales tónicas. Por ejemplo, México [mé:.hi.ko]

5. Explica si en general se escucha una entonación descendente (Buenos Aires) o ascendente (Córdoba).

Entonación ascendente. En Argentina podemos distinguir el español de Buenos Aires, con finales marcadamente descendentes, del de Tucumán, con finales átonos muy altos en frases enunciativas que a muchos porteños, o habitantes de Buenos Aires, les suenan como oraciones interrogativas. En Córdoba se produce un alargamiento de la sílaba justo antes de la última tónica, fenómeno popularmente conocido como la "tonada cordobesa" (véase Fontanella de Weinberg 1971).

6. ¿Qué significa el sustantivo "suspenso" en este contexto? Investiga si existen diferencias en cuanto a su uso en el español peninsular y el español de América.

Puedes utilizar los siguientes recursos:

    Diccionario de la lengua española: http://lema.rae.es/drae/

    Diccionario de americanismos: http://lema.rae.es/damer/

Según el *DA*, el sustantivo "suspenso" identifica el "género literario o cinematográfico cuya característica principal es el misterio, la tensión o la intriga". Este significado es de uso común en México, El Salvador, Nicaragua, Costa Rica, Cuba, Colombia, Ecuador, Perú, Chile, Paraguay, Argentina, Uruguay. Según el *DRAE* en la variedad peninsular el sustantivo "suspenso" se emplea principalmente con el significado de "calificación que no llega al aprobado en un examen o una materia". En el español peninsular el término equivalente a la acepción apuntada por el *DA* es "suspense", es decir, "expectación impaciente o ansiosa por el desarrollo de una acción o suceso, especialmente en una película cinematográfica, una obra teatral o un relato".

Actividad 29

Esta actividad familiariza al estudiante con el español chileno. Los alumnos deberán responder a preguntas planteadas después de escuchar el audio.

Soluciones

Actividad 29. Escucha el siguiente texto de español chileno. Después lee la transcripción y responde a las preguntas.

Audio: http://www.audio-lingua.eu/spip.php?article4443

Transcripción:

Lo que pasa es que en Chile tenemos una. . . tradición eh. . . en el horario de la comida que a eso de las siete de la tarde eh. . . tomamos "once". Nadie sabe muy bien de dónde viene el nombre "once", eh. . . pero hay una. . . una leyenda que dice que. . . es que. . . los. . . sacerdotes tomaban la. . . em. . . a la hora de la once eh. . . decían entre ellos "bueno vamos a tomar la once" y la gente no entendía qué era, y era en realidad que tomaban aguardiente y

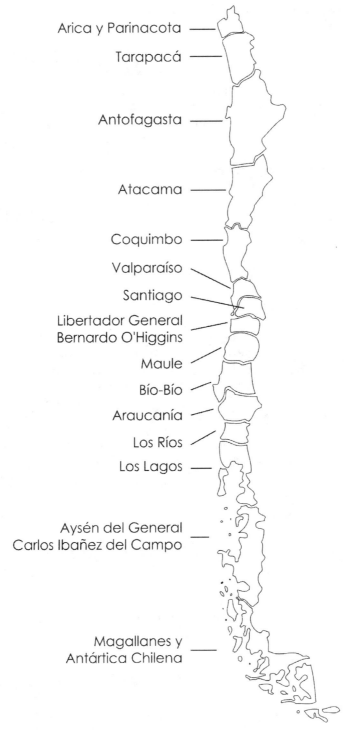

Arica y Parinacota

Tarapacá

Antofagasta

Atacama

Coquimbo

Valparaíso

Santiago

Libertador General
Bernardo O'Higgins

Maule

Bío-Bío

Araucanía

Los Ríos

Los Lagos

Aysén del General
Carlos Ibañez del Campo

Magallanes y
Antártica Chilena

Figura 7.13 Zona de influencia del español chileno

que entonces son las once letras de "aguardiente", pero nadie sabe si es. . . si es verdad. Y. . . sin embargo a la once no tomamos eh. . . aguardiente; lo que tomamos es té, o café o. . . lo que uno quiera y. . . generalmente acompañado con pan. Y al pan se le puede agregar queso. . . eh. . . o lo más común, palta, en Chile, consumimos mucha palta. . . y mermelada. . . y lo que quieras, a veces también puedes comer algo dulce como un pastel o kuchen o torta, algo así.

✎ **Preguntas:**

1. Fíjate en la pronunciación de las siguientes palabras y explica qué aspectos generales del español chileno se pueden comentar desde el punto de vista fonético-fonológico.

a) "ellos", "leyenda"

Yeísmo generalizado. Los fonemas palatales /ʎ/ *pollo* y /j/ *poyo* se pronuncian igual, con la mediopalatal sonora [j].

b) "once", "dice", "entonces", "veces", "dulce"

Seseo. Empleo de la /s/ predorsal, *zapato* [sa.pá.to].

c) "vamos", "puedes", "tomamos", "sacerdotes"

Debilitamiento de /s/ final de sílaba. Aspiración y asimilación del fonema /s/ en posición final de sílaba y pérdida en posición final de palabra (Moreno-Fernández 2010, 66). Como señala Palacios (2016, 330), la variedad chilena muestra diferentes procesos de debilitamiento articulatorio que se asocian a distintos estratos sociales en al menos tres variantes: /s/ final > [s] (sibilante, es decir, fricativa, predorso-alveolar sorda), /s/ > [h] (aspirada, es decir, fricativa glotal) y /s/ > [Ø] (elisión o pérdida). De estos fenómenos, la variante aspirada de /s/ es la más común al abarcar todos los estratos sociales. Al aspirarse, /s/ se transforma en [h], como en [vóh] *vos*. Se puede debilitar hasta perderse, *hasta* [áh.ta] > [á.ta]. En posición intervocálica también se puede aspirar, *así* [a.hí] (heheo), o perder, *así* [a.í]. La elisión o pérdida de /s/ constituye un rasgo estigmatizado que se asocia a las clases sociales más desfavorecidas. Sin embargo, la pérdida de /s/> [Ø] o la realización sibilante de /s/ > [s] también pueden funcionar respectivamente como indicadores de estilo en el habla espontánea o no espontánea (Palacios 2016, 330).

d) "verdad"

En "verdad" se da la **pérdida de consonantes finales**. Sobre todo la alveolar –*d* en posición final, *usted* [uh.té].

2. ¿Qué forma de tratamiento aparece en el texto? ¿En qué se distingue este aspecto del español chileno con respecto al español austral?

En el texto solamente aparece el tuteo, "quieras", "puedes". No obstante se puede comentar que en esta variedad es común la alternancia de tuteo y voseo. Coexisten los pronombres *tú* y *vos* con sus respectivas formas verbales. Por un lado, se observa un voseo mixto o mezcla de "un voseo verbal con tuteo pronominal" para contextos más informales, *tú hablái, tú tenís, tú comís* de uso generalizado por una gran parte de la población y cuya forma mixta parece ir avanzando. Por otro lado, el llamado voseo auténtico o "voseo pronominal y verbal", *vos hablái*, asociado a zonas rurales, de poco nivel de instrucción o para marcar descortesía en el interlocutor (Moreno-Fernández 2014, 384; Palacios 2016, 331). La –s implosiva se aspira, [vóh.kan.tái] *vo(s) cantái, vo(s) tenís, vo(s) comís.* El voseo mixto, *tú hablái, tú tenís, tú comís,* está más extendido entre los jóvenes y en la ciudad, aunque también resulta habitual en contextos familiares o informales entre hablantes de cualquier generación. Cabe destacar la alternancia de dos formas para el verbo *ser: tú/vos soi* y *tú/vos erís,* forma más reciente utilizada por la población más joven (Moreno-Fernández 2014, 384). Hay que considerar además que, a diferencia de otras variedades voseantes, en el español chileno hay formas tuteantes del imperativo para ambos pronombres, es decir, *tú/vos habla, tú/vos come, tú/vos escribe* (véase Morales Pettorino 1998).

3. En el texto se menciona la palabra "kuchen". ¿Cuál crees que es su origen etimológico? Investiga cómo se podría explicar la incorporación de esta palabra al español chileno. ¿Qué puedes comentar sobre la pronunciación de esta palabra?

⌦ Puedes consultar el *Diccionario etimológico:* http://etimologias.dechile.net/

Según el *Diccionario de americanismos* "kuchen" es una voz alemana que en Chile designa "una tarta, por lo general hecha con frutas, especialmente manzanas". Fue introducida por los colonos alemanes en el sur del país a mediados del siglo XIX. Sobre la pronunciación se puede comentar que ha prevalecido la pronunciación alemana /x/ o una variante más suave de este sonido, en lugar del fonema africado /tʃ/. Más información: *Diccionario etimológico de chilenismos:* http://etimologias.dechile.net/ También se puede comentar el uso de la palabra "queque" en algunas variedades, como adaptación del inglés *cake.* Según el *DA*, "bizcocho de harina, mantequilla y huevos que, a veces, lleva frutas secas o confitadas" (Cuba, Perú, Bolivia, Chile), "tarta de forma generalmente redonda, rellena de frutas, crema, etc., o bien de bizcocho, pasta de almendra y otras clases de masa homogénea" (Honduras, Nicaragua) y "Tarta o pastel (queik)" (Costa Rica, Paraguay).

Actividad 30

El estudiante contrasta la morfología verbal y uso de las formas de tratamiento en el español austral (rioplatense) y en el español chileno. Del mismo modo, se pretende mostrar que pese a ser dos países vecinos, Chile y Argentina poseen rasgos dialectales distintos entre sí. Por último, conviene recordar que hay también otras zonas hispanohablantes donde el voseo es habitual (Centroamérica).

Soluciones

Actividad 30. Transforma las siguientes oraciones de la variedad peninsular a las formas del voseo rioplatense y chileno.

1. *¿Tú comes aquí todos los días?*
austral (rioplatense): *¿Vos comés acá todos los días?*
chileno: *¿Vos/Tú comís acá todos los días?*

2. *¡Ven! ¡Corre! ¡Ya ha empezado el partido!*
austral (rioplatense): *¡Vení! ¡Corré! ¡Ya empezó el partido!*
chileno: *¡Ven! ¡Corre! ¡Ya empezó el partido!*

3. *¡Cantas tan bien! No tenía ni idea.*
austral (rioplatense): *¡Cantás tan bien! No tenía ni idea.*
chileno: *¡Cantái tan bien! No tenía ni idea.*

4. *¿Comes allí o en mi casa? Tienes que decidirlo ya.*
austral (rioplatense): *¿Comés allá o en mi casa? Tenés que decidirlo ya.*
chileno: *¿Comís allá o en mi casa? Tenís que decidirlo ya.*

En el caso del chileno, hay que comentar que coexisten los pronombres *tú* y *vos* con sus respectivas formas verbales. Por un lado, hay un voseo mixto o mezcla de "voseo verbal con tuteo pronominal" para contextos más informales, *tú hablái*. Por otro lado, se observa el llamado voseo auténtico o "voseo pronominal y verbal", *vos hablái*, para contextos más formales. La –*s* implosiva se aspira, [vóh.kan.tái̯] *vos cantáis*. El "voseo mixto" se encuentra más extendido entre los jóvenes y la gente urbana. Cabe destacar igualmente la alternancia de dos opciones para el verbo *ser*: *tú/vos soi* y *tú/vos erís*, forma más reciente utilizada por la población más joven (Moreno-Fernández 2014, 384).

El cambio adicional que hay que hacer es en el ejemplo 1 *aquí* por *acá*, y en el ejemplo 4 *allí* por *allá*, la forma más común en ambos dialectos, y en el ejemplo 2 la sustitución del pretérito imperfecto *ha empezado* por el *indefinido* empezó.

▶ *Actividad de ampliación*

El uso de los pronombres *tú, vos, usted, vosotros, vosotras* y *ustedes* cambia en función de la variedad dialectal. Los alumnos pueden elaborar una encuesta sobre la enseñanza de este material en cursos de español como L2 y entrevistar a varios profesores en este campo. Después pueden elaborar una exposición oral que genere un debate sobre la manera y el momento idóneos de enseñar esas y otras diferencias dialectales en cursos de español como L2.

Actividad 31

Esta actividad presenta un ejemplo de la lengua escrita que refleja rasgos propios del español chileno, con el fin de observar cómo se trasladan también dichos rasgos a ese contexto.

Soluciones

Actividad 31. Lee el siguiente extracto literario. ¿A qué variedad del Cono Sur pertenece? Comenta los aspectos más relevantes que observes en el texto.

Texto:

"—Oye, Balmacea, tú <u>hablái</u> francés —alguien me dice—. <u>Ademá</u> <u>tení</u> auto y resulta que a mediodía llegan unos franchutes <u>reimportantes</u> y hay <u>qu'ir</u> a recibirlos al aeropuerto ya que vienen por nosotros, ¿<u>sabí</u>? Somos de Illapu, músicos ¿<u>cachái</u>?" (Balmaceda del Río 2002, 461)

El texto pertenece al español chileno. Uso de tú con paradigma verbal propio (*tú hablái*), (*tení*), (*sabí*). Uso del chilenismo *¿cachái?* con el significado de *¿entiendes?*

✎ **¿Cómo explicarías las formas "ademá" y "hay qu'ir" en el texto?**

Es una manera de representar el habla. La pérdida de la /s/ final *ademá* y la fusión de sonidos en *qu'ir* (*que ir*).

Actividad 32

Esta actividad sirve a modo de recapitulación de las dos últimas variedades descritas en el capítulo: el español austral y el español chileno. Para ello, los estudiantes deberán identificar las características mencionadas para cada dialecto. Vale la pena incidir en que estos rasgos se seleccionan siempre de manera general, puesto que pueden existir excepciones dentro de una misma variedad dialectal.

Soluciones

Actividad 32. Decide cuáles son los rasgos más característicos para cada modalidad de español del Cono Sur.

Rasgos	austral	chileno
Yeísmo	√	√
Seseo	√	√
Alargamiento vocálico	√	
Elisión de /d/ intervocálica	√	√
Debilitamiento de /s/ final de sílaba	√	√
Rehilamiento o ʒeísmo	√	
Pronunciación palatalizada de [x, k, ɣ]		√
Pérdida de consonantes finales	√	√
Asibilación de la vibrante /r̃/		√
Pronunciación poco tensa de la africada /tʃ/		√
Tuteo		√
Voseo	√	√
Uso de *ustedes*	√	√
Duplicación de pronombres clíticos	√	
Artículo determinado con nombres propios de persona		√

✎ **Explica una de las principales diferencias léxicas entre el español austral y el chileno. ¿Cómo la justificarías en términos históricos y geográficos?**

El español austral tiene más palabras que proceden del italiano por la inmigración de este país. También la situación geográfica de Chile, rodeado por la cordillera de los Andes, dificultaba el acceso, por lo que la influencia en el léxico viene de lenguas autóctonas, como el mapuche.

✎ **A lo largo del capítulo hemos repasado las principales variedades del español. En tu opinión, ¿cuál es la más distintiva a nivel fonético-fonológico, morfosintáctico y léxico? Justifica tu respuesta.**

La variedad más distintiva sería el español chileno por sus rasgos fonético-fonológicos, su mayor variación morfosintáctica y su exclusiva diversidad léxica. La situación geográfica de Chile, rodeado por la cordillera de los Andes, y un menor contacto con otras variedades ha podido contribuir a su desarrollo de manera más independiente.

▶ *Actividad de ampliación*

Los rasgos que se presentan son una selección, y los estudiantes podrían enumerar otras particularidades propias de estas variedades no recogidas en la tabla. Para ello podrán consultar la información analizada en el capítulo.

Actividad 33

🔊 *Actividad 33. Vamos a realizar una pequeña investigación sobre patrones de entonación.*

Actividad libre.

1. Consulta el *Atlas interactivo de la entonación del español* de la Universitat Pompeu Fabra de Barcelona: http://prosodia.upf.edu/atlasentonacion/index.html

2. Escoge dos variedades dialectales del español que difieran bastante entre sí. http://prosodia.upf.edu/home/arxiu/publicacions/prieto/transcription_intonation_spanish.php

3. Haz una lectura de los materiales e identifica algunos de los rasgos característicos de los patrones de entonación de estas dos variedades.

4. Reúne muestras de lengua que puedas encontrar en audio y vídeo y que, en tu opinión, reflejen algunos de estos rasgos. Puedes utilizar las que aparecen en el proyecto o buscar otros textos.

5. Prepara una presentación oral para resumir tu investigación. Apóyate en las muestras de lengua para ilustrar los contrastes en la entonación de las dos variedades que has investigado.

Los rasgos suprasegmentales como la entonación suelen ser los menos estudiados. Se ha incluido información para algunas variedades, pero esta actividad permite que el estudiante explore algunos de los patrones de entonación más característicos. Para una investigación más fructífera, conviene que los estudiantes elijan dos variedades bastante distintas entre sí. Por ejemplo, no es recomendable que seleccionen el español caribeño y el español canario, variedades con muchos rasgos en común.

Actividad 34

Esta actividad permite a los estudiantes reflexionar sobre la situación sociolingüística del español, a partir de un testimonio de una hablante de herencia sobre su infancia en Brooklyn como usuaria de dos variedades distintas de español. Es importante que los alumnos analicen todo el contexto personal y sociocultural que puede rodear al hablante de herencia, desde la vinculación familiar con el idioma hasta sus relaciones sociales.

Soluciones

Actividad 34. Escucha el siguiente texto sobre la experiencia de ser hablante de herencia. Después lee la transcripción y responde a las preguntas.

◉ Vídeo: https://www.youtube.com/watch?v=6zQHlwHVIiU

▶ Título del vídeo en YouTube: "Guess".

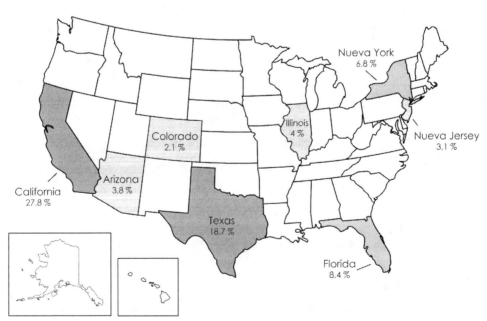

Figura 7.14 Población hispana en los Estados Unidos
(adaptado del PEW Hispanic Center 2012)

Transcripción:

My Spanish is all mixed up. I'm, like, my mother's Mexican, my father's Guatemalan. People would look at me and say, "Oh, where are you from? Are you Dominican? Puerto Rican? Cuban?" They would go through every single country they knew of. And at the very last, they'd be, like, "Well, you're not Mexican." I'm, like, "Yes, I am. I am, I'm half Mexican." "Well, what's the other half?" "I don't know, why don't you guess?" And they would never guess Guatemala, because they didn't even know it existed.

When my sister and I were growing up, we were both sent away for the summer. Like a typical Latino family: the day after school ended you would get shipped off to a country, and the week before school started you would get brought back. I would usually get sent to Guatemala, and my sister would get sent to Mexico. So we learned to speak two completely different types of Spanish. My sister has her little *chilanguita* accent, *muy mexicana, órale. Oye, mami, ¿adónde pusiste la mochila?* And me: *papi, mirá, ¿no sabes adónde pusiste la mochila?* But then aside from that, I grew up in a part of Brooklyn that's predominantly Italian-American. One of my best friends is Italian, the other one is Cuban, I grew up with Colombians. I went to one high school that was predominantly Latina, and all the girls talked like this. And they were, like, "Leslie, why do you talk like that? What do you have that accent for? You're always hanging out with the white girls." And I don't get that. Like, why do you talk like that to be considered a Latina? Half those girls didn't even speak Spanish, and I speak fluent Spanish. I can speak *de tú*, and I can speak *de vos*. And then I go and I marry a Puerto Rican man, so now all my family is Mexican, Guatemalan, Puerto Rican. We're like the United Nations.

✥ **Preguntas:**

1. ¿A qué generación sociolingüística crees que pertenece la persona que aparece el vídeo? ¿Cómo describirías su contacto con el español?

Dado que sus padres son hablantes nativos de español (madre mexicana, español mexicano de la ciudad de México, y padre guatemalteco, español centroamericano) asumimos que quizás sea una hablante de herencia de segunda generación (G2). El hecho de que cada verano fuera a Guatemala es también un dato importante que muestra la estrecha relación familiar con el país de origen de los progenitores, quienes con bastante probabilidad son hablantes de primera generación (G1).

2. ¿Cómo describe su español? ¿Cómo han influido sus experiencias lingüísticas en la variedad del español con la que se identifica?

Su español es una mezcla de diferentes variedades, en este caso mexicana (la ciudad de México) y centroamericana (guatemalteco). Esto se debe a la composición familiar, como ella nos relata, pero posiblemente también a la confluencia de numerosas variedades del español en los Estados Unidos.

3. ¿Qué rasgos concretos proporciona sobre la diferencias en el uso del español que observa en su entorno familiar? ¿Cómo se relacionan estos rasgos con las dos variedades a las que hace referencia?

Nos habla de que la entonación es distinta en el español mexicano y en el centroamericano (guatemalteco), como con *órale* en el español mexicano. El pronombre *le* enclítico posee un valor intensificador, y aparece en expresiones comunes a modo de interjección, o en palabras para transmitir una función comunicativa concreta, ¡*ándale!*, ¡*échale!*, ¡*híjole!* u ¡*órale!* La presencia de este pronombre no implica una función sintáctica concreta, sino que se trata de un uso expresivo (Aleza Izquierdo 2010a, 131). También nos habla de la diferencia de las formas de tratamiento en el español mexicano (tuteo) y de Guatemala (voseo).

4. ¿Crees que su lugar de residencia ha podido influir en el desarrollo de su español? ¿Cómo se caracteriza este lugar por el número de hispanohablantes en los Estados Unidos?

Ha crecido en Brooklyn, Nueva York, ciudad en la que hay una comunidad muy importante de hispanohablantes, p. ej., puertorriqueños y dominicanos, aunque también hay comunidades de hablantes de otras variedades. Ella habla en este caso de que había estado en contacto con hablantes de español colombiano en el instituto. El censo de 2010 indica que el 75% de los hispanos se reparte en 8 estados: California (27,8%), Texas (18,7%), Florida (8,4%), Nueva York (6,8%), Illinois (4%), Arizona (3,8%), Nueva Jersey (3,1%) y Colorado (2,1%) (Lipski 2013, 108-109). Así, el estado de Nueva York sería el cuarto estado con el mayor número de hispanohablantes.

5. Al compararse con otros hablantes latinos, ¿qué argumenta en relación con el uso del español? ¿En qué definición de *hablante de herencia* entraría la protagonista: en la "definición canónica" o en la "definición amplia"? ¿Y sus compañeras de clase?

Nos dice que en su instituto había hablantes latinos, que no hablaban español, pero que le hacían observaciones sobre su manera de hablar. En las compañeras de clase de las que nos habla se habría producido un desplazamiento de la lengua patrimonial. La protagonista entraría en la definición canónica, es decir, "individuos que se han criado en una casa donde se habla una lengua no inglesa y que, como resultado, han adquirido cierta capacidad —productiva y/o receptiva— en esa lengua" (Valdés 2000, 35; citado en Potowski y Lynch 2014, 155). Sin embargo, las compañeras de clase de las que nos habla entrarían en la definición "amplia", es decir, hablantes fuertemente vinculados a la cultura minoritaria pero que comprenden o usan poco español (véase Potowski y Lynch 2014, 155).

Actividad 35

Los estudiantes continúan reflexionando y debatiendo sobre la situación sociolingüística del español en los Estados Unidos a partir de una cita de los expertos Carol A. Klee y Andrew Lynch (2009).

Soluciones

Actividad 35. Lee la siguiente cita y responde a las preguntas.

"La gran necesidad de usar el inglés en los ámbitos laboral y educativo en los Estados Unidos hace que los inmigrantes de primera generación —desde Miami hasta Nueva York, Chicago, Houston, San Francisco y Los Ángeles— insistan en que sus hijos e hijas lo aprendan. Aun entre familias en las que hay una alta conciencia del valor del bilingüismo, muchos padres y madres quieren que la educación formal de sus hijos sea completamente en inglés" (Klee y Lynch 2009, 211).

✎ **Preguntas:**

1. A partir de la cita, ¿se puede hablar de diglosia sobre la situación del español con respecto al inglés en los Estados Unidos?

Sí, porque desde el ámbito doméstico se insiste en la importancia del inglés con respecto al español. Aunque el español ha ido adquiriendo protagonismo, hace falta todavía concienciar a la población de la realidad de la lengua y de la existencia de grandes comunidades hispanohablantes que se reparten por una gran parte del país.

2. ¿Crees que es necesario un cambio de actitud hacia el español por parte de la sociedad norteamericana? ¿Cómo crees que se podría conseguir?

Sí, porque favorecería una mayor integración de sus habitantes y de la lengua en la cultura del país. Esto se podría hacer mediante la creación de más programas bilingües, fomentando el estudio de la lengua también por parte de las personas adultas y resaltando la cultura de los países hispanohablantes desde un ángulo positivo.

3. ¿Preferirías que tus hijos o hijas crecieran en un entorno monolingüe o bilingüe? ¿Por qué? ¿Cuáles serían algunas de las ventajas de ser escolarizado en un sistema educativo bilingüe?

Indudablemente, crecer en un entorno bilingüe conlleva más ventajas que hacerlo en uno monolingüe. La persona bilingüe no solamente sabe hablar las dos lenguas, sino que también conoce las dos culturas. Del mismo modo, el dominio de dos lenguas facilita el aprendizaje de otras futuras lenguas porque se desarrollan capacidades que el cerebro aplica en el aprendizaje de nuevos códigos lingüísticos. También es útil desde el punto de vista profesional para poder ser competitivo en un contexto en el que el español es cada vez más útil y necesario.

▶ *Actividad de ampliación*

El profesor puede aprovechar esta actividad para generar un pequeño debate sobre la situación del español en el país si su ámbito docente se encuentra en los Estados Unidos. Por ejemplo, se puede reflexionar de manera conjunta sobre la presencia de la lengua en la calle, en la publicidad, en los medios de comunicación, o en la información que se puede ver en el paisaje urbano (señales con información, vallas publicitarias, etc.). Si el ámbito docente se encuentra fuera de los Estados Unidos, un punto de partida podría ser analizar la presencia de hispanohablantes en películas o en series de televisión que se exportan desde el país. Se pueden encontrar datos sobre los hispanos en los Estados Unidos en el siguiente enlace: http://www.pewhispanic.org/2016/04/19/statistical-portrait-of-hispanics-in-the-united-states/.

Actividad 36

Esta última actividad permitirá analizar otro de los contextos sociales relacionado con el español de los hablantes de herencia.

Soluciones

Actividad 36. Escucha el siguiente texto en el que se produce la alternancia de código. Después lee la transcripción y responde a las preguntas.

[◉] Vídeo: https://www.youtube.com/watch?v=2iy4NTnrSW8

▶ Título del vídeo en YouTube: "Habla Marianela y Marissa".

Transcripción:

Marianela: *Bueno, mi mamá es cubana.*
Marissa: *Y mi papá es de El Salvador.*
Marianela: *Pero nacimos aquí* in the United States of America. So our first language is …
Las dos: … English!
Marianela: *Entonces, cuando nosotras empezamos en el mercado del entretenimiento,* on what is TV and radio, all of a sudden …
Marissa: … our professor says …
Las dos: "You have an accent."
Marianela: *Y yo como* "¿*Qué?* What does that mean …?"
Marissa: "… I have an accent?"
Marianela: "What accent do I have? I was born and raised in the United States of America, I am an American."
Marissa: Preposterous.
Marianela: And they are, like, "Well, you have a Spanish accent, you need to work on that."
Marissa: So then, *cuando fuimos al mercado hispano, me dicen "Ustedes tienen acento".*
Las dos: "¿*Qué?*"
Marianela: ¿*Cómo puedo tener acento americano si yo sé el español? Cuando yo hablo el español, yo lo hablo como* …
Marissa: … *Como lo estamos hablando ahora.* I can't start acting *como* "*Hola, ¿qué tal? Yo me llamo Marissa González*".
Marianela: I don't want to be like a robot like "*Hola ¿qué tal? Buenos días*". That's not me, I can't be fake.
Marissa: It's frustrating, because we're not Spanish enough for the Spanish market …
Marianela: … But we're not English enough for the English market, so where does that leave us?
Las dos: ¿*Adónde estamos?*
Marianela: *O sea,* are we in the Spanglish market? Does that exist? And I know that many Latinos go through that. What's up with the accent stuff?
Marissa: Can you, like, leave us alone with that?
Marianela: Can we stop to that?
Marissa: That's us, we speak the way we speak. If you guys don't like it, well, then, tough.

Marianela: Can we, like, do something about that?

Marissa: Please?

✍ **Preguntas:**

1. Las protagonistas, dos hermanas gemelas, dicen que han estado en contacto con dos variedades de español. ¿Se podrían considerar estas variedades mayoritarias en el español de los Estados Unidos?

Dicen que su madre es cubana y su padre, salvadoreño (El Salvador). Existe una comunidad muy grande procedente de Cuba en Florida y es mayor que la de hablantes de español centroamericano.

2. ¿En qué zonas geográficas del país se ubican las principales comunidades de hablantes de estas variedades? ¿Cuál de las dos comunidades lingüísticas se encuentra más repartida por el país?

Los cubanos se localizan principalmente en Florida y en Nueva York mientras que la comunidad salvadoreña en Estados Unidos se encuentra más repartida (1. California 573.956; 2. Texas 222.599; 3. Nueva York 152.130; 4. Virginia 123.800; 5. Maryland 123.789; 6. Nueva Jersey 56.532; 7. Florida 55.144, 8; Massachusetts 43 400, etc.).

Fuente Wikipedia: https://es.wikipedia.org/wiki/
Inmigraci%C3%B3n_salvadore%C3%B1a_en_
Estados_Unidos; https://es.wikipedia.org/wiki/
Inmigraci%C3%B3n_cubana_en_Estados_Unidos

3. ¿Se percibe algún rasgo típico de estas variedades en la manera de hablar de las protagonistas? Escucha el vídeo varias veces y anota aquellos rasgos dialectales que te parezcan distintivos.

Por ejemplo, la pronunciación de la "r" como en el Caribe (en palabras como "mercado"), el uso de *ustedes*, seseo, etc.

4. ¿Por qué crees que consideran que su primera lengua es el inglés pese a que ambos progenitores son hispanos? ¿Se podría decir que se ha producido un desplazamiento de su lengua de herencia?

Consideran que su primera lengua es el inglés porque es quizás la que más utilizan en la actualidad. Es decir, puede que haya sido su lengua vehicular principal. Son hablantes de español de segunda generación (G2) y, como hemos visto en el capítulo, se produce muchas veces un desplazamiento de la lengua en los hablantes de herencia.

5. ¿Cuál es la actitud lingüística de algunos hablantes hacia su manera de hablar inglés y español?

Algunos hablantes de inglés les dicen que tienen acento cuando hablan en inglés, pese a que son hablantes nativas de la lengua. Algunos hablantes de español les dicen que tienen acento cuando hablan en español, pese a que son hablantes se segunda generación y que ambos padres son hispanos de dos orígenes distintos.

6. ¿Qué describe este vídeo en relación con la percepción del acento de unos hablantes hacia otros? ¿Qué crees que quieren reivindicar las protagonistas del vídeo con su historia personal?

Que los hablantes despliegan actitudes y muestran prejuicios sobre la manera en la que se expresan otros hablantes. Que cada hablante es muy libre de expresarse como quiera y que no se debe juzgar a una persona por su acento.

▶ *Actividad de ampliación*

Este tema es una buena oportunidad para abordar maneras de fomentar el aprendizaje y uso del español en los Estados Unidos. Se puede generar un pequeño debate con acciones concretas que se podrían llevar a cabo para promover el bilingüismo y multilingüismo en la sociedad estadounidense, por ejemplo, programas en las escuelas primarias para fomentar la música y el teatro en español u otras actividades culturales que permitan interaccionar en la lengua. Del mismo modo, puede resultar interesante consultar estudios sobre las ventajas cognitivas de crecer en un entorno bilingüe. Este tema se analizará en el capítulo 8 cuando se hable de la adquisición de la lengua.

3. Proyectos de investigación

1. La variación lingüística se produce entre diferentes dialectos pero también dentro de una misma variedad dialectal. Consulta el *Catálogo de voces hispánicas* del Instituto Cervantes http://cvc.cervantes.es/lengua/voces_hispanicas/ o el *Corpus del Proyecto para el estudio sociolingüístico del español de España y de América* (PRESEEA) http://preseea.linguas.net/ y elige dos lugares geográficos distintos de una misma variedad. Identifica algunos rasgos que difieran y prepara un informe oral sobre tu análisis.

Recursos:

Catálogo de voces hispánicas del Instituto Cervantes

http://cvc.cervantes.es/lengua/voces_hispanicas/

Corpus del Proyecto para el estudio sociolingüístico del español de España y de América (PRESEEA)

http://preseea.linguas.net/

AudioLingua (Textos orales espontáneos clasificados por nivel)

https://www.audio-lingua.eu/spip.php?rubrique4&lang=es

Test sobre las diferentes variedades en el mundo hispanohablante, "Los acentos del español", *El País*

http://elpais.com/especiales/2016/acentos-del-espanol/

2. Busca dos libros de texto de español como L2 de nivel avanzado y analiza cómo se aborda la variación lingüística. Presta atención a los formulismos, el léxico, las explicaciones gramaticales, los comentarios sobre pronunciación y entonación o la selección de temas culturales. Determina si se da preferencia a una variedad lingüística concreta o si se intenta reflejar la variación lingüística de los países hispanohablantes.

Recursos:

Selección de manuales de ELE/EL2 nivel C1

http://editorialesele.blogspot.co.uk/p/c1.html

Grande Alija, F. J. 2000. "La diversidad del español a través de los manuales de E/LE. ¿Qué lengua enseñan?". *Actas del XI Congreso Internacional ASELE*, Zaragoza, 13-16 de septiembre, 393-402.

3. Investiga la diversidad lingüística de un país hispanohablante y prepara un informe escrito u oral sobre las lenguas en contacto con el español. Anota los nombres de las principales lenguas que coexisten junto con el español y otros datos de interés (porcentaje de hablantes, localización geográfica, uso y situación actual). Puedes consultar el proyecto Ethnologue: https://www.ethnologue.com/

Recurso:

Klee, C. y A. Lynch. 2009. *El español en contacto con otras lenguas*. Washington, DC: Georgetown University Press.

4. Haz una selección de materiales auténticos orales y escritos en español de una misma tipología (publicidad, prensa, radio, televisión, etc.), de las áreas de Nueva York, Chicago, San Diego o Miami. Analiza los principales rasgos fonético-fonológicos, morfosintácticos y léxicos de estos documentos. Después prepara un informe sobre las particularidades que se observan y determina si algunos de estos rasgos se corresponden con el español de los Estados Unidos u otras variedades.

Recursos:

Prensa hispana en los Estados Unidos

http://www.prensa-hispana.com/

El español en los medios de comunicación de los Estados Unidos

http://cvc.cervantes.es/lengua/espanol_eeuu/comunicacion/default.htm#ponencias

Muñoz-Basols, J. y D. Salazar. 2016. "Cross-Linguistic Lexical Influence between English and Spanish". *Spanish in Context* 13 (1): 80-102.

https://benjamins.com/@talog/journals/sic.13.1.04mun/details

United States census Bureau, Hispanic Origin

https://www.census.gov/topics/population/hispanic-origin.html

4. Preguntas de ensayo

Las siguientes preguntas pueden servir como temas de ensayo una vez que se hayan abordado los contenidos del capítulo.

1. Considera las limitaciones que existen al estudiar los distintos tipos de variación planteados en el capítulo: diacrónica (temporal), diastrática (social), diafásica (contextual) y diatópica (geográfica). Justifica tu respuesta con ejemplos.

2. ¿Qué factores lingüísticos y sociales habrá que tener en cuenta en el desarrollo del español como lengua global?

3. A partir de la zonificación dialectal y diversidad lingüística del español en España y Latinoamérica, explica cuáles son en tu opinión los aspectos lingüísticos más importantes para distinguir unas variedades de otras.

4. Considera la distinción que se plantea en el capítulo entre el uso de las preposiciones al hablar del español "en" los Estados Unidos y del español "de" los Estados Unidos. ¿Cuál será más aplicable para definir el futuro de esta lengua en el país?

5. ¿De qué manera se manifiesta en el español el contacto con otras lenguas? Incluye ejemplos concretos que se puedan encontrar en la actualidad.

6. Explica la diferencia entre un *pidgin* y una lengua criolla. Después describe algunos ejemplos de cada uno que tengan base hispana.

5. Glosario bilingüe de términos de variación

A

acrolecto (*acrolect*). Variedad de una lengua hablada por la clase social con mayores recursos económicos y generalmente, aunque no siempre, con un mayor nivel de educación. Se contrapone al *mesolecto*, variedad del estrato medio o clase media, y al *basilecto* o variedad popular hablada por el estrato inferior o con menos recursos de una comunidad.

actitud lingüística (*linguistic attitude*). Percepción o consideración de un hablante hacia la lengua, o su uso, y que puede estar relacionada con una serie de creencias generalizadas a nivel social.

africanismo (*Africanism*). Palabras en un idioma cuyo origen etimológico procede de una lengua africana, p. ej., *banana* o *guineo* en el español.

aimara (*Aymara*). Lengua hablada por una comunidad de 2.808.740 hablantes que se ubica entre Bolivia y Perú, cerca del lago Titicaca (Austin, Blume y Sánchez 2015, 26). Se encuentran en el español algunos *aimarismos*, o palabras propias de esta lengua, como *chipa* "cesto para llevar frutas" o *chuto* "tosco o inculto".

alternancia de código (*code-switching*). Alternancia o yuxtaposición de palabras sueltas, enunciados u oraciones completas entre una lengua y otra, p. ej., *Ese bebé es cute.*

ámbito de uso (*scope of use*). Espacio en el que se desarrolla la comunicación. Puede estar relacionado con el "tipo de espectadores o interlocutores que escuchan", con el "lugar" en el que se desarrolla el acto comunicativo, o con el "tiempo". El ámbito está también relacionado con el *propósito* de la comunicación, p. ej., en cuanto al "tema" concreto de la actividad comunicativa y al "tipo de actividad" que tiene lugar, y con los *participantes* del acto comunicativo.

americanismo. Palabra del español de América que se ha adoptado en otras variedades, p. ej., el término *guagua*, cuya variante peninsular es *autobús*, procede del español caribeño y se utiliza también en el español canario.

arcaísmo (*archaism*). Vocablo en desuso, p. ej., *zaguán* por *recibidor* o *hall*. 2. Término que se utilizó en la Península, pero que se ha mantenido en otras variedades del español, p. ej., *demorarse* en lugar de *tardar* o *retrasarse*; *liviano* en vez de *ligero*, o *prieto* en lugar de *negro*.

B

basilecto (*basilect*). Variedad popular hablada por el estrato inferior o con menos recursos de una comunidad. Véanse también **acrolecto** y **mesolecto**.

C

calco lingüístico (*calque*). Préstamo de otra lengua a modo de traducción literal o como copia de la estructura de una palabra o expresión, p. ej., la expresión *jardín de infancia* es un calco del alemán *Kindergarten*.

caló (*Caló language*). Variedad del romaní que hablan los gitanos de España, Francia y Portugal (*DRAE* 2014, 392), p. ej., *hartible* o "alguien muy pesado".

ceceo. Fenómeno que se da en el andaluz, sobre todo, en el sur de Andalucía y en algunas zonas de Centroamérica (Honduras y El Salvador). Al "cecear" los hablantes articulan el fonema /θ/ para pronunciar los grafemas *s*, *z*, *ce* y *ci*: *si* [θí], *cero* [θé.ro] y *cielo* [θjé.lo]. Según Moreno-Fernández (2010, 74), "este ceceo se considera rural, frente al urbano seseo, y no goza de prestigio abierto entre los hablantes andaluces". Véase **seseo**.

chabacano (*Chavacano*). Modalidad criolla hablada en Filipinas que se emplea de manera genérica para hacer referencia a un grupo de lenguas criollas, como el caviteño, el ternateño y el zamboangueño, con base gramatical indígena de lenguas filipinas, del tagalo o del bisaya, pero con base léxica del español.

chamorro (*Chamorro language*). Lengua austronesia con una fuerte base léxica del español. Se habla tanto en Guam como en las islas Marianas y comparte oficialidad con el inglés en ambos territorios.

cocoliche (*Cocoliche*). Variedad de español italianizado que se habla en la zona de Buenos Aires (Argentina).

comunidad de habla (*speech community*). Grupo de hablantes que "comparten al menos una variedad lingüística, unas reglas de uso, una interpretación de ese uso, unas actitudes y una misma valoración de las formas lingüísticas" (Moreno-Fernández 2010, 231).

comunidad lingüística (*linguistic community*). Grupo de hablantes de una lengua desde el punto de vista geográfico o temporal.

D

desplazamiento lingüístico (*language displacement*). Desplazamiento que se produce en una lengua en favor de otra. Se emplea para hablar del abandono de la lengua de herencia o patrimonial por la lengua vehicular de un lugar. Este fenómeno es habitual entre hablantes de tercera generación en los Estados Unidos cuya lengua de herencia, el español, se ve desplazada en favor del inglés.

dequeísmo. Adición de la preposición *de* delante de la conjunción *que* cuando esta no viene seleccionada por el verbo, p. ej., *Es posible de que venga mañana* por *Es posible que venga mañana*. Véase **queísmo**.

dialecto (*dialect*). "Modalidad de una lengua utilizada en un territorio determinado. Sistema de signos desgajado de una lengua común, viva o desaparecida; normalmente con una concreta limitación geográfica, pero sin una fuerte diferenciación frente a otros de origen común" (Alvar 1996a, 13; citado en Moreno-Fernández 2010, 231).

dialecto andaluz o **andaluz** (*Andalusian Spanish*). Variedad dialectal que se ubica en la mitad meridional o sur de España cuya área de influencia se extiende más allá de la región de Andalucía. De acuerdo con Moreno-Fernández (2014, 152-155), podemos distinguir dos áreas principales. Por un lado, las *hablas de transición*, las *occidentales* (como el extremeño, región de Extremadura) y las *orientales* (como el murciano, región de Murcia). Y, por otro, las *hablas propiamente andaluzas*, correspondientes a la división administrativa entre la Andalucía occidental (Huelva, Cádiz, Sevilla y Córdoba) y la Andalucía oriental (Jaén, Málaga, Granada y Almería).

dialecto canario o **canario** (*Canarian Spanish*). Variedad del archipiélago situado en el océano Atlántico frente a las costas de África que consta de siete islas principales repartidas en dos provincias. Al oeste se encuentra la provincia de Santa Cruz de Tenerife (Tenerife, La Palma, La Gomera y El Hierro), y al este la provincia de Las Palmas (Gran Canaria, Lanzarote y Fuerteventura). Esta variedad dialectal posee rasgos en común con el andaluz y con el español caribeño.

dialecto castellano (*Castilian*). Variedad de la parte centro-norte de la península ibérica que se puede dividir en dos modalidades: el *castellano norteño*, zonas situadas al norte de Madrid, que comprende el *castellano norteño occidental* (antiguos reinos de Castilla y León), el *castellano norteño oriental* (zona de Aragón), el *castellano de áreas bilingües* (castellano gallego, castellano catalán y castellano vasco), y el *castellano manchego* (Castilla-La Mancha) (Moreno-Fernández 2014, 121). La zona limítrofe que marcaría el paso del castellano al andaluz en la Península se encuentra en las llamadas "hablas de tránsito" (región de Extremadura al oeste y de Murcia al este).

dialectos históricos (*Hispano-Romance dialects*). Dialectos que tuvieron un desarrollo paralelo al castellano durante la Edad Media, como el aragonés (zona de Aragón) o el leonés (antiguo Reino de León).

diglosia (*diglossia*). Situación lingüística en la que el uso de una lengua o variedad se considera de mayor prestigio que la otra y goza de mayores privilegios.

diversidad dialectal (*dialectal diversity*). Conjunto de variedades de una lengua con todas sus peculiaridades e idiosincrasias.

diversidad lingüística (*linguistic diversity*). Situación lingüística que refleja la diversidad de distintas lenguas que coexisten en un mismo territorio y que en muchos casos favorece entre sus hablantes el bilingüismo (Estados Unidos) o el multilingüismo (Guinea Ecuatorial).

E

espanglish o *spanglish* (*Spanglish*). "Modalidad del habla de algunos grupos hispanos de los Estados Unidos en la que se mezclan elementos léxicos y gramaticales del español y del inglés", *DRAE* (2014).

español andino (*Andean Spanish*). Variedad de español hablada en la parte media del continente americano y que consta de cuatro modalidades distintas (Moreno-Fernández 2014, 304). En primer lugar, el *español andino costeño*, que comprende la costa pacífica colombiana; el *español costeño de Ecuador y del norte de Perú*; el *español costeño limeño*, hasta la costa del departamento de Arequipa; y el *español costeño sureño de Perú*. En segundo lugar, el *español serrano* está dividido en dos zonas: la *colombiano-ecuatoriana* y la *peruano-boliviana*, y que incluiría también el español de los indígenas bilingües como variedad diferente a la de los serranos monolingües. En tercer lugar, el *español amazónico*, que comprende los territorios del Amazonas de Ecuador, Perú y Colombia. Y, en cuarto y último lugar, el *español llanero* o zona llana o no montañosa de Bolivia. Los *andinismos* son palabras propias del español andino, como *calato* "desnudo" o *huachafo* "cursi".

español austral (*Rioplatense Spanish*). Variedad de español hablada en la parte austral o sur del continente americano. Muchas veces se lo denomina también *español rioplatense*, puesto que parte de esta variedad se corresponde con el que históricamente fue el Virreinato del Río de la Plata (1776-1816), que comprendía los territorios de Paraguay, Argentina y Uruguay. Algunos dialectólogos como Moreno-Fernández (2014, 332, 347) prefieren hablar de español austral, es decir, "español del sur", por considerar este término más representativo de áreas no solamente ubicadas a lo largo del Río de la Plata, sino también en Paraguay, Argentina y Uruguay. Podemos hablar de un *español austral* compuesto principalmente por un *español guaranítico* y por un *español atlántico*. El *español guaranítico* comprende el *paraguayo* y el *nordestino argentino*. El *español atlántico* se divide en el *español del interior* (variedades del noroeste de Argentina, español cuyano, y español central). Y el *español del Litoral* se reparte entre el *español rioplatense* (desembocadura del Río de la Plata con el "español bonaerense" o de Buenos Aires, toda la provincia y área de influencia, y el "español uruguayo"), y el *español patagón* (en la Patagonia, con rasgos en común con el español de Chile por la influencia del mapudungun o lengua mapuche).

español caribeño (*Caribbean Spanish*). Variedad de español hablada en la extensión geográfica bañada por el mar Caribe, lo cual incluye tanto las islas como las costas de una serie de países. Moreno-Fernández (2014, 235) establece las siguientes divisiones. Por un lado, el *caribeño continental* que incluye el *costeño*, costas del mar Caribe de México, Honduras, Costa Rica, Panamá y Colombia; sin incluir Guatemala y Nicaragua, dado que sus variedades se hallan más sujetas a factores étnicos y sociolingüísticos, por el contacto con lenguas autóctonas, que geolingüísticos; y el *venezolano*, donde la norma caribeña es bastante consistente en gran parte del territorio. Y, por otro, el *caribeño antillano*, que comprende el *cubano*, el *dominicano* y el *puertorriqueño*.

español chileno (*Chilean Spanish*). Variedad de español hablada en Chile. Se ha mantenido dentro de los límites geopolíticos debido en parte a su orografía y ubicación geográfica en el extremo occidental del continente. Desde el punto de vista dialectal se pueden identificar cuatro zonas principales (Moreno-Fernández 2014, 386). Cada zona posee nombres específicos para las hablas que las conforman: *zona norte* (tarapaqueño y coquimbano), *centro* (colchagüino), *sur* (pencón) y *sur-austral* (chilote). En la zona norte del país existe una leve influencia del quechua. Hablamos de *chilenismos*, para palabras o expresiones típicas de esta variedad como *al tiro* "ahora mismo, de inmediato", *bacán* o *bakán* "fantástico, bueno, agradable", *flaite* "persona agresiva, o que va mal vestida", *fome* "aburrido, sin gracia" o *paco* "miembro del cuerpo de policía".

español estadounidense (*Spanish spoken in the US*). Variedad de español hablada en los Estados Unidos y que, como apunta Lipski (2013, 122), "es producto de la reproducción y diversificación natural de una lengua de inmigración en nuevas tierras". Posee una fuerte influencia de otras variedades dialectales que se hablan allí como el español mexicano y centroamericano o el caribeño.

español estándar (*standard Spanish*). Modalidad no hablada de la lengua que refleja unos criterios de corrección aceptados socialmente y que se manifiestan sobre todo en la lengua escrita. Se suele aplicar erróneamente a la modalidad castellana (Moreno-Fernández 2010, 232).

español mexicano-centroamericano (*Mexican-Central American Spanish*). Siguiendo a Moreno-Fernández (2014, 269-288), variedad de español hablada en México y en Centroamérica. Por un lado, podemos hablar del *mexicano*, que incluye el *norteño*, territorios situados al norte de México, estados de Baja California, Sonora, Chihuahua, Coahuila y Nuevo León; el *central* (Distrito Federal, la Ciudad de México y zonas de influencia a sus alrededores) y el *costeño* (costa Atlántica de los estados de Veracruz y Tabasco, y la costa del Pacífico de los estados de Oaxaca y Guerrero). Y, por otro lado, el *mayense centroamericano*, que comprende el *yucateco* (península de Yucatán con los estados de Yucatán, Quintana Roo y Campeche), el *centroamericano* (estado mexicano de Chiapas, Guatemala, Honduras, El Salvador y Nicaragua; Costa Rica comparte algunos rasgos con esta variedad, pero su variedad se suele ubicar en el español caribeño), y el *mayense de bilingües*, utilizado por poblaciones bilingües en las que otra lengua ejerce una notable influencia sobre el español (bilingües nahuas de México, mayas de Guatemala y del istmo de Panamá, borucas de Costa Rica y guaimíes de Panamá). Los *mexicanismos* se refieren al uso de palabras o expresiones propias del español de México. Por ejemplo, *botana* "aperitivo que se sirve antes de una comida o con una consumición", *colonia* "barrio o zona de una ciudad", *chorrocientos* "muchos" o "muchísimos".

español para fines específicos (*Spanish for Specific Purposes*). Variedades de la lengua que se utilizan en la comunicación especializada y en los ámbitos profesionales, p. ej., el español jurídico, el español de la medicina, el español del turismo, el español académico, etc.

estadounidismo (*characteristic linguistic feature of the Spanish spoken in the US*). "Palabra o uso propios del español hablado en los Estados Unidos de América" (*DRAE* 2014, 961). En la última edición del *DRAE* (2014) se incluyeron cinco estadounidismos: *congresional* (Antillas, Colombia, Estados Unidos, Nicaragua), *guardavidas* (Argentina, Chile, Costa Rica, Estados Unidos, Nicaragua, Panamá, Paraguay, Uruguay), *sobador* (América Central, Ecuador, Estados Unidos, Perú), *billón* (Estados Unidos) y *trillón* (Estados Unidos).

estereotipo lingüístico (*linguistic stereotype*). Término que se emplea para designar una "asociación consciente de un rasgo lingüístico con una característica no lingüística [. . .] que puede o no responder al uso real de la lengua" (Silva-Corvalán 2001, 67).

G

generación sociolingüística (*age-graded variation*). Generación a la que pertenece un hablante de la lengua de origen inmigrante en un territorio. Este hecho da lugar a que los hablantes puedan tener diferentes perfiles lingüísticos según la generación a la que pertenecen (G1, G2, G3, etc.) (Escobar y Potowski 2015).

guanchismo. Palabra que procede de la lengua y cultura guanche de las islas Canarias, p. ej., *tabaiba* "un tipo de árbol".

guaraní (*Guarani language*). Lengua cooficial de Paraguay junto con el español. Los *guaranismos* son palabras que proceden del guaraní y que se utilizan en otras variedades del español, p. ej., *matete* "confusión".

H

habla (*speech*). Uso de la lengua propio o característico de un hablante concreto, p. ej., *el habla del presidente*, que puede compartir características en común con una colectividad o comunidad de hablantes, p. ej., *el habla de la ciudad de Bogotá*.

hablante de herencia (*heritage speaker*). Persona que pertenece al grupo de "individuos que se han criado en una casa donde se habla una lengua no inglesa y que, como resultado, han adquirido cierta capacidad —productiva y/o receptiva— en esa lengua" (Valdés 2000, 1; citado en Potowski y Lynch 2014, 155). Esta definición canónica debería incluir también, en su versión más amplia, al individuo que, pese a sentirse fuertemente vinculado a la cultura minoritaria, utiliza o comprende poco español.

heheo. Fenómeno típico en la pronunciación de algunas zonas del dialecto andaluz que consiste en la aspiración de la /s/ en posición explosiva, tanto al principio de palabra [he.ó.ɾa] *señora* como en posición intervocálica [pá.ha] *pasa* (Pharies 2007, 198).

hipótesis del patrón curvilíneo (*curvilinear principle*). Estipula en el ámbito de la sociolingüística que los cambios lingüísticos tienden a originarse en los estratos socioeconómicos intermedios.

hispano (*Hispanic*). Término que se aplica de manera general a personas de ascendencia u origen de un país hispanohablante que residen en los Estados Unidos (Escobar y Potowski 2015, 343). En el ámbito institucional se usa muchas veces de manera intercambiable con el término *latino*. Véase **latino.**

I

idiolecto (*idiolect*). Rasgos lingüísticos propios o característicos de un hablante determinado que refleja su manera de hablar o de expresarse.

influencia croslingüística léxica (*cross-linguistic lexical influence*). Término acuñado por Javier Muñoz-Basols y Danica Salazar (2016, 83) para referirse al "proceso por el cual las lenguas se influyen mutuamente a nivel léxico y que refleja el impacto que los préstamos lingüísticos de una lengua donante pueden tener en la lengua de acogida o receptora".

inglés de escalerilla. *Pidgin* español-inglés utilizado en algunos puertos mediterráneos, como en La Línea de la Concepción (Cádiz, España).

interjección (*interjection*). Palabras o expresiones que se utilizan para transmitir una impresión o valoración o con una función comunicativa concreta, como ¡*Hola!*, para saludar; ¡*Eh!*, para advertir, llamar, o reprender; o que de manera exhortativa incitan al interlocutor a que haga algo, ¡*Vamos!*

inventario léxico (*lexical inventory*). Conjunto de palabras que conforman una lengua.

isoglosa (*isogloss*). Línea imaginaria con que se divide un territorio de manera geográfica según el uso de un rasgo lingüístico concreto. No es absoluta, dado que la lengua es un elemento en constante evolución.

italianismo (*Italianism*). Palabra que procede del italiano y que se ha adoptado en otra lengua. Por ejemplo, en el español hablado en Argentina encontramos *capo* para "líder" o *laburar* para "trabajar".

J

jerga (*jargon*). Variedad del habla que se distingue, sobre todo, por el uso de un vocabulario específico y característico. Puede ser de carácter especializado, como en determinadas profesiones, p. ej., *la jerga de los economistas* o *la jerga médica*, o familiar, como en un grupo social, p. ej., *la jerga estudiantil*. En algunos casos puede tener un carácter temporal o generacional.

K

kikongo (*Kongo language*). Lengua bantú hablada por los habitantes de los bosques tropicales en la República Democrática del Congo, República del Congo y Angola. El palenquero es una modalidad criolla de base hispana con influencias del kikongo que se habla en la costa norte de Colombia (Palenque de San Basilio).

L

laísmo. Uso antietimológico del pronombre de objeto directo *la* en lugar del pronombre de objeto indirecto *le*, p. ej., *La regalé bombones a Laura* en lugar de *Le regalé bombones a Laura*. Sobre todo, se da en zonas de Castilla y León y de Madrid (España), así como la zona de influencia de la capital. Se trata de un fenómeno menos extendido que el *leísmo* pero más que el *loísmo*. Los casos de laísmo no se consideran normativos. Véanse **leísmo** y **loísmo**.

latino (*Latino*). Término que, aunque se usa de manera amplia, suele englobar a aquellas personas de ascendencia u origen hispano, hablen o no español (Escobar y Potowski 2015, 344). En el ámbito institucional se emplea muchas veces de manera intercambiable con el término *hispano*. Véase **hispano**.

lecto (*lect*). Manera de identificar las diferentes variedades de una lengua en relación con las características propias de un hablante. Según Moreno-Fernández (2012, 94), los lectos son "variedades lingüísticas, con rasgos fónicos, gramaticales, léxicos y discursivos específicos, que derivan de los condicionamientos propios de unos dominios geográficos, unos perfiles sociales o unas situaciones y contextos comunicativos determinados".

leísmo. Uso antietimológico del pronombre de objeto indirecto *le* con función de objeto directo equivalente a *lo* y *la*, sobre todo, cuando se trata de un referente humano y masculino, llamado "leísmo de persona", como en *–Ayer vi a Pepe. –Ah, ¿le viste ayer?* en lugar de *–Ah, ¿lo viste ayer?*, aunque también se puede dar con referente femenino, *–Ayer vi a las vecinas. –Ah, ¿les viste ayer?* en lugar de *–Ah, ¿las viste ayer?* En algunas zonas de la península ibérica se da también el "leísmo de cosa", *–¿Dónde está el coche? –Le he visto aparcado fuera* en lugar de *–Lo he visto aparcado fuera*. El leísmo de persona es un fenómeno que se localiza principalmente en la península ibérica, mientras que el llamado "leísmo de cortesía", *¿Le acompaño?* (*a usted*) en lugar de *¿La/Lo acompaño?* se encuentra bastante extendido en otros dialectos del mundo hispanohablante. Se trata de un fenómeno bastante más extendido que el *laísmo* y que el *loísmo*. Los casos de leísmo de persona se consideran normativos. Véanse **laísmo** y **loísmo**.

lengua criolla (*creole language*). Un sistema lingüístico completo, con reglas gramaticales, sistema verbal, morfológico, etc., que se desarrolla a partir de un *pidgin*, p. ej., el papiamento es un criollo que procede de la mezcla del español con el portugués y el holandés y que se habla en las Antillas Holandesas.

lengua franca (*lingua franca*). Lengua de comunicación entre dos o más comunidades que hablan lenguas distintas.

lengua tonal (*tone language*). Lengua en la que las variaciones de tono hacen que varíe el significado de las palabras o la estructura gramatical, por ejemplo, el chino mandarín.

llanito (*Yanito*). Variedad del habla andaluza occidental que se habla en Gibraltar en el ámbito familiar y en la calle, y se caracteriza por la presencia de la fonética andaluza así como por un número destacado de anglicismos en el léxico, aunque con préstamos también del genovés o del portugués (Martínez González 2003, 754; Moreno-Fernández 2014, 152).

loísmo. Uso antietimológico del pronombre de objeto directo *lo* en lugar del pronombre de objeto indirecto *le*, p. ej., *Lo compró un regalo a Pablo* en lugar de *Le compró un regalo a Pablo*. Se da sobre todo en zonas rurales de Castilla y León (España). También se ha documentado en la zona andina en el uso del pronombre *lo* como objeto directo, independientemente del género y el número del referente, *La papa también lo pelamos* o *Unas cosas viejas para quemarlos* (Aleza Izquierdo 2010a, 116-117). Se trata de un fenómeno mucho menos extendido que el *leísmo* y bastante menos que el *laísmo*. Los casos de loísmo no se consideran normativos. Véanse **leísmo** y **laísmo**.

lunfardo (*Lunfardo*). Jerga que se originó en los arrabales de Buenos Aires a finales del siglo XIX y principios del XX. Su uso se popularizó en las letras de los tangos. Algunos vocablos son los términos *cana* "policía" o *mina* "mujer".

M

mapudungun o **lengua mapuche** (*Mapudungun or Mapuche language*). Lengua principal de sustrato en Chile. Existe una comunidad de unos 260.620 hablantes en el sur de Chile (Austin, Blume y Sánchez 2015, 26). Los *mapuchismos* son palabras que proceden de esta lengua y que se han adoptado en otras variedades como, por ejemplo, *pololo* o *polola* "novio o novia" o *trumao* "tierra fina arenisca de rocas volcánicas".

maya o **lengua maya** (*Mayan*). Lengua con una comunidad de unos 6.523.182 de hablantes repartidos entre Belize, Guatemala y México (Austin, Blume y Sánchez 2015, 26). Es una de las lenguas de sustrato de México de mayor influencia junto con el náhuatl. Del maya quedan muy pocos términos en el español actual, tales como *agüío* "un tipo de pájaro", *cacao* y *pita* "una planta de la familia de la sábila".

mesolecto (*mesolect*). Variedad hablada por el estrato social medio. Véanse también **acrolecto** y **basilecto**.

mexicanismo (*Mexicanism*). Palabras o expresiones propias del español de México. Por ejemplo, *botana* "aperitivo que se sirve antes de una comida o con una consumición", *colonia* "barrio o zona de una ciudad", *chorrocientos* "muchos" o "muchísimos".

N

náhuatl o **nahua** (*Nahuatl*). Lengua hablada por una comunidad de unos 170.622 hablantes (XII Censo General de Población y Vivienda 2010; García Mejía 2014, 22). Es una de las principales lenguas de sustrato de México junto con el maya.

P

pachuco (*Pachuco*). Variedad hablada en Arizona y en áreas del sur de California que muestra rasgos del contacto del español con el inglés.

palenquero (*Palenquero or Palenque*). Criollo hablado en Palenque de San Basilio (costa norte de Colombia) que proviene de la mezcla del español con el kikongo (Schwegler 2011), lengua bantú de los esclavos africanos que se asentaron en esa zona, junto con rasgos del portugués. En los últimos años el palenquero se ha revitalizado gracias en parte a un cambio de actitud entre las generaciones más jóvenes, interesadas en preservar la lengua, y a los programas educativos implementados en la zona que también han ejercido una influencia positiva (Lipski 2012, 40; 2016).

papiamento (*Papiamentu*). Criollo con rasgos del español, el portugués y el holandés que se habla en las Antillas Holandesas. En 2007 adquirió estatus de lengua oficial de las Antillas Holandesas (Aruba, Bonaire y Curaçao), junto con el holandés. Tras los cambios políticos y administrativos que se produjeron en las islas en 2010, su oficialidad se limitó a los territorios de Bonaire y Aruba. Es la única lengua criolla de base hispana que goza de prestigio entre hablantes de todas las clases sociales. Posee una tradición literaria que data del siglo XIX, lo cual supone un símbolo de identidad nacional y cultural (Lipski 2004, 477).

pichingli o **pichinglis**. Jerga comercial a modo de *pidgin* que existió en los puertos canarios durante el siglo XIX y hasta comienzos del XX.

pidgin (*pidgin*). Sistema de comunicación rudimentario que se produce cuando entran en contacto dos comunidades de lenguas distintas, con una gramática limitada y un inventario compuesto de unidades léxicas que cubren las necesidades básicas de comunicación (Klee y Lynch 2009, 81), p. ej., el pichingli o pichinglis.

portuguesismo (*Portuguese loanword*). Palabra que procede del portugués y que se ha adoptado en otra lengua. Por ejemplo, en el español canario el verbo *enchumbar* o "empaparse de agua".

prestigio (*prestige*). Término que se utiliza para identificar las "variantes que se asocian con los grupos sociales de nivel socioeconómico privilegiado cuya forma de habla se percibe como un modelo positivo para otros miembros de la comunidad" (Díaz-Campos 2014, 33).

Q

quechua (*Quechua*). Lengua de sustrato de la zona de los Andes. Existe una comunidad de unos 9.096.020 de hablantes repartidos por Argentina, Bolivia, Chile, Colombia, Ecuador y Perú (Austin, Blume y Sánchez 2015, 26). Por *quechua* entendemos el nombre genérico que reciben todas las variedades, mientras que *quichua* hace referencia únicamente a la variedad hablada en Ecuador. Los *quechuismos* son palabras que proceden de esta lengua como, por ejemplo, *cancha* "terreno libre o despejado" o *carpa* "toldo en forma de tienda de campaña".

quichua (*Ecuadorian Quichua*). Hace referencia únicamente a la variedad hablada en Ecuador. Este contraste se debe a la existencia del fonema oclusivo uvular [q] en Perú y Bolivia que hace que la altura de la vocal alta [i] baje y se convierta en la vocal media [e], dando lugar a [ké.tʃwa] *quechua*. En la variedad ecuatoriana, el fonema presente es el velar [k], que no cambia la altura de la vocal y mantiene la pronunciación [kí.tʃwa] *quichua* (Adelaar 2004, 179-180).

queísmo. Elisión o eliminación de la preposición *de* en verbos como *alegrarse de algo*, *darse cuenta de algo*, *estar seguro de algo* que requieren la construcción *de que*, p. ej., *Me alegro que haya venido* por *Me alegro de que haya venido*. Véase **dequeísmo**.

R

registro (*register*). Adecuación del hablante al uso de la lengua que requiere una situación o un contexto determinado.

registro conversacional (*conversational register*). Tipo de registro que representa "la forma primaria y más frecuente de comunicación entre la gente" (Silva-Corvalán 2001, 195).

S

seseo. Uno de los fenómenos más extendidos entre las diferentes variedades dialectales. Los hablantes que sesean articulan una pronunciación predorsal de la /s/ (rozando el dorso de la lengua en los alveolos) para los grafemas *s*, *z*, *ce* y *ci*: *sol* [sól], *zapato* [sa.pá.to], *cero* [sé.ro] y *cielo* [sjé.lo]. En la península ibérica se da en el andaluz (hablantes de la zona de Sevilla, Córdoba y zonas centrales de Andalucía, aunque menos en Jaén, Almería, parte oriental de Granada, y las zonas fronterizas castellano-andaluzas del norte de Córdoba y de Huelva). También se da en el español canario y en algunas variedades del español de América. Véase **ceceo**.

sociolecto (*sociolect*) o **dialecto social** (*social dialect*). Manera característica de hablar o rasgos compartidos entre hablantes de un grupo social según la combinación de distintas variables (profesión, edad, sexo, nivel de instrucción, estrato socioeconómico, etc.).

sustrato (*substratum or substrate*). Lenguas autóctonas que se encuentran ya presentes en un territorio concreto y que influyen desde el punto de vista fonético-fonológico, morfosintáctico o léxico en la evolución de la lengua que se impone, p. ej., las principales lenguas de sustrato en México son el maya y el náhuatl.

T

tainismo (*Tainism*). Palabra que procede del idioma taíno, como, por ejemplo, *canoa* o *iguana*.

tuteo. Uso de la forma del pronombre *tú* para mostrar cercanía y familiaridad entre los hablantes.

ustedeo. Uso de la forma del pronombre *usted* "en situaciones de confianza o intimidad, es decir, entre amigos, novios o cónyuges, de padres a hijos, etc." (Calderón Campos 2010, 225).

V

variable sociolingüística (*sociolinguistic variable*). Factores lingüísticos y sociales que se pueden aplicar en el estudio de un aspecto de la lengua, p. ej., factores temporales, socioeconómicos, contextuales, geográficos, etc.

variación diacrónica (*diachronic variation*). Estudia la dimensión temporal y nos permite comparar la variedad de la lengua desde el punto de vista cronológico o temporal, p. ej., el castellano actual con el que se empleaba en la Edad Media o durante el Siglo de Oro.

variación diafásica (*diaphasic variation*). Sirve para identificar los diferentes tipos de registro que usa un hablante según la situación en la que se desenvuelve en relación con el momento y contexto de la enunciación.

variación diastrática (*diastratic variation*). Se ocupa de la dimensión social, p. ej., en relación con las diferencias que se observan entre hablantes según su estatus socioeconómico y/o nivel cultural.

variación diatópica (*diatopic variation*). Se centra en las diferencias geográficas (países, regiones, ciudades, pueblos, áreas o zonas de influencia, etc.) que hay entre los hablantes de una misma lengua.

variación lingüística (*linguistic variation*). Compendio de rasgos fonético-fonológicos, morfosintácticos, léxicos, así como los patrones entonacionales presentes en las diferentes variedades de una misma lengua.

variación sociolingüística (*sociolinguistic variation*). "Alternancia de dos o más expresiones de un mismo elemento, cuando esta no supone ningún tipo de alteración o cambio de naturaleza semántica y cuando se ve condicionada por factores lingüísticos y sociales" (Moreno-Fernández 1998/2009, 30), que nos ayuda a comprender el uso de la lengua teniendo en cuenta el contexto social.

variedad dialectal (*dialectal variation*). Conjunto de signos o rasgos característicos delimitados geográficamente que proceden de una lengua común y que con frecuencia se suelen manifestar en los planos fonético-fonológico, morfosintáctico y léxico, p. ej., el español andaluz, el español andino, etc.

variedad lingüística (*linguistic variation*). Compendio de rasgos fonético-fonológicos, morfosintácticos, léxicos, así como los patrones entonacionales presentes en las diferentes variedades de una misma lengua.

voseo. Uso del pronombre de sujeto *vos* de segunda persona del singular en lugar de la forma *tú*, como en *vos hablás, vos bebés, vos escribís*. Aunque este uso se suele identificar con el Cono Sur, se trata de un fenómeno complejo desde el punto de vista de la zonificación dialectal, puesto que también se da en otras zonas como en Centroamérica. El uso de este pronombre se combina con diferentes formas verbales y puede adquirir funciones comunicativas distintas que denotan mayor o menor familiaridad entre los hablantes según la variedad dialectal.

voseo completo. Uso del pronombre *vos* y de las formas verbales de la segunda persona del plural, *vos hablás, vos bebés, vos escribís*. Este tipo de voseo no se observa en todos los tiempos verbales, *vos hablás* (presente), *hablá* (*vos*) (imperativo), pero *vos hablabas* (pretérito imperfecto). Por su presencia en el dialecto austral se conoce también como "voseo argentino", pero además de en Argentina, también predomina en Centroamérica, la zona andina de Colombia, norte y este de Bolivia, Paraguay y Uruguay.

voseo pronominal. Presencia del pronombre *vos* junto a las formas propias del *tuteo*, o correspondientes al pronombre de segunda persona del singular *tú*, es decir, *vos tienes* por *tú tienes* o por *vos tenés*. Afecta a todos los tiempos verbales. Este tipo de voseo es el menos frecuente y se localiza en la zona occidental de Bolivia, norte de Perú, en zonas rurales de la costa y la sierra de Ecuador, y en las provincias argentinas de Santiago del Estero y Tucumán.

voseo verbal. Presencia del pronombre de sujeto *tú*, o forma tuteante, pero acompañado de las formas verbales de la segunda persona del plural, como en *tú hablái, tú comís, tú vivís*, que se da principalmente en el español de Chile, o *tú hablás, tú tenés, tú comés*, en algunas zonas de Uruguay. También se registra este tipo de voseo en zonas de Guatemala, Honduras y en otros países centroamericanos.

Y

yeísmo. Ausencia de distinción en la pronunciación entre los fonemas /ʎ/ (grafema "ll") y /j/ (grafema "y"). El resultado es que la realización de ambos fonemas equivale a un único sonido [j], es decir, *pollo* [pó.jo] y *poyo* [pó.jo], en lugar de *pollo* [pó.ʎo] y *poyo* [pó.jo]. Este es un rasgo bastante generalizado en las diferentes zonas dialectales. En la península ibérica, en regiones en las que el castellano se encuentra en contacto con el catalán, algunos hablantes todavía articulan esta distinción. Es en el español andino donde encontramos zonas en las que los hablantes distinguen entre los dos fonemas: desde la zona andina de Venezuela, Colombia (dialecto andino oriental, salvo en Bogotá), zonas andinas de Perú (tierras altas), Bolivia, Paraguay, zona nordeste argentina de influjo guaraní y zonas fronterizas con Bolivia. El contacto de algunas de estas zonas con otras lenguas, por ejemplo, con el guaraní en Paraguay, o con el quechua y el aimara en el caso de Perú y Bolivia, ha favorecido el mantenimiento de la distinción entre los fonemas.

yopará (*Jopara*). Habla coloquial que se da a modo de alternancia de código entre guaraní y español propia de Paraguay que ha surgido fruto del contacto entre ambas lenguas.

Z

zonificación dialectal (*dialectal division*). División geográfica en zonas dialectales que comparten rasgos en común. Dicha división no se debe solamente a factores geolingüísticos o territoriales; se trata además de un fenómeno en constante evolución, y está relacionada igualmente con aspectos sociolingüísticos, como en el caso de las zonas del mundo hispanohablante en contacto con otras lenguas.

Capítulo 8

Adquisición: el aprendizaje y la enseñanza de la lengua

1. Objetivos del capítulo

■ Abordar el análisis de la adquisición de la lengua materna (L1) y el aprendizaje de una segunda lengua (L2), y contrastar algunas de las diferencias entre estos procesos.
■ Describir las diferentes etapas que una persona sigue en la adquisición de la L1 desde su nacimiento hasta que completa su primer sistema lingüístico.
■ Repasar los factores externos e internos que pueden influir en el aprendizaje de una L2.
■ Estudiar el bilingüismo y el multilingüismo en relación con las condiciones lingüísticas y socioculturales que rodean a las personas expuestas a dos o más lenguas a la vez.
■ Ofrecer una panorámica sobre la lingüística aplicada y un breve recorrido histórico de los métodos más populares de enseñanza de una L2.
■ Examinar la función de la tecnología en el aprendizaje de segundas lenguas.
■ Detallar información sobre entidades, asociaciones y publicaciones en el ámbito de la enseñanza del español como L2.

2. Actividades, soluciones y actividades de ampliación

Actividad 1

El objetivo principal de esta primera actividad es reforzar la comprensión sobre algunos de los aspectos más importantes de la adquisición de la L1 que se han presentado en las primeras páginas del capítulo.

Soluciones

Actividad 1. Lee los siguientes enunciados y decide si son verdaderos (V) o falsos (F).

1. En el estudio de Partanen et al. (2013) se hizo el descubrimiento de que al inicio del embarazo se desarrolla en el feto la parte del cerebro que se encarga de procesar sonidos.	V	F
2. Palabras tales como *mamá* o *papá* y sus variaciones suelen aparecer en la fase del balbuceo.	V	F
3. Alrededor de los cuatro meses y medio, un bebé es capaz de producir la combinación de sonidos VC.	V	F
4. Un niño es capaz de responder a órdenes simples solamente después de haber cumplido los dos años.	V	F
5. Los errores de sobregeneralizaciones que comete un niño son señal de que no está aprendiendo bien su lengua materna.	V	F
6. Las distintas etapas en el desarrollo de la L1 ocurren en un orden predeterminado, un orden natural, lo cual confirma que el aprendizaje de una lengua no solo depende de factores externos, sino que se relaciona también con procesos internos e innatos.	V	F

1. (F) – falso (durante el último semestre del embarazo).
2. (V) – verdadero.
3. (F) – falso (se trata de la combinación CV, es decir, consonante + vocal).
4. (F) – falso (alrededor del primer año el niño ya es capaz de responder a órdenes simples).
5. (F) – falso (al establecer analogías en la lengua, no sabe adecuar por sí mismo algunos casos irregulares).
6. (V) – verdadero.

✍ *Ahora modifica los enunciados falsos para transformarlos en verdaderos.*

1. (F) – El feto desarrolla esa parte de su cerebro en el último trimestre del embarazo.
3. (F) – Alrededor de los cuatro meses y medio, un bebé es capaz de producir la combinación de sonidos CV.
4. (F) – Un niño es capaz de responder a órdenes simples a la edad aproximada de un año.
5. (F) – Esta etapa es crítica en el desarrollo de la L1 e indica que el niño está aprendiendo las reglas gramaticales de su lengua y que las está aplicando, por analogía, a formas irregulares.

Actividad 2

En esta actividad se pide al estudiante que reflexione sobre las primeras palabras que produce un hablante nativo en su L1. En una primera fase de la actividad, cada estudiante puede preparar una lista individual en relación con su lengua materna. Después pueden contrastar la información en parejas o en pequeños grupos.

Soluciones

Actividad 2. Las palabras agua *y* más *son ejemplos de las primeras unidades léxicas que producen hablantes de español. ¿Qué ejemplos se dan en tu lengua materna? ¿Están motivados por acciones, sonidos onomatopéyicos u objetos concretos?*

Las respuestas pueden variar según la lengua del estudiante. Dos ejemplos en inglés serían las palabras *no* y *Dad*, o alguna de sus variantes, p. ej., *Dada* o *Daddy*.

▶ *Actividad de ampliación*

Después de hablar de aspectos generales sobre las primeras palabras de su lengua, los alumnos pueden centrarse en alguna anécdota relacionada con las primeras palabras que ellos recuerdan en sus vidas: ¿qué palabra o palabras fueron? ¿En qué contexto?

Actividad 3

🖳 **Enlace:** https://www.youtube.com/watch?v=s3We5UKKk7g.

▶ Título del vídeo en YouTube: "42 frases típicas de una niña de 2 años".

Esta actividad propone que los estudiantes piensen sobre la adquisición de la L1 para que luego puedan establecer conexiones con la de la L2. También es una buena oportunidad para fijarse en determinados aspectos gramaticales de la adquisición que del mismo modo se abordarán cuando se hable de la L2.

Soluciones

Actividad 3. En el vídeo anterior aparece una niña de dos años hablando en español. Anota y analiza algunos de los errores o sobregeneralizaciones que aparecen.

Modelo: *tengo *pío* por *tengo frío*, *no *cabo* por *no quepo*, **me se ha caído* por *se me ha caído*.

Algunos de los enunciados emitidos por la niña son "*babas" por "grabas", "*quiquillo" por "chiquillo" ("niño pequeño"), "Papá, ¿*veo?" por "Papá, ¿cómo me veo?", "*pipina" por "piscina", o "yo *teno dos años" por "yo tengo dos años". En general, estos y otros ejemplos del vídeo sirven para reforzar los puntos esenciales mencionados en el capítulo sobre las sobregeneralizaciones en el aprendizaje del español.

✎ *¿Recuerdas algún ejemplo de errores o sobregeneralizaciones (pronunciación, morfología, sintaxis, etc.) de tu infancia? Fíjate en los siguientes ejemplos del español. Una vez que los hayas identificado intenta explicar por qué se producen.*

Actividad libre.
Las respuestas pueden variar según la lengua de los estudiantes y sus experiencias individuales, pero estas podrían ser algunos ejemplos del inglés: *buh-buh* por *bye-bye* debido a que resulta más fácil producir una vocal simple que un diptongo, o usar el plural *mouses* para *mouse* en lugar de la forma irregular correcta *mice*.

▶ *Actividad de ampliación*

Esta actividad propone que los estudiantes piensen en otros ejemplos de carácter personal relacionados con errores o sobregeneralizaciones que ellos recuerden de su infancia.

Actividad 4

Aquí los alumnos deberían reflexionar sobre el orden de adquisición de algunos elementos gramaticales del español que fueron presentados en la tabla 8.2. Esta actividad será especialmente útil para aquellos estudiantes que se estén preparando para ser profesores de español como L2.

Soluciones

Actividad 4. Fíjate en los siguientes enunciados agramaticales que podría producir un aprendiente de español como L2. Identifica cuál de los dos elementos subrayados es el que causa el error y luego compáralos en relación con el orden de adquisición de la tabla 8.2.

1. *Yo <u>no</u> <u>estoy</u> estudiante.
   → Aquí, *no* es un morfema que se adquiere tempranamente y no presenta ningún problema. No ocurre lo mismo con *estoy*, que está mal utilizado y debería ser el verbo *ser*. Vemos que *ser/estar* es un elemento que se adquiere dos pasos más tarde que la negación *no*.

2. *María es una amiga bueno.

→ Aquí vemos que el elemento ser/estar no presenta problemas y se ha adquirido ya, no así la concordancia de género en adjetivos por lo que aparece el error de bueno donde debería ser buena.

3. *El amigo estudiar español.

→ Vemos que el artículo indefinido el está bien colocado pero que no se ha adquirido aún la forma del presente de indicativo del verbo, lo cual ocurre dos pasos más adelante que la adquisición de los artículos indefinidos.

4. *Voy a viajar pronto con los hermano de mi amigo.

→ La perífrasis verbal para futuro se adquiere algo tardíamente pero la concordancia de número en los artículos es el elemento que se adquiere todavía más tarde según Malovrh y Lee (2013).

5. *Ellos no van a mi casa ayer.

→ La negación no es de los primeros elementos en la interlengua de un aprendiente de español como L2, pero el pretérito indefinido del verbo ir aquí ha sido sustituido por el presente de indicativo.

Actividad 5

Esta actividad plantea que los alumnos usen la información dada en el texto para explicar una conclusión a la que llegan algunos hablantes con poco conocimiento sobre la lingüística, para quienes una buena pronunciación es señal de un alto grado de competencia en la L2.

Soluciones

Actividad 5. Muchos hablantes suelen confundir una buena pronunciación con un alto grado de precisión gramatical en el habla de un niño que está aprendiendo una L2. Explica por qué dicha suposición no es acertada a partir de lo que acabas de leer en el capítulo 8.

Actividad libre.
Las respuestas variarán entre los estudiantes pero se busca que incluyan los siguientes puntos clave en sus explicaciones:

- El aprendizaje motriz controla la producción de sonidos de la L2 pero no el proceso de adquisición de patrones gramaticales.
- El aprendizaje motriz es susceptible a un periodo crítico, por lo que un niño tiene mayor habilidad en producir sonidos del L2 como nativo que un adulto.
- Es posible, según Ioup (2008), que la reproducción de los sonidos de una L2 sea más difícil para un adulto debido a la interferencia que tiene de su L1, el cual es ya un sistema completo y bien establecido.

Actividad 6

Actividad 6. Prepara una lista de semejanzas y diferencias entre aprender una "lengua segunda" y una "lengua extranjera". ¿Qué circunstancias personales (motivación, etc.) o sociales (inmersión lingüística, etc.) podrían hacer que esta distinción no fuese tan clara?

Actividad libre.

Las respuestas variarán en función del alumno. Algunos de los aspectos que se pueden mencionar como parte de la discusión serían la situación de aprendizaje para individuos que crecen en ámbitos familiares bilingües o multilingües, inmigrantes a países donde se habla(n) otro(s) idioma(s), o las personas que aprenden una lengua en una etapa adulta por razones estrictamente utilitarias (militares, pilotos, etc.).

Actividad 7

El objetivo de esta actividad es que los alumnos sepan reconocer los diferentes tipos de retroalimentación.

Soluciones

Actividad 7. Identifica qué tipo de retroalimentación ha utilizado el profesor en cada uno de los siguientes intercambios comunicativos.

1. Estudiante: Este verano leí varios libres.
   → Profesor: Disculpa, ¿qué fue lo que leíste?
   (Solicitud de aclaración)
2. E: Yo poní la tele a las 8.
   → P: Yo puse.
   (Reformulación)
3. E: Cuando soy triste, lloro mucho.
   → P: ¿Cuándo SOY triste?
   (Repetición)
4. E1: En mi dibujo hay un niño, tres perros y dos gatos.
   → E2: ¿Cuántos niños . . .?
   E1: Oh, dos niños, lo siento.
   (Confirmación de la propia comprensión)
5. P: Peter, por favor, ¿puedes decirme cuántas clases tomas este semestre?
   E: . . .
   → P: ¿Repito la pregunta?
   (Verificación de la comprensión del mensaje por parte del hablante)

Actividad 8

Actividad 8. En el siguiente vídeo se describe la aplicación de los principios de la teoría del aprendizaje de Lev Vygotsky (1978, 1986) en aulas de educación infantil. ¿Cómo podría aplicarse este enfoque en una clase de L2?

🔲 **Vídeo:** https://www.youtube.com/watch?v=gLXxcspCeK8

▶ Título del vídeo en YouTube: "Scaffolding Language Development".

El vídeo describe las condiciones físicas y algunas actividades pedagógicas que promueven el aprendizaje bajo las pautas constructivistas en educación infantil. El objetivo del vídeo es servir de aliciente para que los alumnos reflexionen sobre cómo esa teoría de aprendizaje puede ponerse en práctica en el contexto de la enseñanza de L2. Algunas posibles respuestas estarían relacionadas con la importancia de formular preguntas abiertas, crear contextos relevantes para el alumno, dar la oportunidad de expresar diversas opiniones o abrir el espacio del aula a diferentes discursos más allá del propuesto por el profesor.

Actividad 9

Actividad 9. Revisa de nuevo las explicaciones sobre aptitud, actitud y motivación. Argumenta cuál de estos tres factores es más importante para aprender una L2. Después contrasta tu información con otra persona de la clase.

Al igual que otras actividades de este capítulo, esta propone una reflexión de carácter personal sobre la importancia de tres factores internos especialmente relevantes para el aprendizaje de una L2: aptitud, actitud y motivación. Como parte de la discusión, el profesor puede pedir a los estudiantes que hablen sobre el significado y la validez de algunos mitos o estereotipos relacionados con el aprendizaje de una L2, como "Se puede aprender sin esfuerzo y en poco tiempo", "Ir a una escuela de idiomas es suficiente", "Solo tengo que aprender un determinado número de palabras", "Hay que vivir en el país donde se habla la lengua", "Es suficiente entender la gramática", "Para aprender bien otras lenguas hay que tener el 'don de los idiomas'", etc.

Actividad 10

Actividad 10. ¿Cuáles de las estrategias de aprendizaje descritas en esta sección te parecen más útiles al aprender una L2? ¿Por qué?

De modo similar a la actividad anterior, aquí se le propone al estudiante revisar la lista de estrategias de aprendizaje incluida en el capítulo desde una perspectiva personal.

Actividad 11

Actividad libre.
Esta actividad busca que los alumnos repasen los diferentes tipos de inteligencia propuestos por Gardner (2006, 2011). Cada actividad deberá fomentar uno o dos diferentes tipos de inteligencia.

Soluciones

Actividad 11. Diseña dos actividades de inteligencia múltiple que se podrían realizar en una clase de L2. Identifica qué tipo de inteligencia se potenciaría, cuáles serían las destrezas relacionadas y algunas de las prácticas que podrían motivar el aprendizaje.

Actividad libre.
He aquí un posible ejemplo:
La actividad potencia la inteligencia musical y la inteligencia verbal lingüística. Cada estudiante deberá crear una corta canción con rima para recordar mejor cuáles son los verbos irregulares que sufren un cambio en la vocal de la raíz en el presente de indicativo. Para ello deberán primero crear un corto pero rítmico poema al que luego le añadirán alguna melodía que puede ser de alguna canción de niños conocida (por ej., la melodía de *Old MacDonald Had a Farm*).

Sobre el tema de las inteligencias múltiples se puede consultar el siguiente libro:
Puchta, H., M. Rinvolucri y M. C. Fonseca-Mora. 2012. *Inteligencias múltiples en el aula de español como lengua extranjera*. Madrid: SGEL.

► *Actividad de ampliación*

Una vez se haya hecho la puesta en común de las actividades creadas por los alumnos, se podría pensar en elaborar un banco de actividades en el que se reúnan las de todo el curso. Luego se podrá subir ese banco de actividades a un sitio de Internet abierto a todos los alumnos (p. ej., un foro, un blog, etc.) para que las actividades estén disponibles. Incluso se podría crear un wiki para el curso en el que tengan también la oportunidad de comentar y hacer sugerencias para mejorar las actividades de sus compañeros.

Actividad 12

Actividad 12. Responde a las siguientes preguntas a partir de los contenidos de la sección y teniendo en cuenta el contexto de los hogares hispanohablantes.

Las respuestas para las preguntas propuestas en esta actividad pueden variar según la experiencia personal de los estudiantes. Incluimos a continuación algunas posibles consideraciones.

1. Aunque el inglés es la lengua principal en los Estados Unidos, ¿cuáles serían algunas de las ventajas inmediatas de potenciar el aprendizaje del español?

Al emplear el español en casa, mantenemos la comunicación abierta con familiares que tal vez no hablan otras lenguas, y damos más opciones para que los niños desarrollen una buena pronunciación, expandan su vocabulario y sean capaces de construir oraciones complejas.

2. ¿De qué manera se puede superar la resistencia de los niños a comunicarse en español?

Leer libros o contar historias en español, emplear juegos donde la lengua sea un factor importante, poner a los niños en contacto con otras personas hispanohablantes, o viajar a regiones o países donde se habla el idioma son algunas de las posibles estrategias para superar la resistencia a hablar español.

3. Si los niños crecen rodeados de dos idiomas y dos culturas, ¿se van a confundir? ¿Va a ser su desarrollo verbal más tardío por esta razón?

Los niños no se confunden si crecen con dos o más lenguas y culturas. Al contrario, los niños bilingües o multilingües suelen ser más flexibles en relación con las diferencias lingüísticas o culturales. De ningún modo se atrasa el desarrollo verbal de los niños si se les expone a más de una lengua. Poder hablar y contar historias en dos o más lenguas demuestra el dominio de cada una de ellas.

4. Según Silva-Corvalán (2014), el orden de nacimiento de los hijos puede influir en el grado de bilingüismo que desarrollen. ¿Qué podrían hacer los padres para conseguir que sus hijos tengan un dominio similar de la lengua que se utiliza en casa?

Los padres podrían asegurarse de que, a partir del segundo hijo, la comunicación en la casa tiene lugar en la lengua patrimonial y los hermanos se comunican entre ellos en esa lengua. Además, podrían potenciar su aprendizaje con la lectura u otros materiales como canciones, vídeos, etc.

Actividad 13

El objetivo de esta actividad es, como en otras anteriores, promover la reflexión sobre temas del capítulo especialmente relevantes para el estudiante por su conexión con experiencias personales durante el aprendizaje de una L2.

Soluciones

Actividad 13. En tu experiencia personal como aprendiente de L2, ¿crees que empleas más estrategias de aprendizaje o estrategias comunicativas? Justifica tu respuesta.

Actividad libre.
Lo importante en esta actividad es destacar la relevancia de la competencia estratégica en el aprendizaje de una L2. Se puede consultar el siguiente enlace sobre la "competencia estratégica": http://cvc.cervantes.es/ensenanza/biblioteca_ele/diccio_ele/diccionario/competenciaestrategica.htm
Fuente: Centro Virtual Cervantes. *Diccionario de términos clave de ELE*. 2003-2008.
http://cvc.cervantes.es/Ensenanza/biblioteca_ele/diccio_ele/default.htm

Actividad 14

El propósito de esta actividad es que los alumnos examinen cada uno de los tres pares de oraciones y sepan explicar las diferencias como lo harían en una clase de lengua. Esta actividad recoge las estructuras que suelen ser más difíciles de usar correctamente entre aprendientes de español como L2, sobre todo para aquellos en cuya L1 no existan términos diferentes para *ser* y *estar* o *por* y *para*, por ejemplo, como es el caso del inglés.

Soluciones

Actividad 14. ¿Cómo explicarías las diferencias gramaticales en los siguientes casos? Consulta un manual de gramática si es necesario y elabora una breve explicación.

1. *ser y estar*
a. Es un tipo muy elegante.
b. ¡Hoy estás muy elegante!
En el primer par de oraciones, se debe resaltar el contraste entre *ser* y *estar*. Se usa *ser* en la primera oración porque el tipo de quien se está hablando suele ir vestido muy elegantemente, es decir, la elegancia es una característica usual en él. Mientras tanto, en la segunda oración, se expresa un estado temporal y una percepción por parte del hablante.

2. *por* y *para*

a. Si no puedes ir, hablaré por ti en la reunión.

b. Habla en voz alta para vocalizar mejor.

En este segundo par de oraciones, se ha de explicar que en inglés la palabra *for* tiene dos términos en español, cada uno con significado diferente. En la primera oración, se usa *por* puesto que el sentido de *for* es el de sustitución o intercambio, no de receptor. En la segunda oración, *para* indica la finalidad o propósito de hablar en voz alta.

3. *el uso y posición de los pronombres*

a. ¿Has visto a Javier esta semana? –Sí, lo vi ayer y le dije que viniera a la fiesta.

b. ¿Le comprarás aquel libro a tu madre? –Sí, se lo regalaré en su cumpleaños.

En el último par de oraciones contrastantes se trata el uso y la ubicación de los pronombres de objeto directo e indirecto. Este asunto suele ser complicado para hablantes de inglés, por ejemplo, ya que los pronombres en español van ubicados antes del verbo conjugado y no después. Esta regla aplica a ambas oraciones. En la segunda oración, además, se debe explicar que el orden de los pronombres es indirecto seguido de directo y no al revés. Finalmente, se debe resaltar que el pronombre de objeto indirecto *le* cambia a *se* cuando va seguido de un pronombre de objeto directo.

Actividad 15

El objetivo de esta actividad es subrayar algunos de los puntos de contraste más importantes entre algunos de los métodos de enseñanza de L2 más comunes hasta la actualidad.

Soluciones

Actividad 15. Decide a cuál de los tres métodos que hemos revisado hasta ahora (gramática-traducción, directo y audiolingüe) se refiere cada una de las siguientes afirmaciones. Algunas pueden estar relacionadas con más de un método.

Característica	Gramática-traducción	Directo	Audiolingüe
1. La pronunciación es importante.			√
2. Lo importante es la precisión gramatical.	√		
3. No se permite el uso de la L1.		√	
4. Se aprenden diálogos de memoria que después se repiten.			√
5. Los aprendientes reciben una gran cantidad de *input*.		√	
6. El instructor no necesita dominar la L2 para poder enseñarla.	√		√
7. Se pone más énfasis en la escritura que en otras destrezas (escuchar, hablar, leer).	√		

✎ **En tu trayectoria personal como aprendiente de L2, ¿has tenido alguna experiencia con alguno de estos métodos de enseñanza? ¿Cómo la describirías?**

Esta actividad da a los alumnos la oportunidad de reflexionar sobre las características y contrastes entre los métodos presentados hasta este momento a partir de su experiencia personal.

Actividad 16

Al igual que en la actividad anterior, el objetivo principal es reforzar la comprensión sobre algunos de los puntos más importantes de distintos métodos de enseñanza de L2.

Soluciones

Actividad 16. Determina si las siguientes afirmaciones son verdaderas o falsas teniendo en cuenta la descripción de los métodos cognitivos de enseñanza que acabas de leer.

1. Todos los métodos cognitivos coinciden en que la repetición no es uno de los factores más importantes en el aprendizaje de una L2.	V	F
2. El instructor que emplea métodos cognitivos ha de tener sobre todo una gran capacidad lingüística en la L1 de los alumnos.	V	F
3. En el enfoque del código cognitivo hay un exceso de explicación gramatical.	V	F
4. Según Krashen (1985), lo que se aprende puede más adelante ser adquirido.	V	F
5. La hipótesis del filtro afectivo dice que, cuanto mayor sea el nivel de ansiedad, más efectivo será el aprendizaje de la L2.	V	F
6. Según Krashen (1985), el *input* nuevo que recibe el aprendiente ha de ser mucho más complejo que lo que ya ha aprendido.	V	F
7. VanPatten (1996) afirma que la clave del aprendizaje está en la manera en que el alumno procesa el *input*.	V	F
8. La apropiación de datos o *intake* es equivalente a la cantidad de *input* a que se expone al estudiante.	V	F
9. El enfoque comunicativo dice que hablando se aprende a hablar.	V	F
10. El enfoque comunicativo concede una importancia relativa a la gramática.	V	F

1. Verdadero.
2. Falso.
3. Falso.
4. Falso.
5. Falso.
6. Falso.
7. Verdadero.
8. Falso.
9. Verdadero.
10. Verdadero.

✎ **Ahora modifica los enunciados falsos para transformarlos en verdaderos.**

2. Falso. Es necesario conocer también el sistema gramatical de la L2, porque el profesor debe presentar análisis detallados ante los estudiantes.
3. Falso. Las explicaciones gramaticales en el método del código cognitivo se combinan con situaciones que promueven la creatividad y la comunicación.
4. Falso. Según Krashen, el sistema de la adquisición y el del aprendizaje son incompatibles, lo que se aprende no se adquiere y viceversa.

5. Falso. Al contrario, un nivel bajo de ansiedad o tensión facilita el aprendizaje de una L2.
6. Falso. El *input* debe ser comprensible; si es demasiado complejo, el aprendiente no podrá usarlo para avanzar en su aprendizaje.
8. Falso. Solamente una porción de *input* se convierte en *intake*. El objetivo más importante de la estructuración de *input* es conseguir encontrar un equilibrio productivo entre *input* e *intake*.

Actividad 17

Actividad 17. Prepara cinco enunciados similares a los de la actividad anterior. Fíjate en el ejemplo.

Modelo: "El modelo del monitor está relacionado con la interacción entre dos o más personas" (FALSO) → Dicho modelo se refiere a la capacidad individual de monitorizar la producción en la lengua meta.

Esta actividad propone a los estudiantes que adapten los contenidos de las secciones previas con sus propias palabras. El profesor puede organizar la clase en equipos; cada uno preparará sus propios enunciados y los planteará al resto de la clase.

Actividad 18

El objetivo de esta actividad es reforzar la comprensión de los métodos analizados en las secciones previas, tal como se propuso en actividades anteriores.

Soluciones

Actividad 18. Decide cuáles de las siguientes afirmaciones se corresponden con los métodos derivados del método directo que acabamos de presentar.

1. El nivel de ansiedad del aprendiente influye en su aprendizaje.
→ Enfoque natural.

2. Se cuenta una historia a los estudiantes y se comprueba continuamente si han entendido por medio de preguntas.
→ Proficiencia a través de cuentos.

3. La colaboración entre los aprendientes constituye un factor importante para aprender la L2.
→ Modelo PACE.

4. A veces puede resultar de difícil aplicación con aprendientes adultos.
→ Respuesta Física Total.

5. La atención excesiva en los errores desmotiva a los alumnos.
→ Enfoque natural.

6. La comprensión lectora representa una parte fundamental del proceso pedagógico.
→ Proficiencia a través de cuentos.

7. Los mandatos se utilizan constantemente.
→ Respuesta Física Total.

8. Se respeta el orden natural en que los hablantes nativos aprenden la lengua.
→ Enfoque natural.

Actividad 19

Actividad 19. Prepara una lista de cuatro conceptos fundamentales para explicar los enfoques o métodos descritos en el capítulo. Por ejemplo, "gramática", "repetición", "comunicación", etc. Luego explica la relevancia de cada uno de ellos.

Esta actividad propone una revisión de los métodos descritos en secciones anteriores a partir de conceptos o temas generales. En concreto, la actividad sugiere una reflexión sobre la función que conceptos como la gramática, la repetición o la comunicación tienen para diversos métodos y así plantearse las similitudes y los contrastes entre dichos métodos desde otra perspectiva que complemente a la de actividades anteriores.

Actividad 20

Actividad 20. ¿Cuál de las cuatro destrezas (comprensión auditiva, comprensión lectora, expresión oral y expresión escrita) crees que potenciaría el estudio de una L2 con alguno de estos métodos? Justifica tu respuesta.

La actividad es similar a la anterior, pero en este caso se presta especial atención a las cuatro destrezas tradicionales para el aprendizaje y la enseñanza de L2. Por ejemplo, se podría decir que la destreza de la comprensión lectora se potencia más con el Modelo PACE que con el método de Respuesta Física Total.

✎ **¿Crees que sería ventajoso incorporar varios de estos métodos dentro de un mismo plan curricular?**

Esta actividad se podría llevar a cabo en un contexto de debate en el que los alumnos, en grupos de 3 o 4, propondrían la integración de varios modelos o métodos de enseñanza para un solo currículo de enseñanza de español.

Actividad 21

Actividad 21. Averigua qué tipo de tecnología hay disponible en tu institución de estudio o trabajo. Después responde a las siguientes preguntas.

1. ¿Qué tipo de tecnología se suele utilizar? Por ejemplo, laboratorio de idiomas, wikis, blogs, etc.
2. ¿Personaliza esta tecnología el aprendizaje? ¿De qué manera?
3. ¿Entretiene y/o motiva a los estudiantes? ¿Cómo?
4. ¿Ahorra tiempo al profesor? ¿Y a los alumnos?
5. ¿Qué otras ventajas se pueden comentar? ¿Cuáles son algunas de las desventajas?

Actividad libre.
Esta actividad ofrece un espacio para debatir maneras de maximizar el uso de la tecnología en sus lugares de estudio o de trabajo. Las respuestas variarán según la capacidad y variedad

tecnológica de cada contexto académico o laboral. Lo importante es que se hable sobre si esa tecnología sería útil para el profesor y/o los estudiantes.

Se puede consultar el siguiente artículo: Román-Mendoza, E. 2014. "Tecnología y enseñanza del español en los Estados Unidos: hacia un mayor protagonismo del alumno como gestor de su propio aprendizaje". *Journal of Spanish Language Teaching* 1 (2): 187-204.

✎ **¿Hasta qué punto la tecnología ha sido y es importante para tu propio proceso de aprendizaje de una L2? ¿Y de tu lengua materna? ¿Qué tipo de herramientas te resultan imprescindibles hoy en día en al aprendizaje de una lengua?**

Esta actividad invita a crear un foro de discusión en el que los estudiantes compartan con la clase cuánta tecnología se usó en su proceso de aprendizaje, cómo fue de útil y qué podría replicarse en el caso de que fueran a dar una clase de lengua.

▶ *Actividad de ampliación*

Se puede pedir a los estudiantes que comenten entre ellos qué recursos tecnológicos y aplicaciones de dispositivos móviles utilizan en la actualidad para aprender una lengua extranjera: para qué los usan, por qué y si los recomendarían al resto de la clase. Luego se puede hacer una puesta en común y ver qué aspecto o aspectos de la adquisición (gramática, vocabulario, expresión oral, etc.) se consigue potenciar con cada una de estas herramientas. También puede crearse un foro en el que se compartan los nombres y enlaces de los recursos o aplicaciones acompañados de una breve descripción de sus principales características.

Actividad 22

Actividad 22. Si resides en los Estados Unidos, consulta el documento de ACTFL para los niveles de competencia oral, y encuentra tu nivel de competencia de alguna de tus L2 (no tiene que ser español). Después busca el equivalente en la página web del MCER. Si vives fuera de los Estados Unidos, invierte el orden de búsqueda para esta actividad y comienza por encontrar tu nivel de competencia según el MCER; luego, identifica su equivalente en la escala de ACTFL.

🔗 Enlace para ACTFL: http://www.actfl.org/sites/default/files/pdfs/public/ACTFLProficie ncyGuidelines2012_FINAL.pdf

🔗 Enlace para MCER: http://www.coe.int/t/dg4/linguistic/Source/Framework_EN.pdf

Esta actividad propone una importante reflexión personal sobre el nivel de conocimiento que cada aprendiente puede tener sobre su L2. Sería conveniente que esta actividad se realizase en parte fuera del aula, para que los estudiantes tuvieran tiempo de revisar los criterios de ACTFL y del MCER. Otra opción podría ser que el profesor presentase los criterios a toda la clase y que después preguntase a los alumnos en qué nivel de competencia lingüística creen que se encuentran a partir de estas explicaciones de tipo general. Como parte de esta conversación, el profesor podría preguntar qué área o áreas lingüísticas y/o culturales deberían ser reforzadas para que los estudiantes pudieran pasar a niveles más altos.

▶ *Actividad de ampliación*

Se puede pedir a los estudiantes que completen su portfolio de lenguas, según el modelo del Consejo de Europa.

✐ Enlace del European Language Portfolio (ELP): http://www.coe.int/en/web/portfolio

Actividad 23

Actividad 23. Revisa la descripción sobre el nuevo examen SIELE elaborado por el Instituto Cervantes, la Universidad de Salamanca y la Universidad Nacional Autónoma de México (UNAM). ¿Cuáles son algunas de las motivaciones que han llevado a su creación?

✐ Enlace para consultar: http://www.cervantes.es/lengua_y_ensenanza/certificados_espanol/siele.htm

El nuevo examen SIELE constituye un esfuerzo conjunto de varias instituciones relacionadas con la enseñanza y el aprendizaje del español como lengua internacional. Se ofrece a partir de 2016 a través de una plataforma tecnológica, y se gestiona de manera completamente electrónica, es decir, la inscripción, la realización de las pruebas, la comunicación de los resultados y la obtención de certificados o informes funcionan vía internet. Se considera que es un examen adaptable a las necesidades del usuario porque este puede elegir entre certificar su competencia global en español o en actividades específicas relacionadas con la lectura, la audición, la oralidad o la escritura. El examen incluye las variedades cultas de la lengua española en todo el mundo. En concreto, cada prueba del SIELE combina al menos tres variedades diferentes del español.

▶ *Actividad de ampliación*

Los estudiantes pueden realizar el test de nivel del AVE (Aula Virtual de Español) del Instituto Cervantes (en línea) para comprobar su nivel de español según el MCER: http://ave.cervantes.es/prueba_nivel/default.htm

Actividad 24

Esta actividad propone potenciar la capacidad investigadora de los estudiantes sobre la adquisición de una L2. A partir de las pautas propuestas podrán llevar a cabo una presentación oral sobre el análisis de un artículo de investigación. Mediante esta dinámica se promueve el intercambio de información en el aula entre los estudiantes.

Actividad libre.

Actividad 24. Consulta la página web del Journal of Spanish Language Teaching *y prepara una presentación oral sobre un artículo de investigación.*

✐ Enlace: http://www.tandfonline.com/loi/rslt

☞ **Pautas:**

1. Justifica por qué elegiste este artículo en particular.

2. Explica qué aspecto relacionado con la adquisición de la lengua se analiza. Fíjate en las palabras clave.

3. Resume cuáles son las principales hipótesis de partida.

4. Identifica algunos de los marcos teóricos con los que se trabaja.

5. Describe qué tipo de datos se manejan (datos empíricos, muestras de lengua, datos de otros estudios, etc.).

6. Enumera cuáles son algunas de las aportaciones o conclusiones del estudio y cuál es su contribución al campo.

Es importante que se acostumbren a la prosa académica tanto en español como en inglés. Por esta razón, será imprescindible un buen manejo de la terminología en ambas lenguas. Relacionado con este aspecto, se puede consultar el glosario bilingüe que aparece al final del libro de texto.

3. Proyectos de investigacion

1. Existen recursos mnemotécnicos y trucos para aprender y recordar la gramática, que, pese a no ser perfectos, pueden facilitar la adquisición de la lengua. Escoge un tema gramatical concreto, consulta diferentes libros y artículos, y recopila algunas de estas técnicas de enseñanza. Una vez que tengas toda esta información, prepara una presentación oral en la que analices las ventajas y limitaciones de utilizar alguno de estos recursos mnemotécnicos. Explica además si estas prácticas pueden ayudar tanto al profesor como al alumno.

Recursos:

Oxford, R. L. y C. Griffiths. 2014. "Language Learning Strategy Research in the Twenty-First Century: Insights and Innovations". *System* 43. (Número monográfico.)

CARLA, *Strategies for Enhancing Spanish Grammar*

http://carla.umn.edu/strategies/sp_grammar/index.html

2. Consulta diferentes gramáticas y libros de texto y crea una lista de temas que se suelen incluir en estas obras, por ejemplo, las conjugaciones, el contraste de pasados, el uso de las preposiciones, el modo subjuntivo, el género de los sustantivos, las preposiciones, etc. Después pide a dos estudiantes de español de nivel inicial, dos de nivel intermedio y dos de nivel avanzado que ordenen los temas según su dificultad. Incluye las siguientes variables en tu estudio: a) edad de los informantes, b) años de estudio o de exposición a la lengua, c) contexto de aprendizaje, y d) motivación para aprender. Contrasta los datos obtenidos y elabora un breve informe en el que expongas los resultados.

Recurso:

Reseñas de manuales de gramática del español – Centro Virtual Cervantes

http://cvc.cervantes.es/ensenanza/biblioteca_ele/manuales_gramatica/

3. En la última década, la tecnología ha supuesto una revolución en la enseñanza y en el aprendizaje de idiomas. Identifica diferentes recursos tecnológicos que podrían resultar útiles para reforzar el aprendizaje de la cultura y de las cuatro destrezas: la comprensión oral, la comprensión lectora, la expresión oral y la expresión escrita. Después, elabora una planificación o currículum de aprendizaje en el que se integre la práctica de estas destrezas mediante el uso de la tecnología e incluye varias actividades para practicar la lengua.

Recursos:

Revista: *Tecnología y educación*

http://www.tecnologiayeducacion.com/

COERLL Foreign Language Teaching Methods
https://coerll.utexas.edu/methods/modules/introduction/01/

Sección de recursos de "Tecnología y ELE/EL2" de TodoELE
http://www.todoele.net/tecnologia0.html

Grgurović, M., C. A. Chapelle y M. C. Shelley. 2013. "A Meta-Analysis of Effectiveness Studies on Computer Technology-Supported Language Learning". *ReCALL* 25 (2): 165-198.

4. Visita el portal web TodoELE y realiza una búsqueda de los materiales que, en tu opinión, pueden resultar de mayor utilidad para la enseñanza del español como L2. Prepara una breve presentación oral sobre estos materiales para tus compañeros de clase.

Recursos:

Portal TodoELE

http://www.todoele.net/

Quintana Mendaza, Leonor y Jesús Suárez García. 2007. "Recursos para a enseñanza de ele en Internet. Reseña del sitio Web TodoELE.net". *Glosas Didácticas* 16: 50-58.

4. Preguntas de ensayo

Las siguientes preguntas pueden servir como temas de ensayo una vez que se hayan abordado los contenidos del capítulo.

1. ¿Crees que existen muchas diferencias entre la manera en la que una persona adquiere su lengua materna y lo que sucede durante el aprendizaje de otra(s) lengua(s)?

2. Explica qué tipo de factores consideras que pueden ser más importantes para aprender una L2: los externos o los internos.

3. ¿Qué modelo de enseñanza de L2 te parece más eficaz, uno centrado en aspectos gramaticales y/o léxicos u otro centrado en la comunicación? ¿Es posible establecer un equilibrio entre ambos?

4. ¿Hasta qué punto será importante la tecnología para la enseñanza de L2 en el futuro? Elabora una posible explicación partiendo del momento actual.

5. ¿Qué nos muestran las estrategias de aprendizaje y las inteligencias múltiples sobre la manera en la que aprendemos los seres humanos? ¿Cómo se pueden aprovechar estos aspectos en el aprendizaje de una L2?

6. Elabora una comparación entre planes curriculares de aprendizaje de L2 que se empleen en dos contenientes distintos. Comenta sus aspectos más representativos e identifica algunas de sus limitaciones u omisiones.

5. Glosario bilingüe de términos de adquisición

A

actitud (*attitude*). Una de las diferencias individuales del aprendiente. Hace referencia a la consideración que cada persona tiene acerca de la lengua meta y de la cultura que se asocia a ella.

adquisición bilingüe de primera lengua (*bilingual first language acquisition*, BFLA). Fenómeno en el cual hablantes bilingües o multilingües aprenden todas las lenguas como su primera lengua.

adquisición temprana de segunda lengua (*early second language acquisition*). Fenómeno que ocurre cuando un niño ha desarrollado completamente su primer sistema lingüístico antes de verse expuesto a una L2. Véase **bilingüismo temprano**.

aducto o ***input*** (*input*). Véase **caudal lingüístico**.

agente social (*social agent*). Individuo capaz de conocer los elementos que constituyen el sistema de la lengua y de desenvolverse en situaciones habituales de comunicación en la interacción social.

aprendiente autónomo (*independent learner*). Individuo capaz de ser responsable y de tomar decisiones personales sobre el aprendizaje, con autonomía suficiente para continuar avanzando en su conocimiento de una lengua más allá del propio currículo, en un proceso que puede prolongarse a lo largo de toda la vida.

aprendizaje comunitario de la lengua (*community language learning*, CLL). Aprendizaje concebido como un logro colectivo, a partir de la colaboración de todos los miembros de la comunidad. Se propone un enfoque global (una formación integral), en el que se armonicen el plano cognitivo y el afectivo.

aprendizaje de la lengua asistido por ordenador o **ALAO** (*computer-assisted language learning*, CALL o *technology-enhanced language learning*, TELL). Aprendizaje que se facilita o complementa mediante el uso de la tecnología, o, más específicamente, el ordenador o computadora (en el caso del ALAO, también conocido como ELAO: Enseñanza de Lenguas Asistida por Ordenador).

aprendizaje de una lengua extranjera (*foreign language learning*). Contexto de aprendizaje de una L2 donde dicha lengua no es una de las lenguas oficiales del lugar. Por ejemplo, el aprendizaje de español en el Reino Unido.

aprendizaje de una segunda lengua (*second language learning*). Contexto de aprendizaje de una L2 donde dicha lengua se habla como lengua oficial del lugar. Por ejemplo, el aprendizaje de español en Paraguay.

apropiación de datos (*intake*). Porción del caudal lingüístico que el aprendiente almacena en la memoria de corto plazo y somete a un nivel más profundo de procesamiento.

aptitud (*aptitude*). Facilidad que tiene un alumno para aprender una L2. Es una de las diferencias individuales que influye en el proceso de adquisición de una L2.

B

balbuceo (*babbling*). Etapa del desarrollo lingüístico de un bebé que empieza a las pocas semanas de nacer mediante la emisión y articulación de algunos sonidos.

bilingüe simultáneo (*simultaneous bilingual*). Hablante que recibe caudal lingüístico de dos lenguas desde su nacimiento. Véase también **adquisición bilingüe de primera lengua**.

bilingüismo (*bilingualism*). Uso de dos lenguas por un mismo hablante. También se emplea este término para hacer referencia al uso de dos lenguas en una misma región geográfica. Por ejemplo, Paraguay es un país donde se da un contexto de bilingüismo entre el guaraní y el español.

bilingüismo secuencial (*sequential bilingualism*). Fenómeno que ocurre cuando la persona bilingüe se ha visto expuesta a la L2 durante el periodo entre su primer y tercer año de vida.

bilingüismo temprano (*early bilingualism*) o **adquisición temprana de segunda lengua** (*early second language acquisition*). Fenómeno que ocurre cuando un niño ha desarrollado completamente su primer sistema lingüístico antes de verse expuesto a una L2. Véase **adquisición temprana de segunda lengua**.

C

caudal lingüístico o **input** (*input*). También llamado *aducto*, se compone de las muestras de la lengua meta, orales o escritas, a las que se ve expuesto el aprendiente de L2 durante su aprendizaje.

caudal lingüístico previamente modificado (*premodified output*). Caudal lingüístico simplificado, ya sea mediante el uso de vocabulario conocido y/o estructuras menos complejas, al que se ve expuesto un aprendiente de L2.

competencia comunicativa (*communicative competence*). Término propuesto por Dell Hymes (1966, 1971) para señalar los conocimientos que posee un individuo, además de la gramática, sobre el uso de la lengua y que le permiten desenvolverse en un determinado contexto social. Capacidad de dicho individuo de comportarse de manera eficaz y adecuada en una determinada comunidad de habla mediante el conocimiento de las reglas lingüísticas y el contexto sociocultural en el que tiene lugar la comunicación.

confirmación de la propia comprensión (*confirmation checks*). Uno de los tres tipos de retroalimentación implícita durante el proceso de negociación de significado. Ocurre cuando el hablante se asegura de haber comprendido correctamente la información proporcionada por su interlocutor.

contexto de aprendizaje (*learning context*). Forma parte de los factores ambientales o sociales que influyen en el aprendizaje e incluye tanto el contexto inmediato del aula, el contexto institucional en el que se inscribe un curso y el contexto sociohistórico.

contextualización (*contextualization*). Consideración por parte de docentes y aprendientes de los factores ambientales o sociales como parte importante del proceso de enseñanza y aprendizaje de una lengua.

curso en línea (*online class*). Curso de lengua en el que el 80 por ciento o más de su contenido se transmite por algún medio que no es presencial.

curso mezclado o **híbrido** (*blended or hybrid class*). Curso de lengua que presenta entre el 30 y el 79 por ciento del contenido mediante el uso de la tecnología.

curso que se apoya en la red (*web-facilitated class*). Curso de lengua que presenta entre el 1 y el 29 por ciento de su contenido mediante el uso de algún tipo de tecnología.

curso tradicional (*traditional class*). Curso de lengua que no usa ningún tipo de tecnología para presentar sus contenidos.

D

diferencias individuales (*individual differences*). Uno de los factores internos que afectan al proceso de aprendizaje de una L2. Algunos ejemplos de diferencias individuales son *aptitud, actitud, motivación* y *memoria de trabajo*.

E

educto (*output*). Véase **producción de lengua**.

enfoque comunicativo (*communicative approach*). Enfoque funcional de la enseñanza de lenguas cuyo objetivo principal es que el aprendiente consiga la suficiente competencia en la L2 como para mantener un intercambio comunicativo con un interlocutor de L1. Prima la comunicación sobre la precisión gramatical.

enfoque conductista (*behaviorism or behaviorist approach*). Corriente del campo de la psicología puesta en boga por psicólogos como Burrhus F. Skinner y John Watson desde los años cuarenta hasta los años sesenta del siglo XX, según la cual el aprendizaje de todas las habilidades que posee el ser humano se produce por imitación.

enfoque del código cognitivo (*cognitive code approach*). Enfoque de la década de los setenta que parte de que el aprendizaje de lenguas debe ser significativo y de que el conocimiento explícito de la gramática es necesario.

enfoque natural (*natural approach*). Enfoque popularizado por Stephen Krashen y Tracy Terrell (1983) que parte de la *hipótesis del monitor*. Propone que a mayor exposición a un caudal lingüístico, mayor será el conocimiento que adquirirá el aprendiente, semejante a la manera en la que un niño adquiere su L1.

enfoque por tareas (*task-based approach*). Enfoque que propone que las unidades de aprendizaje deben ser diseñadas por usos de la lengua en lugar de estructuras gramaticales. Este programa se centra en el uso comunicativo de la lengua y simula situaciones de la vida real.

enseñanza de proficiencia a través de la lectura y la narración de cuentos (*teaching proficiency through reading and storytelling, TPRS*). Método de enseñanza creado por Blaine Ray en la década de los noventa que se basa en el trabajo de James Asher (véase **método de Respuesta Física Total**). Su objetivo principal es la fluidez del aprendiente, a la cual se llega mediante la audición repetitiva de la lectura de un cuento.

esencialidad de la tarea (*task-essentialness*). Característica de una tarea cuando esta no se puede realizar o completar a menos que el aprendiente preste atención a la estructura meta. Según Loschky y Bley-Vroman (1993) es una de las características de una tarea.

estrategias afectivas o sociales (*affective or social strategies*). Categoría de estrategias de aprendizaje que abarcan el contexto social en que el estudiante aprende.

estrategias cognitivas (*cognitive strategies*). Categoría de estrategias de aprendizaje que nos permiten dividir el proceso de aprendizaje en etapas, obligándonos a analizar, transformar o sintetizar la información recibida.

estrategias comunicativas (*communicative strategies*). Mecanismos de los que se vale el aprendiente para comunicarse de manera eficaz a pesar de tener poco dominio de la lengua meta. Son uno de los cinco procesos cognitivos principales de construcción de la interlengua.

estrategias de aprendizaje (*learning strategies*). Enfoque concreto que el aprendiente sigue a la hora de aprender el material lingüístico de la L2.

estrategias metacognitivas (*metacognitive strategies*). Categoría de estrategias de aprendizaje que el aprendiente usa cuando intenta regular su aprendizaje mediante el monitoreo y la evaluación del caudal lingüístico que recibe.

etapa accional (*actional stage*). Segunda etapa del *modelo de proceso* en que la motivación generada en la etapa preaccional debe ser mantenida y protegida.

etapa postaccional (*postactional stage*). Tercera etapa del *modelo de proceso* en la que el individuo hace una evaluación retrospectiva de la experiencia de aprendizaje.

etapa preaccional (*preactional stage*). Primera parte del *modelo de proceso* en que la motivación se genera y hace que el individuo escoja sus objetivos (motivación de elección).

F

factores externos que afectan al aprendizaje (*external factors affecting learning*). Variables que pueden afectar al proceso de aprendizaje de una L2, sobre las cuales el aprendiente no tiene mucho o ningún control.

factores internos que afectan al aprendizaje (*internal factors affecting learning*). Facultades o características específicas de la persona que procesa la información recibida en la L2, también conocidas como diferencias individuales.

G

género gramatical (*grammatical gender*). Propiedad lingüística que poseen algunos idiomas, el español entre ellos, por la cual el género se corresponde con la especificación sexual de la realidad extralingüística a la que hace referencia, *el niño/la niña*. En los sustantivos que no designan seres sexuados no hay correspondencia entre el género y los objetos o conceptos a los que se alude, y por ello el género es en muchas palabras meramente casual, como en los ejemplos *el puente, la fuente*.

Gramática Universal (*Universal Grammar, UG*). Chomsky (1965) acuñó este término para describir el conjunto de principios compartido por todas las lenguas y los parámetros específicos de cada lengua.

H

hablante intercultural (*intercultural speaker*). Individuo capaz de identificar los aspectos relevantes de la nueva cultura a la que accede a través de la lengua que aprende, y de establecer puentes entre la cultura de origen y la de los países donde se habla la lengua segunda o extranjera.

hipótesis de la captación (*noticing hypothesis*). Teoría propuesta por Richard Schmidt (1990) en la que presenta la noción de que no se puede aprender algo a lo cual no se le ha prestado atención o no se ha notado.

hipótesis de la interacción (*interaction hypothesis*). Hipótesis propuesta por Michael Long (1996) en la que se resalta la importancia de la comunicación y la interacción entre el aprendiente y su interlocutor para el desarrollo de su interlengua.

hipótesis de la producción (*output hypothesis*). Hipótesis de Merrill Swain (1993) en la que propone que el caudal lingüístico no es suficiente para desarrollar una L2, sino que la producción o *output* por parte del aprendiente es igualmente necesaria, pues solo entonces tiene oportunidad el aprendiente de fijarse en su error, rectificarlo y reestructurar su interlengua.

hipótesis del *input* (*input hypothesis*). Hipótesis dentro del *modelo del monitor* de Stephen Krashen (1977, 1981, 1982) y que explica que para aprender estructuras nuevas en el orden natural, el aprendiente de L2 debe recibir un caudal lingüístico comprensible, es decir, que esté por encima de su nivel actual de conocimiento sin ser demasiado complicado. Ese grado de caudal lingüístico se conoce como *i+1*.

hipótesis del filtro afectivo (*affective filter hypothesis*). Hipótesis que forma parte del *modelo del monitor* de Stephen Krashen (1977, 1981, 1982). Esta hipótesis sugiere que el alumno de L2 va a aprender más y de manera más eficaz si no siente tensión o ansiedad durante el proceso de aprendizaje.

hipótesis del monitor (*monitor hypothesis*). Hipótesis de Stepehen Krashen (1977, 1981, 1982) que estipula que cuando usamos el sistema del aprendizaje de una L2, se activa un monitor que edita y corrige nuestros enunciados.

hipótesis del orden natural (*natural order hypothesis*). Según esta hipótesis, incluida en el *modelo del monitor* de Stephen Krashen (1977, 1981, 1982), existe un orden natural en el cual los niños y los aprendientes de una L2 adquieren los componentes de la lengua en un orden fijo o predecible, idéntico para todos.

hipótesis que distingue entre aprendizaje/adquisición (*acquisition-learning hypothesis*). Hipótesis del *modelo del monitor* de Stephen Krashen (1977, 1981, 1982) y que distingue entre adquirir una lengua, un proceso inconsciente, y aprender una lengua, un proceso consciente. Krashen sostiene que estos dos procesos son incompatibles, es decir, el contenido que se aprende no puede ser adquirido y viceversa.

I

instrucción gramatical mediante caudal estructurado (*Processing Instruction, PI*). Enfoque que manifiesta que el estudiante no adquiere todo el *input* que recibe. Solamente se almacena una porción del mismo y entonces se somete a un nivel más profundo de procesamiento (VanPatten 1996).

interacción croslingüística (*crosslinguistic interaction*). Término acuñado por Carmen Silva-Corvalán (2014) para referirse a los efectos que se producen como resultado de la coexistencia de las dos lenguas en la mente de un bilingüe. Conforme el hablante bilingüe madura, la lengua a la que tiene mayor exposición se consolida más rápidamente mientras va incorporando características de esta lengua a la más débil o menos utilizada.

interlengua (*interlanguage*). Larry Selinker (1972) hace referencia con este concepto al sistema lingüístico individual de un aprendiente de una segunda lengua o lengua extranjera en los diferentes estadios por los que discurre su aprendizaje.

L

lengua meta (*target language*). Término general que se usa para designar la L2 que es el objeto de estudio del aprendiente.

lingüística aplicada (*applied linguistics*). Perspectiva interdisciplinar que relaciona el conocimiento teórico y práctico sobre el lenguaje con actividades en diversos contextos sociales y profesionales.

M

memoria de trabajo (*working memory*). Memoria a corto plazo en la que se almacena y se opera con información nueva. Esta capacidad varía de persona a persona, por lo que constituye una de las *diferencias individuales* que afectan al proceso de aprendizaje de un aprendiente de L2.

método audiolingüe (*the audiolingual method*). Método de enseñanza de lenguas que surgió a mediados del siglo XX como reacción al *método gramática-traducción*. Propugna que los aprendientes han de desarrollar las mismas destrezas que los hablantes nativos de la lengua, para lo cual es importante crear una especie de "isla cultural" en el aula y así evitar el uso de la L1. El aprendiente memoriza y repite textos una y otra vez y el profesor corrige sobre todo la pronunciación. También se realizan ejercicios mecánicos para fijar las estructuras aprendidas.

método de Respuesta Física Total (*Total Physical Response, TPR*). Método creado por James Asher en la década de los sesenta, que se basa en el modo en que los niños adquieren su primera lengua mediante el uso de mandatos, y que estipula que la capacidad de comprensión auditiva de los alumnos ha de desarrollarse completamente antes de que comiencen a producir, siendo la L2 la única lengua permitida en la clase.

método directo (*the direct method*). Método de enseñanza que surgió en el siglo XIX de manos de Maximilian Berlitz, quien fundó su primer centro en los Estados Unidos en 1872. Se consideraba un método *activo* en oposición al *método gramática-traducción*. El método directo parte de la idea de que la lengua se aprende a través de una asociación directa de palabras y expresiones con objetos y acciones para evitar el uso de la lengua materna del aprendiente. Esta metodología se basa en la necesidad de aprender la lengua aquí y ahora, es decir, desde los objetos que hay en la clase y mediante acciones básicas.

método gramática-traducción (*the grammar-translation method*). Método que generalmente se usaba para la enseñanza de lenguas clásicas como el latín y el griego, y comenzó a aplicarse a la enseñanza de lenguas modernas a finales del siglo XIX y comienzos del XX, extendiéndose hasta los años cincuenta y sesenta del siglo XX. En el *método gramática-traducción*, el aprendizaje se deriva del análisis lingüístico, la memorización de reglas y paradigmas y la aplicación de esas reglas mediante ejercicios de traducción.

método silencioso (*The Silent Way*). Este método promueve el uso de la lengua por parte de los aprendientes, a quienes el profesor anima a producir la mayor cantidad posible de enunciados. Por ello, el docente reduce al máximo sus intervenciones. El método entiende el aprendizaje como una actividad orientada a la resolución de problemas, a la creatividad y al descubrimiento, así como un proceso de crecimiento personal.

métodos cognitivos (*cognitive methods*). Conjunto de métodos de enseñanza de L2 que parten de perspectivas racionales en oposición a los métodos conductistas. Se popularizaron a finales de la década de los sesenta y principios de los setenta del siglo XX.

modelo de proceso (*The Process Model*). Modelo relacionado con el papel de la motivación en el aprendizaje de L2. Se organiza en torno a tres segmentos: *preaccional*, en que la motivación se genera y hace que el individuo escoja sus objetivos (motivación de elección); *accional*, cuando la motivación generada en la fase anterior debe ser mantenida y protegida, y *postaccional*, cuando el aprendiz hace una evaluación retrospectiva de la experiencia de aprendizaje.

modelo del monitor (*The Monitor Model*). Propuesta teórica sobre la adquisición y enseñanza de lenguas que diseñó Stephen Krashen (1977, 1981, 1982). Consta de cinco hipótesis: la *hipótesis que distingue entre aprendizaje/adquisición*, la *hipótesis del orden natural*, la *hipótesis del monitor*, la *hipótesis del caudal lingüístico* y la *hipótesis del filtro afectivo*.

modelo PACE (*The PACE Model*). Modelo de enseñanza creado por Richard Donato y Bonnie Adair-Hauck (1992). Se puede desglosar en los siguientes pasos: P → Presentación, el profesor presenta un texto a sus estudiantes, que lo leen o escuchan con el fin de descifrar el mensaje; A → Atención, el profesor dirige la atención de sus estudiantes hacia la forma o estructura meta; C → Co-construcción, el profesor o un compañero más avanzado ayuda al estudiante a deducir la regla de la nueva estructura; E → Extensión, consiste en hacer participar a los estudiantes en una actividad que los lleve a usar la estructura meta en un ejercicio abierto y que les permita adaptarlo a su propia realidad.

modelo sociocultural (*The Sociocultural Model*). Conjunto de principios creado por Lev Vygotsky (1978, 1986), quien consideraba el proceso de aprendizaje desde su contexto social.

monolingüe (*monolingual*). Se refiere a una persona que habla o emplea una sola lengua.

motivación (*motivation*). Deseo de iniciar el proceso de aprendizaje de una L2 y que incluye el esfuerzo que el alumno dedica a lograrlo (Ortega 2009, 168).

multiculturalidad (*multiculturalism*). Coexistencia de varias culturas en una sociedad determinada. El *Diccionario de términos clave de ELE del Centro Virtual Cervantes* indica que "algunos antropólogos establecen una distinción entre *multiculturalidad* y *multiculturalismo*, definiendo este último como una propuesta basada en los conceptos de igualdad y diferencia para gestionar la realidad de coexistencia de culturas".

multilingüismo (*multilingualism*). Conocimiento de varias lenguas o la coexistencia de distintas lenguas en una sociedad determinada. Véase **plurilingüismo**.

N

negociación de significado (*negotiation of meaning*). Michael Long (1991, 1996) la define como ajustes o modificaciones de codificación y descodificación que realizan el aprendiente y su interlocutor.

O

oyente comprensivo (*sympathetic listener*). Es el oyente que escucha y da muestras de que participa de la comunicación, pero que hace caso omiso de los errores de su interlocutor, o no se detiene a corregirlos, puesto que comprende el mensaje principal.

P

período crítico (*critical period*). Término que, según Lenneberg (1967), hace referencia a la etapa idónea en la infancia durante la cual resulta más sencillo aprender una lengua. No se ha podido determinar con exactitud cuándo termina este periodo, aunque sabemos que un niño, con solamente tres años de edad y sin haber recibido instrucción formal, es capaz de expresar oraciones complejas con bastante fluidez (Pinker 2013, 111).

plurilingüismo (*plurilingualism*). Coexistencia de varias lenguas en una determinada sociedad, y en el caso concreto de la enseñanza, presencia simultánea de dos o más lenguas en la competencia comunicativa de un individuo y la interrelación que se establece entre ellas. Véase **multilingüismo**.

principio comunicativo (*communication principle*). Uno de los tres principios sobre los cuales se basa el *enfoque comunicativo*. Las tareas que se usan en este enfoque deben ceñirse a dicho principio, puesto que las actividades comunicativas promueven el aprendizaje.

principio de tarea (*task principle*). Segundo de los principios del enfoque comunicativo, que recuerda la importancia para el aprendizaje de llevar a cabo tareas que tengan sentido.

principio significativo (*meaningfulness principle*). Tercer principio del enfoque comunicativo, que subraya el empleo de lenguaje significativo como apoyo esencial para el aprendizaje.

procesamiento del *input* (*input processing*). Enfoque dentro de un marco teórico cognitivo sobre el aprendizaje de lenguas que se centra en la manera en que el aprendiente procesa el *input* de la L2 para integrarlo a su interlengua.

producción de lengua u ***output*** (*output*). También llamada *educto* o *salida de datos*, hace referencia al habla que produce el aprendiente en la L2. Merrill Swain (1993) destacó su importancia en el desarrollo de la interlengua.

producción modificada (*modified output*). Producción que construye el estudiante cuando ha recibido retroalimentación y compara la forma correcta de la estructura con su error. Al hacer esta comparación, el alumno se ve obligado a prestar atención a la forma, la rectifica y entonces reestructura su interlengua.

R

reformulación (*recast*). Tipo de retroalimentación implícita y uno de los más populares entre los instructores según Lyster y Ranta (1997). Ocurre cuando el profesor repite el enunciado incorrecto del alumno sin el error, reproduciendo así un enunciado con las formas o estructuras correctas. El objetivo de una reformulación es que el aprendiente note la diferencia entre su propio enunciado y el que le proporciona el profesor, de manera que en enunciados subsiguientes corrija el error y no lo vuelva a repetir.

repetición (*repetition*). Tipo de retroalimentación implícita que consiste en repetir el enunciado erróneo del alumno para llevar su atención a la parte que contiene la falta. Muchas veces esta repetición viene acompañada de un ligero cambio en la entonación, en la velocidad del habla del profesor y énfasis en el segmento clave.

reproducción o ***uptake*** (*uptake*). Adopción de la forma correcta de una estructura o de un vocablo que en intercambios anteriores contenía errores.

retroalimentación o ***feedback*** (*feedback*). Consignas que se dan los hablantes en un intercambio de mensajes. Ocurre durante la *negociación de significado*, es decir, cuando el aprendiente y su interlocutor se ven en la necesidad de hacer ajustes de codificación y descodificación durante el intercambio de mensajes (Long 1991, 1996).

retroalimentación explícita (*explicit feedback*). Tipo de retroalimentación en el que la reacción del profesor o interlocutor al enunciado del aprendiente es directa y explícita porque le proporciona información metalingüística detallada sobre el error cometido (*Se dice "vivo en una casa blan–CA"*).

retroalimentación implícita (*implicit feedback*). Tipo de retroalimentación en el que la reacción del profesor o interlocutor al enunciado del aprendiente es indirecta, por ejemplo, confirmación de la propia comprensión, así como aclaración y verificación de la comprensión del mensaje por parte del hablante.

S

sobregeneralización (*overgeneralization*). Fenómeno que ocurre cuando un niño o un aprendiente de L2 aplica las reglas gramaticales que va adquiriendo a casos irregulares, cometiendo así errores del tipo *poní por *puse* para el pretérito indefinido del verbo *poner*.

solicitud de aclaración (*clarification request*). Uno de los tres tipos de retroalimentación implícita, fundamentales en la negociación de significado. Ocurre cuando el hablante pide a su interlocutor que sea más claro en su mensaje.

T

tecnologías del aprendizaje y del conocimiento, TAC (*learning and knowledge technologies*). Conjunto de tecnologías que se aplican al contexto del aprendizaje y que han sido incorporadas al proceso de enseñanza y aprendizaje de lenguas. En este contexto se podría englobar también bajo esta nomenclatura otro término común y relacionado como es el de **tecnologías de la información y de la comunicación (TIC)**.

tecnologías de la información y de la comunicación, TIC (*information and communication technologies*). Véase **tecnologías del aprendizaje y del conocimiento (TAC)**.

teoría de las inteligencias múltiples (*theory of multiple intelligences*). Howard Gardner (2006, 2011) enumera ocho tipos de inteligencia que se corresponden con distintas competencias intelectuales que en mayor o menor grado posee el ser humano y que le permiten resolver dificultades en la vida diaria.

transferencia en la enseñanza (*transfer of training*). Fenómeno relacionado con la influencia de una técnica didáctica específica en la conducta lingüística del aprendiente.

transferencia lingüística (*language transfer*). Empleo en una lengua (comúnmente, una lengua segunda o extranjera) de elementos propios de otra lengua (comúnmente, la lengua propia).

translenguar (*translanguaging*). Término acuñado por Ofelia García (2009, 2013) adaptado de Cen Williams (1996), que describe las prácticas discursivas bilingües que ponen en marcha los hablantes y que dan sentido a sus mundos bilingües.

V

verificación de comprensión del mensaje por parte del hablante (*comprehension checks*). Uno de los tres tipos de retroalimentación implícita, fundamentales en la negociación de significado. Ocurre cuando el hablante se cerciora de que su interlocutor ha entendido bien su mensaje.

Z

zona de desarrollo próximo (*zone of proximal development, ZPD*). Grado de destreza o habilidad que se halla un nivel por encima de la competencia que el aprendiente posee en un momento determinado. El aprendizaje es más eficaz cuando el aprendiente trabaja junto a otra persona —profesor, compañero— en el nivel inmediatamente superior al de sus capacidades actuales.

Bibliografía

Adelaar, W. F. H. 2004. *The Languages of the Andes*. Cambridge: Cambridge University Press.

Aleza Izquierdo, M. 2010a. "Morfología y sintaxis. Observaciones generales de interés en el español de América". En *La lengua española en América: normas y usos actuales*, coords. M. Aleza Izquierdo y J. M. Enguita Utrilla, 95-223. Valencia: Universitat de València.

Aleza Izquierdo, M. 2010b. "Fonética y fonología. Observaciones generales de interés en el español de América". En *La lengua española en América: normas y usos actuales*, coords. M. Aleza Izquierdo y J. M. Enguita Utrilla, 51-94. Valencia: Universitat de València.

Aleza Izquierdo, M. y J. M. Enguita Utrilla, coords. 2010. *La lengua española en América: normas y usos actuales*. Valencia: Universitat de València.

Alvar, M., dir. 1996a. *Manual de dialectología hispánica. El español de España*, vol. 1. Barcelona: Ariel.

Alvar, M., dir. 1996b. *Manual de dialectología hispánica. El español de América*, vol. 2. Barcelona: Ariel.

Alvar, M. 2000. *El ladino, judeo-español calco*. Madrid: Real Academia de la Historia.

Attardo, S. 1994. *Linguistic Theories of Humor*. Berlín: Mouton de Gruyter.

Attardo, S. 2008. "A Primer for the Linguistics of Humor". En *The Primer of Humor Research*, ed. V. Raskin, 101-156. Berlín: Mouton de Gruyter.

Attig, R. 2012. "Did the Sephardic Jews Speak Ladino?". *Bulletin of Spanish Studies* 89 (6): 831-838.

Austin, J. L. 1962a. *How to Do Things with Words*. Oxford: Clarendon Press.

Austin, J. L. 1962b. *Sense and Sensibilia*, ed. G. J. Warnock. Oxford: Oxford University Press.

Austin, J. M. Blume y L. Sánchez. 2015. *Bilingualism in the Spanish-Speaking World*. Cambridge: Cambridge University Press.

Bailey, C.-J. N. 1973. *Variation and Linguistic Theory*. Arlington, VA: Center for Applied Linguistics.

Balmaceda del Río, F. 2002. *De zorros, amores y palomas: memorias*. Santiago: El Mercurio/ Aguilar.

Berná Sicilia, C. 2011. "*Contestar* versus *responder*: análisis contrastivo de su combinatoria sintáctico-semántica". *Círculo de Lingüística Aplicada a la Comunicación* 48: 3-40. https:// revistas.ucm.es/index.php/CLAC/article/viewFile/39029/37653

Bloch, B. y G. Trager. 1942. *Outline of Linguistic Analysis*. Baltimore: Waverly Press.

Bosque, I. y V. Demonte, dirs. 1999. *Gramática descriptiva de la lengua española*. Colección Nebrija y Bello. Real Academia Española. Madrid: Espasa.

Brown, P. y S. C. Levinson. 1978/1987. *Politeness: Some Universal in Language Usage*. Cambridge: Cambridge University Press.

Calderón Campos, M. 2010. "Formas de tratamiento". En *La lengua española en América: normas y usos actuales*, coords. M. Aleza Izquierdo y J. M. Enguita Utrilla, 225-236. Valencia: Universitat de València.

Centro Virtual Cervantes. *Diccionario de términos clave de ELE*. http://cvc.cervantes.es/ensenanza/biblioteca_ele/diccio_ele/

Chomsky, N. 1957. *Syntactic Structures*. Berlín: Mouton de Gruyter.

Chomsky, N. 1965. *Aspects of the Theory of Syntax*. Cambridge, MA: MIT Press.

Crystal, D. y R. H. Robins. 2014. "Language". En *Encyclopædia Britannica*. Chicago: Encyclopædia Britannica. http://www.britannica.com/

Díaz-Campos, M. 2014. *Introducción a la sociolingüística hispánica*. Malden, MA: Wiley.

Donato, R. y B. Adair-Hauk. 1992b. "The PACE Model: A Story-Based Approach to Meaning and Form for Standards-Based Language Learning". *The French Review* 76 (2): 265-276.

Escandell Vidal, M. V. 2007. *Apuntes de semántica léxica*. Madrid: UNED.

Escobar, A. M. y K. Potowski. 2015. *El español de los Estados Unidos*. Cambridge: Cambridge University Press.

Fontanella de Weinberg, M. B. 1971. "La entonación del español de Córdoba (Argentina)". *Thesaurus: Boletín del Instituto Caro y Cuervo* 26 (1): 11-21.

Freud, S. 1905/1960. *Jokes and Their Relation to the Unconscious. The Standard Edition of the Complete Works of Sigmund Freud*, vol. 8, ed. J. Strachey. Londres: The Hogarth Press.

García, O. 2009. *Bilingual Education in the 21st Century. A Global Perspective*. Malden, MA: Wiley-Blackwell.

García, O. 2013. "El papel del translenguar en la enseñanza del español en los Estados Unidos". En *El español en los Estados Unidos: E pluribus unum? Enfoque multidisciplinar*, eds. D. Dumitrescu y G. Piña Rosales, 353-374. Nueva York: Academia Norteamericana de la Lengua Española.

García Mejía, A. P. 2014. *Representaciones sociales e interculturalidad en los alumnos del bachillerato Champagnat de la Montaña*. Tesis de licenciatura, Universidad Autónoma de Querétaro.

Gardner, H. E. 2006. *Multiple Intelligences: New Horizons in Theory and Practice*. 2ª ed. Nueva York: Basic Books.

Gardner, H. E. 2011. *Frames of Mind: The Theory of Multiple Intelligences*. Nueva York: Basic Books.

Goffman, E. 1956. "The Nature of Deference and Demeanor". *American Anthropologist* 58 (3): 473-502.

Goffman, E. 1959. *The Presentation of Self in Everyday Life*. Nueva York: Anchor Books.

Goffman, E. 1967. *Interaction Ritual: Essays on Face-to-Face Behavior*. Nueva York: Anchor Books.

Grice, H. P. 1968. "Utterer's Meaning, Sentence Meaning and Word Meaning". *Foundations of Language* 4: 225-242.

Grice, H. P. 1975. "Logic and Conversation". En *Syntax and Semantics*, eds. P. Cole y J. Morgan, 41-58. Nueva York: Academic Press.

Grice, H. P. 1989. *Studies in the Way of Words*. Cambridge, MA: Harvard University Press.

Gruner, C. R. 1978. *Understanding Laughter: The Workings of Wit and Humor*. Chicago: Nelson-Hall.

Gruner, C. R. 1997. *The Game of Humor: A Comprehensive Theory of Why We Laugh*. New Brunswick, NJ: Transaction Publishers.

Hall, E. T. 1963. "A System for the Notation of Proxemic Behavior". *American Anthropologist* 65 (5): 1003-1026.

Hockett, C. F. 1958. *A Course in Modern Linguistics*. Nueva York: Macmillan.

Hockett, C. F. 1959. "Animal 'Languages' and Human Language". *Human Biology* 31 (1): 32-39.

Hockett, C. F. 1960. "Logical Considerations in the Study of Animal Communication". En *Animal Sounds and Communication*, eds. W. E. Lanyon y W. N. Tavolga, 392-430. Washington, DC: American Institute for Biological Studies.

Hockett, C. F. 1963. "The Problem of Universals in Language". En *Universals of Language*, ed. J. H. Greenberg, 1-29. Cambridge, MA: MIT Press.

Hockett, C. F. y S. A. Altmann. 1968. "A Note on Design Features". En *Animal Communication: Techniques of Study and Results of Research*, ed. T. A. Sebeok, 61-72. Bloomington: Indiana University Press.

Hualde, J. I. 1989. "Delinking Processes in Romance". *Studies in Romance Linguistics: Selectec Papers from the Seventeenth Linguistic Symposium on Romance Languages, Rutgers University, 27-29 March 1987*, eds. C. Kirschner y J. Decesaris, 177-193. Amsterdam: John Benjamins.

Hualde, J. I. 2014. *Los sonidos del español*. Cambridge: Cambridge University Press.

Hymes, D. H. 1966. "Two Types of Linguistic Relativity". En *Sociolinguistics*, ed. W. Bright, 114-158. La Haya: Mouton.

Hymes, D. H. 1971. *On Communicative Competence*. Filadelfia: University of Pennsylvania Press.

Instituto Cervantes. 2015. *El español: una lengua viva. Informe 2015*. Madrid: Instituto Cervantes. http://eldiae.es/wp-content/uploads/2015/06/espanol_lengua-viva_20151.pdf

Ioup, G. 2008. "Exploring the Role of Age in the Acquisition of a Second Language Phonology". En *Phonology and Second Language Acquisition*, eds. J. G. Hansen Edwards y M. L. Zampini, 41-62. Filadelfia: John Benjamins.

Iribarren, J. M. 2013. *El porqué de los dichos*. Barcelona: Ariel.

Jany, C. 2007. "Phonemic Versus Phonetic Correlates of Vowel Length in Chuxnabán Mixe". *Berkeley Linguistics Society* 33 (2): 66-76.

Klee, C. A. y A. Lynch. 2009. *El español en contacto con otras lenguas*. Washington, DC: Georgetown University Press.

Krashen, S. 1977. "Some Issues Relating to the Monitor Model". En *TESOL '77*, eds. H. Brown, C. Yorio y R. Crymes, 144-158. Washington, DC: Teachers of English to Speakers of Other Languages.

Krashen, S. 1981. *Second Language Acquisition and Second Language Learning*. Oxford: Pergamon Press.

Krashen, S. 1982. *Principles and Practice in Second Language Acquisition*. Oxford: Pergamon Press.

Krashen, S. 1985. *The Input Hypothesis: Issues and Implications*. Nueva York: Longman.

Krashen, S. y T. Terrell. 1983. *The Natural Approach: Language Acquisition in the Classroom*. Oxford: Pergamon.

Lakoff, G. P. y M. Johnson. 1980. "Conceptual Metaphors in Everyday Language". *The Journal of Philosophy* 77 (8): 453-486.

Lakoff, R. T. 1990. *Talking Power: The Politics of Language in Our Lives*. Glasgow: Harper Collins.

Lenneberg, E. H. 1967. *Biological Foundations of Language*. Nueva York: Wiley.

Lipski, J. M. 2004. "Las lenguas criollas de base hispana". *Lexis* 28 (1-2): 461-508.

Lipski, J. M. 2012. "The 'New' Palenquero: Revitalization and Re-Creolization". En *Colombian Varieties of Spanish*, eds. R. J. File-Muriel y R. Orozco, 21-41. Madrid y Frankfurt: Iberoamericana/Vervuert.

Lipski, J. 2013. "Hacia una dialectología del español estadounidense". En *El español en los Estados Unidos: E pluribus unum? Enfoques multidisciplinarios*, eds. D. Dumitrescu y G. Piña-Rosales, 107-127. Nueva York: Academia Norteamericana de la Lengua Española.

Lipski, J. M. 2016. "Palenquero and Spanish: A first psycholinguistic exploration". *Journal of Pidgin and Creole Languages* 31 (1): 42-81.

Long, M. H. 1991. "Focus on Form: A Design Feature in Language Teaching Methodology". En *Foreign Language Research in Cross-Cultural Perspective*, eds. K. de Bot, R. B. Ginsberg y C. Kramsch, 39-52. Amsterdam: John Benjamins.

Long, M. H. 1996. "The Role of the Linguistic Environment in Second Language Acquisition". En *Handbook of Second Language Acquisition*, eds. W. Ritchie y T. Bhatia, 413-468. Nueva York: Academic Press.

Lope Blanch, J. M. 1995. "El problema de la lengua española en América". *Nueva Revista de Filología Hispánica* 43 (1): 17-36.

Lyster, R. y L. Ranta. 1997. "Corrective Feedback and Learner Uptake Negotiation of Form in Communication Classrooms". *Studies in Second Language Acquisition* 20: 37-66.

Loschky, L. y R. Bley-Vroman. 1993. "Grammar and Task-Based Methodology". En *Tasks and Language Learning*, eds. G. Crookes y S. M. Gass, 123-167. Clevedon: Multilingual Matters.

Malkiel, Y. 1958. "Los interfijos hispánicos. Problema de lingüística histórica y estructural". En *Miscelánea-Homenaje a André Martinet*, ed. D. Catalán Menéndez-Pidal, 107-199. Tenerife: Biblioteca Filológica de la Universidad de La Laguna.

Malovrh, P. A. y J. F. Lee. 2013. *The Developmental Dimension in Instructed Second Language Learning: The L2 Acquisition of Object Pronouns in Spanish*. Londres: Bloomsbury.

Martínez González, A. 2003. "Gibraltar: el peñón bilingüe". En *Estudios ofrecidos al profesor José Jesús de Bustos Tovar*, vol. 1, coords. J. L. Girón Alconchel, S. Iglesias Recuero, F. J. Herrero Ruiz de Loizaga y A. Narbona, 749-766. Madrid: Editorial Complutense.

Molina, I. 2008. "The Sociolinguistics of Castilian Dialects". *International Journal of the Sociology of Language* 193-194: 57-78.

Montes Giraldo, J. J. 1986. "Lengua-dialecto una vez más: la persistencia y actualidad de un viejo problema". *Thesaurus: Boletín del Instituto Caro y Cuervo* 41 (1-3): 23-41.

Montolío Durán, E. 1999. "Las construcciones condicionales". En *Gramática descriptiva de la lengua española*, dirs. I. Bosque y V. Demonte, vol. 2, 3643-3783. Madrid: Espasa-Calpe.

Morales Pettorino, F. 1998. "La conjugación en el español de Chile". *Literatura y Lingüística* 11: 89-103. http://www.scielo.cl/scielo.php?script=sci_arttext&pid=S0716-58111998001100008

Moreno Cabrera, J. C. 2004. *Introducción a la lingüística. Enfoque tipológico y universalista.* Madrid: Síntesis.

Moreno-Fernández, F. y J. Otero Roth. 2007. *Atlas de la lengua española en el mundo.* Barcelona: Ariel.

Moreno-Fernández, F. 1998/2009. *Principios de sociolingüística y sociología del lenguaje.* Barcelona: Ariel.

Moreno-Fernández, F. 2010. *Las variedades de la lengua española y su enseñanza.* Madrid: Arco/Libros.

Moreno-Fernández, F. 2012. *Sociolingüística cognitiva. Proposiciones, escolios y debates.* Madrid y Frankfurt: Iberoamericana/Vervuert.

Moreno-Fernández, F. 2014. *La lengua española en su geografía.* Madrid: Arco/Libros.

Moreno Sandoval, A., D. Torre Toledano, N. Curto y R. de la Torre. "Inventario de frecuencias fonémicas y silábicas del castellano espontáneo y escrito". IV Jornadas en Tecnología del Habla, Zaragoza, 8-10 noviembre 2006. http://www.lllf.uam.es/ING/Publicaciones/LLI-UAM-4JTH.pdf

Morgenthaler García, L. 2008. *Identidad y pluricentrismo lingüístico. Hablantes canarios frente a la estandarización*. Madrid y Frankfurt: Iberomericana/Vervuert.

Morreall, J. 1983. *Taking Laughter Seriously*. Nueva York: SUNY Press.

Muñoz-Basols, J., Y. Pérez Sinusía y M. David. 2014. *Spanish Idioms in Practice: Understanding Language and Culture*. Londres y Nueva York: Routledge.

Muñoz-Basols, J. y D. Salazar. 2016. "Cross-Linguistic Lexical Influence between English and Spanish". *Spanish in Context* 13 (1): 80-102.

Muñoz-Basols, J. 2016. "Enseñanza del lenguaje idiomático". En *Enciclopedia de lingüística hispánica*, ed. Javier Gutiérrez-Rexach, 442-453. Londres y Nueva York: Routledge

Muñoz-Basols, J., N. Moreno, I. Taboada y M. Lacorte. 2017. *Introducción a la lingüística hispánica actual: teoría y práctica*. Londres y Nueva York: Routledge.

Núñez Cedeño, R. A. y A. Morales-Front. 1999. *Fonología generativa contemporánea de la lengua española*. Washington, DC: Georgetown University Press.

Ortega, L. 2009. *Understanding Second Language Acquisition*. Londres: Hodder Education.

Palacios, A. 2016. "Dialectos del español de América: Chile, Río de la Plata y Paraguay". En *Enciclopedia de lingüística hispánica*, ed. Javier Gutiérrez-Rexach, 330-340. Londres y Nueva York: Routledge

Partanen, E., T. Kujala, R. Näätänen, A. Liitola, A. Sambeth y M. Huotilainen. 2013. "Learning-Induced Neural Plasticity of Speech Processing before Birth". *Proceedings of the National Academy of Sciences of the United States of America* 110 (37): 15145-15150.

Peng, F. C. C. 2005. *Language in the Brain: Critical Assessments*. Londres: Continuum.

Penny, R. 2006. *Gramática histórica del español*. Barcelona: Ariel.

Pérez, H. E. 2003. "Frecuencia de fonemas". *e-rthabla* 1. http://lorien.die.upm.es/ lapiz/e-rthabla/numeros/N1/N1_A4.pdf

Pharies, D. A. 2007. *Breve historia de la lengua española*. Chicago: Chicago University Press.

Pinker, S. 2013. *Language, Cognition, and Human Nature: Selected Articles*. Nueva York: Oxford University Press.

Potowsky, K. y A. Lynch. 2014. "Perspectivas sobre la enseñanza del español a los hablantes de herencia en los Estados Unidos". *Journal of Spanish Language Teaching* 1 (2): 154-170.

Pottier, B. 1992. "La variación lingüística y el español de América". *Revista de Filología Española* 72 (3/4): 283-295.

Pountain, C. 2003. *Exploring the Spanish Language*. Londres: Hodder Arnold.

Puchta, H., M. Rinvolucri y M. C. Fonseca-Mora. 2012. *Inteligencias múltiples en el aula de español como lengua extranjera*. Madrid: SGEL.

Quilis, A. 1997. *Principios de fonología y fonética españolas*. Madrid: Arco/Libros.

Ramírez Álvarez, M. A. y A. M. del V. Ramírez Díaz. 2013. "El reforzamiento metafórico en expresiones comparativas del habla cotidiana venezolana". *Letras* 55 (88): 90-109. http://www.scielo.org.ve/scielo.php?script=sci_arttext&pid=S0459-12832013000100004

Raskin, V. 1985. *Semantic Mechanism of Humor*. Dordrecht: D. Reidel.

Ray, B. 2015. TPRS. http://www.blaineraytprs.com/.

Real Academia Española y Asociación de Academias de la Lengua Española. 2005. *Diccionario panhispánico de dudas*. Madrid: Santillana.

Real Academia Española y Asociación de Academias de la Lengua Española. 2010. *Ortografía de la lengua española*. Madrid: Espasa.

Real Academia Española y Asociación de Academias de la Lengua Española. 2011. *Nueva gramática básica de la lengua española*. Madrid: Espasa.

Real Academia Española y Asociación de Academias de la Lengua Española. 2014. *Diccionario de la lengua española*. 23ª ed. Madrid: Espasa.

Rodríguez Molina, J. 2004. "Difusión léxica, cambio semántico y gramaticalización el caso de 'haber' + participio en español antiguo". *Revista de Filología Española* 84 (1): 169-209. http://revistadefilologiaespañola.revistas.csic.es/index.php/rfe/article/viewFile/102/101

Rojo, G. 1991. "Frecuencia de fonemas en español actual". En *Homenaxe ó Profesor Constantino García*. M. Brea y F. Fernández Rei, eds. 451-467. Santiago de Compostela: Universidade de Santiago de Compostela. http://gramatica.usc.es/ grojo/Publicaciones/ Frecuencia_fonemas.pdf

Sapir, E. 1921/1990. *Language: An Introduction to the Study of Speech*. Berlín: Mouton de Gruyter.

Saussure, F. de. 1916. *Cours de Linguistique Générale*. Lausana y París: Payot.

Saussure, F. de. 1916/1959. *Course in General Linguistics*. Nueva York: McGraw-Hill.

Saussure, F. de. 1916/1991. *Curso de lingüística general*. Madrid: Alianza Universidad Libros.

Schmidt, R. 1990. "The Role of Consciousness in Second Language Learning". *Applied Linguistics* 11 (2): 129-158.

Schwegler, A. 2011. "Palenque(ro): The Search for its African Substrate". En *Creoles, their Substrates, and Language Typology*, ed. C. Lefebvre, 225-249. Amsterdam: John Benjamins.

Searle, J. R. 1969. *Speech Acts: An Essay in the Philosophy of Language*. Cambridge: Cambridge University Press.

Searle, J. R. 1976. "A Classification of Illocutionary Acts". *Language in Society* 5 (1): 1-23.

Selinker, L. 1972. "Interlanguage". *IRAL – International Review of Applied Linguistics in Language Teaching* 10 (1-4): 209-232.

Serradilla Castaño, A. M. 2005. "Evolución de la expresión del grado superlativo absoluto en el adjetivo: las perífrasis sustitutivas del superlativo sintético en español antiguo". *Cauce: Revista de Filología y su Didáctica* 28: 357-386.

Silva-Corvalán, C. 2001. *Sociolingüística y pragmática del español*. Washington, DC: Georgetown University Press.

Silva-Corvalán, C. 2014. *Bilingual Language Acquisition Spanish and English in the First Six Years*. Cambridge: Cambridge University Press.

Sperber D. y D. Wilson. 1986. *Relevance: Communication and Cognition*. Oxford: Blackwell.

Sperber D. y D. Wilson. 1995. *Relevance: Communication and Cognition*. 2ª ed. Oxford: Blackwell.

Stepler, R. y A. Brown. 2016. "Statistical Portrait of Hispanics in the United States". Pew Research Center. http://www.pewhispanic.org/2016/04/19/statistical-portrait-of-hispanics-in-the-united-states-key-charts/

Swain, M. 1993. "The Output Hypothesis: Just Speaking and Writing Aren't Enough". *The Canadian Modern Language Review/La Revue Canadienne Des Langues Vivantes* 50 (1): 158-164.

Terrádez Gurrea, M. 2001. *Frecuencias léxicas del español coloquial: análisis cuantitativo y cualitativo*. Valencia: Universitat de València.

Valdés, G. 2000. "Introduction". En *Spanish for Native Speakers:* AATSP *Professional Development Series Handbook for Teachers K-16*, eds. P. Dobbins y J. Krieger, 1-20. Orlando, FL: Harcourt College.

VanPatten, B. 1996. *Input Processing and Grammar Instruction in Second Language Acquisition.* Norwood, NJ: Ablex.

Vygotsky, L. S. 1978. *Mind in Society: The Development of Higher Psychological Processes.* M. Cole, V. John-Steiner, S. Scribner y E. Souberman, eds. Cambridge, MA: Harvard University Press.

Vygotsky, L. S. 1986. *Thought and Language.* Cambridge, MA: MIT Press.

Wang, W. S.-Y. 1969. "Competing Changes as a Cause of Residue". *Language* 45: 9-25.

Weiten, W. 1989. *Psychology Themes and Variations.* Pacific Grove, CA: Brooks/Cole Publishing Company.

Whitley, M. S. 2002. *Spanish/English Contrasts. A Course in Spanish Linguistics.* Washington, DC: Georgetown University Press.

Williams, C. 1996. "Secondary Education: Teaching in the Bilingual Situation". En *The Language Policy: Taking Stock*, eds. C. Williams, G. Lewis y C. Baker, 39-78. Llangefni, Gales: CAI.

Wilson, E. O. 1975/2000. *Sociobiology: The New Synthesis.* Cambridge, MA: Harvard University Press.

XII Censo General de Población y Vivienda 2010. http://www.beta.inegi.org.mx/proyectos/ccpv/2010/default.html.